本书作者（按音序排列）

常新茹	陈天序
程璐璐	杜凤娇
李　芓	李　慧
李加鎣	李　琪
刘玉倩	刘志远
孟　凯	钱旭菁
王丽丽	王一一
王艺璇	张　博
张　妍	赵凤娇
赵　玮	郑　航
周　琳	朱文文

教育部人文社会科学重点研究基地重大项目成果丛书

基于汉语词汇特征的二语词汇
教学实证研究

张 博 等著

北京语言大学出版社
BEIJING LANGUAGE AND CULTURE
UNIVERSITY PRESS

© 2020 北京语言大学出版社，社图号 20131

图书在版编目（CIP）数据

基于汉语词汇特征的二语词汇教学实证研究 ／ 张博
等著 . -- 北京 ：北京语言大学出版社，2020.12
（教育部人文社会科学重点研究基地重大项目成果丛
书）

ISBN 978-7-5619-5738-7

Ⅰ. ①基…　Ⅱ. ①张…　Ⅲ. ①汉语－词汇－对外汉语
教学－教学研究　Ⅳ. ① H195.3

中国版本图书馆 CIP 数据核字（2020）第 215511 号

基于汉语词汇特征的二语词汇教学实证研究
JIYU HANYU CIHUI TEZHENG DE ERYU CIHUI
JIAOXUE SHIZHENG YANJIU

责任编辑：武传霞　　　　　　　　　　　　　封面制作：张　静
英文编辑：孙玉婷　　　　　　　　　　　　　责任印制：周　燚
排版制作：北京创艺涵文化发展有限公司

出版发行：北京语言大学出版社
社　　址：北京市海淀区学院路 15 号，100083
网　　址：www.blcup.com
电子信箱：service@blcup.com
电　　话：编辑部　　8610-82303647/3592/3724
　　　　　国内发行　8610-82303650/3591/3648
　　　　　海外发行　8610-82303365/3080/3668
　　　　　北语书店　8610-82303653
　　　　　网购咨询　8610-82303908
印　　刷：北京虎彩文化传播有限公司

版　　次：2020 年 12 月第 1 版　　印　　次：2020 年 12 月第 1 次印刷
开　　本：787 毫米 ×1092 毫米　1/16　印　　张：29.5
字　　数：523 千字
定　　价：98.00 元

PRINTED IN CHINA

前　言

　　2015 年，北京语言大学词汇学研究团队联合北京大学、上海大学、云南大学等高校的同行朋友，申报了教育部人文社会科学重点研究基地重大项目"基于汉语词汇特征的二语词汇教学实证研究"（项目批准号：15JJD740006），这部书稿就是该课题研究的主要成果。

　　全书的总体结构和内容体现了课题研究的两个理念和追求：

　　其一，科学高效的汉语第二语言词汇教学必须具备两个前提，一是基于汉语词汇的主要特征，二是遵循二语词汇习得规律。其含义分别是：一方面，在时间有限的课堂教学中，应优先选择体现汉语词汇基本规律和特征的词汇知识作为教学内容或重点，以帮助学习者发展基于规则的词汇能力，从而触类旁通、举一反三地理解词义或使用词语；另一方面，汉语第二语言特定词汇知识的教学，应根据学习者第二语言词汇发展过程、第二语言词汇习得途径和习得特点采用适切的方法、手段或策略。从这一理念出发，本课题力求突破词汇教学研究、词汇本体研究、词汇学习研究各自的界域，在深入探讨汉语词汇特征和二语词汇习得规律的基础上进行词汇教学研究。具体而言，现代汉语词汇较为显著的特征是，复音词主要是以词根语素复合的手段来构造的，不少既有较强构词力又能独立使用的单语素词多义化程度较高，日常交际中有很多常用"语块"。因此，本课题确立了复合词、多义词、语块、语素四个重点研究领域。在词汇学方面，深入探讨汉语复合词、多义词、语块和语素的本质特征、凸显性结构规则及发展规律等；在词汇学习方面，主要考察汉语二语学习者的复合词词义识解及其影响因素、多义系统动态发展和多义动词非常用义习得、语块加工及其影响因素、语素意识及语素特点对词义猜测的影响等；在词汇教学方面，同时观照汉语词汇特征和学习者的词汇习得规律，探讨复合词、多义词、语块和语素教学的主要目标、基本原则、教学策略、教学方法以及不同教学方法的适用性和局限性等，以期为汉语第二语言词汇教学提供科学的理论依据，使课堂词汇教学活动更有针对性，更合理高效。

　　其二，特定的词汇教学策略或方法对于词汇知识类型及学习者语言发展的适用性如何，不能停留在理论上的应然推导，也不能依凭教师个体感性经验评判，而应通过实证研究予以检验。本着这样的学术理念，本课题在研究范式上力求基于事实和证据，努力按照实证研究的基本要求从事各方面的研究工作。词汇本体研究主要使用基于语料库的统计分析方法，例如，复合词和语块的常用度、语素的构词力、词法模式的能产性、多义词义项频率、复合词结构类型的数量分布、多音词内部成分形类—韵律—语义的匹配规则、语言成分的关联强度等问题的研究，都利用了 CCL、BCC 等大规模语料库，在对语料库统计数据进行精细分析的基础上得出相关结论。词汇习得研究主要通过实验室实验，利用纸笔测试、词义猜测、测试后访谈、词语可接受性判断任务、自控步速阅读任务等离线和在线实验手段采集量化数据，对获取的数据进行描述性和推论性统计分析，如聚类分析、独立样本 t 检验、相关性分析及回归分析等。词汇教学研究主要通过课堂实验，将定量研究和定性研究相结合，将教学过程数据和结果数据相融合，在进行定量统计分析的基础上，辅以教学日志、课堂录音、教案及访谈记录等质性数据来解释量化结果，实现多源数据、多元证据的有效整合和彼此印证；即便是对词汇教学理论问题的讨论，也绝不是抽象的学理之争，而是有大量实证研究数据和结论支撑的分析论证。

　　项目在研期间，孟凯、钱旭菁、李慧、赵玮分别负责复合词、多义词、语块、语素子课题的研究工作，在设立研究问题、组织研究力量、指导子课题组成员进行研究及研究成果审阅整理等方面做了大量工作。课题组阶段性研究成果较多，共发表相关论文 30 余篇，其中大部分发表于语言学及语言教学类 CSSCI 期刊。限于篇幅，本书只收入了部分已发表的论文，另外收入了一些此前未公开发表的新成果。

　　本书作者及其撰写章节如下。

　　　　张　博：前言、第一章、第二章第三节、第三章第二节、第四章第六节

　　　　孟　凯：第二章第一节、第二节、第六节

　　　　李加鏊：第二章第四节、第五节

　　　　赵凤娇：第二章第七节

　　　　刘玉倩、孟　凯：第二章第八节

　　　　孟　凯、王丽丽：第二章第九节

　　　　钱旭菁：第三章第一节、第四节

　　　　刘志远：第三章第三节

周　琳：第三章第五节

李　孛：第三章第六节

郑　航、李　慧、王一一：第四章第一节

张　妍：第四章第二节

常新茹：第四章第三节

李　慧、郑　航：第四章第四节

王艺璇：第四章第五节

杜凤娇：第五章第一节

朱文文、程璐璐、陈天序：第五章第二节

李　琪：第五章第三节

赵　玮：第五章第四节、第五节、第六节

　　本书是一个跨学科研究项目的成果。跨学科研究需要更为深广的多学科学术积累，在项目的组织实施上也有一定难度，然而，由于项目研究时间有限，只能同步展开汉语词汇的本体研究、习得研究和教学研究，这使得书稿中三者之间的关联还不够紧密，今后还需要结合本课题揭示出的汉语词汇特征做进一步的教学实证研究。同时，特别期望本书能吸引更多的同行朋友关注汉语第二语言词汇教学问题，不断拓展和深化词汇教学实证研究，推进汉语词汇教学研究与词汇学研究和词汇习得研究的融通互鉴，推进词汇教学研究范式转型，为扩大汉语二语学习者的词汇量、拓展其词汇深度知识提供科学高效的教学策略和方法。

张　博

2020 年 2 月 26 日

目　录

第一章　总　论

开展基于汉语词汇特征的二语词汇教学实证研究，其目的是提高词汇教学效率。本章首先提出，汉语第二语言词汇教学应以"时间—效益原则"为基本原则，以提高词汇教学效率为根本目标。实现这一目标的两个前提是：基于汉语词汇的主要特征，遵循二语词汇习得规律。希望对这两个前提的讨论能使汉语二语词汇教学实证研究方向更明，能与汉语词汇研究和词汇习得研究密切结合，彼此为用。

为了加深对汉语第二语言教学实证研究意义的认识，遵循语言教学实证研究范式和方法，本章还对汉语第二语言教学实证研究的进展及存在的问题进行了探讨。希望本课题的词汇教学实证研究可以弥补汉语第二语言教学实证研究的不足，进一步推动汉语第二语言教学研究范式的实证化转型。

一、提高汉语第二语言词汇教学效率的两个前提 *

1.1　引言

词汇在语言表达中的作用极为重要，然而第二语言教学中的语言要素教学却以语法为重心，词汇的重要性长期为人们所低估。这种状况使得后来注重词汇及词汇教学的学者总是对比着语法来申说词汇的重要性，强调"没有语法，能表达的东西很少；没有词汇，则什么也不能表达"（Wilkins，1972：111）；"相比于那些语法正确而词语使用并不准确的表达，本族语者更易于理解不合语法但用词准确的表达"（Widdowson，1978，转引自Zimmerman，1997/2001：13）。有些语法学家也逐渐认识到词汇教学的重

要性，指出"词汇教学对提高中外学生的语言阅读能力和语言表达能力十分重要，因此需要大大加强"（陆俭明，2007）。

　　随着学界对词汇重要性认识的不断加深，研究者和一线教师使用并创造了很多用来进行词汇教学的方法、技巧、练习和训练策略。但教师们常常面临一个困境，即怎样判定诸多教学策略或方法中哪些对他们的学生来说是最好的。对于这个问题，Hatch & Brown（1995/2001：415）发现有两条原则有助于判定词汇教学法的优劣，其中首要的原则是"时间—效益原则"（the principle of time-effectiveness）。时间—效益原则用以衡量特定的词汇教学法需要教师花费多少准备时间，需要学习者用多少时间，教学效益与教学时间是否相称。另一条判定词汇教学法优劣的原则是"内容（content）原则"。包括：使用某种方法教学会使学习者在内容方面得到什么？这种方法可以帮助学习者学到他们想要或需要的词语吗？此外，使用这种方法可以使学习者了解或增加哪些方面的词汇知识？是理解词语的语义特征、语义场、核心义、原型结构还是词语关系？等等。这里，Hatch & Brown 把"时间—效益"和"内容"分为两条原则，但实际上，通过教学使学习者学到什么内容也需要根据时间—效益原则来衡量。尤其是词汇的系统性和规律性较差，词汇知识零散庞杂，更需要根据时间—效益原则来择定哪些词汇知识对于学习者更重要，更应当作为教学内容或重点。由此而论，时间—效益原则不仅是首要原则，还是内容原则的上位原则，也就是说，是第二语言词汇教学的基本原则。

　　近年来，汉语第二语言教学领域的专家学者也提出不少词汇教学原则，包括："语素、字、词结合""在语境、句子中教学""结合词的组合关系和聚合关系进行教学""词语释义要准确、适度"（孙新爱，2004），"区分频度原则""语素分析原则"（李如龙、吴茗，2005），"交际性原则""区别性原则""针对性原则""层级性原则""生成性原则""全面性原则"（李先银等，2015：34-38），"系统性原则""丰富性原则""发展性原则"（邢红兵，2016：237-238）等。孔子学院总部／国家汉办编制《〈国际汉语教师证书〉考试大纲解析》（2015：51-52）也列出 6 条"词汇教学的基本原则"：（1）充分利用汉字形、音、义相结合的特点；（2）注重词语的用法与搭配，讲解易懂准确；（3）结合语境进行教学；（4）注重词汇的概念义和语境义；（5）利用对比、组合等多种手段以及游戏、阅读等多种方式进行教学；（6）注重教学中词汇的科学重现。从总体上看，这些词汇教学原则与时间—效益原则有很大不同。时间—效益原则注重教学效益与教学时间的比例关系，其目的是实现词汇教学效率的最优化，提高词汇教学效率，因而是目标取向的基本原则；而其他词汇教学原则多是针对特定的教学内容或学习群体提出的（如"结合语境进行教学"是针对多义词提出的教学原则；"针对性原则"是针对教学对象提出的教学原则，指"教学应针对学生的不同特点，包括职业特点、年龄特点、性格特点、文化背景等等"），属于方法取向或策略取向的具体原则，有的甚至可以说就是一种词汇教学方法或策略。从对教学的指导作用而言，基本原则比具体原则或特定教学法的指导作用更大，更具有普适性，这正是外语教学法研究"从方法到原则"演进的根本原因（详见赵杨，2017），也是本节格外推重时间—效益原则的理由。

　　时间—效益原则以省时高效为目标，可以对第二语言词汇"怎样教"进行全面的指导与衡量。而"怎样教"又需以"教什么"和学生"如何学"为前提（参见仲哲明，1996）。根据"怎样教"与"教什么""如何学"之间的逻辑关系，我们认为，提高词汇教学效率应当具备两个前提：一是基于汉语词汇的主要特征，二是遵循第二语言词汇习得规律。前者关乎"教什么"，后者关乎"如何学"。基于此，本节将对提高词汇教学效率的两个前提进行专题讨论，涉及的问题主要有：哪些汉语词汇特征和第二语言词汇习得规律是词汇教学尤应重视的，基于汉语词汇主要特征和遵循第二语言词汇习得规律对于提高词汇教学效率的意义何在，目前汉语第二语言词汇教学中有哪些教学内容或教学方法不符合时间—效益原则而有待改进，提高词汇教学效率的两个前提应当具有怎样的关系。期望这些探讨能为汉语第二语言词汇教学提供些许有价值的参考。

1.2　前提一：基于汉语词汇的主要特征

　　不同语言在构词法、词化模式、词的语义结构、词义发展及词语类聚关系等方面互有异同，通常我们会将一种语言在词汇上的普遍现象或基本规则、规律等视为其词汇特征。词汇特征存在于词汇系统的不同层面，词汇系统宏观层面或中观层面的特征属于主要特征，而微观层面的特征则属于次要特征（比如某小类词语受民族文化影响所特有的词源、造词理据、词义引申路径等）。相比之下，在教学中更应关注第二语言词汇的主要特征。词汇系统的主要特征来自普遍性、规律性的词汇现象，基于主要词汇特征进行教学，有利于学习者发展基于规则的能力（rule-based competence），从而触类旁通、举一反三地理解词义或使用词语。

宏观地看，汉语词汇有一些较为显著的特征，例如，复音词主要是以词根语素复合的手段来构造的，词义的跨类引申现象较为普遍，日常语言中存在大量不能按构成成分的字面义及语法规则来理解的"语块"，等等。汉语第二语言教学应重视与这些特征相关的词汇知识。

1.2.1　复合词的凸显性语义结构

语素与语素组合构成复合词是汉语最为能产的构词方式。朱德熙（1982：32）指出："汉语复合词的组成成分之间的结构关系基本上是和句法结构关系一致的。句法结构关系有主谓、述宾、述补、偏正、联合等等，绝大部分复合词也是按照这几类结构关系组成的。"鉴于此，有学者主张把语素教学纳入语法项目，将汉语中的语素构词规律作为语素教学的重要内容，提出初级阶段的语素教学就可以介绍复合法中的定中式、联合式和述宾式等常用构词法；中级阶段的教学内容应包括汉语的构词规律，即复合式、附加式等构词方法（吕文华，1999、2014）。国家对外汉语教学领导小组办公室编《高等学校外国留学生汉语言专业教学大纲》（2002）也将偏正式、联合式、主谓式、动宾式、补充式等复合词的构词方式列为二年级语法项目。我们认为，在语素教学中融入汉语构词规律的主张是完全正确的，然而，选取哪个层面的构词知识作为教学内容，则需要认真审视和考量。

我们发现，在汉语二语教学中，复合词的定中、联合和述宾等语法结构因其过于概括和抽象，往往无助于学习者理解复合词的构词理据及词义。例如，有学生问，"那神秘的耳房内有一个人的声音好像是那位何参议"（茅盾《腐蚀》）中的"耳房"是什么意思？假如告诉他"耳房"和"耳环""耳福"的结构一样，都属于偏正式，那么，尽管学习者已经学过"耳环""耳福"，也认识"耳"和"房"，恐怕仍不知道"耳房"是什么意思，原因是这三个复合词的语义结构并不相同。"耳环"的语义结构是"处所＋事物"，"耳福"的语义结构是"领有者＋隶属物"，而"耳房"（跟正房相连的两侧的小屋①）的"耳"是一个喻指成分，它表示的是"房"的形状（小）和位置，"耳房"的语义结构属于"形状－位置＋事物"。

---

①　本节中词例的释义如无特别说明，皆引自或参考《现代汉语词典》（第7版）（中国社会科学院语言研究所词典编辑室编，2016）。

即便对第二语言学习者进行复合词语法结构知识的专门教学，使其基本掌握复合词的语法结构类型，也还是难以保证他们能准确理解复合词的构词理据或语素间的语义关系。例如，笔者 2014 年 6 月曾为瑞士苏黎世大学—北京语言大学暑期汉学研修班讲授汉语词汇学课程，授课内容包括汉语复合词的结构类型，这部分内容的讲授及练习时间约 120 分钟；教学对象为 20 名瑞士苏黎世大学和日内瓦大学的汉语系本科生、研究生和教师，都属于母语为德语的中高级水平汉语学习者。结课考试中有一道分析复合词结构类型的试题，共 22 个复合词。正确率如表 1-1 所示：

表 1-1　德语背景中高级水平汉语学习者复合词结构类型分析的正确率（%）

复合词	暗恋	办事	半路	出国	低价	反正	国旗	花朵	考题	课表	快运
正确率	80	80	75	90	60	75	90	85	60	90	75
复合词	脸红	米饭	跑鞋	枪杀	强大	失业	说明	疼痛	心跳	造句	自学
正确率	100	15	75	65	85	85	95	90	75	85	30

22 个测试词的平均正确率为 75.5%，只有两个词的正确率在 60% 以下，表明学习者基本上掌握了复合词的结构类型知识。可始料未及的是，笔者感觉语素间结构关系较为显豁的"自学"和"米饭"错误率却最高。65% 的学习者将主谓结构的"自学"判为状中，我们推测，学习者可能并非着眼于复合词内部语素间的语义关系，而是把"自学"带入"我自学了这本书"之类句子中来分析"自"和"学"的语法功能，从而将"自学"认定为状中结构，这属于情有可原。那么，为什么有 85% 的学习者将定中结构的"米饭"分析为并列结构呢？这恐怕是由于"米"和"米饭"在德语中都用 Reis 表示，导致学习者将"米饭"的构词语素视为同义关系，因而将其判定为并列结构。

这些事例使我们认识到，在利用语素法进行词汇教学时，有关复合词结构知识的教学不宜停留在抽象的语法结构层面，而应向下延伸，着眼于较为具体的语义结构，将复合词凸显性语义结构列为词汇教学内容。例如，现代汉语偏正复合词数量最多，占复合词总数的 50.72%，其中名名定中式的复合词又占绝对优势（周荐，1991）。在名名定中式复合词中，存在一些凸显性语义结构：

（1）领有者＋隶属物

民意、民权、民房、民心、车轮、车门、灯光、星光、月光、路

面、被面儿、国宝、国境、国库、国力、国企、国史、笔帽、厂房、象牙、蜂窝、刀把儿

此类语义结构可形式化为"A 的 B",例如,"民意"＝人民的意愿,"车轮"＝车的轮子。

（2）材料＋事物

米饭、米醋、米粉、米酒、米汤、纸杯、纸币、纸巾、纸牌、面包、面食、皮包、皮尺、皮带、皮球、皮鞋、布鞋、草鞋、草帽、铁塔、冰灯、棉布

此类语义结构可形式化为"用 A 做成的 B",例如,"米饭"＝用米做成的饭,"纸杯"＝用纸做成的杯子。

（3）用途＋事物

书桌、书包、书房、书柜、书架、球场、球鞋、球衣、球拍、果盘、钱包、雨鞋、雨衣、风衣、电表、水表、饭盒、饭碗、饭桌、饭卡、门票、菜刀

此类语义结构可形式化为"做 A 用的 B",例如,"书桌"＝看书用的桌子,"球场"＝打球、踢球用的场地。

为促使学习者尽早习得汉语复合词的凸显性语义结构,课堂上可以利用多种方法进行复合词语义结构知识的教学（参见 1.4）,帮助学习者理解构词理据,有效地记忆词语,减少词汇耗损（vocabulary attrition）,增强词义猜测及自主构词的能力。反之,如果不注重复合词语义结构的教学,学习者就难以养成注意复合词内部语义结构和构词理据的习惯,甚至对词语的语义结构进行错误类推,比如,将"米饭"理解为并列结构的学习者,或许会在遇到"米酒""米汤"时误以为是"米饭和酒""米饭和汤"。

1.2.2　基于转喻的语义关联模式

第二语言学习（特别是课堂第二语言学习）过程中,二语输入在质和量上非常有限。学习者往往缺乏足够的、高度语境化的目的语输入,这使得二语和一语的词汇发展过程有明显的区别（Jiang, 2000）。其中一个重要区别就是,母语者自然习得的一词多义或非常用义,到学习者那里就成了问题。例如,笔者曾在教学中发现学习者不理解课文中"上有老,下有小"这句话,于是追问学生这句话中的"老"和"小"是什么意思,学生还是面面相觑,没人能回答得出来。汉语母语者对"老""小"这类形容词

引申出的名词义可谓无师自通，无须经由词汇教学，就知道"一家老小"的"老小"指老人和小孩儿、"那些老朽应当让位"中的"老朽"指老朽的人、"小弟得请教两位高明了"中的"高明"指高明的人。原因在于，汉语缺乏词形变化，词义的无标记跨类引申较为普遍，且有较强的规律性，这使得汉语母语者早已自然习得诸多跨范畴的语义关联模式，形成了基于语义关联模式的词义理解能力。而这类词义的跨类引申现象在学习者的母语中或许较为罕见，例如，在英语中，表示具有某种性状的人或事物，通常要以表性状的形容词为基础，通过派生、复合、词语组合、加标记等方式来表达，或另用与形容词无关的其他名词。例如，young（年轻）→ youth，youngster，young people，kid（年轻人）；old（老）→ old man / old woman，old people，the old，the aged（老人）。

即便学习者的母语中也存在词义的跨类引申或词语转类①现象，但母语的语义关联模式甚至词义引申方向也可能与汉语不同。因为，词义跨类引申的认知机制是转喻，而转喻可能是因语言而异的。一种语言中"［转喻的］普遍规则并非在所有语言中都相同，所以不能简单地说任何事物都能在适当语境中表示其他事物，而要区分哪些规则适用于哪些语言"（Lakoff，1987/2017：84）。例如，由于转喻的映射方向不一，英语和汉语一词多义中都存在的"施事—动作"语义关联却可能来自方向不同的词义发展。英语有些词的词义引申方向是"施事→动作"：

He fathered at least three children by the wives of other men.（他跟别人的老婆至少生了 3 个孩子。father，名词，"父亲"→ 动词，"成为……的父亲"）（《柯林斯高阶英汉双解学习词典》）

Colleen had dreamed of mothering a large family.（科琳曾梦想抚养一群孩子。mother，名词，"母亲"→ 动词，"抚养，养育"）（同上）

这类情况还有不少（例略，详见《朗文当代高级英语辞典》）：

nurse n. 护士 → v. 护理；照顾，照料

boss n. 老板，雇主 → v. 发号施令，指挥

tutor n. 家庭教师 → v. 给……当家庭教师

police n. 警方；警察 → v. 对［某地区］实施管制，维持治安，管制

———————————

① 英语词汇学中通常将汉语学界所说的词义跨类引申视为一种构词法，即"转类法"。

　　在汉语中，就绝不能说"他爸爸 / 父亲了 3 个孩子"或"她妈妈 / 母亲一群孩子"。反之，汉语中很多表示动作行为的动词可以转指该动作行为的发出者，呈现出"动作→施事"的词义跨类引申趋向：

　　保管、保洁、编导、编辑、编剧、编审、编译、裁判、采购、参谋、传达、代办、代表、代理、导播、导购、导演、导游、调度、督办、督导、翻译、管教、护卫、稽查、记录、监督、监工、监考、监制、剪辑、校对、教练、教授、解说、经理、警卫、纠察、救护、看护、看守、领班、领唱、领导、领队、领港、领航、领江、领舞、领奏、内应、陪读、陪酒、陪护、陪练、评审、收发、速记、随从、特护、统领、统帅、外卖、网管、卧底、向导、销售、掌舵、侦探、指挥、主笔、主编、主持、主管、主考、主谋、主拍、主演

　　在英语中，动词通常不能无标记地转指动作的发出者，而要通过在动词后附加 -er、-or 等词缀构成表人名词，如 leader（领导，lead + -er）、director（导演，direct + -or）、translator（翻译，translate + -or）、guardian（看守，guard + -ian）等。

　　对于汉语中词义跨类引申所形成的语义关联模式，在教学中可以通过适当的方式提请学生注意。一方面，帮助他们建立新义与旧义的联系，促使他们更多地启动转喻思维，逐渐形成基于语义相关性的词义猜测策略，在语境中触类旁通地理解源自跨类引申的一词多义；另一方面，可以防止学习者根据母语的构词规则为汉语的跨类引申义自造词语，例如英语母语者根据英语的派生构词法造出"导演人""翻译员"之类词语（例见张博，2011）。

1.2.3　口语中大量存在的语块

　　汉语口语中存在不少由两个或两个以上成分组成的、在表达时整体提取的凝固性语言单位，学界现多称之为语块。语块与自由词组的区别之一是，很多语块都不能按字面义和语法规则去理解，例如：

　　（1）你是不是很忙？连吃饭都赶时间。
　　（2）近期自行车盗窃越来越多，群众意见很大，你负责这个案子，一定尽快把它拿下来。
　　（3）"老马，看来还得你出山才行。""谁说的，今年我 58 岁了，身体又

不好，老喽！"

"赶时间"不是追赶时间，而是指因为时间紧，要加快行动；"拿下来"不指把东西从上面拿到下面，而是表示用强力解决或攻克；"谁说的"并非表示疑问，而是表示不认可。这类语块在口语中使用频率很高，二语者无法从构成成分推知其意义，因此，在汉语二语教学中，应把语块教学列为词汇教学的重要部分，将语块作为整体性语言单位输入并加强使用操练。"将语块引入二语语言教学，不但能促进语言形式与功能的匹配对应，而且还能提高认知处理效率，使得语言流利度及复杂度向更高程度发展。"（靳洪刚，2017）尤应注意的是，教师需要探索多种方法培养学习者的语块意识，帮助学习者逐渐克服机械地加合词语字面义进行语言理解的惯性，在语言交际中增强对语块的敏感性，主动地使用语块。房艳霞（2018）通过为期16周的课堂教学实验证明，提高语块意识的教学可以提高汉语二语学习者口语产出的流利度和准确度，促进对学过语块的再认和产出。

Ellis 和 Shintani 基于第二语言习得研究概括出 11 条语言教学原则，其中第一条原则是："教学要确保学习者既发展丰富的惯用表达（formulaic expressions）技能，也要发展基于规则的语言能力。"他们认为："精通第二语言要求学习者掌握丰富的惯用表达，惯用表达可以满足流利性和学习者直接的功能性需求，为他们'创造性地'使用第二语言提供有关基础规则的知识。传统上，语言教学的目的是发展基于规则的能力，但可以说，惯用表达在语言学习的早期阶段更为重要。完满的语言课程要确保满足惯用表达和基于规则的语言能力发展的需要。"（Ellis & Shintani，2014：22）词汇层次的惯用表达应当包括"说老实话""总而言之"这样的惯用语块（formulaic speech）和"执行计划/政策""采用方法/措施"这样的词组语块（lexical chunks）（靳洪刚，2011）。这样来讲，本小节主张基于汉语词汇的主要特征提高教学效率，所列举的三种词汇知识基本符合 Ellis 和 Shintani 提出的这条原则，其中，语块教学有助于学习者发展惯用表达技能，而复合词的语义结构和基于转喻的语义关联模式等词汇知识则有助于学习者发展基于规则的语言能力。

能够体现汉语词汇主要特征的知识还有很多，并不限于上面列举的三个方面，教师可视教学的实际情况选取能够体现汉语词汇规则或规律的词汇知识作为教学内容。基于汉语词汇的主要特征进行词汇教学，其意义并不仅仅是使学习者对所教词语记得更牢，或多学几个词语。更为重要的是，教师可以通过教学带给学习者许多额外的词汇知识，使他们掌握可用于学习其他词语的策略和技巧，发展词汇学习能力，触类旁通，举一反三，从而提高词汇教学和词汇学习的效率。然而，我们在听课、看教学视频及评阅汉语国际教育专业硕士学位论文时经常发现，有些新手教师和研究生不太注意把握汉语词汇的主要特征，兴趣点集中在某些特异性词汇现象上，以为越难越特殊的词汇问题越要大讲特讲，往往为分析讲解个别词语的来源、形义关系、文化内涵、一词多义等耗费较多时间。有些教材、教学参考书或词汇教学研究也有注重疑难的偏好，例如，有一部对外汉语重点难点词语教学词典[①]只收录了 1500 个左右重点难点词语，其中就包括"伺候、侍候""倘若""农贸市场"等。这类词语常用度低（对留学生而言尤其如此），也不适于提炼反映汉语词汇特征的重要知识。如果将其作为课堂教学重点，势必导致教学资源分配失当，教学效率低下。鉴于此，我们建议，词汇教学不宜首选特殊的艰深的词汇现象和问题，而要遵循时间—效益原则，在教学内容的选取上更注重具有系统性和规律性的词汇知识。

1.3　前提二：遵循二语词汇习得规律

第二语言习得与第一语言习得大不相同，这要求第二语言教学必须了解第二语言习得的特点，遵循第二语言习得规律。然而目前二语教师大多不太关注习得研究成果，反过来讲，不少二语习得研究也不能直接服务于二语教学。有鉴于此，Ellis & Shintani（2014）旨在通过第二语言习得研究探索语言教学。该书指出，通过第二语言习得研究探索语言教学有两条路径。一是从二语习得研究到语言教学（SLA research → language pedagogy）：让教师熟悉研究人员业已发现的二语学习规律，并将其研究成果应用到语言教学中去；二是从语言教学到二语习得研究（language pedagogy → SLA research）：从以往对合理的语言教学法所普遍持有的观点入手，根据学习者是如何学习的来对这些语言教学法进行分析考量。Ellis 和 Shintani 作为二语习得研究专家，走的是第二条路线。他们对通行的教学手册提出的大量教学建议进行了考察，分析这些教学建议在多大程度上与第二语言习得研

---

① 本节列举的词典和教材中的所有例证皆真实存在。由于这类情况有一定的普遍性，这里只是为说明问题随机举例，并不涉及词典和教材的整体评价，因此，恕不标明例证的出处。

究结论相合（Ellis & Shintani，2014：321）。而对于一名有"学术自觉"的汉语教师（崔希亮，2013）来说，在"习得→教学"和"教学→习得"两个路向上都应付出努力，这样才能在观照第二语言习得研究的基础上，审视现有教学方法、策略或主张的合理性，提出符合第二语言习得规律的教学模式或教学设计，实现语言教学的效益最大化。

具体到汉语第二语言词汇教学，实现效益最大化除了要基于汉语词汇的主要特征，也要遵循二语词汇习得的基本规律，包括第二语言词汇发展过程、第二语言词汇习得途径和特点等。本小节将结合汉语第二语言词汇教学中存在的一些问题，从这三个方面论述遵循二语词汇习得规律对于提高词汇教学效率的重要意义。

1.3.1 第二语言词汇发展过程

Jiang（2000）构建了一个课堂教学环境下第二语言词汇习得的心理语言学模型。他提出二语词汇习得包括三个阶段：（1）形式阶段，这时词条内只有二语词的形式信息；（2）一语标义词位调节阶段，这时一语对应词的标义词位信息复制到二语词条内并调节二语词的使用；（3）二语词条整合阶段，在大量接触和使用中获得的二语词的语义、句法、形态信息整合进词条内。该文还指出，二语学习受到实际限制，大部分词语会在词汇发展的第二阶段发生僵化。了解二语词汇发展过程，对我们合理安排词汇教学内容、采用适当的词汇教学方法具有指导意义；反之，忽视二语词汇发展过程，可能就会形成不切实际的教学理念或主张。例如，有学者提出，为了让汉语二语者尽早摆脱母语而直接用汉语思维，初、中级汉语课本也尽量不要给生词提供母语（或英语）对译词或译注，而直接使用汉语释义，或者让学生在语境中自己体会词义及用法。有一部初级汉语学习词典就持有这种理念，该词典不认可其他学习词典"把释义配上外语"的做法，改用"完整句释义法"，即把被释词放在一个典型的完整句中，让读者在句内语境中理解词义，然后对这个句子的句义进行解释，使读者进一步理解被释词的词义。如[①]：

路上[2] ［名］

现在我已经下班了，正在回家的～。→我已经下班离开了工作的

---

① 该词典所有例句后都配有汉语拼音，征引时略去。

地方，正在回家的过程中。**例** 今天晚上在回家的～遇到了大雨。｜你出门在外，一～多多注意身体啊！｜他从家乡来到这个大城市，～走了三天。｜在旅游的～，他照了好多相。

初级水平的学生汉语词汇量有限，加上初级汉语学习词典收录的都是常用词，要想用比被释词更简单的词来解释句义犹如戴着镣铐跳舞，难免变形走样。以"路上"的典型完整句释义来说，学习者如果连"路上"都不认识的话，很可能更不认识"过程"；退一步说，假如他认识"过程"或辗转查得"过程"的意义，释义句中的"过程"与原句中的"路上"语境对应，位置对应，他就会以为"路上"的意思就是"过程"，将"过程"义带给各句的"路上"，不可能准确地把握"路上"的意义。与给出母语释义（如英语" on the way"等）相比，这样的释义模式过于迂曲，如果初级汉语课堂教学中也采用这种生词处理方式，不仅费时费力，也难保精准。多有研究证明，阅读材料中提供一语注释与无注释及二语注释相比，不仅有助于二语者的阅读理解，而且对习得词汇的保持也有积极作用（Jacobs，1994；孟春国、陈莉萍，2015 等）。反之，让学生在语境中自己猜测揣摩词义的方式则难以给学习者留下清晰的印象，不利于词语长时记忆，反而会降低词汇教学效率。因此，"授课教师应当抛弃使用一语会妨碍二语学习的错觉，二语词汇发展一定会依赖一语的中介或调节；使用一语是二语词汇学习天然的一部分，不应当劝阻学生用一语词汇知识去理解二语词"（Shen，2015）。

汉语二语词汇教学应当准确把握第二语言词汇发展过程，根据学习者在不同阶段的汉语水平、学习特点和学习能力合理地进行教学设计，帮助学生通过努力达到最近发展区（zone of proximal development），而不能希冀学生超越特定的词汇发展阶段，实现词汇知识或水平的跨越式发展，那样不仅不能提高词汇教学效率，反而会揠苗助长，欲速则不达。

1.3.2　第二语言词汇习得途径

二语词汇教学可分为直接教学和间接教学。直接教学指在课堂上对词语的意义、结构和用法等进行讲解和操练；间接教学指通过阅读、听说和写作等教学活动或交际任务，间接地扩大学习者的二语词汇量和词汇知识。相比较而言，第二语言学习者更需要通过阅读和交际活动学习词汇，在用中习得词汇。Nation & Newton（1997/2001）援引多项研究证明交际活动是词汇习得的有效途径。例如，Hall（1992）报告了一项通过分解信息活动习得数学专业词汇的研究，被试为 11 岁到 13 岁的学生，研究发现，学生在互动活动中习得的词语多于教师主导的阅读活动。Simcock（1993）研究了学生在问答活动中的表现，在这项活动中，学生两人一组阅读故事，然后回答同伴根据故事提出的问题。研究发现，学生会主动使用阅读中出现的新词语并且使用准确，甚至在同伴未提及跟这些词语有关的问题时也会如此。这说明，交际活动中，学习者关注有意义的表达时，能够附带习得词汇。

从总体上看，对外汉语教学界较为重视直接词汇教学，对间接词汇教学则关注不够。早些年的直接词汇教学研究又比较关注如何扩大学习者的词汇量，提出"词语的集中强化教学"（陈贤纯，1999）、"集合式词汇教学"（胡鸿、褚佩如，1999）、"利用语义场图式进行词汇教学"（戴雪梅，2003）、"基础阶段词汇集中教学"（王汉卫，2005）、"概念地图"词汇教学（郭睿，2010）等教学主张或策略。例如，利用语义场图式进行词汇教学的具体做法是，通过类比、联想、扩展等方式建立词汇的语义场，如在讲到"菜篮子工程"时，以"菜篮子"为中心词，系联蔬菜、水果、水产品、奶类、禽蛋、肉类等多个义类，每个义类中都有多个词语，组成一个语义场。这种词汇教学法的提倡者认为："将图式的推论作用和语义记忆的推论作用结合起来，从而将语义场图式激活，可以大大提高记忆效果。这种做法尤其适用于汉语初、中级学习者。"利用语义场图式进行词汇教学是否真的适用于汉语初、中级学习者，该研究并没有提供具体的证据[1]。而第二语言习得研究早就发现，"语词的意义只有通过语境才能学到。要想记住意义就必须在各种使用场合去接触它，就好比要记住一个人的面孔必须从不同的角度去看它一样"（桂诗春，1988：192）。大量阅读通常比脱离语境的系统的词汇教学更有效（Krashen，1989）。根据第二语言词汇习得研究的普遍性结论来推测，脱离语境的词汇教学方式并不符合第二语言词汇习得途径，对二语者词汇发展和语言能力发展的助益有限，且会占用较多课堂教学时间，恐怕不是一种有效的词汇教学方法。

因此，在今后的教学中应更多地设计符合二语词汇习得途径的交际活

---

[1] 该文借鉴图式理论进行对外汉语阅读教学时共使用了 4 种方法，在教学效果检验时是整体考察的，并未分别观察每一种方法的教学效果。

动，包括复述故事、看图说话、信息差活动、课前演讲、主题演讲或辩论、排演戏剧、模拟会议、人物访谈等，有关词汇教学的实证研究也应更多地探讨哪个学习群体、哪个水平等级、哪种课型更适合采用哪种间接词汇教学方式。另外，词汇知识无边无际，是二语学习的无底洞，而学习者在课堂上习得的词汇或获得的词汇知识只能是沧海一粟。因此，汉语教师应当加强对学习者课外词汇学习的指导，包括如何记忆词语、猜测词义、进行相关词语或一语二语对应词的分析比较，怎样查词典、做重点词语笔记或卡片等等，并对课外词汇学习的任务类型、途径、方式及学习者课外词汇学习策略、效果等问题进行研究，帮助学习者充分利用课外时间，采用最适合自己的方法自主学习词汇，提高词汇学习的实效。

1.3.3　第二语言词汇习得特点

Wolter（2006）提出二语习得中词汇网络结构发展的理论。该理论认为，词汇网络结构有两个域：聚合域和组合域。一语和二语聚合域的不对应很少发生，因为聚合域的形成基于人类对概念关系的普遍认知，而不论两种语言之间的差异如何。组合域包括遵循搭配规则的词语互动。组合域结构是非常复杂的，因为理解词语之间的搭配不仅需要掌握二语词的意思，还要了解词语全部的语义和句法。特定的语言特征导致一语和二语组合域不能一一对应（Shen，2015）。例如，英语的"build"与汉语"建筑""建造"的意义基本对应，都可以用于房屋、道路、桥梁等；但英语的"build"还可以和表示鸟巢、大件家具的名词搭配，如"Robins build nests almost anywhere."（知更鸟几乎可随处筑巢。）（《牛津高阶英汉双解词典》）、"Nick said he'd build us a fitted wardrobe."（尼克说他要为我们打制一个尺寸合适的大衣柜。）（《朗文当代高级英语辞典》），而汉语中的"建筑""建造"则没有与之对应的组合关系。从先天来说，一语和二语聚合域和组合域的对应关系不同；从后天来说，二语者词汇学习缺乏大量的语境化输入，词语的组合知识比聚合知识的发展要缓慢得多（Bahns & Eldaw，1993；张萍，2010等），到中级阶段，词汇搭配的准确性都没有提高（Gitsaki，1999：146）。因此，教学中应当针对第二语言词汇习得聚合性词汇知识和组合性词汇知识发展不平衡的特点，注重通过典型的语境化输入帮助学习者掌握词语的搭配关系或搭配规则，以词语组合知识的教学为重心，而不宜过度拓展词语的聚合知识。

　　有些教师不了解第二语言词汇习得聚合性词汇知识和组合性词汇知识发展不平衡的特点，把教学的着力点放在拓展词语聚合知识上，经常在课堂教学中进行同 / 近义词系联、替换或毫无针对性地辨析学习者并不混淆的同 / 近义词。有的教材也不恰当地设计了同义词替换的练习①，或者在一个语言点中涉及多个甚至多组同 / 近义词。例如，一本面向仅"掌握 1500个左右词语"的学习者的"初等"教材，在一个语言点中安排了 4 种表示概数的方法：其中第三种"数词后加上表示概数的词语"，包括"多""来""左右""上下""前后""以上""以下"等；第四种"数词前加上表示概数的词语"，包括"上""（将）近""大概""（大）约""差不多"等。这两类表概数的词语在语义和用法上的异同非常复杂，仅就"大约、大概"和"左右、上下"这两组词来说，张博（2014）基于语料库的研究发现，"大约、大概"主要用于表估测性约量，"左右、上下"主要用于表伸缩性约量，这两组词在可否与含约数、并举、大量幅或开放性的数量成分组配，可否与表约量方式共现以及是否与数量成分连续等方面存在差异。"大约""大概"的差异主要在于是否与计算相关、与数量连续，数量的类别及语体色彩。"上下"对数量成分有［＋动态］［＋纵向］［＋大量］［＋整数］的语义限制倾向，而"左右"在这些语义侧面则具有包容性。从学习者的使用情况来看，这两组词的混淆情况比较严重。既有组间混用，如例（4）当用"大概 / 大约"而误用"左右"，例（5）当用"左右"而误用"大约"；又有组内混用，如例（6）（7）是"大约""大概"混用，例（8）是当用"左右"而误用"上下"；还有前位表约量词和后位表约量词的叠架现象，如例（9）（10）②。

　　（4）我学习汉语在这儿左右四个月了。

　　（5）大约 60 岁的女的几乎没有工作。

　　（6）日本有邻国，中国，韩鲜，日本的面积有大概 37 万平方公里。

　　（7）孩儿大约六月份已毕业了，将很快地与你们相逢。

　　（8）我开始上学的时候，我的弟弟只有一岁上下。

　　（9）一到七月，天气很热，每天下午四点左右大概下大雨。

　　（10）我过我的生日在一饭馆，我邀请了大概一百个人左右吧。

---

　　① 张博（2017）列举了一些这类问题，可参见。

　　② 例（4）（10）取自暨南大学"留学生汉语中介语语料库"，例（5）（6）（8）（9）取自北京语言大学"汉语中介语语料库系统"，例（7）取自北京语言大学"HSK 动态作文语料库"。

从这些误例可以看出，学习者不是不知道这些词表示概数或约量，而是没掌握它们通常跟何种数量成分组配，语义限制倾向及句法位置是什么。一句话，学习者缺乏的是组合性词汇知识。针对第二语言词汇习得中组合性词汇知识不足且发展缓慢的特点，对具有聚合关系的同 / 近义词应当采取分散教学、各个击破的策略。在大量语境化操练中，让学习者逐一掌握每一个词的语义特征和搭配倾向，正如外语教学的先驱者早就告诫我们的那样，"一次学少许或一个项目，把所有的都学好，学彻底，然后再开始学习下一个项目"（Jespersen，1904/2013：185）。而呼朋引类地一揽子输入一组同 / 近义词，看似扩大了词汇量，实际上很可能使学习者的同 / 近义词混淆雪上加霜，反而降低了词汇教学效率。

1.4   两个前提的相关性

汉语词汇特征和二语词汇习得规律对汉语第二语言词汇教学都有制约作用：汉语词汇特征决定着词汇要素教学的内容，越基本的词汇规则或规律越要作为词汇知识教学的重点；二语词汇习得规律制约着词汇知识教学的策略，一种词汇知识安排在哪个教学阶段，以怎样的方式进行教学，要根据二语者词汇发展水平及词汇习得特点等因素确定。由于汉语词汇特征和二语词汇习得规律共同制约着词汇教学，因此，意欲提高词汇教学效率，就要二者兼顾，同时具备基于汉语词汇的主要特征和遵循二语词汇习得规律这两个前提条件，而不能有所偏重，更不能顾此失彼。

以动宾式复合词语义结构知识的教学为例，兼顾基于汉语词汇的主要特征和遵循二语词汇习得规律这两个前提，可在初中高三个阶段设计不同的教学内容，分别采用不同的教学方法。

初级阶段的教学可安排与动宾式短语主流语义结构相对应的复合词语义结构知识，以便学习者将已习得的句法知识迁移到词法学习中，例如：

动作行为 + 受事：
爱国、读书、举例、识字、改期、理发、用力、免费、懂事

动作行为 + 结果：
造句、作文、绘图、照相、钻井、编码、切片、创业、建国

在教学中，可以采用扩展式释义（热爱祖国、建立国家）、插入式释义

（读了两本书、照了一张相）或扩展＋插入式释义（认识不少汉字、造出两个句子）的方式，使学习者意识到两个语素各有意义，强化其对两个语素间"动作行为＋受事""动作行为＋结果"语义关系的感知和理解。

中级阶段的教学可安排与句法结构不对应但类推力较强的语义结构，例如：

动作行为＋施事：
变样、散会、开花、放手、点头、刮风、疑心、跑电、断气

动作行为＋工具：
扎针、打拳、跳伞、接手、招手、刷卡、开刀、烤电、试表

动作行为＋处所：
居家、滑坡、存盘、接站、下海、到底、出土、入门、插队

除了可用扩展式或插入式等释义方式外，由于中级水平的学习者已有一定的词汇量和复合词结构分析能力，还可以根据情况选择性地使用另外几种教学方法或教学活动：（1）系联与本课生词有相同语义结构，尤其是含有同一动词性语素的动宾式复合词，使学生加深对该类词构词理据的理解和记忆，例如，由"变样"系联"变色""变天""变声""变态""变味儿""变形""变心""变质""变种"等。徐晶晶等（2017）的研究结果表明，汉语名名偏正复合词的学习受复合词内部语义关系信息的影响，语义关系的作用与语素重复位置有关，因而建议在生词教学中要善于利用语义关系一致的熟词以及与生词中心语素相同的熟词。应当说，这一建议对复合词教学具有普遍意义。（2）给出多个学过的词语，让学生找出与本课生词语义结构相同的动宾式复合词。（3）引导学生对复合词不同类型的语义结构进行形式化概括，例如，动作行为＋施事：VN＝NV（开花＝花开，变样＝样变）；动作行为＋工具：VN＝用 NV（扎针＝用针扎，试表＝用表试）；动作行为＋处所：VN＝在/从/到 NV，V 到 N（居家＝住在家里，滑坡＝从坡上向下滑，接站＝到车站接；存盘＝存到盘里，插队＝插到队伍里）。（4）启发学生对比分析含有同一成分的动宾式复合词或动宾式词组的语义结构，如"放手"和"招手"、"打人"和"打拳"、"骂人"和"骂街"、"爱国"和"出国"有什么不同。（5）列举数种动宾式复合词的语义结构，让学生对所给复合词进行语义结构分析并归类。（6）训练学生利用语素义和

语义结构知识在语境中猜测词义。

高级阶段的教学可引入与句法结构不对应且较难理解的语义结构，例如：

动作行为 / 性状 + 役事：
灭火、显影、伤心、喜人、鸣枪、堕胎、美容、瘦身

动作行为 + 原因：
帮忙、养伤、养病、卧病、逃难、躲债、辞行、悔过、伤风

除了可以使用动宾式复合词语义结构对比（如"养病"和"养神"、"卧病"和"卧床"）和词义猜测训练等中级阶段所用教学方法和教学活动外，还可启发学生基于语素和整词的意义分析复合词的构词理据，如，"心里痛苦为什么叫'伤心'，感冒为什么叫'伤风'？"如果教学对象是汉语言专业的高年级学生，还可以引导他们基于多个或多组动宾式词语归纳概括其语义结构，使高水平学习者对汉语动宾式复合词特殊的语义结构有更深入的了解。

本小节所设计的有关动宾式复合词语义结构知识的教学内容和教学方法未必适用于各种学习群体和课程类型，更不宜直接移用到其他词汇知识的教学。只是以此为例说明，追求在尽可能短的教学时间内获取尽可能大的词汇教学效益，必须基于汉语词汇的主要特征且遵循二语词汇习得规律。这两个前提条件越充分，匹配关系越和谐，词汇教学的效率就越高。

1.5　结语

自 20 世纪上半叶以来，"有效教学"（effective teaching）或"课堂教学效益"（the effectiveness of classroom instruction）受到世界各国教育研究者的普遍关注（参见陈晓端、Stephen Keit，2005；朱德全、李鹏，2015 等）。Hatch & Brown（1995/2001：415）将时间—效益原则作为判定词汇教学法优劣的首要原则也是有效教学理念的体现。在此基础上，本节进一步将时间—效益原则从与内容原则相平列的地位提升为上位原则，认为词汇教学使学习者学到什么内容也需要根据时间—效益原则来衡量。时间—效益原则是以提高词汇教学效率为目标的基本原则，它对各种词汇教学方法、技巧和策略都有统摄作用和价值评判功能。

　　对外汉语教学界以往提出的词汇教学原则虽然不同程度地暗含着对效率的追求，但由于没有认识到时间—效益原则在词汇教学中的普遍指导作用，因而在教学原则的探讨中存在两点不足。一是失之于狭。不少词汇教学原则是针对特定的教学内容或学习群体提出的，因而适用性有限。这一点前文已述及。二是失之于偏。从总体上看，早期提出的词汇教学原则偏重于汉语词汇特征（孙新爱，2004；李如龙、吴茗，2005），较少关注学习者"如何学"。近年提出的词汇教学原则在汉语词汇和二语词汇习得两个向度上都有考虑，但一条原则通常只偏重于一个方面，或指向"教什么"（如"系统性原则""丰富性原则"），或指向"如何学"（如"发展性原则"）。而在具体的语言教学环境下，词汇应当"怎样教"既取决于"教什么"，又取决于学生"如何学"，即，需要兼顾二者才能确定词汇教学方法或策略，偏重一端的任一原则都不能独立指导"怎样教"，更不能将词汇教学效益最大化。鉴于此，我们主张，提高词汇教学效率必须具备两个前提：一是基于汉语词汇的主要特征，二是遵循二语词汇习得规律。本节选择性地从有限的点面切入，对提高词汇教学效率的两个前提及其相关性进行了初步讨论，还有更多与教学相关的汉语词汇特征和二语词汇习得规律有待发掘利用，尤其是在时间—效益原则的指导下，两个前提条件在特定的课堂词汇教学中怎样合理匹配，如何基于两个前提强化课外词汇学习的指导，两个前提的对应关系对词汇教学方法、技巧、练习和训练模式的效率有何影响，等等，这些都需要通过更多的教学实证研究来发现或验证。

二、汉语第二语言教学实证研究的进展及存在的问题 *

　　实证研究作为现代科学的一种主流研究范式，近年来在教育界和汉语教学领域日益受到重视。教育界于 2015 年 10 月 17—18 日召开"全国首届教育实证研究论坛"①，此后，该论坛年年举办，迄今已成为有 5 届会史的教育界品牌论坛。2017 年 1 月 14 日，在由华东师范大学教育学部发起，国内 14 所大学的教育科学学院院（部）长、32 家教育研究杂志主编及

---

　　* 本节作者张博。本节内容曾发表于《国际汉语教学研究》2019 年第 4 期。

　　① 由华东师范大学教育学部等多家教学、科研及出版单位联合主办。

相关部门负责人共同参与的"全国教育实证研究联席会议"上，与会代表
共同议定并发布了《教育实证研究华东师范大学行动宣言》（华东师范大学
等，2017）。在汉语教学界，2016年4月召开的"美国中文教师学会第二
届中文教学国际研讨会"（马里兰大学），特设"对汉语作为第二语言教学实
证性研究的检视与反思"圆桌论坛，邀请周质平、韩照红、蒋楠、刘乐宁、
孙朝奋、Yang Xiao-Desai、袁博平、张博等与会学者，就汉语作为第二语
言教学实证性研究的必要性及存在的问题等进行了深入而激烈的讨论。国
内外这些具有风向标意义的学术会议及其理论成果促使我们思考：汉语第
二语言教学研究为什么要实证化？汉语第二语言教学实证研究有何进展？
目前存在哪些不足？本节着眼于近十余年来汉语第二语言教学实证研究成
果，尝试对这些问题做初步的考察分析，希望有助于一线教师进一步认识
汉语第二语言教学实证研究的意义，自觉关注实证研究的成果，学习第二
语言教学实证研究范式和方法，针对汉语第二语言教学迫切需要解决的问
题展开实证研究，推进学科的理论创新，为教学实践提供更多有价值的
指导。

2.1　汉语第二语言教学研究为什么要实证化

2.1.1　研究方法的实证化是汉语第二语言教学学科发展的重要途径

王力先生1984年题词"对外汉语教学是一门科学"。细细体味，这句
话实际上有两重含义：一是认定对外汉语教学学科的学术地位，二是蕴含
着对这门学科的学术期许。相比之下，学界似乎更注重前者，常引用王力
先生的题词来强调对外汉语教学的学科地位或学术地位，尤其是用来抵御
学科偏见，消除对外汉语教学是"小儿科"之类的误解；而对于如何实现
这一期许却缺乏应有的关注。怎样构建反映汉语二语教学客观规律的知识
体系，推动对外汉语教学真正成为一门科学？我们认为，一个重要的途径
是，必须使用现代科学研究共同的基本范式——实证研究。

"实证研究即基于事实和证据的研究"，袁振国（2017）将实证研究
的基本特征或要求归纳为四点："第一是客观，以确凿的事实和证据为基
础，实事求是，不被个人的主观愿望或偏见所左右；第二是量化，努力获
得对事物特征和变化的'度'的把握，而非笼统的、模糊的描述；第三是
有定论，有确切的发现或结论，而非无休止的争论；第四是可检验，通过

专业化背景下建立起来的共同概念、共同规则，使用共同方法、共同工具，可以获得相同的结果。""客观""量化""有定论""可检验"高度概括了实证研究范式的科学内涵，也应当成为汉语二语教学研究遵循的基本要求。

然而，用实证研究的基本要求来衡量，汉语第二语言教学领域实证研究的基础非常薄弱。江新（1999）曾对 1995—1998 四年间发表在《语言文字应用》《语言教学与研究》《世界汉语教学》和《汉语学习》四种期刊上有关汉语学习和汉语教学研究的 307 篇文章进行统计，发现理论介绍和经验总结文章占 80.8%，属于实证研究范畴的调查研究和实验研究仅占 9.2% 和 3.6%；从量化的角度来看，87.6% 的研究没有数据，1.3% 的研究虽有数据但无统计分析。近年来，理论介绍及经验总结占据汉语教学研究主流的局面虽有改观，但从学科发展需求来看，由经验性、思辨性向实证性研究范式转型的步伐还需加快。因为，研究方法的科学化是学科发展的内在驱动力。"任何一个学科的突破性进展总是和它在方法论上的突破联系在一起的。实证研究首先在自然科学领域得到成功运用，并成为自然科学研究的基本范式，同时不断向社会科学渗透，逐渐成为包括教育学在内的社会科学研究的共同范式。"（袁振国，2017）汉语第二语言教学学科是跨语言学、教育学、心理学的交叉学科，研究方法的实证化是学科发展的重要途径。只有使用对于自然科学和社会科学具有普遍适用性的实证研究范式，才能推进学科理论体系的建构和不断完善，为第二语言教学学科发展做出中国学界应有的贡献。

2.1.2　实证研究是解决汉语第二语言教学现实问题的迫切要求

近年来，我国经济快速发展，政治影响日益扩大，国际地位不断提升，尤其是"一带一路"建设不断推进，使汉语教学对象及教学需求更加多样化，教学环境更加复杂化，出现很多前所未遇的新情况、新问题。例如，随着中资企业的海外发展和大量外籍人士来华工作，如何针对工程、高铁、家政、酒店、空乘等职业人士进行实用而高效的职场汉语教学？"海外汉语低龄化的平均水平可能已达 50%，一些国家达到或超过 60%，且仍呈快速发展之趋势"（李宇明，2018），少年儿童与成人的汉语学习有何区别？哪些教学策略或方式对低龄学习者更为适用？如何借助现代科学技术，利用智慧教室、慕课、微课、手机 APP 等进行汉语教学？如何研发资源丰富、查检便捷的"融媒辞书"① 助学助教？这些扑面而来的现实问题，无法依凭老经验、老办法去应对。汉语第二语言教学面临的形势和任务使其对实证研究的诉求空前强烈，在这种情势下，尤其应当加大实证研究力度。扎实深入的实证研究，可为各种新问题、疑难问题提供高效合理的解决方案，为丰富多样的汉语第二语言教学提供有价值的对策、信息和参考。

2.2　汉语第二语言教学实证研究的进展

2.2.1　实证研究方法渐趋多元化

早些年汉语第二语言教学界使用较多的实证研究方法是课堂观察法，近十余年来广泛采用多种实证研究方法，包括调查法、访谈法、行动研究（丁安琪，2004）、文本分析法（朱勇、白雪，2019）、案例法（张燕吟，2007；张连跃，2017）、元分析方法（侯晓明，2018），还有实验研究法，实验又包括实验室实验（张林军，2009；朱宇，2010；贾琳、王建勤，2013）和课堂实验（柳燕梅，2009；曹贤文、牟蕾，2013；赵雷，2015；周琳、李彬鑫，2015；赵玮，2016、2017、2018；房艳霞，2018；洪炜等，2018）。其中，课堂实验研究发展速度最快，研究成果最多，体现出一线教师结合教学实践从事科学研究的良好态势。

2.2.2　实验设计渐趋规范

近年一些课堂教学实验研究在自变量的选择、控制及排除干扰变量等方面都更为严谨，实验操作规范清晰。举一个细节来说，王骏（2005）用"字本位"方法进行词汇教学实验研究时，选择实验词语的标准有两个：一是复合词比较常用，二是组成该词的某个单"字"（或者说"语素"）具备较高的能产性。所举的教学实例是，在教"风景"时，围绕核心字"风"扩展的词语有"风光、风俗、风格、风险、风度、风暴、风味、风趣、风车"，甚至"风水"。这些扩展复合词多是并列结构，但也有偏正结构（如"风车"）；"风"的意义更是复杂多样，有的是"风"的本义（如"风暴""风车""风水"），有的是引申义，或指景象（如"风景""风光"），或指风气、习俗（如"风俗"），或指态度、风范（如"风格""风度"），或指风波（如"风险"）。可以看出，这项研究在选择实验词语时对语素的多义性、复合词的

---

① "融媒辞书"区别于多媒体辞书的本质特征在于"融合"：其一是不同媒体的融合，其二是编纂者与用户之间的融合，其三是辞书与相关资源的融合（李宇明，2019）。

结构等都未予限制。而赵玮的系列研究中，扩展生词环节在词语的选择上格外注意两个问题：（1）尽量保证构成扩展词的语素的意义与目标词语素项的意义相同；（2）尽量保证扩展词的另一个语素是学习者已学过的，或是在其他词语中见过的。这样的控制可以避免把同素多义和语义不透明的词一股脑儿地给学生，有利于培养学生的语素意识，也有利于客观地检验语素教学法的效果。

多数课堂教学实验研究能将定量研究和定性研究相结合，将教学过程数据和结果数据相融合，在进行定量统计分析的基础上，辅以教学日志、课堂录音、教案及访谈记录等质性数据来解释量化结果。通过多源数据、多元证据的有效整合和彼此印证，增强了结论的可信度。同时，也使读者对教学方法、课堂教学过程中可能出现的情况及处理方式等有了更为清晰真切的了解。

2.2.3 学界对实证／非实证研究的认可度发生变化

早期汉语第二语言教学研究依据主观性思辨提出教学策略、设计、方案及方法的情形很常见。例如，20世纪90年代，有学者发现"词汇量不足是学生汉语交际时遇到的最大困难"，因而提出两个"改革思路"：一是"取消精读课"，因为精读课"在扩大词汇量这一点上效率太低，以课文为核心的方法不可能迅速扩大词汇量"；二是"词语的集中强化教学"，在初、中级阶段目标是两万词语（陈贤纯，1999）。在汉语第二语言教学早期，学术期刊对这类教学"构想"并不排斥，不论是基于事实和证据的思辨，还是对结果的美好预期或主观推断，都有机会发表出来。然而观察近些年来学术期刊（尤其是核心期刊）教学类论文的用稿取向，不难看到，经验性、思辨性的研究论文已很少被采用，而实证研究论文则越来越多。期刊用稿取向的变化，折射出本领域专家群体（匿名审稿人）对实证／非实证研究的认可度发生了变化。他们在考量稿件的刊用价值时，更加关注研究方法是否得当，是否符合现代科学的研究范式，更加赞赏、支持实证性研究，对非实证性研究则不再认可或接受。

2.3 汉语第二语言教学实证研究的不足

2.3.1 国内汉语第二语言教学研究实证化的进程相对迟缓

跟美国的汉语教学和中国的英语教学这两方"近亲"相比，国内汉语第二语言教学领域的实证研究还有一定距离。多年来，美国《中文教师学会学报》①刊登的汉语教学类论文，绝大多数都是基于实证研究的。中国英语教学领域的实证研究也走在前面，例如，王初明教授的"写长法"、文秋芳教授的"产出导向法"等不仅在英语教学中有较大影响，也对汉语第二语言教学产生一定的启发和引领作用。近年来就有研究团队通过实证研究检验这些教学方法在汉语第二语言教学中的适用性（宗世海等，2012；朱勇、白雪，2019 等）。

        国内汉语第二语言教学实证研究之所以相对滞后，原因主要是：其一，对外汉语教师的教育背景主要是中文专业，他们没有受过课堂实验研究方法的训练，即便想做实证研究，也很难合理地进行研究设计，用科学的手段或工具收集证据、处理数据；其二，实证研究周期长，费时费力，且存在较大的成本风险，因为课堂教学是一个极为复杂的过程，可能存在一些很难控制的干扰变量，使实验结果不能支持研究者对变量间因果关系的预测，或者根据所选样本得出的研究结果很难在更大范围推广；其三，汉语教师普遍课时量大，在应付日常教学之余，很难抽出时间系统地学习实证研究方法，进行教学实证研究设计。

2.3.2　对汉语第二语言教学中的现实问题关注不够

        近年来虽然出现一些实证研究成果，但研究选题有不少来自文献研读中发现的英语第二语言教学研究提出的（或有争议的）问题，是在汉语第二语言教学中，对西方学者提出的教学原理、规律、策略或方法等进行重复性检验。尽管重复性实证研究是必要的，但汉语第二语言教学实践中有不少新的、亟待解决的问题更需要我们去做实证研究，提出解决方案，回应现实需求。也就是说，在今后的教学实证研究中研究者的主体精神和问题意识还有待提升。

2.3.3　科学性、严谨性有待提高

        尽管目前汉语第二语言教学实证研究水平在不断提升，但仍有一些实证研究存在不同方面或不同程度的缺憾。例如，实验组和对照组投入的教学时长不等；缺乏前测，前测与后测或实验组与对照组数据收集方法不一致；只通过测试成绩比较教学法的优劣，缺乏对教学方法的清晰界定或对

---

①　2016 年起更名为《中文教学研究》，改由荷兰 John Benjamins Publishing Company 出版。

实验操作的细致说明；被试样本量过小或存在明显的异质性，教学实验周期过短，"在研究结果解释方面存在解释牵强和阐释肤浅的问题，甚至存在数据分析过程复杂但研究结果无须证明的矛盾与尴尬"（刘选，2017）；等等。

2.3.4 研究成果向教学应用的转化还不够

实证研究成果不能及时有效地向教学应用转化，是超出教学实证研究的外部问题，但同样值得反思。这一方面表明实证研究成果的影响力还较为有限；另一方面反映出一线汉语教师对教学实证研究成果关注不够，因而不能将经过实证检验的教学原理、策略、规则、模式、方法和手段等引入教学实践，用于改进教学方法，提高教学效率。例如，有不少实验研究证实，对于相近相关的语言项目实行彼此隔离，有序输入，符合第二语言学习者缺乏目的语语感、认知负荷有限的特点[①]；但仍有一些教材或教师，习惯将功能基本重合或极其接近的格式在同一个教学单元同时给出，导致学习者难以分辨，产生混淆或杂糅错误。笔者就曾在听课时发现，有老师在二十分钟的语言点讲练中，连续教授"他比我高""他比我高很多""他比我更高"三种比较句式，使学生产出"他比我更高很多"之类的杂糅句式。

2.4 结语

综观近十余年来相关学术期刊刊发的汉语第二语言教学实证研究论文，不难看到，作者多是青年学者，其中大多数是一线教师。这表明，新一代学者是教学研究从经验性、思辨性向实证性研究范式转型的主要践行者和推动者。他们善于吸纳新知，勇于探索，在学习运用科学方法从事教学研究方面更具潜力。为了加快汉语第二语言教学研究范式的转型，提高汉语第二语言教学实证研究的效度和作用，建议更多的一线教师充分认识实证研究对于推动学科发展和解决现实问题的重要意义，加强学习，系统研读一些第二语言实证研究方法的论著，如 Nunan & Bailey《第二语言课堂研究：综合指导》（2009）等，用以指导自己的实证研究。另外，不同专业背景的研究者应加强合作，在确定选题之前应有前期调研，研究设计要经团队成员的反复论证，广泛听取专家或同行意见，正式进行教学实证研

---

① 例如，周琳、李彬鑫（2015）通过一项汉语二语教学实验研究表明，在三周内递进式教授离合词插入动态助词"了"、时量补语和动量补语的用法，与在一个教学单元同步教授离合词这三种离析式用法相比，尽管教学时长相同，但前者的即时后测和延时后测成绩都显著高于后者。

究前最好要有试调查或预实验。多学科背景的研究者集思广益，团结协作，共同推进汉语第二语言教学实证研究。

参考文献

曹贤文、牟　蕾（2013）重铸和诱导反馈条件下语言修正与形式学习的关系研究，《世界汉语教学》第 1 期。

陈贤纯（1999）对外汉语中级阶段教学改革构想——词语的集中强化教学，《世界汉语教学》第 4 期。

陈晓端、Stephen Keit（2005）当代西方有效教学研究的系统考察与启示，《比较教育研究》第 8 期。

崔希亮（2013）说汉语教师的学术自觉，《世界汉语教学》第 4 期。

戴雪梅（2003）图式理论在对外汉语阅读教学中的应用，《汉语学习》第 2 期。

丁安琪（2004）商务汉语写作课教学行动研究报告，《云南师范大学学报》（对外汉语教学与研究版）第 5 期。

房艳霞（2018）提高语块意识的教学对汉语第二语言学习者口语产出的影响，《世界汉语教学》第 1 期。

桂诗春（1988）《应用语言学》，长沙：湖南教育出版社。

郭　睿（2010）论中级汉语词汇教学的"概念地图"策略，《语言教学与研究》第 3 期。

国家对外汉语教学领导小组办公室（2002）《高等学校外国留学生汉语言专业教学大纲》，北京：北京语言文化大学出版社。

洪　炜、吴安婷、伍秋萍（2018）任务的模态配置对汉语二语文本理解、词汇和句法学习的影响，《世界汉语教学》第 3 期。

侯晓明（2018）汉语二语阅读中词汇附带习得研究的元分析，《世界汉语教学》第 4 期。

胡　鸿、褚佩如（1999）集合式词汇教学探讨，《世界汉语教学》第 4 期。

华东师范大学等（2017）教育实证研究华东师范大学行动宣言，《华东师范大学学报》（教育科学版）第 3 期。

贾　琳、王建勤（2013）视觉加工对英语母语者汉语声调感知的影响，《世界汉语教学》第 4 期。

江　新（1999）第二语言习得的研究方法，《语言文字应用》第 2 期。

靳洪刚（2011）现代语言教学的十大原则，《世界汉语教学》第 1 期。

靳洪刚（2017）有效输出在第二语言习得与教学中的作用，《世界汉语教学》第 4 期。

孔子学院总部 / 国家汉办编制（2015）《〈国际汉语教师证书〉考试大纲解析》，北京：人民教育出版社。

李如龙、吴 茗（2005）略论对外汉语词汇教学的两个原则，《语言教学与研究》第 2 期。

李先银、吕艳辉、魏耕耘（2015）《国际汉语教学 词汇教学方法与技巧》，北京：北京语言大学出版社。

李宇明（2018）海外汉语学习者低龄化的思考，《世界汉语教学》第 3 期。

李宇明（2019）弘扬"辞书人精神"提升辞书生活品质，在《汉语大词典》第二版出版座谈会上的讲话，3 月 27 日。

刘 选（2017）实证研究怎么做：让研究者困惑的地方——来自华东师大第二届全国教育实证研究论坛的启示，《现代远程教育研究》第 3 期。

柳燕梅（2009）汉字策略训练的必要性、可教性和有效性的实验研究，《世界汉语教学》第 2 期。

陆俭明（2007）词汇教学与词汇研究之管见，《江苏大学学报》(社会科学版) 第 3 期。

吕文华（1999）建立语素教学的构想，《第六届国际汉语教学讨论会论文选》，北京：北京大学出版社。

吕文华（2014）《对外汉语教学语法讲义》，北京：北京大学出版社。

孟春国、陈莉萍（2015）生词注释对限时阅读理解与词汇附带习得的影响，《外语与外语教学》第 1 期。

孙新爱（2004）对外汉语词汇教学应把握的几个原则，《云南师范大学学报》(对外汉语教学与研究版) 第 2 期。

王汉卫（2005）谈基础阶段词汇集中教学，《语言与翻译》第 1 期。

王 骏（2005）在对外汉语词汇教学中实施"字本位"方法的实验报告，《暨南大学华文学院学报》第 3 期。

邢红兵（2016）《汉语作为第二语言的词汇习得研究》，北京：北京大学出版社。

徐晶晶、马 腾、江 新（2017）汉语二语者名名复合词学习中语义关系信息的作用，《世界汉语教学》第 3 期。

袁振国（2017）实证研究是教育学走向科学的必要途径，《华东师范大学学报》(教育科学版）第 3 期。

张　博（2011）汉语动源职事称谓衍生的特点及认知机制，《汉语学习》第 4 期。

张　博（2014）汉语两组表约量同义词的组际组内差异及其根源，《励耘语言学刊》
　　第 1 期。

张　博（2017）汉语二语教学中词语混淆的预防与辨析策略，《华文教学与研究》
　　第 1 期。

张连跃（2017）解读—改编—创演：戏剧教学模式新探，《世界汉语教学》第 2 期。

张林军（2009）知觉训练和日本留学生汉语送气 / 不送气音的范畴化感知，《世界
　　汉语教学》第 4 期。

张　萍（2010）中国英语学习者心理词库联想模式对比研究，《外语教学与研究》
　　第 1 期。

张燕吟（2007）利用海外当地资源：把"真实"的汉语引进课堂，《世界汉语教学》
　　第 4 期。

赵　雷（2015）任务型口语课堂汉语学习者协商互动研究，《世界汉语教学》第
　　3 期。

赵　玮（2016）汉语作为第二语言词汇教学'语素法'适用性研究，《世界汉语教学》
　　第 2 期。

赵　玮（2017）"语素法"和"语境法"汉语二语词汇教学效果的对比研究，《语言
　　教学与研究》第 4 期。

赵　玮（2018）语素法对汉语二语者词汇能力影响的实验研究，《汉语学习》第
　　5 期。

赵　杨（2017）外语教学法的演进：从方法到原则，《国际汉语教学研究》第 1 期。

中国社会科学院语言研究所词典编辑室编（2016）《现代汉语词典》(第 7 版)，北京：
　　商务印书馆。

仲哲明（1996）应用语言学研究的现状与展望，许嘉璐、王福祥、刘润清主编《中
　　国语言学现状与展望》，北京：外语教学与研究出版社。

周　荐（1991）复合词词素间的意义结构关系，《语言研究论丛》第六辑，天津：
　　天津教育出版社。

周　琳、李彬鑫（2015）汉语作为第二语言的离合词教学实验研究，《世界汉语教
　　学》第 3 期。

朱德全、李　鹏（2015）课堂教学有效性论纲，《教育研究》第 10 期。

朱德熙（1982）《语法讲义》，北京：商务印书馆。

朱　勇、白　雪（2019）"产出导向法"在对外汉语教学中的应用：产出目标达成性考察，《世界汉语教学》第 1 期。

朱　宇（2010）再探电子抽认卡对美国汉语初学者汉字记忆的影响，《世界汉语教学》第 1 期。

宗世海、祝晓宏、刘文辉（2012）"写长法"及其在汉语二语写作教学中的应用，《世界汉语教学》第 2 期。

Bahns, Jens & Moira Eldaw (1993) Should we teach EFL students collocations? *System* 21: 101-114.

Ellis, Rod & Natsuko Shintani (2014) *Exploring Language Pedagogy through Second Language Acquisition Research*. London and New York: Routledge.

Hall, Stephen J. (1992) Using split information tasks to learn mathematics vocabulary. *Guidelines* 24 (2):72-77.

Hatch, Evelyn & Cheryl Brown (1995) *Vocabulary, Semantics and Language Education*. New York: Cambridge University Press. (《词汇、语义学和语言教育》，北京：外语教学与研究出版社，2001 年）

Gitsaki, Christina (1999) *Second Language Lexical Acquisition: A Study of the Development of Collocational Knowledge*. Bethesda: International Scholars Publications.

Jacobs, George M. (1994) What lurks in the margin: Use of vocabulary glosses as a strategy in second language reading. *Issues in Applied Linguistics* 5 (1): 115-137.

Jespersen, Otto (1904) *How to Teach a Foreign Language*. Translated from the Danish original by Sophia Yhlen-Olsen Bertelsen. London: George Allen & Unwin, Ltd. (《如何教外语》，北京：世界图书出版公司，2013 年）

Jiang, Nan (2000) Lexical Representation and development in a second language. *Applied Linguistics* 21 (1): 47-77.

Krashen, Stephen (1989) We acquire vocabulary and spelling by reading: Additional evidence for the input hypothesis. *Modern Language Journal* 73 (4): 440-464.

Lakoff, George (1987) *Women, Fire, and Dangerous Things: What Categories Reveal about the Mind*. Chicago: The University of Chicago Press. (中译本《女人、火与危险事物：范畴显示的心智》，李葆嘉、章婷、邱雪玫译，北京：世界图书出版公司，2017 年）

Nation, Paul & Jonathan Newton (1997) Teaching vocabulary. In James Coady & Thomas

Huckin (eds.), *Second Language Vocabulary Acquisition: A Rationale for Pedagogy*, 238-254. New York: Cambridge University Press. (《第二语言词汇习得》, 上海：上海外语教育出版社，2001 年)

Nunan, David & Kathleen M. Bailey (2009) *Exploring Second Language Classroom Research*: *A Comprehensive Guide*. Boston: Cengage Learning. (《第二语言课堂研究：综合指导》, 北京：外语教学与研究出版社，2010 年)

Shen, Helen H. (2015) L1 semantic transfer in the acquisition of L2 Chinese vocabulary by advanced learners.《世界汉语教学》第 2 期.

Simcock, Moina (1993) Developing production vocabulary using the "ask and answer" technique. *Guidelines* 15 (2): 1-7.

Widdowson, Henry G. (1978) *Teaching Language as Communication*. Oxford: Oxford University Press.

Wilkins, David A. (1972) *Linguistics in Language Teaching*. London: Edward Arnold.

Wolter, Brent (2006) Lexical network structures and L2 vocabulary acquisition: The role of L1 lexical/conceptual knowledge. *Applied Linguistics* 27: 741-747.

Zimmerman, Cheryl B. (1997) Historical trends in second language vocabulary instruction. In James Coady & Thomas Huckin (eds.), *Second Language Vocabulary Acquisition: A Rationale for Pedagogy*, 5-19. New York: Cambridge University Press. (《第二语言词汇习得》, 上海：上海外语教育出版社，2001 年)

第二章　汉语复合词及其教学实证研究

以词根语素的复合来造词是汉语词法的主流和重要特点。汉语词汇学界已对主要体现并列、偏正、动宾、动补和主谓五大结构类型的（双音）复合词进行了多角度、多方位的研究，而对一些当代汉语所呈现的新的词汇问题或词汇—句法接口问题则缺乏深度关注。例如，近年涨势明显的多音词体现出了明显的韵律—结构—语义的界面关系，多音词内部的成分形类、韵律和语义也有倾向性很强的匹配规则，且理据明晰；并合造词法古已有之，因应再造双音节词或符合节律的单音节动词的需求，在现代汉语中渐趋普遍而能产；创造性类推构词则是当代汉语新词语的重要产生方式。本章将对上述复合词法及其接口问题进行深入探讨。

复合词本体研究的目的是更好地指导复合词教学与学习。复合词教学是汉语第二语言词汇教学，尤其是中级水平以上的二语词汇教学的重点。以往对二语学习者复合词教学或学习的研究多是内省式或经验性的，缺乏科学、有效的实证研究。本章即尝试运用多种实证研究方法展开汉语复合词教学/学习研究。

通常认为，二语学习者正确使用词语的前提是准确识解词义。以往二语学习者词汇识解研究得出的复合词五大结构类型或其中某几类的词义易猜序列较为粗疏和笼统，类间的多重差异和类内不匀质的小类尚有许多语义问题被掩蔽在这五大类结构关系之下。本章择取汉语二语者词汇学习较为困难的动宾式和并列式复合词，分别对其不同小类的词义识解问题进行实证研究。基于语料库统计和问卷测试结果，形义关系复杂的动宾式复合词宜采用分类型、分层次教学；并列式复合词，尤其是反义并列复合词词义识解的测试与个体访谈表明，其词义识解准确性的影响因素包括复合词的语义关系类型、语义透明度、构词法知识、汉字字形、多义语素、母语文字背景、母语词义、语境条件等。这两类复合词词义识解的实证研究结果可以应用于相关的复合词教学或学习，并可为其他类型复合词词义识解研究提供可资借鉴的研究路径与研究范式。

一、三音词语的韵律—结构—语义界面调适 *

　　近年来，汉语的三音词语[①]有明显增加的趋势（韩晨宇，2007；张小平，2008：294；邱雪玫、李葆嘉，2011；刘楚群，2012；惠天罡，2014；刘中富，2014；程荣，2015 等）。学界对三音词语的研究有的侧重于探讨其韵律特点及韵律与结构形式的对应关系，如［1+2］结构以动宾式（开玩笑）为主，［2+1］结构以偏正式（宽心丸）占绝对优势，［1+1+1］结构不多，主要是联合式（短平快）、补充式（舍不得）、主谓式（面对面）（吕叔湘，1963；吴为善，1986；齐沪扬，1989；Lu & Duanmu，2002；卜成林，1998；王洪君，2001；王新宇，2009；罗树林，2014 等）；有的注意到了特殊的三音结构 "V$_单$+X+N$_单$"（戴绿帽、吃干醋）的语义构成和语义发展（周荐，2004；杨书俊，2005；李慧，2012 等）。不过，三音词语远没有像双音节那样得到重视（董秀芳，2014），尽管它在汉语构词法上 "有着双音节不可替代的作用"，如 "词语的层面上就可以形成最典型的汉语的基本结构'主 + 动 + 宾'型的格式，如'胆结石''鬼画符''面对面'等"（郑庆君，2003）。其实，三音词语的韵律（prosody）、结构（structure）和语义（semantics）三者之间的界面（interface）特征也比较明显，只是还没有得到学界的足够关注。因此，本节拟从韵律—结构—语义的界面关系这一角度来研究三音词语。

1.1　三音词语的典型结构类型及其界面和谐

1.1.1　三音词语的典型结构类型

　　三音词语涵盖了偏正式（保险柜）、动宾式（闯天下）、补充式（来不及）、主谓式（脑震荡）、联合式（高精尖）、重叠式（白茫茫）、派生词（老

---

　　*　本节作者孟凯。本节内容曾发表于《中国语文》2016 年第 3 期。
　　①　未径称 "三音词"，是因为三音节是否都是词尚无定论。《现代汉语词典》（第 6 版，本节简称《现汉》）给很多名词性的三音节标注了词性，动词性的一般都不标注词性。可见，《现汉》对后者的 "词" 归属持审慎态度。因此，本节笼统地称 "三音词语"。

好人、工业化）、外来词（可卡因）等诸多类型。其中，偏正式最多，占
80% 左右，动宾式次之，占 10% 左右，二者合计占到 90% 以上（卞成林，
1998；郑庆君，2003），是三音词语的典型结构类型。

对偏正式和动宾式三音词语的研究主要集中于：

1）韵律上，偏正式以［2+1］为主，动宾式以［1+2］占绝对优势。

2）词类分布上，偏正式倾向于呈现名词属性，动宾式主要呈现动词
属性。

3）结构层次上，除构成成分 2 是单纯词（卡丁车）或专名（中山装）
的三音词语具有单层结构关系外，多数情况下，三音词语都体现出双层结
构关系，如"节能灯"是［2+1］定中式，2（节能）是动宾式；"够朋友"
是［1+2］动宾式，2（朋友）是联合式。

4）语义上，多为名词性的［2+1］偏正式体现的是 2 对名词性 1 的限
定或修饰，多为动词性的［1+2］动宾式体现的是动词性 1 与名词性 2 丰富
的语义关系[①]；还有一种嵌入式"$V_单$+X+$N_单$"（敲边鼓、睡懒觉）中的 X 并
不与 $N_单$ 构成名词性 2，而是与 "$V_单$+$N_单$" 所表示的事件发生语义关系。
（参看吕叔湘，1963；吴为善，1986；齐沪扬，1989；冯胜利，1996；卞成林，
1998；郑庆君，2003；周荐，'2004；吕长凤，2005；杨书俊，2005；李慧，
2012；董秀芳，2014 等）

通常情况下，三音词语保持着韵律—结构—语义的界面和谐，即韵
律、结构与语义具有对应（correspondence）关系。本节将以偏正式和动宾
式这两类典型的结构类型为例，简要分析一下三音词语的主流性界面和谐。

1.1.2 偏正式三音词语的界面和谐

偏正式三音词语的结构关系是定中（敬老院）或状中（百日咳），［2+1］
结构占了近八成（卞成林，1998）。一般的偏正式三音词语的语法结构和语
义结构都是双层的，无论是［2+1］式（北极熊、热水袋），还是［1+2］式
（活地图、总动员），其中的双音成分几乎都是语义和功能独立的词语，整
体与单音成分产生语义关联，体现着限定或修饰的语义关系；双音成分内
部还有一层语法语义关系。与单音成分构成三音词语前后，双音成分的结
构和语义保持不变。可以说，偏正式三音词语普遍实现了韵律—结构—语
义的界面对应。（见图 2-1，以"热水袋"为例）

---

① 与动宾结构包括受事、施事、方式、工具、时间、处所、结果等多种语义关系一致。

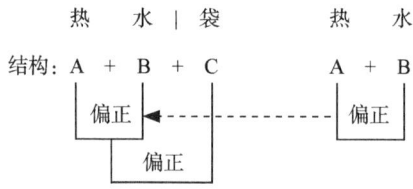

语义：<u>盛热水的橡胶袋</u>

图 2-1　［2+1］偏正式三音词语（热水袋）的语法语义结构图 [①]

1.1.3　动宾式三音词语的界面和谐

　　动宾式三音词语中，［1+2］结构占到了近 98%（卞成林，1998），优势相当明显。因此，我们就以［1+2］结构为例来分析动宾式三音词语的界面和谐。

　　一般而言，［1+2］动宾式三音词语是一个 V$_单$和一个 NP$_双$的组合，如"撑场面、煞风景、没说的"，韵律和结构和谐匹配，语义往往是引申义，如"撑场面"中的"场面"用的是"表面的排场"义，"煞风景"整体比喻使人扫兴，"没说的"则是一个包括三个意义的多义词语。这些引申义虽然没有在字面上与［1+2］动宾结构形成对应，但也没有打破其韵律与结构的和谐，只是令三音词语的语义更加融合，而这也正是三音词语（传统上多认为是惯用语）的语义特点所在。NP$_双$的内部同样具有第二层语法语义关系。因此，一般的［1+2］动宾式三音词语总体上体现了韵律—结构—语义三个界面的对应。（见图 2-2，以"闹笑话"为例）

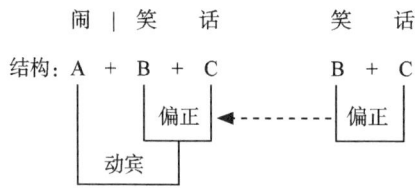

语义：因粗心大意或缺乏知识、经验而发生供人当作笑料的错误

图 2-2　［1+2］动宾式三音词语（闹笑话）的语法语义结构图

　　上述分析让我们看到，一般情况下，三音词语 [②] 都保持着 1 与固有词或短语成分 2 的韵律、结构和语义匹配，2 的韵律、结构或语义在进入三

---

① 语义主要来自《现汉》的相关释义，有删略。
② 下文若无特别说明，"三音词语"均指偏正式和动宾式这两类。

音词语前后保持不变。这说明，韵律—结构—语义三个界面和谐匹配是三音词语的主流特征，三者无须通过调适来完成界面平衡。

　　不过，不可否认的是，还有一些三音词语在韵律、结构或语义上具有特异性，不符合上述界面特征，需要通过调适三个界面的关系才能实现与三音词语主流特征的对应与匹配。那么，这类三音词语有什么特异性？又是如何实现三个界面的调适的？

1.2　［2+1］偏正式三音词语的语义压制导致内部成分的结构顺应

1.2.1　"热水器"类［2+1］偏正式三音词语的韵律—结构—语义特点

　　我们发现，有一些［2+1］偏正式三音词语，如"恒温器、净水器、嫩肉粉、热水器、瘦肉精"（下文称为"'热水器'类［2+1］偏正式三音词语"），其韵律与多数偏正式三音词语无异，仍是［2+1］，但其语法、语义结构却与一般的［2+1］偏正式三音词语有所不同。意即，其前位双音成分（恒温、净水、嫩肉、热水、瘦肉）未进入以上三音词语、单独存在或使用时是偏正式，进入三音词语后结构和语义就不同了，结构关系不再是偏正式，而是动宾式；语义也不再表达限定或修饰，而是致使。（见图2-3，以"热水器"为例）

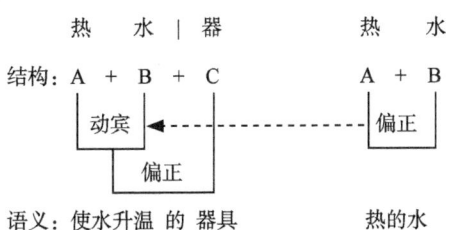

图2-3　"热水器"类［2+1］偏正式三音词语的语法语义结构图

　　那么，前位双音成分是因为与后位N$_单$结合而改变了结构关系和语义关系，还是先改变了结构和语义关系后再与后位N$_单$结合的？如若是前者，那么是否与类似"器、粉、精"这样的后位N$_单$结合的双音成分都会改变结构和语义关系？这些所涉及的就是"热水器"类［2+1］偏正式三音词语的结构与语义的界面调适问题。

1.2.2　"热水器"类［2+1］偏正式三音词语的语义促动内部成分的结构调适

　　与"热水器"类［2+1］偏正式三音词语中的前位双音成分类似的双

音节"热+N""嫩+N""瘦+N""净+N"等，很多时候是能表动宾致使义的。有的多出现于句法层面，如"热一下饭、热热那盘豆腐""该瘦瘦身了、这款产品能让你快速瘦脸"；有的则因表致使义时句法独立性不强而多用于构造多音短语，如"嫩肤霜、嫩手液""净颜乳、净身出户"。相对而言，"热水""嫩肉""瘦肉"这样的双音节在母语者的头脑中首先激活的一定是使用频率相当高的偏正义，有的单用时可以有动宾致使义，如"热水"可以跟"热饭、热菜"一样用于"热一热那壶水"而拥有致使义；有的单用时根本就没有动宾致使义，如"嫩肉""瘦肉"就不可以说成"＊嫩一下那块肉""＊瘦一瘦这块肉"。当然，不排除"嫩肉""瘦肉"等受其他可以表动宾致使的"嫩+N""瘦+N"等的影响也产生致使义。只是要改变"嫩肉""瘦肉"率先被激活的常用义需要一定的条件（如后加成分，下文详析），而不大可能在单用时直接产生致使义。因此，"嫩肉、瘦肉"多半是进入三音词语后产生的致使义。那么，单用时也可以表致使的"热水"是先变为致使义再与后位 N$_单$"器"结合成"热水器"的吗？

我们先来看一下"热水"与典型的兼具偏正义与动宾致使义的"热饭、热菜"的差异：

（1）a. 热饭　　　　　热菜　　　　　热水　　　　　（偏正）

　　　b. 热饭去　　　　热菜去　　　　? 热水去　　　（动宾致使）

　　　c. 热一下饭　　　热一下菜　　　? 热一下水　　（动宾致使）

　　　d. 把饭热一下　　把菜热一下　　? 把水热一下（动宾致使）

例（1）b、c、d三种动宾致使义的句法表达中，"热水"三句的可接受度都不如"热饭、热菜"高。而且，语言事实表明，"热水"在句法中的动宾致使用法比较少见，这一方面与水不宜反复加热有关，另一方面，"热水"中的"热"一般是烧开了的意思，不同于寻常的"热"。因此，类似于例（1）b、c、d的动宾致使义，通常多用"烧水去、再烧一下水、把水再烧一下""温一下水、把水温一下"等来表达。与"热饭、热菜"动宾致使句法表达的差异从侧面说明高频使用的偏正式"热水"几乎不大可能是先变成致使义再与后位 N$_单$结合的。

以上分析说明，多数情况下，"热水器"类［2+1］偏正式三音词语中的前位双音成分是先与后位 N$_单$结合才拥有动宾致使义的。那么，与之结合的后位 N$_单$有什么特点能促使前位双音成分拥有致使义？

先看一下《现汉》对"热水器"类［2+1］偏正式三音词语中 3 个主要的后位 N单 的释义：

　　器❶ 器具。(【器具】名用具；工具。)
　　粉❶ 名粉末。(【粉末】名极细的颗粒；细屑。)
　　精❷ 提炼出来的精华。(精❶名(事物)最重要、最好的部分。)

"器、粉、精"等多具有黏附性的 N单(吴为善，1989)原本都不含致使义，位于"热水"等后能够使这些双音成分变为动宾致使义可能与这些 N单 在三音词语中的作用有关。生成词库理论(Generative Lexicon Theory, Pustejovsky，1991、1995)认为，词汇的物性结构(qualia structure)中有功用角色(telic role)，用于描写对象的用途(purpose)和功能(function)。"热水器"类［2+1］偏正式三音词语中的前位双音成分恰恰就充当了锚定(anchor)后位 N单 的用途或功能的功用角色。"器、粉、精"等表示的多为人造物，在用于构造三音词语时既可以表明该人造物是做什么用的，如"计步器、探测器、洗衣粉、洗发精、洗洁精"，或由什么材料制成的，如"贝壳粉、蔬菜精"；也可以表明该人造物有什么作用或功能，即"热水器"类［2+1］偏正式三音词语的意义，如"热水器"不是盛装热水的器具，而是使水变热的器具，"瘦肉精"不是瘦肉制成的"精"，而是能让肉变瘦的"精"。所以，当三音词语需要用前位双音成分凸显后位 N单 的作用或功能(其实是人们的心理需求需要被凸显)时，前位双音成分就可能产生致使义，即其结构和语义都跟单用时不同。也正是"器"类后位 N单 对功用角色的需求将可能表达多种语义的"热水"定位在了动宾致使义上，而不能取其他语义。

　　那么，同样是与"器"类后位 N单 结合，为什么"热水器"类表达的是致使义，而"计步器、探测器"等却不能表达致使义呢？这就涉及"热水器"类［2+1］偏正式三音词语中用于凸显作用或功能的前位双音成分需满足的条件的问题。

　　第一个条件，此类致使义是动宾致使义，前位双音成分须为动宾结构关系，像"探测器、抢答器"中的"探测、抢答"这样的并列式、偏正式的前位双音成分是不可能表达动宾致使义的。

　　第二个条件，具有动宾关系的前位双音成分须能将功能性结果显现于词形。更具体地说，是双音成分中的首位成分"热、净、嫩、瘦、恒"要含有结果义。这也就是"热水器"类［2+1］偏正式三音词语中的首位成分基本都是由性状形容词性成分"热、净、嫩、瘦、恒"等来充当的原因。这个语义要求得不到满足，前位双音成分就无法表达致使义（孟凯，2012b）。因此，"计步器、洗衣粉、洗发精、供水厂、切菜刀、收音机、扫路机"等的前位双音成分虽也是动宾式，可以比较自由地充当定中式三音词语的定语成分，但是，其首位成分"计、洗、供、切、收、扫"等是比较典型的及物动词性成分，不含结果义，所由构成的前位双音成分"计步、洗衣、洗发、供水、切菜、收音、扫路"等也就无法拥有致使义，只能是充当三音词语中的定语成分的普通动宾式。

综上，虽然我们不能说"热水器"类［2+1］偏正式三音词语中的后位 N$_单$一定强制其黏附的双音成分由进入三音词语前的偏正关系变为三音词语中的动宾致使关系，但不可否认的是，后位 N$_单$对前位双音成分结构和语义的变化具有重要的促动作用。意即，只要前位双音成分是能够凸显结果性的动宾式（以动宾式"A+N"为主），且表明后位 N$_单$的作用或功能，其与后位 N$_单$组构的［2+1］偏正式三音词语就应该是内部具有致使义的"热水器"类三音词语。像一般单用时常被理解为偏正式的"热饭、热菜"，若能与"器、锅、炉、灶"等功能性比较突出的器物 N$_单$组构成三音词语，其意义也可以是致使性的。这就说明，后位 N$_单$在一定条件下确实能够促使其前位双音成分发生结构关系和语义关系的改变。因为语义需求是根本性的语言需求，语义压制（semantic coercion）具有底层效应（underlying effect），因此，前位双音成分结构关系的变化应是对后位 N$_单$对其语义要求的顺应（conformation）。

偏正式三音词语既有［2+1］式，也有［1+2］式，只是前者比后者多。这种可以兼容两类韵律模式的特点使得偏正式三音词语的韵律一般不会与结构或语义发生龃龉，选择二者之中的哪一种韵律模式都合法。因此，偏正式三音词语主要体现的是语义—结构的双界面调适。具体而言，就是三音词语的语义压制导致其内部成分的结构顺应。

1.3 ［1+2］动宾式三音词语的韵律压制促发结构和内部语义连锁顺应

1.3.1 "吃偏饭"类［1+2］动宾式三音词语的韵律对结构的促动

本节的特异性［1+2］动宾式三音词语主要来自杨书俊（2005）、李慧

（2012）和笔者所收集的语例，即：帮倒忙、炒冷饭、吃白饭、吃白食、吃长斋、吃独食、吃干醋、吃干饭、吃讲茶、吃偏饭、吃偏食、吃闲饭、出远门、打边鼓、打黑枪、打冷枪、打群架、打雪仗、打硬仗、打嘴仗、读死书、放暗箭、放冷箭、喊倒好儿、喝花酒、喝闷酒、喝倒彩、怀鬼胎、降半旗、开倒车、开黑店、开夜车、夸海口、拉偏架、拉偏手儿、迈方步、跑旱船、敲边鼓、请春客、守活寡、睡大觉、睡懒觉、说瞎话、说闲话、装洋蒜等。这类［1+2］动宾式三音词语（下文称为"'吃偏饭'类［1+2］动宾式三音词语"）表面上似乎与一般的［1+2］动宾式三音词语"V单+NP双"（闹笑话、开玩笑）无异，但事实并非如此。吕叔湘（1963）、周荐（2004）、杨书俊（2005）和李慧（2012）等已指出，这类动宾式三音词语其实是单音成分 B 插入双音动宾式 AC 中，导致 AC 的韵律结构被打破，不再连续出现，从而形成三音节。（见图 2-4，以"吃偏饭"为例）

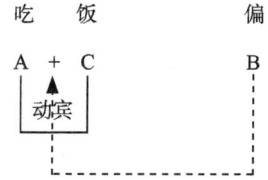

图 2-4　"吃偏饭"类［1+2］动宾式三音词语结构图

　　一般而言，现成的词形式是不能被破坏的，动宾式除外。"吃偏饭"类三音词语就是原双音动宾式 AC 被单音成分 B 插入其中而来的。那么，单音成分 B 为什么不是处于前位与双音成分 AC 构成［1+2］状中式（偏吃饭①）？为什么也不处于双音成分 AC 之后构成［2+1］动（宾）补式（*吃饭偏）？单音成分 B 插入双音成分 AC 之中为什么没有构成［2+1］动（补）宾式，而恰恰构成了［1+2］动（定）宾式？

　　首先，单音成分 B 没有与双音成分 AC 构成［1+2］状中式的原因主要在于：（1）三音词语是以双音动宾式 AC 为基底构造的，有些［1+2］动宾式尚有对应的［1+2］偏正式，如"白吃饭、偏吃饭、闲吃饭、死读书、

---

　　①　"偏吃饭"因"偏"义的不同可以有两个意义：一般的理解是"偏偏吃饭"（你不让我吃饭，我偏吃饭），其中的"偏"是故意唱反调的意思；另一个意义应与"吃偏饭"对应，是吃得比别人好，亦指得到特别的照顾，其中的"偏"义为偏向一方或对人对事不公平。第二个意义是"偏吃饭"可以有、但实际语言生活中似乎没有使用过的（笔者调查过的十几位汉语母语者都反映没用过或没听过"偏吃饭"的第二个意义）。而没有被应用的原因恰恰就是本节要论述的第二个意义的优选表达方式是"吃偏饭"，而"偏吃饭"优先占位的常用义则是第一个意义"偏偏吃饭"。

倒喊好儿、瞎说话"；而有些则没有对应的［1+2］偏正式，如"＊花喝酒、＊黑打枪、＊方迈步、＊旱跑船、＊懒睡觉、＊洋装蒜"等都不能说；有些虽有对应的［1+2］偏正式，如"干吃醋、鬼怀胎、边敲鼓"，但意义与［1+2］动宾式截然不同。（2）动宾结构规约性喻义（如"吃偏饭"的"比喻得到特别的照顾"义）选择用什么方式表达，还是会以动宾结构为优选，而状中式体现更多的是修饰关系，多用于表达成分间组合性的修饰义。

其次，单音成分 B 没有与双音成分 AC 构成［2+1］动（宾）补式的原因则与动宾结构的特点有关。尽管"帮忙、吃饭、出门、读书、喝酒、开车、说话、睡觉"等双音动宾式都是现代汉语常用双音节，时常紧邻出现，但其同时也都是使用频率很高的离合结构，其间插入其他语言成分不足为奇，如"帮个忙、吃午饭、出趟门、读完书、喝两瓶酒、开了车、说十分钟话、睡一觉"。单音成分 B 若要与双音动宾式 AC 构成具有动补关系的三音词语，也应该插入双音节之中，而不是居于双音节之后。因此，"吃饭偏"这样的形式几乎是不可能出现的。

再次，单音成分 B 插入双音成分 AC 之中却没有构成［2+1］动（补）宾式，而必须构成［1+2］动（定）宾式的原因在于，一般而言，插入离合结构与动词性成分形成动补关系的成分多为结构助词（了、着、过）、结果补语（完、好、懂）、动量词（趟、次）、时量成分（十分钟、一会儿）等，能充当补足语的形容词性成分主要是"完、好、下"等，"偏、闲、独、闷、夜、懒"等形容词性或名词性成分一般不做动词性成分的补足语，即使充当补足语，所能搭配的动词也比较有限，如"跑偏、（字）写偏"，且这些形容词性或名词性成分往往多与其后的名词性成分先结合成定中结构，如"吃午饭、耍花招"中的"午饭、花招"。因此，单音成分 B 没有先与前位的动词性成分结合成动补结构 AB 再去与 C 构造［2+1］动（补）宾式。

最后，单音成分 B 插入双音成分 AC 构成的动宾式三音词语的语法和语义结构都应是［1+1+1］，因为"偏"类单音成分与"饭"类宾语成分并非如一般的［1+2］动宾式三音词语中的后两个成分那样，是个名词（短语），如"得人心、打招呼、见世面、哭鼻子、拉关系"中的"人心、招呼、世面、鼻子、关系"，"偏"与"饭"其实是没有语义关系的两个独立成分（李慧，2012）。按理说，"吃偏饭"类动宾式选择与其语法和语义结构对应的［1+1+1］韵律最理想，但事实是，其韵律是［1+2］。为什么不能是［1+1+1］呢？因为［1+1+1］的三音词语基本都是联合式（老大难）、补充式（赶不上）的，［1+1+1］不具有构造动宾式的韵律制约效应（prosodic effect）。既然这个动宾式三音词语既不能是［2+1］动（补）宾式，也不能是［1+1+1］式，那么，它只能是［1+2］动宾式。

可见，韵律效应首先在结构关系中起作用了，其强大的压制力使得"吃偏饭"类三音词语不可避免地被分析为［1+2］动宾式，而其中本没有语义关系的两个后位成分 B 和 C 被强制性地组成了貌似定中式的宾语成分 NP$_双$"偏饭"。

综上，"吃偏饭"类动宾式三音词语的韵律结构［1+2］与一般的动宾式三音词语的韵律相吻合，其压制作用促发三音词语的结构关系与之匹配、对应。但是，没有直接语义关联的 B 和 C 又该如何在语义上与三音词语的韵律和结构实现对接呢?

1.3.2　"吃偏饭"类［1+2］动宾式三音词语韵律和结构对内部语义的促动

韵律是语言社团自发形成的语音习惯，尽管只是对语言表层形式的切分，但却有强制性，它要求结构和语义通过调适来与之和谐、匹配。"吃偏饭"类动宾式三音词语亦不例外。既然结构关系首先与韵律匹配了，那么内部语义就将在二者的促动下实现三界面和谐。

李慧（2012）对"吃偏饭"类［1+2］动宾式三音词语语义结构的特点进行了详析，指出大部分嵌入成分 B 与名词性成分 C 在语义上并非直接组合的关系。一方面，嵌入成分所表示的属性，不是名词性成分所指概念所具有的。如"喝闷酒、吃闲饭"："酒"有"酸甜苦辣""贵贱""好差"之分，但没有"闷"与"快乐"的区别；"饭"有"稀稠""好坏"等的区分，却没有"闲""忙"的区别。因此，嵌入成分难以与名词性成分进行语义融合。另一方面，嵌入成分的语义并不指向后面的名词性成分。如"吃闲饭"中的"闲"指向施事，指的是施事不干活，处于闲散的状态；"打冷枪"中的"冷"指"打枪"这一事件发生的突然性和隐蔽性；"打嘴仗"中的"嘴"指工具，即用嘴打仗。基于以上两点，嵌入成分、名词性成分与动词具有一种依存关系，一般不能脱离动词而存在。

嵌入成分与名词性成分原本的不相融与此类三音词语的形成机制相关。该类三音词语是在双音动宾式 AC 的基础上融入其他概念成分整合而成的，嵌入成分 B 不是与动词或名词性成分有关，而是与双音动宾式所表示的事件相关。"当一个事件出现了新的元素，则会反映在语言形式上。在这一过程中，语言的经济原则起到重要作用。比如表示'心情不好时喝酒'，不是用一句话表示，而是选取表示'心情不好'的'闷'，嵌入到'喝酒'中，从而形成一个简单的语言形式——'喝闷酒'。"（李慧，2012）

　　按理说，由于嵌入成分具有特殊的语义作用方向——AC 所表示的事件，三音词语［1+1+1］的语义似乎难以与其［1+2］的韵律适配。不过，正如李慧（2012）所指出的，"吃偏饭"类动宾式三音词语中的 B、C 本没有结合的语义基础，但在具备一定条件的前提下，也有成词的可能，或处于词汇化进程中。李文提到了三个促动因素：（1）非独立成分 BC 的语义发展与三音词语的使用频率相关。三音词语使用频率越高，越有助于非独立成分 BC 的独立。（2）嵌入成分所处的位置。在三音词语中，嵌入成分 B 位于名词性成分 C 之前，且多为形容词性或名词性成分，很容易被看作 C 的修饰成分，从而有助于与 C 的结合，衍生出引申义。如"吃偏饭"中的"偏饭"在《现汉》中已独立出条就说明其已初步完成了词汇化，开始具有独立的意义。（3）嵌入成分与名词性成分的词汇化还与名词性复合词的强势语义模式紧密相关。名词性复合词的强势语义模式为"提示特征＋事物类"（董秀芳，2004：132-136），嵌入成分与名词性成分并不是"提示特征＋事物类"的语义关系，但是由于嵌入成分处于定语位置，很容易被看作名词性成分的修饰成分。受名词性复合词强势语义模式的影响，人们倾向于将嵌入成分看作提示特征，于是本来各自独立的嵌入成分与名词性成分进行重新整合，进而发生词汇化。

　　"偏饭、闲饭"等非独立双音成分正在或已完成词汇化的事实说明，"吃偏饭"类动宾式三音词语的语义也在向其［1+2］的韵律靠拢，正在或已实现了与韵律和结构的和谐匹配。而这种和谐匹配恰恰来自界面调适。具体而言，在三音词语的使用频率较高时，韵律的压制作用使得原本彼此独立的 B 和 C 紧邻共现的概率提高，黏附性增强，语义也产生了关联，进而逐步发生词汇化。因此，"吃偏饭"类［1+2］动宾式三音词语体现的是韵律压制（prosodic coercion）促发结构顺应，再进一步促使内部语义顺应的连锁促动。

1.4　余论：三音词语与双音词所体现的词法的界面调适

　　我们讨论了"热水器"类［2+1］偏正式和"吃偏饭"类［1+2］动宾

式两类三音词语的韵律—结构—语义的界面调适，偏正式主要体现了三音
词语的整体语义压制导致内部成分结构顺应的双界面调适，动宾式更明显
地体现出三音词语的韵律压制促使结构和内部语义先后顺应的连锁式界面
调适。

　　由于多音节具有韵律切分的多种可能性，很适于探讨汉语的韵律问
题，因而，目前国内的韵律研究多集中于多音节（冯胜利，1996、1997、
2004；Duanmu，1997；石定栩，2002；何元建，2004；周韧，2011 等）。
不可否认的是，很多结构定型、意义非字面组合义的三音词语又不同于
"皮鞋厂、种桃树"这样的三音自由短语，无论是名词性的，还是动词性
的，它们的性质都更接近于"词"。因此，本节所研究的两类三音词语体
现出的韵律—结构—语义的界面调适应是汉语词法的界面关系问题。

　　事实上，不只三音词语具有韵律—结构—语义的界面特征，双音词同
样存在韵律—结构—语义的界面关系，比较突出的例子就是跨层结构词汇
化而来的双音词。

　　江蓝生（2004）、董秀芳（2011：265-285）、刘红妮（2013）等对跨
层结构词汇化进行了深入探讨，如"的话、否则、给以、极其、据说、可
以、因而"等双音词都属此类。虽然两个成分线性紧邻，但它们原本并不
处于同一结构层次，内部没有直接的结构关系，双音节之间存在着外部停
延，长于诸如偏正、动宾、动补等比较紧密的双音词的内部停延（王洪君，
2001）。尽管这种韵律差别可能细微到人耳几乎难以分辨，需借助仪器进行
测量，但它曾经应该是存在的。随着历时词汇化，这些跨层结构在现代汉
语中已融合为一个紧密的双音词，两个成分间原有的停顿已逐渐消失，其
韵律上的语音感知已与其他双音词无异；由于跨层结构词汇化的双音词多演
变为虚词，其结构关系多半也已淡化，语义以表达语法关系为主。这样，跨
层结构词汇化的双音词就在经历了重新分析（reanalysis）的基础上实现了韵
律、结构和语义的融合、匹配。可以说，这是三个界面调适整合的结果。

　　总体来看，双音词体现的韵律—结构—语义的界面调适不是那么明
显，因为双音词的两个成分一般都处于同一结构内，几乎不存在韵律与结
构的不对应，需要调和的主要是这二者与语义的关系。而双音词形义不对
应的复杂性，如定语成分和宾语成分分别在定中式和动宾式双音词中所体
现出的复杂多样的语义关系（张博，2007；谭景春，2010；孟凯，2012b 等），
正是词法之于句法的特殊之处。因而，双音词内部的调适往往不是在三个

界面间完成的，而是韵律、结构这两个界面与语义这一界面的调适。

最能体现韵律—结构—语义三界面关系的是跨层结构词汇化而来的双音词和"吃偏饭"类［1+2］动宾式三音词语。前者主要是虚词，尤其是连词的历史来源，已不具有能产性；后者是现代汉语中具有一定活跃性的能产结构，只要有现实语言需求，就有可能出现诸如"吃闷饭、喝乐酒"之类的三音词语。而"吃偏饭"类［1+2］动宾式三音词语所体现出来的界面关系也说明，较之于其他紧密度都较高的复合结构，动宾结构因多具有可离析性而导致其韵律、结构和语义都需要经过深度调适、整合才能重新获得和谐匹配。因而，此类三音词语反而比源出的常用双音离合词的语义黏合性更强、凝固度更高（杨书俊，2005）。

无论是双音词，还是日益增多的三音词语，都可以体现汉语复合词法的界面特点。词法的界面关系往往不如句法的直接、显豁，因为复合词语的语义更多地潜隐于深层语义结构，而非音节有限的词语表层成分之中，因此，词法的韵律、结构和语义三者的关系常常也不大为学界所关注。但是，作为与句法具有高度同构性和历史继承性的词法（朱德熙，1982：32；王洪君，1998 等），其界面特征也比较明显，其所引发的韵律、结构、语义以及构式压制（王寅，2011；施春宏，2014、2015 等）等语言现象也相当丰富，有待于更深入的分析。

二、复合词内部的成分形类、韵律、语义的匹配规则及其理据 *

2.1 引言

一直以来，汉语复合词法都是以双音复合词为研究重点，因为双音复合词数量多，也比较显著地继承和体现了汉语从句法到词法的演变。不过，多音复合词 ① 有明显增加的趋势（刘楚群，2012；惠天罡，2014；程荣，2015 等），其韵律问题虽早已为学界所关注（吕叔湘，1963；吴为善，

＊ 本节作者孟凯。本节内容曾发表于《语言教学与研究》2018 年第 3 期。

① 多音复合词的成词性不一，如《现代汉语词典》(第 7 版，本节简称《现汉》) 对名词性三音节多标注了词性，动词性的一般不标词性。因本节的研究对象基本体现名词性 (见后文)，故径称"三音复合词"。

1986；陆丙甫，1989；冯胜利，1996、1998；张国宪，1996、2005；端木三，1999、2000；王洪君，2000、2001；Lu & Duanmu，2002；王灿龙，2002；周韧，2011；Duanmu，2012 等)，但现有研究多为句法视角或不区分词法与句法，专门讨论多音复合词的（卞成林，1998；何文秀，2011；董秀芳，2014 等)不多。复合词（尤其三音节及以上）在韵律、结构、语义等几个界面之间的对应、匹配与自由短语还是会有所不同，值得词法研究深入挖掘。

　　双音复合词的界面问题主要体现在结构与语义的对应与协调，多音复合词体现的则是韵律、结构与语义三个界面之间的关系。相对而言，多音复合词的韵律与结构的关系更为学界所关注，尤其那些有一定特异性的词，如"一衣带水、吃偏饭"，更容易获得研究者的讨论（冯胜利，1996；杨书俊，2005；李慧，2012；孟凯，2016 等)，而普遍性的韵律模式与成分形类[1]、语义的关系则容易被忽视。因此，本研究拟以韵律非偶分的三音复合词为视点，来研究这一问题。

　　三音节几乎容纳了复合词的所有结构类型和可能出现的韵律模式[2+1]、[1+2]、[1+1+1]。偏正式一直是三音节的强势类型，占 80% 左右。据卞成林（1998），三音偏正复合词中，[2+1] 2598 个，占 78.9%；[1+2] 695 个，占 21.1%。我们检索了《现汉》收录的三音偏正复合词，共 4500 个，其中 [2+1] 约 3740 个，占 83%；[1+2] 约 760 个，占 17%（详见表 2-1），与卞文的百分比相差不多。相比于其他结构类型的韵律分布，如动宾式中 [1+2] 占近 98%，补充式中 [1+2] 占 99%（参见卞成林，1998），偏正式算是兼容了 [2+1] 和 [1+2] 两种韵律模式的三音词。因此，本节以三音偏正复合词为考察对象，更能看出不同的韵律模式与复合词的成分形类、内部语义之间的关系。

表 2-1　三音偏正复合词的成分形类和韵律分布表 [2]

	名名	动名	形名	总计
[2+1]	2450/54.44	1100/24.44	190/4.22	3740/83.1
[1+2]	190/4.22	20/0.46	550/12.22	760/16.9
总计	2640/58.66	1120/24.9	740/16.44	4500/100

---

① 复合词成分的形类指成分的语法形式类别（grammatical class），即成分的语法性质。

② 表内斜杠前为词数，斜杠后为该词数在总词数（4500 个）中的比重（%)。

　　三音偏正复合词既有定中式，也有状中式，前者居多。何文秀（2011）和董秀芳（2014）在讨论［2+1］偏正式时指出，中心语位置上出现的成分95% 以上为名词性的，余下的 5% 是谓词性的，但构成的三音词整体上看仍是名词，'整体的性质也会对其中心语的性质起到一些强制性的调节作用'（董秀芳，2014）。可见，出现于［2+1］偏正式中心语位置的单音动词性成分也体现出指称性，例如"表演唱"的单音动词性中心成分"唱"的动态性就比较弱，凸显作为一种表演形式的指称性。这使得［2+1］偏正复合词呈现出名词属性（董秀芳，2014）。另据我们的考察，［1+2］偏正复合词主要是形名组合或名名组合 ①，同样呈现名词属性。因而，无论［2+1］还是［1+2］，偏正复合词基本都呈现名词属性，大体可以认为是"X + 名"（X 为单音或双音）。

　　卜成林（1998）、董秀芳（2014）等都指出，中心语位置上的成分是对某类事物或现象的命名。那么，总体上我们就可以把"偏正"视为"正"的下位分类，只是"偏"的分类视点并非同一维度或同一方式，体现在韵律选择、形类组配、语义关联上，"偏"与"正"就会呈现出不同的匹配规则。本节将以表 2-1 所统计的三音偏正复合词在名名、动名、形名三种成分的形类组配和［2+1］、［1+2］两种韵律模式中的分布为基础，讨论成分形类、韵律与三音词的语义结构、成分义之间的匹配规则，并解释匹配规则形成的理据。

2.2　名名偏正复合词内部的成分形类、韵律、语义的匹配规则及其理据

2.2.1　［2+1］名名内部的成分形类、韵律、语义的匹配规则

　　［2+1］名名近 2450 个，占［2+1］的 65.5%，占名名的 92.8%，如"百宝箱、地形图、工作服、螺丝刀、密码锁、世界观、太阳镜、责任心"。这类［2+1］的语义主要是名$_双$与名$_单$的意义加合，包括有些意义是以喻指方式表达的，如"斑马线、葡萄灰、燕尾服"。

　　Selkirk（1984：244）针对英语复合词的中心词和其他成分之间的

---

① 有些［1+2］名名偏正复合词中心成分是双音动词性的，如"（内）分泌、（热）传导、（性）侵犯"，由于双音动词性成分动态性弱、指称性强（王洪君，2001；张国宪，2016：72），故将这些三音词并入［1+2］名名讨论。

语义关系分出的"论元—中心词"（argument-head）和"附属语—中心词"（adjunct-head）同样适用于汉语复合词。如［2+1］"钢材库"表示"储存钢材的仓库"，是"论元—中心词"型，名名组合之间蕴涵了一个谓词；［1+2］"钢仓库"表示"用钢材建造的仓库"，是"附属语—中心词"型，名名组合之间蕴涵了一个介词。（参见周韧，2011：47）这一观察角度非常细致，对我们颇有启发。

　　［2+1］名名是以名$_双$来对名$_单$进行凸显，至于凸显名$_单$的什么特点，即名$_双$与名$_单$的语义关系，也无外乎"论元＋中心成分"型或"附属语＋中心成分"型。[①] 前者如"百宝箱、螺丝刀、密码锁、太阳镜、责任心"，名$_双$（如"螺丝"）是名名之间蕴涵的谓词（如"装卸"）的论元；后者如"南极圈、黄昏恋、世界观、牛皮纸"，名$_双$充当了中心成分名$_单$的范围、时间、关涉对象、材料等附属性题元角色。"论元＋中心成分"型［2+1］名名居多，可能是因为：受事（patient）或客体（theme）在谓词结构中属于核心题元角色，与谓词性成分的关联度更高，被联想和激活的几率更大，因而比处所、时间、属性、材料等外围题元角色更凸显，也更容易被提取出来充当定语成分名$_双$。

　　名词定语倾向于表中心语更加本质的属性（Givón，1993。参见柯航，2012：138），不会是给某一个中心成分所指的概念增加一个单一的属性，而是用这个名词所指事物的整体属性来对中心语进行修饰和限定，因此，名词所表达的属性更稳定（Ungerer，1999。参见柯航，2012：138）。这一观点说明了为什么名名占［2+1］的近65%，占总数（4500个）的近60%，因为定语性名$_双$不再指称实体（entity），而是指实体所隐含的属性，从本质属性或整体属性方面对中心成分名$_单$进行分类、说明、限定、细化。至于名$_双$的什么属性会被激活，则与相关度（relatedness）、凸显度（salience）和接受度（acceptability）等有关。（参见黄洁，2008b；谭景春，2010）

2.2.2　［1+2］名名内部的成分形类、韵律、语义的匹配规则

　　现代汉语名词的典型词长是二至三音节（刘丹青，1996），而且，"在汉语发展史中，名词的双音化远远快于动词、形容词的双音化"（王洪君，

---

　　① 后文表达成分形类、韵律、语义的匹配规则时会用到半破折号，故除引用外，这两类中的半破折号改为加号；词内无"词"，引用中的"中心词"改为"中心成分"，即"论元＋中心成分"型或"附属语＋中心成分"型。

2001）。双音名词在现代汉语中大量存在并使用，三音词也有对其进行分类的［1+2］名名，虽然数量远不及［2+1］名名。统计显示，［1+2］名名（含数名）近190个，占［1+2］的25%，占名名的7.2%。这类名名呈现出比较明显的构词规律和语义特点：

首先，［1+2］名名中约2/3是专业术语或专名，如"靶器官、北温带、磁效应、电容器、肺结核、官本位、管乐器、光电池、流媒体、棉织品、面神经、秋海棠、水循环、性激素、藏羚羊、种概念"。祁峰、端木三（2015）指出，［1+2］名名组合的例外限于两种特殊情况，即第一个名词属于材料（"棉大衣、皮手套、木地板"类）或所有格（"系主任、党支部、县医院"类）。［1+2］名名偏正复合词不但体现了上述语义特点，还体现出主要采用凸显专业特点的定语成分名单或中心成分名双进行构词的特点，且这些成分的构词力比较强。如由"热、核、性"作为定语成分分别构成了"热传导、热对流、热辐射、热平衡、热污染、热效应；核讹诈、核反应、核辐射、核潜艇、核燃料、核试验、核威慑、核武器、核战争；性贿赂、性激素、性教育、性器官、性侵犯、性骚扰、性生活、性心理、性行为"，由"细胞、循环、本位"作为中心成分分别构成了"靶细胞、刺细胞、干细胞、血细胞；肺循环、水循环、体循环；官本位、金本位、银本位"。还有一些同属特定义类的定语成分名单，如能源类的"电、光、热、水"，虽未与同一名双构词，但与同属某一义类的几个名双构词了，如"光电池、光电子；热传导、热对流、热辐射、热污染、热效应"等。

其次，［1+2］名名体现出以反义或类义名单与同一名双构造一组对称的三音词的倾向，如由反义名单构成的"上/下+半场/半晌/半天/半夜/辈子/议院；前/后+半晌/半天/半夜；南/北+温带；内/外+毒素/斜视"，由类义名单构成的"东/南/西/北+半球；金/银+本位"。也有非对称构词的，如"内/外"还构成了［1+2］名名"内骨骼、内侄女；外耳道、外耳门、外孙女、外听道、外祖父、外祖母"和［1+2］名动"内/外出血、内/外当家、内/外分泌、内/外寄生"。

进一步观察可以发现，［1+2］名名以"附属语+中心成分"型为主，即主要体现处所、时间、属性、材料等外围题元角色。这或与［1+2］名名的上述语义特点有关。凸显专业性或时空性的定语成分名单通常不像［2+1］"螺丝刀、太阳镜"中的定语成分"螺丝、太阳"那样，在深层语义结构中充当中心成分名双所关联的事件结构的核心论元，而是主要充当名双的语义关联项（semantic correlation），视为属性、关涉对象、材料、时间、处所等外围题元角色更合适，如"热（效应）、性（教育）、丝（织品）、下（半夜）、北（寒带）"。

2.2.3　名名内部的成分形类、韵律、语义匹配的理据

作为共存于三音偏正复合词的两种韵律模式，[2+1] 和 [1+2] 在成分的形类选择和语义匹配上也应该与韵律模式形成对应，否则，三音偏正复合词也会像其他类型（如动宾式、补充式）的三音词一样，以一种韵律模式占主导。前文分析表明，具有韵律优势效应的 [2+1] 首选的形类组配是名名。"后为单音名词的较后为双音名词的在结构上更趋凝固，前者多与成词有涉，后者多不成词"（王洪君，2001），因此，与 [1+2] 相比，[2+1] 名名更易成词。[1+2] 名名不易成词，故不多见，主要是专业术语或专名，且常以凸显专业特点或反义、类义名$_单$与同一名$_双$构造对举或成系列的一组词。这种语义特点和构词规律不太能产，因为 [1+2] 的专业性或专名性主要体现于名$_双$，这些名$_双$（如"器官、温带、本位、神经、循环、概念"）往往没有对应的名$_单$或其本身是名$_单$的下位义词，如"（电）容器、（管）乐器、（棉）织品"是"器、品"的下位义词，只能以双音入词。专业性或专门性的名$_双$数量有限，其再分类的概率和构词的效率不及名$_单$，尤其不及那些基本语义范畴的名$_单$（即某些上位义词），如"器、品"，因而 [1+2] 名名的数量就不太多。

语义上，[1+2] 名名与 [2+1] 名名体现的都是对中心成分的分类和命名，之所以名名会选择两种不同的韵律模式，是因为 [2+1] 名名多是体现核心题元角色受事或客体的"论元＋中心成分"型，[1+2] 名名则以主要体现处所、时间、属性、材料等外围题元角色的"附属语＋中心成分"型为主。这样，共存于名名之中的 [2+1] 与 [1+2] 两种韵律模式就在这两种语义关系类型上实现了互补分工（complementary assignment）。这是同形类成分的组配在不同韵律模式中的语义差异。由于受事或客体在谓词结构中具有核心地位和高凸显度，"论元＋中心成分"型占主导的 [2+1] 就成为名名的主流韵律模式。

尽管 [2+1] 和 [1+2] 在名名形类组配的语义表达上实现了分工，但是，有些（主要是 [2+1]）名名之间，无论名$_双$是谓词隐含（"论元＋中心成分"型）还是介词隐含（"附属语＋中心成分"型），也无论名$_双$是从

实体的本质属性或整体属性哪方面分类、限定或说明名_单，名_双与名_单的语义关系解读都可能会遇到多解的困境（黄洁，2008b；江新等，2016）。如"太阳镜、太阳帽、太阳灶"中，同为人造类（artifactual types）^①名_单"镜、帽、灶"的定语，名_双"太阳"在理论上既可理解为"吸收太阳光"，也可理解为"阻挡太阳光"。事实上，"太阳镜、太阳帽"是阻挡太阳光（的紫外线）的眼镜、帽子，"太阳灶"是吸收太阳（能）的炊事装置。吸收太阳光或阻挡太阳光都充当了人造物"镜、帽、灶"的功用角色（telic role），只是对于人造类名_单，定语名_双因与之具有可能的多样性解读关系而不会天然地、一致地体现该人造类名_单的某一功用，需要在汉语社团的语义规约（semantic stipulation）中定位其功用，即汉语社团共同约定"太阳（镜／帽）"取阻挡太阳光义，"太阳（灶）"取吸收太阳能义。既然名名偏正复合词可能存在语义多解，那么，就可以寻求能够消除或降低这种多解可能性的构词法。于是，对化解名名偏正复合词的语义解读困境具有一定代偿（compensatory）作用的动名偏正复合词就成为数量上仅次于名名的三音偏正复合词。

2.3　动名偏正复合词内部的成分形类、韵律、语义的匹配规则及其理据

2.3.1　动名内部的成分形类、韵律、语义的匹配规则

　　［2+1］动名是一类比较常见的偏正复合词，但［1+2］动名则倾向于构造动宾复合词，构造的偏正复合词数量很少，如"刺细胞、猎潜艇、食茱萸、消石灰、嗅神经"。因此，本节暂不讨论［1+2］动名。

　　［2+1］动名1100余个，占［2+1］的近30%，如"罢免权、保温杯、差旅费、度假村、浏览器、纳税人、喷水池、速食面、向日葵"。学界主要从韵律匹配和句法变换等角度讨论了其与双双式OVN型复合词（如"碎纸机—纸张粉碎机"）的关系（王洪君，2001；石定栩，2002；冯胜利，2004；何元建，2004；周韧，2011：77；柯航，2012：139；董秀芳，2014等）。若从名词的物性结构来观察就会发现，大多数［2+1］动名都凸显了

---

　　①　关于词的自然类（natural types，名词如"水、人"）、人造类（名词如"刀、妻子"）、合成类（complex types，名词如"书、温度"）的划分及名词的物性结构（qualia structure），可参看Pustejovsky（1995：第6章、2001、2006）。

事物（名单）的功用特征（telic feature），即在语义上，动双是说明名单的目的（purpose）或功能（function）的。如前文所举的除自然物"向日葵"以外的 8 个词以及"避雷针、传送带、健身房、瘦肉精、停机坪"等，无论其中的动双是联合式还是动宾式，都充当了中心成分名单的功用角色，也就是从功用的角度对名单进行分类、限定或修饰。能够以动双体现其功用性的须是人造类或合成类名单①，据我们的粗略统计，此类名单的数量虽不及自然类名单，但很多人造类名单的构词力却比较强，如"器、机、品"，也多是以构造凸显名单功用义的 [2+1] 动名为主。这样就形成了 [2+1] 动名比较常见、占 [2+1] 近 30% 的局面。从另一个角度看，[2+1] 整体上更像是 1 的形式角色（formal role），即 1 与 [2+1] 是上下位关系。

　　不只 [2+1] 动名的内部语义体现功用义，有些 [2+1] 名名和形名的成分之间也体现出 2 是 1 的功用义②，如"工具书、安全门、太平间"，只是这两类对功用义的体现在复合词数量上不及动名多，凸显程度也不及动名。为数不多的 [1+2] 动名（例如"猎潜艇、食茱萸、嗅神经"）体现的也是动单为名双的功用角色。

　　此外，双音偏正复合词也常从功用义的角度构词，如"奶牛、肉鸡、烤箱、汤匙"（黄洁，2008b；谭景春，2012；江新等，2016；宋作艳，2016 等）。诚如宋作艳（2016）所言，功用义对名词的词义与构词影响很大。

2.3.2　动名内部的成分形类、韵律、语义匹配的理据

　　动名在三音偏正复合词主流韵律模式 [2+1] 中是仅次于名名的形类组配选择，那么，为什么 [2+1] 也偏好选择动名？

　　[2+1] 动名中的动双是天然地、直接地、主要地凸显人造类名单的功

---

　　① "纳税人"的名单"人"是自然类，一般而言，自然类名词不涉及功用角色。不过，被赋予某种功能或用途的自然物（Pustejovsky，2006）和被赋予社会属性或行业功能的自然类名词"人"会"含有附加功用义"（宋作艳，2016），如"辩护 / 代理 / 发言 / 监护 / 接班 / 买卖 / 掌门（人）、教书（匠）、劳动（者）"等都是"人"的附加功用义。

　　② 周韧（2016）指出，大部分 [2+1] 名名意义中被隐含的谓词都是名单的功用角色，如"厂"的功用是"生产、制造"，因而"皮鞋厂"是"生产皮鞋的工厂"，而不是"修理皮鞋的工厂"。我们赞同周文的观点，只是相比于以动双直接凸显名单功用义的"制鞋厂"，"皮鞋厂"则需通过名双的语义还原来提取名单的功用义，其认知加工过程稍显迂曲。不过，像"玩具厂、家具厂"的 N双（玩具、家具）没有对应的 N单，无法构造"制鞋厂、造船厂"这样的 [2+1] 动名，就只能构造 [2+1] 名名，以名双隐含的谓词表达名单的功用义。

用，如 2.3.1 所举诸例及 "保鲜膜、供销社、滑雪板、口香糖、窥视镜、录音笔、强心药" 等大量 [2+1] 动名都如此。动名比名名或形名更适于凸显人造类名单的功用性，是因为动双与名单的语义关系并不像 [2+1] 名单与名单是可多解的，而是具有单一性的、锚定的（anchoring），即动双作为事件结构（event structure）的核心谓词能够直指人造类名单的功用，体现人造类名单产生的 "意图"（intentionality），且可将这种功用性意图以最显明且无异义的方式在词表形式中表现出来。相比之下，名双主要指称实体，实体潜在的多功能、多属性使得其语义实现需要社团规约；而且，名双一般充当事件结构的受事、材料等题元角色，没有确定的谓词参与合适的事件结构，名双就很难与名单建立起准确、有效的语义链接，也就容易形成二者之间可多解的语义关系。因此，若 [2+1] 中的名单是人造类并需要凸显功用义时，会首选动双与之匹配。

人造类名单也可以选择不表功用的定语成分构成 [2+1]，由于做定语的动双一般都是表功用的，因此，名双会被首选为人造类名单的非功用性定语成分，如 "玻璃砖" 中的 "玻璃" 是人造物 "砖" 的构成角色，"斑马线" 中的 "斑马" 是人造物 "线" 的形式角色。如果名单是自然类，定语成分就不会是名单的功用角色，而是其他物性角色，如 "咸水湖" 中的 "咸水" 是 "湖" 的构成角色，"针叶树" 中的 "针叶" 是 "树" 的形式角色，那么，名单一般会选择论元或附属语类的名双作为定语成分来组配 [2+1] 名名。

综上，[2+1] 偏正复合词首选名名还是首选动名是由 2 对 1 的认知凸显侧面（salient profile）决定的。当 1 是人造类名单时，一般需凸显其功用义，以将造物的目的显性地体现出来，就会首选动双来组配 [2+1] 动名；若人造类名单需呈现构成、形式等非功用角色，可能这些角色在认知上更凸显或更易为人所理解，如 "百褶裙" 的形式角色 "百褶"、"花生油" 的构成角色 "花生"，那么人造类名单就会选择名双来组配 [2+1] 名名，自然类名单只选择名双来组配 [2+1] 名名。

2.4　形名偏正复合词内部的成分形类、韵律、语义的匹配规则及其理据

2.4.1　[1+2] 形名内部的成分形类、韵律、语义的匹配规则

据祁峰、端木三（2015），三音定中式形名组合主要以 [1+2] 的韵律

模式出现，占 85% 以上。我们统计，[1+2] 形名偏正复合词 550 多个，占
[1+2] 的 72.4%，占形名的 74.3%，如"粗线条、大后方、短信息、高姿
态、黑社会、鬼精灵、贵金属、活字典、急先锋、净产值、快车道、老顽
固、冷暴力、满世界、慢镜头、轻音乐、热心肠、少白头、死心眼儿、小金
库、新大陆、总路线"。[1+2] 是形名的主流韵律模式，形名也是 [1+2]
的主流形类组配模式。

观察 [1+2] 形名可知，形单都是性质形容词性成分，以单音量度形容
词性成分（gradable adjective，下文简称"形单·量"）与名双构词为最多。
形单·量具有非常凸显的语义相反相对性，如"大—小、长—短、多—少、
快—慢、老—少、轻—重、死—活"等。成对成组的形单·量是比较能产的
构词成分，如《现汉》收录的由"大—小"做首成分构成的多音词（双音
及以上）分别有 410 多个和 250 多个，其中，据吴亚平（2016），"大 / 小 +
双音成分"（双音成分为一个词）的三音词分别有 73 个和 81 个。

从语义上看，[1+2] 形名未必体现偏正式主要对中心成分进行分类的
功能，形单会从多个角度与名双进行语义匹配，如吴亚平（2016）就发现，
"大—小"会从体积（大 / 小商品）、长度（大踏步）、时间（大 / 小晌午）、范
围（大 / 小环境）、规模（大 / 小生产）、水平（大 / 小学生）、序列（大 / 小前
提）、数量（大暴雨、小小说）、称谓（大元帅）、气度（小市民）等十几个角
度与名双组合，其中的某些 [1+2] 恐怕并不适于看成是"大—小"对名双
的分类。尤其是"大—小"不对称构词的，除上举诸例，又如"大白话、
大排档、大手笔、大主教"中的"大"更像是对名双的一种程度上的强调，
而"小百货、小不点儿、小饭桌、小黄帽、小报告、小金库、小广播"中的
"小"则是从小巧可爱或隐秘不宣的角度来说明名双。可见，[1+2] 形名所
体现的并不是偏正式典型的分类义。由于 [1+2] 选择了从多种角度或维
度对形名进行语义匹配，所以原本语义上不能结合或结合度不太高的形名
（如"大—小"与"元帅、市民、广播"等）也不会显得突兀，其契合性和
成词度都已较高。

相比于名名和动名比较显豁的常用义加合型的语义关系，[1+2] 形
名的语义通常不是二者常用义的直接加合，定语成分形单会从多个角度对
名双进行说明，而未必进行分类。形单与名双的语义关联也没有那么强，形单
主要是对名双的一种描摹，是与名双相关的一种属性。不过，也正因为这一

点，[1+2] 形名的整体语义才更容易发生进一步的融合，如"大手笔、小饭桌、小金库"，以与 [1+2] 形名的自由短语（如"大房间、小水杯"）相区别，也更利于其向复合词发展。

2.4.2 [2+1] 形名内部成分形类、韵律、语义的匹配规则

[2+1] 形名不多，约 190 个，占 [2+1] 的 5.1%，占形名的 25.7%，如"安乐椅、安全岛、安全门、标准音、长短句、纯净水、胆小鬼、反动派、公开赛、公平秤、孤独症、孤立语、荒诞派、糊涂虫、糊涂账、贫困线、太平门、天然丝、冤枉路、冤枉钱"。

张国宪（2006：338）和祁峰、端木三（2015）等显示，定中式形名组合中，[2+1] 的比例最低，基本上低于 2%，因此不是一种能产结构。王洪君（2001）认为，双音形容词继承了单音形容词的"性质—使动"两栖性，与后面的单音名词构成使动结构的可能性更大。[2+1] 形名表使动在词法中的表现不如在句法中（如"孤立他、温暖我"）明显，主要构成了偏正复合词。[2+1] 形名与 [1+2] 形名相类，"形"与"名"的语义关系也不像"名"与"名"、"动"与"名"通常是惯常义的加合，"形"与"名"未必应用惯常义，且词义往往会借成分义发生深度语义融合（deeply semantically integrated），如"糊涂账"中"糊涂"的常用义为形容人"不明事理；对事物的认识模糊或混乱"（释义引自《现汉》），与"账"组构时并不用此义，用了隐喻引申出的"内容混乱的"。因此，[2+1] 形名"糊涂账"属于"非常用义 + 常用义"的语义匹配，并进一步整体喻指"不容易搞清楚的事情"。

还有一种 [2+1] 形名，如以"太平"构成的"太平斧、太平鼓、太平间、太平门、太平梯"，其中的名_单"斧、鼓、间、门、梯"与形_双"太平"没有直接的语义关联，不是为"太平"而造、而设的，只是与"太平"这种人们期盼的性状有关。这组三音词的语义范畴与语义内涵差别很大，"太平斧、太平门、太平梯"是与消防、人身安全有关的三类物体；"太平鼓"与"鼓"的形质、类型无关，只是借由乐器及其载歌载舞的形式表达人们对天下太平的期望；"太平间"寄托了人们愿逝者在那个特殊处所能够安息、太平的愿望。这组三音词中的形_双显现的是本来与名_单无关的某一属性，二者的结合表明它们的语义关联不是主流的、凸显的，但二者能够构成三音词，固然与三音节的中心语为名词性成分而更易成词有关，也说明形_双与名_单发生了深度语

义融合，成分义之间的透明度不高，词的特异性增强。这样的［2+1］形名亦可看作是从功用角度命名的，此时的功用性是以性状来凸显的。

总之，［2+1］形名在语义上或是以形_双的非常用义入词，或是以形_双凸显名_单的某一性状属性，一般形_双与名_单会发生语义的深度融合。当然，［2+1］名名和动名的语义也不乏非成分义加合的，如"笑面虎、摇钱树、忘年交、方巾气、门面话、跳楼价"（李静晓，2016），只是这两类发生语义深度融合的不及语义加合的多。

2.4.3　形名内部的成分形类、韵律、语义匹配的理据

形容词作定语是用某个单一的属性来对中心语进行说明（Ungerer，1999；参见柯航，2012：138），这可能是形名没有成为［2+1］优选的形类组配的主要原因。性状类形_双与名_单的关联往往是一种相对松散的、适用范围较广的、多为提示性或非惯常义匹配的"属性—事物"关系，而非名名或动名所体现的较为紧密的、与事件相关联的语义关系。而且，从认知上看，名词性和动词性成分的具象性要高于形容词性成分，形容词性成分一般需要依托具体事物或现象（即名/动词性成分）来体现其性状属性，因而，具象性高的名_双和动_双与中心成分名_单的组配就更加直接、显豁，尤以具象性最高的名_双与名_单的组配为［2+1］的最优选组配。

［1+2］首选了形名，正如 2.2.3 所析，从两种韵律模式共存、语义宜分化的角度来看，三音偏正复合词中不具有韵律效应的［1+2］在成分的形类组配上不宜选择名名（［2+1］在名名中具有韵律效应）和动名（宜被认为是动宾式），形名就自然而然地成为［1+2］首选的形类组配。而且，形_单与名_双的语义关系有着非字面组合性的深度融合，体现出韵律、成分形类组配的选择、语义分化之间的紧密关联。

总体来看，［1+2］形名和［2+1］形名中的"形"往往不以常用义入词，形名的语义也多不是字面义的加合，二者语义关系相对隐晦，"形"倾向于提示"名"的某种属性，是"一种描摹，不是定性"（沈家煊，2017）。所以，形名并非典型的分类，与名名多数情况下很明显的是定语成分"名"对中心成分"名"的定性式分类和命名有所不同。而且，［1+2］形名中的形_单（以形_{单·量}为主）常用度高，多义性强，构词能力强，适配范围广，由其构造的［1+2］形名自然也较多。因而，形名具有语义表达的低限性和多种可能性，这决定了其适于［1+2］的扩张和类推。

从词类和句法成分的关联标记模式来看，"名词—主宾语—指称、动词—谓语—述谓、形容词—定语—修饰"为无标记组配，其他组配方式都是程度不同的有标记组配（沈家煊，1999：257）。形名偏正属无标记组配，功能上更倾向于自由短语，不易凝固成词；名名偏正和动名偏正的标记性比形名高，句法自由度会相应地降低，因而更易凝固成词。

2.5　结语

本节以三音复合词中比重最大的偏正式为研究视点，通过对名名、动名、形名三种形类组配中［2+1］和［1+2］两种韵律模式与词义、成分义关系的分析发现，［2+1］和［1+2］都是对中心语位置的事物或现象的分类、命名或修饰、说明，但定语成分的形类差异（名、形、动）和语义类属会影响三音词的定中语义关系。三音复合词内部的成分形类、韵律、语义之间呈现出一定的倾向性匹配：

第一，"［2+1］—名名—'论元＋中心成分'型"是三音偏正复合词的强势匹配，名$_{双}$倾向于充当词义结构所隐含谓词的受事、客体等核心题元角色，主要体现名$_{单}$的本质属性或整体属性；

第二，"［2+1］—动名—动$_{双}$是名$_{单}$的功用角色"是三音偏正复合词的较强势匹配，动$_{双}$以联合式和动宾式为主，着重说明人造类名$_{单}$的功用；

第三，"［1+2］—形名—形$_{单}$多角度说明名$_{单}$"是［1+2］偏正复合词的强势匹配，形$_{单}$是常用性质形容词，以形$_{单·量}$为主，更适于被看作从多角度对名$_{双}$进行描摹，而非分类；

第四，"［1+2］—名名—'附属语＋中心成分'型""［2+1］—形名—形$_{双}$说明名$_{单}$的某一属性"和"［1+2］—动名—动$_{单}$是名$_{双}$的功用角色"三类匹配都不多。第一类名$_{单}$倾向于充当名$_{双}$的"属性、材料、时间、处所"等外围题元角色；第二类秉承三音形名匹配时成分义的非加合性，形$_{双}$主要以非常用义入词，凸显名$_{单}$的某一性状属性；第三类极少。

如果给上述三音偏正复合词的成分形类、韵律、语义之间的匹配规则排个优先序列，可大致呈现如下（">"表示优于，粗体为两种韵律模式中的强势匹配，图 2-5 同）：

［2+1］名名 > ［2+1］动名/**［1+2］**形名 > ［2+1］形名/［1+2］名名 > ［1+2］动名

　　毕竟这样的匹配规则只是倾向性的，有些匹配我们难以确定其更理想的位置，如［2+1］动名，如果从数量上看，它几乎是［1+2］形名的两倍，二者不应列为一级；但将它与［2+1］名名列为一级似乎也不当，二者相差一倍多。因此，用图 2-5 来体现三音偏正复合词的上述匹配规则或许更合适一些。

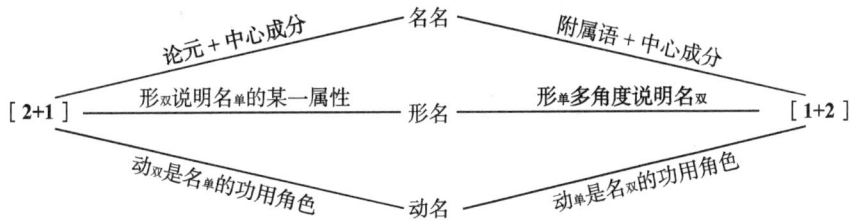

图 2-5　三音偏正复合词内部的成分形类、韵律、语义的匹配规则

　　综上，三音偏正复合词内部的成分形类、韵律、语义匹配的优选方案是：主流韵律模式［2+1］首选名名，以语义加合为主，凸显对名单的分类和命名；非主流韵律模式［1+2］首选形名，语义透明度不高，表现为形单对名双进行多角度提示或描摹。

　　这些匹配规则的形成理据主要来自三音偏正复合词名词性中心成分的性质（如是否为人造类）以及不同形类的定语成分对中心成分的凸显侧面。自然类或人造类中心成分需要凸显其受事、关涉对象、材料、处所、时间等题元角色，就选择名名；人造类中心成分需要凸显其功用，就主要选择［2+1］动名；自然类或人造类中心成分需要多角度凸显其性状或由性状引出的属性，就选择形名。

　　复合词内部的成分形类、韵律、语义之间的匹配是有规律可循的，其中必有强势韵律模式、优势形类组配和具有普遍性的语义倾向；不同的韵律模式、相同形类组配的内部（如［2+1］名名与［1+2］名名）也必有与之适配的、形成互补分布的语义微差；这些匹配规则也有理据可析。希望本节对这些问题的探讨有助于汉语复合词法更加关注并深入讨论韵律、结构、成分形类、语义等界面之间的关系，也希望在研究范式上对相关问题的分析有一定的启示性。

三、汉语并合造词法的特质及形成机制 *

3.1 引言

汉语常将两个音节共同承载的语义归于其中一个音节，为构造复合词提供语素 [①] 或造出单音节词，本节称这种造词法为并合造词法。例如：

现金＞现（变现、提现、付现、收现、取现、现支 / 支现）
模特＞模（女模、男模、车模、衣模、名模、嫩模、学模）
吃饭＞吃（"吃了吗？""还没呢，你吃过了？"[②]）

以往有关缩略造词法和词素义合并的研究涉及与并合造词法相关的词汇现象。缩略（或称"简缩""节缩"等）是汉语构造新词的一种方法或途径，例如，"工厂矿山＞厂矿、土地改革＞土改、上呼吸道感染＞上感"等，不少汉语词汇学著作都讨论过这个问题（详后）。还有学者将"机"的"飞机"义这类现象视为"词素间意义的横向合并"（唐子恒，2006）。尽管缩略视角和词义演变视角的研究对认识汉语并合造词法有一定启发，但都未能完全覆盖复合词并合（"现金＞现"）、单纯词并合（"模特＞模"）和词组并合（"吃饭＞吃"）这三种词汇现象，也不利于透视其共同的本质特性，并对其形成机制予以统一解释。因此，本节将"现金＞现、模特＞模、吃饭＞吃"统一地视为并合造词法的产物，对照缩略造词法和词素义合并说分析汉语并合造词法的特质，并立足于汉语词汇特征和文字特征探讨并合造词法的形成机制。

3.2 汉语并合造词法的特质

3.2.1 并合与缩略有什么区别

"缩略"（abbreviation）是人类语言普遍的造词法或词汇化途径之一，西方学者通常将缩略而来的词语概括为：首字母缩写词（initialisms），如

---

* 本节作者张博。本节内容曾发表于《语文研究》2017 年第 2 期。
① 本节遵循学界通例，用"语素"指称构词成分，只是在征引文献时偶或遵从作者使用的"词素"或"字"等术语。
② 文中例句的出处及标注方式为：北京语言大学大数据与语言教育研究所 BCC 语料库（BCC），北京大学中国语言学研究中心语料库（CCL），百度中文搜索引擎（BD）。未加标注的例句为作者自拟。

"VIP < very important person（贵宾）"；缩略词（acronyms），如"TESOL < Teaching English to Speakers of Other Languages（对说其他语言者的英语教学）"；截短词（clippings），如"tec < detective（侦探）"；截搭词（blends），如"blog（博客）< web log（网页日志）"（Fromkin & Rodman，1988/1994；Crystal，1997/2000；Brinton & Traugott，2005/2013）。我国不少现代汉语词汇学著作都提到"缩略 / 简缩 / 节缩 / 简略造词法"，如张永言（1982：89）、刘叔新（1990a：101–104）、葛本仪（2001：103–105）、亢世勇等（2008：52）等；有些古汉语词汇研究也指出，汉语史上有些新词是通过"简缩"或"缩略"产生的，如"常例<常例钱""左近<'左右''附近'"（顾之川，2000），"世间 / 俗间 / 俗世<世俗间""如言<如其言"（周俊勋，2006）。

从表面上看，汉语缩略造词法与并合造词法有相通之处，都是对较长的语言成分做截短处理，由保留下来的部分承载原形式的意义。不过从截短驱动以及形式、意义和使用等方面进行观察，可以看出并合与缩略有着本质上的区别，实属不同的词汇现象。

1）从截短驱动看，"缩略是表意固定、高频率使用的多音词、词组，在整体意义不变的前提下，出于表达上的需要，截取其中部分形式凑合成一个结构残损的新形式来代表原来的全形式，把它作为一个话语的基本单位在句中使用"（俞理明，2005）。也就是说，缩略的驱动力是实现表达上的简洁经济。正因为如此，有些学者将"缩略""节缩"等定性为"修辞转化"造词法（李如龙，2004）或"修辞造词法"（陈光磊，2008），还有学者明确指出，"简称是词或词组的简缩，不是造词的问题"（任学良，1981）。而并合的驱动力在于为构词造句提供符合节律需求的新的语言成分，也就是说，形式的截短并不是终极目的，重要的是为构词造句而将原双音节承载的语义做归一化处理。对于这一点，吕叔湘先生早已洞悉，吕叔湘（1963）指出，汉语中有些"双音词，在组合之内也常常被压缩成一个字"。例如：

芝麻：麻油，麻饼，麻酱
胡琴：二胡，京胡，板胡，高胡

这里，吕先生用"压缩"而没用"缩略""节略""省略"等提法，表明相较于形式上的截短，他更看重意义上的并合；另外，指明双音词在"在组合之内"被压缩,也昭示出此类并合的驱动力在于为复合词造出一个合格的构词语素。

2)从形式上看,缩略的原形式通常是多音节的,缩略形式通常是双音节或三音节的,即"多＞双/三"的缩略,例如,"第二次世界大战＞二战、奥林匹克运动会＞奥运会"。并合的原形式通常是双音节的,并合形式是单音节的,即"双＞单"的并合。

3)从语义上看,经由缩略保留下来的成分通常只能在缩略词语中对应原形式中某一成分的语义,离开特定的缩略词语则往往不能表示该意义。例如缩略词"挂漏"中的"挂"承载的是"挂一"义,"漏"承载的是"漏万"义,可离开了"挂漏"这个缩略词,"挂"不能再表示"挂一","漏"也不能表示"漏万"。因此,不少缩略词语中的存留成分虽然形式相同,可对应的原成分却不同。例如以下缩略词中的"家""特""人""民":

家暴＜家庭暴力　家电＜家用电器
特教＜特殊教育　特警＜特种警察　特区＜特别行政区
人大＜人民代表大会　人弹＜人体炸弹　人防＜人民防空
人流＜人工流产
民调＜民意调查　民航＜民用航空　民警＜人民警察
民企＜民营企业　民庭＜民事法庭

并合成分是用于构词造句的,因而易于实现语素化或词化,在不同情况下表示原式的意义。例如,由"媒体"并合而来的"媒"已经语素化,可以在多个复合词中表示媒体义,如"央媒、外媒、地媒、数媒、媒曝、媒治"[①] 等;由"离婚"并合而来的"离"目前已经词化[②],可以在多种语境中表示离婚,如"家暴、劈腿又失信这样的极品老公早就该离了"(BD)"如果女方不想离,而男方想离,怎么办?"(BD)"离不了就凑合着过吧"。

4)从使用上看,缩略词语都有与其对应且可自由替换的完全形式,例如:

---

① "媒曝、媒治"收入《2010汉语新词语》(侯敏、周荐主编,2011)。
② 不过《现代汉语词典》(第7版,本节简称《现汉》)"媒"下尚未收录"媒体"义,"离"下尚未收录"离婚"义。

（1）一些简单易行的做法对预防流感／流行性感冒也是有作用的。

（2）我以为他仅说说而已，没想到，第三天我就收到了他寄来的快递／
特快专递。

　　而由并合语素构成的复合词则大多没有与其对应的完全形式，如"变
现／*变现金""嫩模／*嫩模特"；句子中单用的并合词有时也不宜替换为完
全形式，如"离／*离婚不了就凑合着过吧"。

　　需要指出的是，并合法与缩略法虽然是两种不同的造词法，但其间并
没有截然的界限。在很多情况下，并合造词可能始于一个较长形式的某个
部分的节略。例如，"女粉""职粉""粉们"最初可能是"女粉丝""职业粉
丝""粉丝们"的缩略，原形式中的"粉丝"被节略为"粉"。由于这些缩
略形式的频繁使用强化了"粉丝"与"粉"的语义对应关系，以至"粉"
固化地拥有了"迷恋崇拜某人或某事物的人"这个意思，使语言社团可以
不必经由一个先在的"X粉丝"或"粉丝X"的形式，直接在"粉丝"的
意义上用"粉"造出不少新词，例如"韩粉"（崇尚韩国文化或产品的人）、
"黑粉"（恶意挑拨选手或选手与粉丝之间关系的人）、"果粉"（美国苹果公司
电子产品的粉丝）、"死粉／活粉"（微博上没有／有活跃度的粉丝）等；"粉"
甚至发展出原形式所没有的意义和用法，表示"做……的粉丝；拥护推
崇"，例如"大哥，咱俩互粉一下呗"（BD）、"他好在哪里值得我粉他十二
年"（BD）。这一案例表明，有些"并合"与"缩略"有着承续关系，判别
一个双音节词是经由缩略而来还是由并合语素构造出来的，关键要看它有
没有一个先在的且可自由替换的完全形式：如有，是缩略；如无，则属
并合。

3.2.2　并合造词与词义合并孰因孰果

　　唐子恒（2006）指出："两个词组合后，语义的运动使组合体中的一个
词获得了整个组合体的意义。"也就是说，两个语言成分的组合，"可能引
起意义的合并，即把原来两个组合成分的意义合并后由其中一个成分表示，
从而形成另外一种意义发展演变途径"。该文重点讨论了"词素间意义的
横向合并"，列举了不少由横向合并产生的新义项，例如，"编"的"编制"
义（在编、超编、编外）、"调"的"调查"义（函调、调研）等。这类词汇

现象与本节开头列举的"现金>现"这种并合类型基本相同[①]，但我们之所以不把它看作词义演变现象，而视为一种造词现象，主要是出于对并合造词与词义合并这两者之间因果关系的考量。我们认为，并合造词是因，词义合并为果。理由是，汉语构造单音节词或语素时将原来两个词汇成分共同承载的语义归于其中之一，这时候的语义"合并"或"并合"是造词驱动的语义操作；只有当单音节成分真正实现语素化或词化，才能说它在原有意义之外增加了新的意义，这个新义是并合造词的结果，而不是来自纯粹的"语义的运动"。也就是说，并合造词导致词义合并，而不是词义合并引发并合造词。着眼于这一点，我们倾向于把"现金>现"这类词汇现象视为并合造词法的产物，在这个前提下探讨并合造词法对汉语词义发展的影响。[②]

另外，词素义合并说不能涵盖基于双音节单语素词的并合造词现象。例如"模"有"模特"义和"巴"有"巴士"（大巴、中巴）义，都不能归于"词素间意义的横向合并"，因为在"模特""巴士"中，"模"和"特"、"巴"和"士"不是作为构词成分的词素，自身没有意义，因而谈不上"词素间"意义的合并。只有将"现金>现"和"模特>模"都视为造词法的产物，才有利于探讨这些词汇现象的共性及其背后的形成机制。

3.2.3　并合："双>单"的词汇成分创造方式

在与缩略造词法和词素义合并说进行对比的基础上，我们可以清楚地认识到，并合造词法不同于缩略造词法，也不是一种独立运作的词义演变现象，而是汉语单音节词汇成分的一种创造方式。

从造词材料来看，发生并合的原形式可以是词组、复合词，也可以是单纯词，共同之处在于都是双音节语言成分。[③]

从造词结果来看，并合而成的可以是词，也可以是语素，其共同之处在于都是单音节词汇成分。

---

① 之所以说"基本相同"，是因为唐文个别例证实际上不属于其所讨论的"横向合并"，如"介"的"介绍"义（简介），是"介"古已有之的意义。

② 笔者将另撰专文讨论这个问题。

③ 个别并合成分可能来自三音节词或词组，如"上网""网民""网友"中的"网"，或许是"互联网"的并合；"老板要炒我怎么办？"中的"炒"是"炒鱿鱼"的并合。由于这种情况较为罕见，本节暂且忽略。

造词材料和造词结果的关系如下所示：

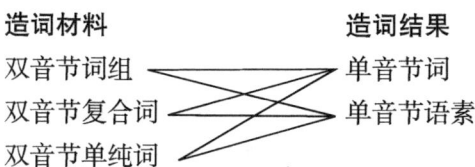

造词材料	造词结果
双音节词组	单音节词
双音节复合词	单音节语素
双音节单纯词	

下面列举三种造词材料分别产生的两种造词结果：

1）双音节词组＞单音节词：**挣钱＞挣**（这么辛苦，一年能挣多少？CCL）

2）双音节词组＞单音节语素：**喝酒＞喝**（连续几天不怎么睡觉，连续几天喝高①。扛不住。BCC）

3）双音节复合词＞单音节词：**批评＞批**（上次我用手机让我们家旺爷爷看见，他还批了我一顿。BCC）

4）双音节复合词＞单音节语素：**放映＞映**（映期、播映、公映、热映、上映、首映、献映、展映）

5）双音节单纯词＞单音节词：**拷贝＞拷**（如何把电脑上的照片拷到iPad 上？ BD）

6）双音节单纯词＞单音节语素：**的士＞的**（的哥、的姐、打的、面的、摩的、货的、板儿的、轿的）

　　本节着眼于并合的原形式，将汉语并合造词法分为双音节词组并合（"吃饭＞吃"）、双音节复合词并合（"现金＞现"）和双音节单纯词并合（"模特＞模"）三种类型，这三种造词方式以其共有的属性特征迥异于复合与派生等主流构词法。复合与派生都是通过语素组合的方式构造新词。从词形上看，经由语素组合，复合词和派生词的词形会比原来任一语素都长；从语义上看，不论是复合词中的词根，还是派生词中的词根和词缀，都对新词有不同程度的语义贡献，而不会完全等同于新词。②并合法则是将两个音节共同承载的语义归并到一个音节上，从而造出一个与原形式存在单双音节对立而意义则与原形式完全相同的新的词汇成分。

----

　　① "喝高"虽然未被收入《现汉》，但口语中常用（BCC 语料库约有 1000 例），其结构凝固，意义并非语素义的简单相加，具备复合词的基本特征。

　　② 汉语中有些同义并列式复合词的语素义基本上等同于词义，如"具备""恐惧"等，这属于汉语中较为特殊的词汇现象。关于这个问题，笔者将在后续的文章中有所讨论。

3.3　汉语并合造词法的形成机制

上文说明，缩略造词法和词素义合并说的研究对象与并合造词不尽相同，这只是问题的一个方面。从另一个方面来看，不论是缩略的目的还是词素义合并的原因都难以解释汉语并合造词法的形成机制。缩略的目的是使语言表达更为经济，可发生并合的原形式通常只有两个音节，完全符合汉语标准韵律词的音步要求，并不是过于冗长的语言形式。至于"复音词的词素之间之所以容易发生语义上的横向合并"，唐子恒（2006）分析为：首先，是语言成分之间意义的运动变化的结果；其次，复音词的词素之间存在紧密的组合关系；再次，语言实践的经济原则发挥作用。唐文归纳的这三个原因中，第三个原因与缩略的动因相同，不能解释并合造词。至于第一个原因，前文已经指出，词义合并是由并合造词促发的，而不是语义自行运动的结果。因此，这条原因既不能解释词义合并，更不能解释并合造词。第二条原因也缺乏针对性，因为，"复音词的词素之间存在紧密的组合关系"，这是结构上具有凝固性的复合词的基本特征，可是，具有这一特征的复合词并非都能并合为单音节词。那么，怎样才能正确认识汉语并合造词法的形成机制？毫无疑问，这要从并合造词法的特质入手。

并合造词法是一种基于双音节语言成分创造单音节词汇成分的方式，既然单音节新成分与双音节原式意义无别，那么，并合造词的作用力就应当来自汉语词汇的形式特征，而与单双音节相关的词形特征就是词长。此外，并合造词还受到汉字类型特征的制约。

3.3.1　词长制约

汉语的词长对造词法有很强的制约作用，从古至今，一向如此。

上古时期，汉语词的典型词长是单音节。单音节词长特征抑制了复合与派生等合成式构词法的发展，迫使原词通过自身意义和（或）形式的变异孳生新词。也就是说，要在单音节—单语素格局内造词，确保新造之词仍是单音节词。例如：

鱼—渔 捕鱼

研 细磨—砚 磨墨用的砚台

折（zhé）折断—折（shé）断

子—崽（《方言》："崽者，子也。湘沅之会，凡言是子者谓之崽。"）

迎—逆（《说文》："逆，迎也。关东曰逆，关西曰迎。"段注："逆迎双声，二字通用。"）

从词长来看，这种孳乳式造词法是一种"单＞单"造词法，符合上古汉语单音节词长特征，因而是上古汉语的强势造词法。很多源词或词源形式有很强的孳衍能力，由其孳生及递相孳生的同族词常常多达十余个甚至数十个，例如"夹"族词、"军"族词、"举"族词等（详见张博，2003：49-50、117-123、374-389）。

汉语词汇复音化以来，词的长度由单音节为主延展为以双音节为主，"单＋单＞双"的复合法因之成为最能产的造词法。在双音节复合词大量产生之后，怎样利用已有的双音节词再构造出新词？在双音节词长的制约下，汉语的解决途径是，先用并合法把双音节承载的原词（或词组）的意义归于其中一个音节，然后再用这个并合语素与其他单音节语素组合，以使构造出来的新词仍然维持双音节格局。由此而言，并合造词的直接驱动力主要是为复合造词提供造词材料，是复合造词的次生现象。也就是说，并合在很大程度上是复合造词的先决条件。

古汉语中已有一些源于复合词并合的单音节语素，例如，"储德、储妃、储傅、储宫、储躬、储号、储季（太子之弟）、储隶（太子的属官）、储命、储位、国储、皇储、立储、废储"中的"储"是由"储主"或"储君"并合而来，"经期、经水、经血、经闭、痛经"中的"经"是由"月经"并合而来。在现代汉语中，越来越多的双音节复合词使用并合语素来构造，出现了一些构词力极强的并合语素。例如，据《现汉》，源于"警察"的并合语素"警"构成的双音节复合词多达 30 余个：警车、警笛、警方、警风、警服、警官、警棍、警号 ❷、警花、警徽、警纪、警力、警龄、警容、警嫂、警探、警务、警衔、警械、警种；乘警、法警、干警、岗警、海警、交警、空警、路警、民警、武警、刑警、巡警、狱警。

有时，为了维持新词的双音节格局，构词语素还有可能来自二次并合，例如：

警察＞警车＞警灯　　展览＞展品＞展柜　　掐指＞掐算＞掐点儿

"警车"中的"警"是"警察"的并合，"警灯"的"警"又是"警车"的并合；"展品"中的"展"是"展览"的并合，"展柜"的"展"又是"展品"的并合；"掐算"中的"掐"是"掐指"的并合，"掐点儿"的"掐"又是"掐算"的并合。

汉语中受双音节词长制约的复合词，由于使用并合语素做构词成分，其结构特征不同于形态发达且词长富有弹性的语言中的合成词。Bloomfield（1955/1980：277）指出："在具有复杂形态的语言中，我们可以这样去观察形态的层序（ranking）：一个合成词可以被描写为恰好是各种不同的复合成分、附加成分、变化成分等等依照一定的次序加在基础形式上那样。"例如，英语actresses（女演员们）这个词，首先，是由actress（女演员）和［-iz］（表示复数的词尾）组成的；然后，actress本身又是由actor（演员）和-ess（表示"女性"的后缀）组成的；最后，actor是由act（表演，动作）和［-ə］（表人名词后缀）组成的。我们按照Bloomfield的分析，可以把actresses的形态结构区分为以下几个层级（ranks）：

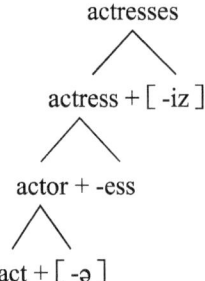

汉语中含有并合成分的复合词在结构上也存在着层级，所不同的是，不是形态结构层级，而是语义结构层级。例如"掐点儿"的语义结构层级为：

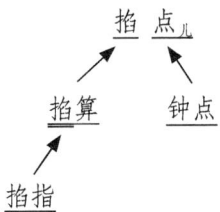

从总体上来看，汉语并合造词法的主要功能是为复合词造出单音节构词语素，这是汉语词汇双音化以来占优势地位的词长模式作用的结果。尽管有一些并合成分的组合能力较强，乃至于《现汉》为其标注了词性，将其视为能单用的词，可实际上这些并合成分在节律上还是非常受限的，通常只与单音节语素组配，充当双音节复合词的构词成分。例如《现汉》将

由'薪水'并合而来的'薪'标注为名词，然而它只能出现于"停薪、调薪、讨薪、发薪、领薪、减薪、增薪、加薪、长薪、涨薪、扣薪、降薪、罚薪、日薪、月薪、年薪、底薪、高薪、低薪、密薪（制）"等"单 + 单"的双音节复合词中，不能出现在"停发薪""薪增加"等"双 + 单"或"单 + 双"的结构中。

　　然而一个明显的事实是，虽然不少动词性的单音节并合成分可用于构词，如并合"退休"的"退"构成"离退、待退、延退、退龄、内退、荣退、裸退"等，并合"面试"的"面"构成"初面、二面、单面、群面"等，但很多情况下（尤其在口语中），单音节动词性并合成分是可以单用的"词"，除了上文列举的"吃""离""挣""批"之外，再如：

退休＞退　国家规定女 55 退是真的吗？（BD）

面试＞面　给我点建议吧！你们都是面了几家公司才找到的工作？

（BD）

花钱＞花　土豪千万家产娶了拜金女，最后不得不离婚，真养不起，太能花了。（BD）

否决＞否　说不清楚，我就一票否了你。（CCL）

甩卖＞甩　山地车，便宜甩啦，快来看看！

批发＞批　我们从广东、福建等地就进鲜荔枝 40 车皮，共 1200 吨。我们批给小贩是 4 元钱一斤。（CCL）

装修＞装　看了这些卫生间设计，真的想把自己家的拆了重装！（BD）

　　这些并合而来的单音节动词为什么没有融入汉语词汇双音化的洪流，反倒逆潮流而动，走上由双返单的回头路？我们认为，这是由现代汉语动词的典型词长决定的。刘丹青（1996）探讨了汉语词类和词长的相关性，通过多种统计数据及名词动词词长差异的具体表现，有力地证明了现代汉语"动单名双"的大势（口语中动词的单音节性尤为凸显），并从形态和句法两个方面分析了名词和动词词长差异的原因以及汉语的节律对形态和句法的制约作用。

　　受动词单音节词长优势的制约，当代汉语中很多新兴的或近来高频使用的双音节词在口语中迅速产生了单音节动词形式，例如：

（3）你试试用 PS 打开截图，再 Ctrl + 鼠标拖动到你要粘的地方试试。

（BD）（粘＜粘贴）

（4）为了方便大家我把攻略<u>贴</u>过来。（BD）（贴＜粘贴）

（5）侯月线具体都包括哪些站？有条件的帮忙<u>百</u>一下，越详细越好。

（BD）（百＜百度）

（6）好久没<u>博</u>了，今天仔细想想还是有一些流水账值得记一下的。

（BD）（博＜博客）

（7）<u>登</u>了一下午铁路客户中心网站都<u>登</u>不上去，你们<u>登</u>得上嘛。

（BD）（登＜登录）

（8）尔雅课听过了，这学期又选了，不看会不会<u>挂</u>了？

（BD）（挂＜挂科）

（9）密码<u>输</u>不进去，手机还一直说话，什么原因？（BD）（输＜输入）

由此看来，动词性并合成分不论是用于构造双音节词，还是作为单音节动词独立使用，都要受现代汉语动词词长模式及其语体特征的制约。

这里需要提及的是，以往有学者注意到，"双音节语词的节略也会引起单音词词义的变化"，导致词义缩小。例如，"作贼"是魏晋南北朝时期的一个习语，指造反、叛乱，后节略为"作"（《南齐书·沈文秀传》："宋明初，九州同反，鼠辈但作，看萧公雷汝头。"）。蔡镜浩（1989）指出："这样一来，'作'就不仅泛指各种作为，还常常专指造反、作乱这种行动，词义实际上是缩小了。"贾燕子、吴福祥（2017）指出，从语义构成看，上古汉语的"食"和"饮"均可分为及物和不及物两个变体：不及物的"食""饮"既表示动作，也隐含了对象"饭""水／酒"，是上古汉语表达"吃饭""喝水／酒"事件的基本形式；及物的"食""饮"只表示动作，不隐含对象。类似的现象也见于其他语言。如果仅就"作：作贼""饮：饮酒"这类单双音词语的对立来看，定性为"节略导致的词义缩小"和"及物不及物交替"也不无道理。然而统观现代汉语单音节并合动词的来源，并不限于动宾式复合词或动宾词组，还包括状中式（下载、甩卖）、并列式（装修、粘贴）及双音节单语素动词（拷贝）。这些源于非动宾式词语的单音节动词，无法用词义缩小来解释，如"下一首歌"的"下"与"上下"的"下"、"甩卖货物的""甩"与"抛扔义"的"甩"不存在词义范围大小的问题；"拷贝"中的"拷"本身没有意义，更谈不上词义缩小。上古汉语"食""饮"同时存在及物和不及物两个变体，也与现代汉语"花钱＞花""挂科＞挂"这类由双到单的词语衍生现象不同。因此，我们认为，本节列举的各种结构类型的双音节动词单音化的性质是相同的，都是受汉语动词单音节词长制约的并合造词。也就是说，只有"并合造词"才能对上述各类双音节动词衍生出单音节动词做统一的解释。

3.3.2　汉字类型特征制约

在构造新词（包括非词成分词化）的过程中，不同语言都会面临一个普遍的问题，即，既要整合两个或两个以上构词成分的意义，又要控制新造之词的长度。至于采用哪些手段控制新词的长度，在很大程度上取决于语言的文字类型及其特征。

对于使用音位文字的语言来说，一个字母通常代表一个音位，因而可以较为方便地采用多种"合义且合音"的方式控制新词的长度。比如英语可截取每个构词成分的首字母单独发音构成首字母缩写词（如 VIP），也可将截取的每个构词成分的首字母加以拼读构成缩略词（如 TESOL），还可以从两个词中各取一部分合在一起构成截搭词（如 blog）。而汉语使用的是方块汉字，汉字所代表的语言单位基本上是"词"或"语素"，因之被称为表词文字（word-writing）（Bloomfield，1955/1980）或"语素文字"（morphemic writing）（Hockett，1958/2002）。汉字所代表的语音单位是音节，当要控制词或语素组合的长度时，跨音节的音位拼合难以实现。即便偶有来自"急读"或"音切"的所谓合音词，例如"扶摇＞飙、即灵＞精、不用＞甭"，也无法从文字上直观地反映出音位的拼合。正是由于汉字特征的制约，汉语在合取构词成分的意义创制新词时无法通过合音控制词长，只能走"合义舍音"之路，这也是汉语并合造词法形成的重要原因之一。

3.4　结语

汉语双音节词或词组的"并合"是因应再造双音节词或符合节律的单音节动词的需求，而不是把超长词语压缩节略成一个短形式以方便称说，故不宜将词语并合混同于词语缩略。在现代汉语中，由于多种结构类型的双音节词都可以并合为单音节动词，"词义缩小"或"及物不及物交替"等理论不能解释所有的"双 x ＞单$_{动}$"。因此，我们主张把两个音节共同承载的语义归至其中之一而衍生的新词或新语素统一地视为并合造词法的产物，这样更有利于观察汉语词汇和文字的类型特征对造词法的影响，也便于探讨词语衍生与词义发展的互动关系，进而推进多义词与同音形词的区分、单双音同义动词语法特征及词义辨析、词典对并合义的收录原则及并合成分的释义方式、汉语第二语言学习者并合语素及其复合词意义识解、含并合语素的复合词教学等有关问题的研究。

四、创造性类推构词的类型及其认知机制 *

4.1 引言

　　类推（也叫"类比"①）是词语创造的重要方式之一，通常指"按照原先用的词语，改变一个词素仿造新词"（任学良，1981：234）。朱彦（2010）将类推构词方式区分为"完全类推"和"创造性类推"两种类型。完全类推的类推词和原词② 在语音、结构和语义等方面的属性完全一致，而且变项之间具有反义或类义关系，如语言使用者基于"内、外"的反义关系从"外资"类推出"内资"，基于"手、脚"的类义关系从"国手"类推出"国脚"。不论反义或类义，变项都属于同一语义场，如"内、外"同属方位语义场，"手、脚"同属人体器官语义场。创造性类推的类推词和原词在语音、结构和语义等方面仅存在部分属性相同，如同属"X 门"词法模式的"虎照门、国旗门、踏板门、艳照门"，词语的变项之间不具有反义或类义关系。近年来，学界针对创造性类推构词现象进行了大量的研究，或从微观着眼，侧重于对个案的结构描写、语义解释和认知分析（张谊生，2007；杨文全、王平，2008；刘娅琼，2012；涂海强、杨文全，2011；施春宏，2013），或从宏观着眼，侧重于对类推构词类别的区分（岳长顺，1993）、词语的结构和语义表现（李宇明，1999）、范畴的扩展特征（朱彦，2010）等。通过对现代汉语词法模式的观察，我们发现创造性类推构词的生成机制不尽相同，有些基于语义类聚关系，有些基于事件凸显信息，例如：

　　X 奴：房奴、车奴、婚奴、病奴、股奴、证奴
　　X 族：吊瓶族、蹭饭族、裸婚族、偷菜族、光盘族、水母族

---

　　*　本节作者李加鳌。本节内容曾发表于《南开语言学刊》2019 年第 1 期。
　　①　文中除原文征引使用"类比"外，其他处一律使用"类推"。
　　②　原词产生时间相对较早，文中类推词与原词之间的关系根据词语在人民网新闻中出现的时间判定。

"X 奴、X 族"词法模式的成员在表面上均为前位变项修饰限定后位固项，但是"X 奴"成员的变项在语义上均属于固项"奴"的生活困扰源，具有一定的语义类聚关系，而"X 族"成员的变项在语义上却难以找到语义关联，各成员通常由语言使用者基于特定事件构造而成。基于此，本节拟以现代汉语词法模式为研究对象，探讨创造性类推构词的类型及其认知机制。

4.2　基于语义类聚关系的创造性类推构词及其认知机制

岳长顺（1993）从源生关系视角将汉语类推构词方式区分为修辞式与非修辞式。修辞式类推构词即完全类推构词，类推词与原词的变项在语义上属于同一语义场，具有鲜明的语义类聚关系；非修辞式类推构词与基于语义类聚关系的创造性类推构词部分相似，类推词与原词的变项虽然也存在语义类聚关系，但该关系与完全类推词所基于的语义类聚关系不太一样，表现为类推词与原词之间的源生关系通常不太明晰。以往研究尚未对该类创造性类推构词进行过详细分析，因此，我们将结合具体案例，探讨该类构词方式的创造性特征。

4.2.1　基于常规语义类聚关系的创造性类推构词及其认知机制

具有常规语义类聚关系的词语通常情况下会被视为同一语义场成员，成员之间具有狭义的反义或类义关系，如属于亲属语义场的"哥"与"姐"在性别上具有反义关系，在辈分上具有类义关系。完全类推构词的变项具有典型的常规语义类聚关系，如"的哥"与"的姐"的变项具有反义关系，词语语义完全对应。而创造性类推在词语语义上则不对应，如"白灾"与"黑灾"，前者释义为"牧区指暴风雪造成的大面积灾害"（《现代汉语词典》第 7 版，本节简称《现汉》），后者释义为"由于持续干旱，造成牧区牲畜大量死亡的灾害"（《现汉》），其中"白"与暴风雪相关，而"黑"通过与"白"在颜色语义场中的反义关系而表干旱，两个词在理据性强弱上不对应。（张博，2007）该类型的创造性类推构词通常表现为二元反义关系，现代汉语中类推规模较大的为"X 领"词法模式，因此，我们以其为分析案例。

"X 领"的成员表示某一职业群体，根据对语料的观察，主要有"白领、蓝领、粉领、灰领、金领、黑领、红领、绿领、银领、橙领"等词。"类比必须有一个模型和对它的有规则的模仿"（de Saussure，1949/1980：

226）。"X 领"的类推模型当为"白领"，它出现最早，仿译自"white-collar"。"white-collar"由"white-collar worker"缩略而成，意指"从事脑力劳动的职员，如管理人员、技术人员、政府公务人员等，他们工作时多穿白色衬衫"（《现汉》）。由于采用仿译法，译词构词成分逐一对译原词构词成分，因此，"白领"与"white-collar"的结构关系和语义关系相同，识解机制也相同，均通过"部分代整体"转喻，以"衣领"转指"衣服"，再以"衣服"转指"穿衣服的人"。随着语义的泛化，最终意指"从事脑力劳动的职员"。"X 领"其他成员由"白领"类推而得，释义 [①] 如下：

蓝领：某些国家或地区指从事体力劳动的工人，他们劳动时一般穿蓝色工作服。（《现汉》）

灰领：❶汽车修理工，因他们的工作服多是灰色的。❷既掌握理论知识又具有实际操作能力的复合型技术人才。（改自《现汉》）[②]

粉领：某些国家和地区指从事秘书、打字等工作的职业妇女。也叫粉红领。（《现汉》）

金领：指企业中收入较高的高级科学技术人员和高级管理人员，如软件设计工程师、公司部门经理等。（《现汉》）

黑领：指那些做脏活、累活或不体面的活的人。（《新词语》）

红领：指在国家机构工作的人。（《新世纪》）

绿领：指崇尚健康生活方式，喜爱户外运动，支持公益事业，热心环保工作的人。（《新世纪》）

橙领：对从事电子商务行业的人的新称谓，尤指通过淘宝联盟赚取收入的电子商务人员。因淘宝网站主色为橙色，故称。（《新世纪》）

银领：又称"灰领"。一般指既能动脑又能动手，有一定知识水平，熟练掌握技能的高级技术人才。其地位介于金领和白领之间，故称。（《新世纪》）

"蓝领、灰领❶"的变项在词语中表示颜色词的基本义，表示从事某

---

① 释义取自《现汉》、《新词语大词典（1978—2002）》（以下简称《新词语》）和《新世纪新词语大词典（2000 年—2015 年）》（以下简称《新世纪》）。

② 《现汉》将"灰领"的意义概括为一个义项，鉴于"灰"在"灰领"中所指不同时的语义差异，本节将"灰领"分为"灰领❶"和"灰领❷"，分别对应《现汉》释义中"原指……"和"后指……"两部分内容。

一职业的人员所穿工作服的颜色。因此，这两个词属于完全类推构词。

"粉领、金领、黑领、红领、绿领、橙领"中的变项在词语中表示颜色词的引申义，属于创造性类推构词。"X 领"词法模式早期成员只有"白领"和"蓝领"，这两个词与现实的职业分工有鲜明的关联，词语语义是整词转喻而来的。语言使用者通过对其进行形式和语义解构，将整词的区别性语义成分赋予其中区别性构词成分，致使"白"和"蓝"在该词法模式中分别产生表职业特征的特定语义，即"脑力劳动"与"体力劳动"。"语义场内的词汇变化具有联动性"（赵一农，1999），如果"两个（或多个）词在某个义位上具有同义（或类义、反义）关系，词义运动的结果会导致它们在另外的义位上也形成同义（或类义、反义）关系"（张博，1999），即发生"聚合同化"现象。"粉、金、黑、红、绿、橙、银"与"白、蓝"同属颜色语义场，这使语言使用者将"白、蓝"在"X 领"词法模式中所浮现的职业特征类推至该语义场中其他成员成为可能。具体的颜色词在"X 领"词法模式中表示何种职业特征具有一定的认知理据。"粉"在"粉领"中表示女性，该语义并非"粉"的固有语义，而是受"X 领"词法模式的语义压制而产生的特定义，因为粉色是女性着装与用品的典型颜色，经常与女性出现于同一认知域内，共现的经验致使二者具备发生转喻的可能。"黑领、红领、绿领、橙领"的认知机制与"粉领"相似，黑色通常与脏的或不体面的工作环境相关联，红色在中国大陆通常"象征革命或政治觉悟高"（《现汉》），绿色通常与健康、环保事物出现于同一认知域，橙色为淘宝网站凸显颜色，这些都为颜色词的语义转指提供了可能。与上述"X 领"成员不同，"金领"在类推构词中发生的是隐喻操作，"金是一种稀有金属，具有高市场价值"与"高级科学技术人员和管理人员是少数知识群体，具有高社会价值"之间存在结构上的相似性，二者在稀有性与高价值性上形成映射关系。如果说"粉领、黑领、红领、绿领、橙领"等的变项语义还与颜色相关，那么"金领"的"金"则与颜色完全无关，但是"金"作为多义词，具有颜色义项，个体在类推构词过程中有意参照 [[颜色]＋领子] 的表层语义模式，致使其成为"名不副实"的"X 领"成员。

"灰领❷"与"银领"所指相似，但是二者的生成机制相异。"灰领❷"是"灰领❶"语义泛化的结果，"灰"经该泛化过程而获得特定职业特征，表示"兼具理论知识与实践经验"。相较于"灰领❷"，"银领"更凸出指称对象的价值性，是参照了"金领"的价值定位而生成的，"银领"的语义模式与"金领"一致，表层为 [[颜色]+ 领子]，深层为 [[质料]+ 领子]。"灰领❷"的语义是历时演变的产物，而"银领"是共时构造的产物。

根据"X领"词法模式类推构词的发展，所有颜色语义场中的词语都有可能产生新的职业义，但是具体什么词与什么职业相关则依赖于社会文化的规约性关联和特定情境的偶然性关联。如英语中 black-collar workers（黑领工人）意指矿工，green-collar workers（绿领工人）意指环保主义者，scarlet-collar workers（绯红领工人）意指"拥有或经营色情网站的妇女"（Benczes，2006：144）。相较而言，汉语中的"黑领"语义范围宽泛得多，"绿领"的语义范围与之相当，"红领"（"绯红"属于"红"的一种）语义所指则完全不同。

4.2.2 基于非常规语义类聚关系的创造性类推构词及其认知机制

具有非常规语义类聚关系的词语通常情况下不会被视为同一语义场成员，成员之间具有抽象或宽泛的语义关联。例如：

X盲：文盲、法盲、音盲、球盲、营养盲、电脑盲

X托：房托、医托、药托、婚托、酒托、车托

朱彦（2010）将词法模式整体视为一个范畴，认为"构造同语素词群，是用同一个语言形式，即语素，去标记既有共同点也有差别的事物，把这些事物纳入该语素所指称的范畴中，因而构造同语素词群的过程就是一个范畴化的过程"。观察上列词例可知，对于一个词法模式范畴而言，范畴扩展是通过替换变项而实现的，因此，我们也可将变项视为一个范畴。与上一小节基于常规语义类聚关系类推构词不同，基于非常规语义类聚关系类推构词的变项在语义上以家族相似的关系关联成类。上列词例中，不同词语的变项在未进入词法模式之前通常不具有语义关系，成员之间语义差异较大，如"X奴"的变项"房、车、婚、病、股、证"在语义上就存在较大差异。语言使用者通过对比与概括而建立一个非常规语义范畴，如通过对比"房奴"与"车奴"所指对象的基本属性，而将"房"与"车"归为同一语义范畴，该范畴可表述为"生活困扰源"。非常规语义范畴内的成员并不具有共享语义特征，成员之间差异明显。有些成员之间相似属性较多，如"病奴"与"药奴"的变项；有些成员之间难以找到相似属性，如"婚奴"与"租房奴"的变项。但范畴成员通过语义上的递相类推而关联成类，

如"团奴"指"痴迷团购并饱受团购之苦的人"(《新世纪》)。其中变项"团"与原型程度较高的"房、车、墓、证、卡"等相似性较少,通常不会被归为同一语义场。但是,"团奴"与"网购奴"的变项语义相近,"网购奴"与"租房奴、上班奴"的变项语义相近,"上班奴"与"班奴"的变项语义相近,"班奴"与"债奴、药奴"的变项语义相近,成员间通过语义上的递相关联而形成具有家族相似性的原型范畴。在词法模式的变项范畴中,原型通常基于产生时间较早、使用频率较高的词语,如"X 奴"变项的原型主要基于"房奴、车奴、卡奴"等较早出现的词语,原型在形式上表现为"单音节、名词性、缩略语素",语义上表现为"对指称对象造成经济困扰"。范畴成员在原型特征上通常具有较大差异,表现出不平等性,典型成员在形式和语义上与原型的相似性较高,如"X 奴"中的"墓奴、婚奴、病奴",而非典型成员则与原型的相似性较少,如"团奴、网购奴、知识产权奴"。

范畴成员之间的家族相似性关联致使范畴边界具有模糊性与开放性,任何与范畴成员语义相似相关的词语均可被语言使用者归入同一范畴。如"X 盲"词法模式早期成员的变项通常为某一专门领域,如"法律(法盲)、音乐(音盲)、舞蹈(舞盲)、科学(科盲)"等,随着范畴的逐步扩展,词法模式的框架对变项语义的限制逐步降低,开放的范畴边界为变项信息多元化提供了实现的可能,语言使用者可根据事物或事件属性间的相似性而进行创造性类推构词。因此,任何一种常识或知识均可充当变项语义信息,如上列"电脑盲"即"对电脑知识一窍不通的人"(《新词语》)。以此类推,缺乏任何一方面常识或知识的人均可被冠以"X 盲",如缺乏军事常识的人可被称为"军事盲",缺乏化妆常识的人可被称为"化妆盲"。

4.3 基于事件凸显信息的创造性类推构词及其认知机制

语义类聚关系对创造性类推构词具有重要作用,然而,这只是现代汉语创造性类推构词方式之一,该方式的类推机制无法解释"X 门、X 族、X 男、X 帝、X 哥、被 X"等词法模式,这些词法模式的成员在变项上不具有语义类聚关系。例如:

X 门:电话门、虎照门、豆浆门、棱镜门、窃听门、泼墨门
X 哥:犀利哥、淡定哥、锦旗哥、瞌睡哥、奔跑哥、证件哥

上列"X门、X哥"的变项彼此之间在语义上难以找到相似性。基于此,我们以"X哥"为主要分析案例,结合同类词法模式以观察该类推构词方式的认知机制。

"X哥"的成员通常表示某一事件中具有特殊行为的男子,以"犀利哥"为类推模型。我们对出现于人民网 2010—2013 年新闻标题中的"X哥"类词语进行统计分析,根据变项词性的差异将"X哥"词法模式的成员分为三类:变项为名词性成分的词语(记为 N 式)573 例,如"油条哥、宝马哥、锦旗哥";变项为动词性成分的词语(记为 V 式)363 例,如"托举哥、撑伞哥、相亲哥";变项为形容词性成分的词语(记为 A 式)118 例,如"淡定哥、笔挺哥、妖娆哥"。由此可知,N 式与 V 式在数量上占较大优势。现代汉语中其他同类词法模式的变项也表现为以名词性成分和动词性成分为优势,如"X族、X门、X客、X党、X男、X帝、被 X"等,这一优势在"X门、被 X"等指事类词法模式中表现得尤为明显。这些词法模式都具有较高的能产性,语言使用者可以根据事件内容类推构造新词用于指称事件或事件参与者,如"X门"指称具有一定轰动效应的新闻事件(张谊生,2007),"X帝"表示某一敏感事件中的参与者(刘娅琼,2012),"被 X"表示某一非自愿或非真实事件(施春宏,2013)等。

观察该类词语出现的语境可知,词语通常与特定事件相关联,语言使用者依据词法模式框架,选取事件中的凸显元素作为变项以类推构词。"事件由动作与其参加者[①]、环境成分构成,这两方面之间的关系构成事件框架,参加者包括施事、受事、对象,环境成分包括工具、结果、时间、处所等"(王红旗,2004)。用事件中"一个极度明显且重要的具体情景成分来代替整体事件情景"(陈香兰,2013:13)是语言表达的重要方式之一,即事件的构成元素可以通过转喻操作激活事件整体。上述"白领、蓝领"的以衣领代人和"粉领、红领"等类推词中"粉、红"的以颜色代属性均是典型的转喻过程。与之同理,"X门、X哥"等词法模式的类推机制也正是利用了词语变项在事件框架内的转喻操作。例如:

(1)邵斌亮相回应"改分门":我有权改分不排除反诉

(新闻标题,人民网 2011.03.24)

---

① 文中除原文征引使用"参加者"外,一律使用学界通用术语"参与者"。

（2）考研"馒头哥"：八个冷馒头当午餐

（新闻标题，人民网 2010.07.23）

"改分门"指亚运会体操裁判邵斌更改比分一事，"馒头哥"指吃冷馒头当午饭的考研男子。语言使用者通常选择事件中参与者的动作或环境成分充当变项内容。可充当变项的动作或环境成分在事件中具有较高的认知凸显度，动作一般是参与者具体的行为，如例（1）中的"改分"；被选择的环境成分是事件之所以被关注的焦点所在，如例（2）中的"馒头"。动作与环境成分在语言形式上分别表现为动词性成分与名词性成分。那么变项是如何通过转喻以表义呢？与上述基于常规语义类聚关系类推构词中部分变项经转喻操作表义的过程相似，基于事件凸显信息类推构词的变项也需要借助词法模式的框架以促使其发生语义转指。例如"X门"词法模式的结构义表示具有一定轰动效应的新闻事件，为了与该结构义相匹配，变项的语义就必须发生转指，如"改分门"中的"改分"就必须转指该行为所在的事件，包括事件的发生、经过、结果等，"改分"只是该事件中的行为之一。同样"馒头哥"中的"馒头"也必须转指以该环境成分为焦点的事件，"馒头"只是该事件中的环境成分之一。该类词法模式的特点之一在于其具有特殊的语用效应，变项提供了事件的凸显信息，而非完整信息，要获取完整信息则需结合更多事件内容对变项进行语义转指解读。因此，该表达形式可吸引词语接触者对事件做进一步的探究。

该类词法模式的变项很少以形容词性成分的形式出现，变项为形容词性成分的词法模式主要为少数指人类的"X哥、X男、X姐、X女"等，例如：

（3）女寝楼下站 12 小时　痴情哥捧花向女友道歉

（新闻标题，人民网 2012.02.24）

（4）"西安淡定姐"开车掉入河里　被救后继续上班

（新闻标题，人民网 2015.03.19）

形容词性成分不是事件的主要构成元素，而是对参与者在整个事件中的行为表现的主观评价，如例（3）中的"痴情"是对"哥"捧花站 12 小时向女友道歉的行为的评价，例（4）中的"淡定"是对"姐"坠河被救后继续上班的行为的评价。

另外，同一事件可能因语言使用者观察视角的差异而在构词时选择不同的事件元素，如：

（5）尼克松顾问指责布什窃听门事件危害超过水门事件

（新闻标题，人民网 2006.04.01）

（6）美安全局搜集电话记录 布什再遇"电话门"

（新闻标题，人民网 2006.05.12）

同样是针对布什总统授权国家安全局对美国国内电话进行窃听的事件，例（5）中"窃听门"凸显的是参与者的行为，而例（6）中"电话门"凸显的是事件中的环境成分。

4.4 两种创造性类推构词方式的分工与交叉

通过以上两小节的分析可知，现代汉语中存在两种创造性类推构词方式，一种基于语义类聚关系，一种基于事件凸显信息，两种类型都具有较强的能产性，为语言生活创造了大量新词。两种类推构词方式在语言生活中既有分工又有交叉。

基于语义类聚关系类推构造的词语通常用于指称某类人或某类事物，如"X领、X奴、X盲、X替、X二代"等词的指称对象通常为具有某一共同属性的社会群体。该类推方式主要受语义驱动，词语在一定程度上填补了词汇系统中的空位，这尤其鲜明地表现在完全类推上。如出现"冷门"一词时，词汇系统中就会出现"热门"以填补对应语义，类推词根据语言表达的需要而决定是否显化。基于语义类聚关系的创造性类推与之相似，即与变项语义具有反义或类义关系的词均可实现为词法模式的变项，以"X托"为例，该词法模式表示从旁配合、诱人受骗上当的人。早期成员主要为"医托、房托"，变项表示诱骗内容。例如，"医托"指"为谋取私利，以患者或内行身份向其他患者推荐医疗服务，诱人上当的人"（《新词语》）；"房托"指"跟不法房地产商勾结，伪装成购房者诱使他人在买卖房屋时上当受骗的人"（《现汉》）。凡是在语义上可充当诱骗内容的词语均可进入该词法模式以类推构词，这样就可为词汇系统提供类似"婚托、车托、酒托、票托、饭托、官托"等新词。这些新词在没有具体事件的情况下仍能被识解，语义基本可从构词成分预测而知。它们通常潜藏于词汇系统之中，当语言使用者在一定情境中需要表达之时便可显化。

　　与之相反，基于事件凸显信息类推而成的词语由于与具体事件相关联，通常用于指称某个人或某个事件，如"犀利哥、宝马男、艳照门、口误帝"等词的指称对象均为某一具体事件中的参与者或事件本身。该类推方式主要受语用驱动，通过观察词语出现的语境可发现，以该类推方式构造的词语通常出现于传媒新闻标题之中。"标题是新闻的题眼，除了字句上的凝练和内容的概括外，特别注重吸引眼球，激发好奇心，引导新探索。"（施春宏，2013）该类词通常能够以最精短的构词成分凸显事件中的事件元素并吸引阅读者的注意。由于事件是具体的、特殊的，变项语义也是特定的动作或环境成分，因此，变项通常在词汇系统中不存在同类成员。例如：

　　纸牌门：指郑州火车站电子大屏幕出现纸牌游戏的事件。

（《2010 汉语新词语》）

　　钢管姐：称在南京地铁 2 号线上跳钢管舞的一位女子。

（《2010 汉语新词语》）

　　"纸牌、钢管"都是具体事件元素，新词必须结合具体事件才能被识解，词语语义通常不可完全预测或不可预测。大部分基于事件凸显信息类推构造的词语都与特定事件相关，通常用于专称，因此，进入通用语的可能性较小，而基于语义类聚关系类推构造的词语大多用于类称，因此进入通用语的可能性就大得多。

　　现代汉语词法模式的两种创造性类推方式虽然差异明显，但观察语料可知，每一种词法模式都会以其中一种为其强势类推方式，并辅以另一种，如"X 领、X 奴"以基于语义类聚关系的类推为主，"X 哥、X 族"以基于事件凸显信息的类推为主。一方面，基于语义类聚关系的类推随着类推规模的扩大会出现变异，变异遵循信息凸显原则，如上述"X 领"在类推过程中出现了非［［颜色］＋领子］语义模式的"开领"（指把家当办公室，在家里工作的人，即"自由职业者"。这类人可以随意敞开领子工作，故称。《新世纪》），以领子敞开的状态转指其工作性质，其中"敞开状态"是语境中的凸显信息。另一方面，部分通过事件中的"部分代整体"转喻构造的词语也能借助于常规语义关系预测新词。例如，当语言使用者将事件中开宝马牌汽车的男子命名为"宝马男"后，与"宝马"同属汽车品牌语义场的"奥迪、奔驰、现代、路虎"等都将能够进入"X 男"结构成词。

4.5   结语

    类推构词是词汇创新的重要方式之一，在现代汉语中以创造性类推方式构造的新词大量涌现。本节基于前人研究成果，通过分析词法模式类推构词的异同，区分了创造性类推构词的两种类型：基于语义类聚关系的创造性类推构词和基于事件凸显信息的创造性类推构词，前者又可分为基于常规语义类聚关系的创造性类推构词和基于非常规语义类聚关系的创造性类推构词两种。基于常规语义类聚关系创造性类推构词的变项通常具有两层语义，在表层语义上变项属于同一语义场，具有反义或类义关系，而在深层语义上差异明显，通常经转喻或隐喻而表义。基于非常规语义关系创造性类推构词的变项通过对比与概括而形成具有家族相似性的关联网络，成员之间语义关系抽象或宽泛。基于事件凸显信息创造性类推构词的变项语义差异明显，变项通常经由"事件元素代事件整体"的转喻表达语义，其中"事件元素"一般为参与者动作或环境成分。虽然两种类型的类推构词方式在现代汉语中具有分工，基于语义类聚关系的类推主要受语义驱动，具有填补词汇系统空位的功能，而基于语境凸显信息的类推则主要受语用驱动，用以表达具体事件，但是同一词法模式通常会以其中一种为优势类推方式，同时辅以另一种方式。

五、当代汉语［N+N］式词法词的词义识解程序
及机制研究 *

5.1   引言

    新词语的产生形式有两种——零星的与批量的（李宇明，1999），其中批量产生的新词语通常在形式和语义上具有共性，可抽绎出抽象的词法模式，如从"文盲、法盲、科盲、股盲、电脑盲"等词可抽绎出［X+盲］词法模式，"文盲"等词为该词法模式对应的词法词。据亢世勇等（2008：53）统计，批量产生的词法词占当代汉语新词总数的 18% 左右。我们以2006—2015 年的《汉语新词语》系列辞书为底本，筛选出具有较高能产性的词法模式 25 个及词法词 1514 例，其中 15 个词法模式在［N+N］组配

---

    * 本节作者李加翠。本节内容曾发表于《语言教学与研究》2019 年第 5 期。

模式上具有典型性。定中式［N+N］组配模式向来是学界讨论的热点之一，"名名定中是定中复合词的原型模式，以名词性成分充当定语成分是定中复合词构词的常规选择"（董秀芳，2004：130）。前人对名名复合词的研究主要聚焦于两方面：两个名词性成分之间的语义关系和复合词的语义构造机制。语义关系方面，Downing（1977）、Warren（1978）等研究表明名名复合词内部语义关系是难以穷尽的，各家划分出的语义关系数量与类型均不相同。语义构造机制方面，Ryder（1994），刘正光、刘润清（2004），胡爱萍、吴静（2006），黄洁（2008a、2008b、2013）等分别从图式理论、概念整理合理论、隐转喻理论等视角分析了英语和汉语的名名复合词语义构造模式。虽然前人研究已取得了丰硕的成果，名名复合词的构造机理也逐渐清晰，但是研究大多脱离词语出现的语境，鲜少探讨对语境具有较强依赖性的词法词，对词法词词义识解机制的剖析可进一步深化汉语名名复合词研究。

鉴于［N+N］组配模式在当代汉语词法词中的典型性以及名名定中结构在汉语复合词中的原型地位，我们拟以［N+N］式词法词为研究对象，探讨其词义识解程序及机制。

5.2 汉语词法模式

当代汉语中存在大量的词法模式，前人在这方面已经进行了丰富的研究，但相关的概念界定仅见于董秀芳（2004）和蒋绍愚（2015）。董秀芳（2004：101）"把汉语中具有一定规则性的产生词的格式统称为词法模式"。蒋绍愚（2015：96）对词法模式做了如下界定："词法模式"指词法词（在线生成的词）的一种构词格式，这种格式是有能产性的，而且其构成成分的语义类别和所构成的复合词的意义之间的关系比较固定；就像一个造词模子一样，能在线生产出一批由同类语义构成、词义属于同一语义类别的复合词来。该定义指出了词法模式的产物为词法词，并强调了词法模式的能产性和在线生成性。在前人研究的基础上，我们将典型的词法模式特征概括为以下四点：

（一）具有固定构词成分；

（二）不定构词成分属于同一语义类；

（三）构词成分之间的结构关系固定；

（四）构词成分之间的语义关系固定。

其中，（一）是形式方面的要求，（二）（三）（四）是意义方面的要求。以［（地点）＋人］词法模式为例，形式上，固定构词成分为"人"，意义上，（地点）表示不定构词成分均为地点（出生地或居住地），（地点）和"人"之间的结构关系均为"（地点）修饰限定'人'"的偏正关系，语义关系均为"（地点）是'人'的出生地或居住地"，如"北京人、中国人"。

除了典型的词法模式之外，当代汉语中还存在大量的非典型词法模式，这类词法模式通常只满足部分上述特征。首先，"玫瑰红、孔雀蓝、柠檬黄"等可抽绎出［（事物）＋（颜色）］词法模式，该词法模式不具有固定成分，但其中一个构词成分属于同一语义类且两个构词成分结构关系固定。其次，如果说［X＋奴］（房奴、墓奴、车奴）词法模式中的不定构词成分尚可归纳为某一宽泛的语义类（在此为"生活困扰源"）的话，［软＋X］（软广告、软技术、软处理）词法模式中的不定构词成分则不具有语义类上的同一性。虽然各个词法模式在典型性上存在程度差异，但均保持词法词构词成分之间的结构关系不变。因此，上述第三点特征可被视为词法模式的核心特征。当一个结构同时满足特征（一）（三）或（二）（三）时，即可被视为词法模式。特征（四）的作用在于影响词法模式的典型性程度，而非影响词法模式的成立与否。

5.3　［N+N］式词法词的词义识解程序

识解一个词法词至少存在两种情况：一种是解词者从未接触过同类词法词，尚未建立词法词所属词法模式；另一种是解词者曾经接触过同类词法词（通常为词法模式原型词例），且已建立词法词所属词法模式。我们以［X＋奴］为例，87.2% 的［X＋奴］词法词为［N＋N］形类模式，如"房奴、药奴、债奴、菜奴、险奴"等。下面我们分而述之。

5.3.1　识解假设一

假设解词者从未接触过［X＋奴］词例，那么，当他面对包含"房奴"的句子时，他是如何进行词义识解的？例如：

（1）对于刚刚步入社会开始打拼的"80后"，面对高高在上的房价和竞争激烈的工作，他们中的大多数要不沦为"<u>房奴</u>"，要不只能"啃老"。（中青网 2012.05.13）

认知关联论认为，造词者不会创造一个与语境无关的词语，该词必定满足了最佳关联（Sperber & Wilson，1995：260）。解词者心理词库中存储的"奴"表示"旧社会受压迫、剥削、役使而没有人身自由等政治权利的人"，如"奴隶、家奴、农奴"等，但明清以降，文学作品中出现了由"奴"的比喻义构造的"守财奴"，用以"指有钱而非常吝啬的人（含讥讽意）。也说看财奴"（《现代汉语词典》第7版，本节简称《现汉》，第1204页）。该词的流通一定程度上促发了当代汉语［X+奴］词法模式。当解词者接触"房奴"时，首先检索心理词库，发现无可同化的词法模式，进一步检索长时记忆中的对比词，理想化状态下可检索出"家奴、农奴、守财奴"等［X+奴］式词。在此基础上，启用构词成分"房"和"奴"的基本义，然而，两个构词成分的概念不相适切，固有的［X+奴］式词的修饰语表"奴"的属性，如"家奴"表示"私家的奴仆"，而"房奴"中的"房"并不表示"奴"的属性，而是造成指称对象为"奴"的原因所在。如果解词者套用心理词库中已有的语义模式，那么将会出现构词成分间的语义冲突，语义冲突迫使解词者启用与"房"相关的百科知识（如"买房"）和语境中的关联信息（如"刚刚步入社会""高高在上的房价"）。基于关联信息可知，高房价是所指对象沦为"房奴"的原因所在，但高房价只是间接原因，直接的原因是"房奴"买房养房的行为。基于此，我们可以得到"房奴"的语义，如下：

【房奴】因购房养房，承受巨大经济压力，导致失去财务自由的人。

（改写自《2006汉语新词语》第18页）

5.3.2 识解假设二

假设解词者接触过"房奴、车奴"等词，且已在心理词库中建立了相应的词法模式［X+奴］，那么，当他面对包含新词"墓奴"的句子时，他是如何进行词义识解的？例如：

（2）如果无法保障公益墓地，必将导致越来越多的人既当"房奴"，又要当"墓奴"的境地。（《羊城晚报》2013.04.06）

根据认知关联论，"墓奴"满足了造词者所认为的最佳关联。通过检索心理词库，解词者可提取已存储的词法模式［X+奴］，进而检索原型词，以之为对比项（例（2）语境已提供对比项，为解词者减轻了检索负担），对比"墓奴"与"房奴"后发现，"墓"与"房"在音节、语义类上均具有较高的一致性，已有词法模式［X＋奴］可同化目标词"墓奴"，通过启用百科知识"购买墓地"和语境信息"无法保障公益墓地"可顺利识解目标词，词义如下：

【墓奴】因购买高价墓穴，承受沉重经济负担，导致失去财务自由的人。（改写自《2006汉语新词语》第48页）

但是，如果固有的词法模式无法同化目标词，目标词与原型词在形义特征上存在较大偏差，那么解词者需要调整原词法模式，或者添加新的属性值，或者删除特殊属性值。在此基础上，再次启用构词成分义、百科知识、语境信息等，以实现词义识解。例如：

（3）智能电子设备普及带来的结果是，人们的眼睛越来越离不开电子显示屏幕，人人都沦为屏奴。（《中国科学报》2015.01.30）

作为词法模式原型词的"房奴"表达的是因经济压力而失去财务自由，但是在例句中"屏奴"并不表示指称对象因为屏幕而失去财务自由，如果用固有的词法模式来同化目标词必将出现识解错误的情况。因此，如果想基于固有的词法模式来识解目标词，那么必须调整原词法模式的属性值，例如此处需删去具体属性值"经济的""财务的"，仅表示某方面压力与自由。在此基础上，再次启用构词成分义、百科知识和语境信息，如"人们的眼睛越来越离不开电子显示屏幕"等，以实现词义的成功识解，如下：

【屏奴】因工作需要、心理依赖等原因，长时间面对电脑、手机等屏幕，导致失去人身或精神自由的人。（改写自《2012汉语新词语》第103页）

我们将上述两种假设做一简单综合，如图2-6（见下页）所示。

假设中的是理想化的识解程序，现实生活的识解并非以线性的顺序逐步进行，而是在语境中随时调用构词成分义、百科知识和词法模式等信息。各程序可交叠展开，以实现词义的识解。

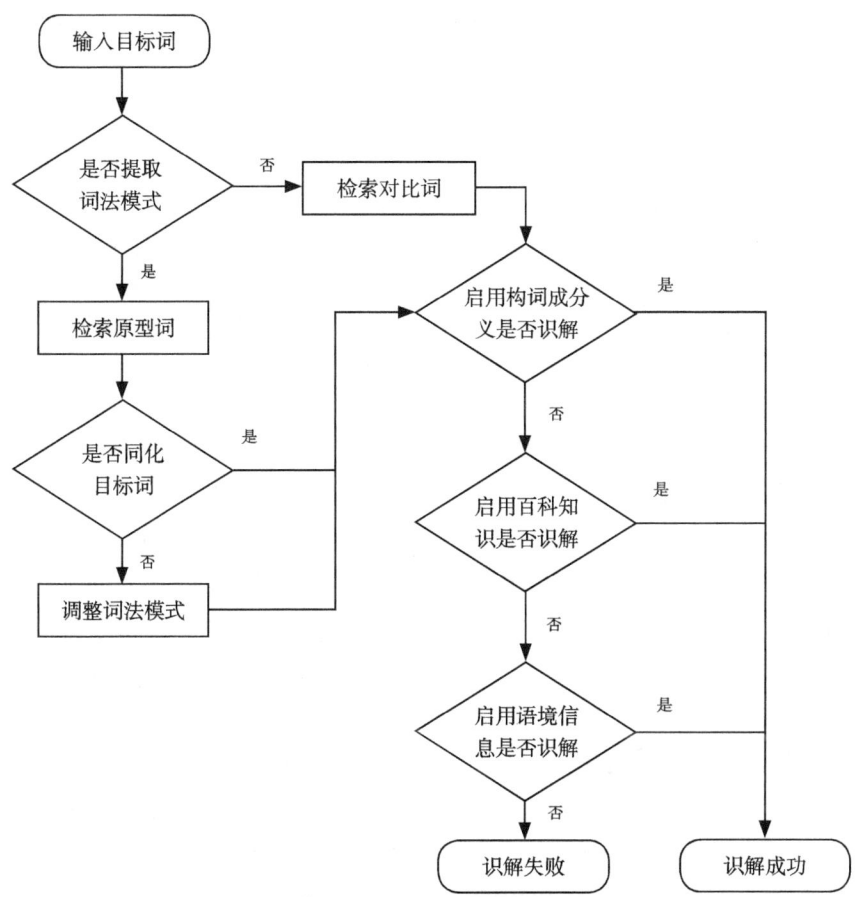

图 2-6　词法词词义识解程序

5.4　关系型［N+N］式词法词的词义识解机制

　　Wisniewski & Love（1998）认为人们在理解［N+N］式组合时会使用两种策略：关系解释（relation interpretation）策略和属性解释（property interpretation）策略。关系解释策略基于修饰语概念与中心语概念之间的某种主题关系来解释组合概念，如"菜奴"可识解为"因蔬菜价格高涨，承受较大经济压力，导致失去购买自由的人"，其中"因……导致……"即一种主题关系。属性解释策略表明，人们会将修饰语概念的属性转移到中心语概念上，如"柿子族"可识解为"像柿子一样，不能承受压力的人"，其中"不能承受压力"即修饰语"柿子"转移到中心语上的属性。分析语料发现，绝大部分词法词可采取关系解释策略进行词义识解，只有小部分构词成分发生语义引申的词法词需采取属性解释策略进行词义识解。我们将前者称为关系型［N+N］式词法词，将后者称为属性型［N+N］式词法词。本小节先分析关系型［N+N］式词法词。

5.4.1　关系型［N+N］式词法词词义识解的三种语义充盈方式

在识解关系型［N+N］式词法词时，前位构词成分 N_1 将由指称性成分转指陈述性成分，指称性成分充当陈述性成分中的语义成分。指称性成分可通过三种方式充盈语义。

第一种是解词者从 N_1 的百科知识或词法词的语境中提取谓词，谓词与 N_1 组合成陈述性语义信息以限定 N_2，如［X+热］中的"汉语热"可识解为"学习汉语的热潮"，谓词"学习"提取自 N_1 的百科知识或语境。

第二种是［X+N_2］词法模式提供一个结构义，结构义中含有谓词，该谓词可与 N_1 组合成陈述性语义信息以限定 N_2，如［X+盲］的结构义为"缺乏某方面知识 / 常识的人"，其中"缺乏"是词法模式所提供的谓词，如"法盲"可识解为"缺乏法律知识的人"。

第三种结合了前两种方式，如［X+控］的结构义为"热衷 / 痴迷于 X 的人"，其中"热衷 / 痴迷"是词法模式所提供的谓词，在识解［X+控］式词法词时均需使用该谓词，但同时还需从百科知识或语境中提取与 N_1 直接相关的谓词，如"技术控"指"热衷学习和使用技术的人"，其中谓词"学习"提取自 N_1 的百科知识或词法词的语境。

关系解释策略中的主题关系通常依靠介词性成分相关联，如"mountain cloud"指"a cloud in the mountains"，其中 in 就是主题关系，然而，语义充盈方式表明，关系型［N+N］式词法词中的 N_1 和 N_2 通过陈述性成分中的谓词相关联。那这种语义充盈方式在认知上有何特殊性？

5.4.2　关系型［N+N］式词法词词义识解的转喻机制

关系型［N+N］式词法词词义识解中的语义转指过程在认知上表现为转喻操作。转喻不仅是一种指代手法，而且能够起到帮助理解的作用（Lakoff & Johnson，1980：36）。日常生活中常见的转喻操作为指称转喻，例如"The ham sandwich is waiting for his check."中的表达式"the ham sandwich"被用于指称一位点了火腿三明治的顾客，语言使用者用一个实体指代与之相关的另一个实体（Lakoff & Johnson，1980：35）。另一种常见的转喻操作为情境转喻，与指称转喻不同，情境转喻通常涉及范畴转换，例如"to author a book"，"author"经"施事代行为"转喻，由表"作者"到表"写作"（Kövecses & Radden，1998）。始源域由名词性成分转换为动词性成分，这种转喻在性质上属于部分代整体转喻，因为动词性成分所表示的陈述性概念中包含名词性成分所表示的指称性概念，如"写作"概念必然与相应的施事概念（即"作者"）相关联。有关转喻的前人研究大多聚焦于句法—语用层面，而鲜少涉及词法层面，那么，[N+N]式词法词中的构词成分是否也可能发生类似的转喻操作？

造词者所造之词在其看来都是满足了最佳关联的明示信息，Ungerer & Schmid（2006：290）认为，（所谓的）明示推论刺激作为图形从所有那些没有被（以语言或非语言形式）显性编码的可能假设所构成的概念背景中凸显出来。被显性编码的图形具有转指概念背景的可能性。现代汉语定中式复合词的强势语义模式为"提示特征 + 事物类"（董秀芳，2004：133），对于[N+N]式词法词而言，N_1是信息的焦点所在，因此是整个概念域内凸显的图形，N_1可在[X+N_2]的词法框架内发生语义转指。不同于一般的指称转喻与情境转喻，N_1所发生的转喻是一个指称转喻与情境转喻相糅合的操作。名词性成分所激活的不仅仅是其所表征的指称性概念，而是整个行为活动的理想化认知模型。例如，"专硕热"可识解为"报考专硕的热潮"，解词者从"专硕"的百科知识或语境中提取出谓词"报考"。从指称性的"专硕"到陈述性的"报考专硕"，"专硕"发生的不是简单的指代操作，也没有发生范畴转换，"专硕"仍为名词性成分，但这一名词性成分激活了包含所指概念的行为活动，即糅合了指称转喻与情境转喻，在保持范畴属性不变的同时激活行为活动。

从识解的难易度上看，以第二种语义充盈方式识解的词法词相对较易识解，但该类词法词数量极少，我们仅发现[X+盲]式词法词，绝大部分词法词在识解时需依靠第一或第三种语义充盈方式，这两种方式都需要从N_1的百科知识或词法词的语境中提取谓词。通常认为，百科知识是以百科网的形式存储在记忆中的，基于对语言事实的分析，我们认为由百科知识所构成的百科网包括百科节点与百科描写两类信息，百科节点表现为指称性概念，而百科描写表现为陈述性概念。当我们激活百科网中的百科节点之后，活性会通过百科描写而激活与之相联的另一个百科节点。以此类推，活性逐渐扩散至其他相联的百科节点，直至活性消散。百科描写还可分为两类，一类是述谓知识，一类是属性知识。述谓知识通常为动词性语义内容，而属性知识通常为形容词性语义内容，例如"墓奴"中"墓"所激活的"买"就是述谓知识，"潮汐族"中"潮汐"所激活的"定期涨落"就是属性知识（见属性型［N+N］式词法词分析）。宋作艳（2015：235）指出，像［X+热］这样的词法模式，其中固定成分可触发事件强迫，即"如果前面的成分 X 是名词性成分，就会强迫这个名词性成分在释义和理解中重建一个与之相关的事件，名词性成分通过自己的物性结构提供一个具体的谓词可以使这个事件具体化"，其中的"谓词"通常为名词性 X 的功用角色、施成角色或规约化属性。如"汉语热"可识解为"学习汉语的热潮"，"学习"是"汉语"的功用角色。不可否认，物性角色（qualia role）（Pustejovsky，1995）的确能够解释一些［N+N］的组配机制，也就是说，在词义识解时，构词成分的百科知识具有一定的规律性，但是很多词语仍然无法解释。例如：

【羽绒热】指一股热衷于生产、销售或购买、穿着羽绒服的潮流。

（《新词语》第 1467 页）

　　根据释义可知，"羽绒热"可填充的谓词具有多种可能。那么，百科知识能在多大程度上为词义的识解提供解释？仍以［X+热］为例，该词法模式的结构义为"某种热潮"，既然是热潮，那么肯定是人们所追捧的或热衷的事情。例如：

（4）各种热潮中，人们对科技文化知识的重视、追捧可以说一直长盛不衰，相伴而行的文凭热更是一浪高过一浪。（人民网 2014.12.30）

　　根据关系解释策略可知，［N+N］式词可释义为"关于 N_1 的 N_2"，"关于"可视为一个广义谓词，因此，"文凭热"就是"关于文凭的热潮"。但是这样的释义太过宽泛，是脱离语境的。Pustejovsky & Ježek（2008）指出："由于意义是通过组合方式构建的，一个词汇语义模型需要解释这样一个事实，即词语表现并不仅仅受固有语义特征所驱动，还受语义组合规则所调节。也就是说，词语意义受语境所影响，这一问题不能在意义获取和表征的分布方法中被忽略。"例如，上述"文凭热"通过语境信息"重视、追捧"等具化为"重视文凭、追捧文凭的热潮"。即语境是比百科知识中的物性角色更具影响力的因素。

根据 Pustejovsky（1995）、Ruiz de Mendoza Ibáñez & Hernández（2001）等研究，如果没有语境，那么对［N+N］式词法词的识解就只能依靠百科知识。百科知识中与 N_1 搭配频率最高的语义信息通常会被优先启用，成为 N_1 百科知识的缺省值。如果有语境，那么所有的百科知识都将听从语境调控，语境信息具有绝对的优先启用权，倘若 N_1 百科知识的缺省值与启用的语境信息相斥，那么百科知识必须服从语境的调控。"不同语境可将同一词项百科知识的不同侧面前景化，从而极大提升其中心度并将其实现为转喻目标义。"（马辰庭，2016）基于使用的研究模型主张语义与语用之间没有明确的区分，一个词的意义是语境信息在线构造的结果。例如上文提到的"羽绒热"：

（5）上海的"羽绒热"已经连续 3 年，有人预测今年羽绒服装的发展势头会有所减弱。（《文汇报》1986.02.15）

如果仅从百科知识上着眼，"羽绒"可激活的百科描写有多个选择，然而一旦入句，"羽绒"的活性将仅扩散至百科描写"穿羽绒服"或"买羽绒服"。

在有语境的情况下，所有的百科知识都将听从语境调控，语境信息具有绝对的优先启用权，语境可调控凸显度。那么为什么语境能够拥有如此之大的权力？反向推理，词法词是造词者在语境中选择某一语境信息，结合心理词库中的词法模式类推创造的，其中"选择"的过程涉及造词者的主观能动性，"当人把注意力有意识地集中到某一事物上时，一般不显著的事物也就成了显著事物"（沈家煊，1999）。因此，从解词者视角出发去识解新词原则上不存在百分百的完全识解，而是最佳识解。

5.5　属性型［N+N］式词法词的词义识解机制

根据构词成分间是否存在隐喻关系，属性型［N+N］式词法词可分为隐转喻型［N+N］式词和转喻型［N+N］式词两类。

5.5.1　隐转喻型［N+N］式词的词义识解机制

隐转喻型［N+N］式词指 N_1 与 N_2 具有隐喻关系，且 N_1 经转喻引申在整词中凸显一种描述性语义特征，N_2 未发生语义引申的词语。

施春宏（2001）将名词词义划分为关涉性语义成分与描述性语义成分：“关涉性语义成分指对名词的内涵起到说明、限制等介绍作用的客观性内容，它显现出名词的关涉性语义特征，即具有关涉性，因而是名词语义特征中表示‘要素’的部分，如类属（领属）、构造、原料、用途、数量、时间、方所等。描述性语义成分指对名词内涵起到描写、修饰等形容作用的评价性内容，它显现出名词的描述性语义特征，即具有描述性，因而是名词语义特征中表示性质的部分，如属性、特征、关系、特定表现等。”例如：

【淑女】贤良美好的女子。（《现汉》第 1212 页）

释义中的“贤良美好”即描述性语义特征，“女子”即关涉性语义特征。

隐转喻型［N+N］式词中的修饰性名词 N_1 在整词中凸显一种描述性语义特征，其中 N_1 为 N_2 的喻体，显现的描述性语义特征为隐喻所依存的相似性。例如：

【汉堡族】指徒有其表，华而不实，缺乏核心竞争力的人。因其如同汉堡包一样，外表光鲜却营养价值不高，故称。

（《2010 汉语新词语》第 67 页）

释义中带波浪线的内容即 N_2 所指对象与 N_1 所指对象之间具有相似性的描述性语义特征，“外表光鲜却营养价值不高”是“汉堡”所显现的描述性语义特征，该特征与“族”的所指对象“徒有其表，华而不实，缺乏核心竞争力”的特征相映射，通过“以物喻人”的方式达到凸显人物特性的表达效果。

［N+N］式词中的隐喻所依存的相似性可分为外在特征相似与内在属性相似。外在特征相似指［N+N］式词中的一个名词的所指对象在具体形状上与另一名词所指对象相似，例如“胆瓶”因所指对象在外形上与“胆”相似而得名。内在属性相似指［N+N］式词中的一个名词的所指对象在抽象属性上与另一名词所指对象相似，例如“母校”对学生的栽培与母亲对

孩子的抚养性质相似。考察语料发现，当代汉语隐转喻型［N+N］式词所依存的相似性既非单纯的外在特征，也非单纯的内在属性，而是二者的糅合。例如：

【向日葵族】比喻对生活充满热情，怀有感恩之心，善于发现幸福，知足乐观的人。他们像向日葵一样，追随着阳光成长，故称。

（《2009 汉语新词语》第 307 页）

"向日葵"具有追随阳光成长的外在行为特征，造词者将该行为特征比喻为一种对生活充满热情的内在属性。这种内在属性是基于造词者对事物外在特征的主观评价。

那么，解词者又是如何识解属性型［N+N］式词法词的？

每个构词成分的存在均有据可依，对于解词者而言，每个构词成分均传递了明示信息，解词者需要做的就是根据明示信息去寻找最佳关联。以"潮汐族"为例：

（6）睡城燕郊现状：30 万潮汐族跨省上班（《京华时报》2015.09.07）

通过检索心理词库，解词者可提取词法模式［X+族］，进而提取原型词，如高例频率词"上班族"。《现汉》对"潮汐"释义如下：

【潮汐】❶ 通常指由于月球和太阳的引力而产生的水位定期涨落的现象。❷ 特指海潮。（《现汉》第 155 页）

如果我们以关系解释策略来识解"潮汐族"，那么将会识解出"与潮汐具有某种主题关系的一类人"的结果。显然，"潮汐"的百科知识与语境信息都不支持这样的识解结果。在这样的情况下，我们可以转用属性解释策略来进行词义识解。

上文已经指出，名词的描述性语义成分通常为某种属性或特征，如"潮汐"释义中的"定期涨落"。但是"定期涨落"只是潮汐的一种外在特征，如要实现构词成分义与结构义的正常组配，那么必须将构词成分义做进一步的语义引申，即隐喻引申。N_1 的隐喻引申通常以其最典型的特征为相似性基础，但隐喻映射的发生还需要依靠语境信息的锚定。"睡城""跨省上班"等语境信息表明"潮汐族"是一群早出晚归跨地区上班的人。潮汐"定期涨落"的特征与这类人"早出晚归"的特征形成映射关系。

通过上述推导过程，我们可以基本得到"潮汐族"的语义，即：

【潮汐族】称每天早出晚归跨地区上班的人。因像潮汐每天早涨晚退那样，故称。(《2015 汉语新词语》第 11 页)

5.5.2 转喻型［N+N］式词的词义识解机制

转喻型［N+N］式词指 N_1 与 N_2 不具有隐喻关系，且 N_1 经转喻引申在整词中凸显一种描述性语义特征，N_2 未发生语义引申的词语。

黄洁（2013）研究表明，现代汉语［N+N］式词中的转喻基本可分为部分转指整体与部分转指部分两类。"部分转指整体"类［N+N］式词语均为两个语素组配后整体发生转指，如"柴米"，"柴"和"米"组配之后整体转指必需的生活资料。此外，一半以上的"部分转指部分"类［N+N］式词语也为两个语素组配后整体发生转指，如"口舌"为工具转指产品。仅少数"部分转指部分"类［N+N］式词语为单一构词成分发生语义转指，如"贝雕"中的"雕"为活动转指产品。

然而，语料分析发现，转喻型［N+N］式词仅存在构词成分 N_1 发生语义转指的情况，而没有整体转指的情况，且 N_1 转指一种属性。例如"奶嘴男、奶瓶男、面包女、零帕族"等，这类词的识解难度通常较大。转喻具有偶然性，始源域与目标域之间不具有概念上的必然关系，原则上是可取消的，例如"工具代行为"，但如果要在转喻的目标域中抽绎出一种属性或特征将是难度更大的认知操作。以"奶嘴男"为例，如果只根据构词成分义，词义通常无法识解，如"奶嘴"指"装在奶瓶口上的像奶头的东西，用橡胶等制成，用来吮吸奶瓶里的奶、水等"(《现汉》第 935 页)，百科描写"装在奶瓶口上的像奶头的""用橡胶等制成""用来吮吸奶瓶里的奶、水等"最多只能帮助我们激活"咬奶嘴"的百科描写，如果要将这样的百科描写转化为一种主观评价，必须启用语境信息来实现。例如：

（7）当我们说一个男人没"断奶"或称之为"奶嘴男"，主要是说这个男人的精神还没有断奶，对母亲有着一种无法割舍的依赖。

(《新闻晚报》2013.08.17)

通过语境信息"对母亲有一种无法割舍的依赖"，可以大致识解"奶嘴男"为"没有责任心、喜欢依赖他人，永远长不大的男性"(《2009 汉语新词语》第 377 页)。"奶嘴"与"没有责任心、喜欢依赖他人、永远长不大的"

属性之间没有必然的关联，这样的转喻之所以能够实现依赖于造词者的创造性联想。我们可以将识解的转喻过程描述为：受词法模式［X+男］的语义压制，解词者启用"奶嘴"的百科知识激活百科网中的百科节点"奶嘴"，进而激活百科描写"咬奶嘴"，"奶嘴"作为一种实体，在"咬奶嘴"行为中具有凸显性，可为目标域提供心理可及。"咬奶嘴"作为"婴儿"认知域中的常见行为，可激活"咬奶嘴"的行为主体"婴儿"。"婴儿"具有"器官尚未发育完善""不成熟、依赖他人""生长发育迅速"等多种属性，语境信息"对母亲有一种无法割舍的依赖"锚定了词义中的"不成熟、依赖他人"属性。"奶嘴男"的词义识解机制如图 2-7 所示：

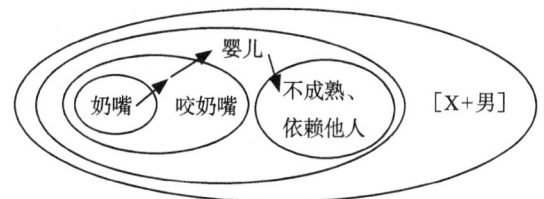

图 2-7 "奶嘴男"的词义识解机制图

如果没有语境的锚定，仅靠 N_1 的百科知识，词义可能无法识解或识解错误。

从实体"奶嘴"到属性"不成熟、依赖他人"，虽然语义转指过程中发生了语义充盈，即"奶嘴→咬奶嘴"，但是与关系型［N+N］式词法词的语义充盈不同，此处的语义充盈并不能帮助解词者直接实现词义识解，语义充盈的结果是得到一个与语境不符的词义，如"咬奶嘴的男子"，词义的正确识解需要解词者将语义充盈的结果进一步转指为一种属性或评价。

5.6 结语

［N+N］是当代汉语词法词的重要组配模式之一，研究发现，对［N+N］式词法词的识解通常涉及以下程序：提取词法模式、检索原型词（或对比词）、同化目标词、调整词法模式、启用构词成分义、启用百科知识、启用语境信息。启用语境信息与其他几个程序具有叠合关系，其他几个程序的展开都需以语境信息的启用为背景。语境对词法词的意义具有锚定功能，对词法词的结构义、构词成分义及百科知识的调用都发生在语境之中，因此语境在一开始就提供了词义识解的语义空间。

根据识解策略的差异，[N+N] 式词法词可分为关系型与属性型两大类。识解关系型 [N+N] 式词法词时，N_1 将通过提取谓词的方式充盈语义，由指称性成分转指陈述性成分，指称性成分充当陈述性成分中的语义成分。谓词提取在认知上表现为指称转喻与情境转喻相糅合的转喻操作，在保持 N_1 范畴属性不变的同时激活行为活动。谓词提取虽与 N_1 百科知识关系密切，但最终需由词语语境锚定。识解属性型 [N+N] 式词法词时，解词者需通过语境信息激活 N_1 语义中的描述性语义特征，将其转指为一种属性或主观评价，进而修饰 N_2。根据 N_1 与 N_2 之间是否具有隐喻关系可将属性型 [N+N] 式词法词进一步区分为隐转喻型和转喻型，其中隐转喻型 [N+N] 式词中的隐喻所依存的相似性既非单纯的外在特征，也非单纯的内在属性，而是二者的糅合，先以 N_1 的外在特征转指内在属性，再将该属性与 N_2 属性相映射。

通过对 [N+N] 式词法词词义识解程序及机制的详细分析，我们已经基本实现了对该类型词法词词义识解的描写与解释。上述分析操作的程序与结论也基本适用于其他几种形义组配模式，如 [V+N] [A+N] [A+V] [N+A] 等组配模式。每个词法词在被创造之初都是符合认知关联原则的，也都是达到了造词者所认为的最佳关联，但是在解词的过程中，不同的形义组配模式凸显了高低不一的识解难度。造词者对形义组配模式的选择是一个无意识的过程，在线语境能为构词成分的选择提供即时的认知理据，而离线语境则需解词者通过阅读文本逐步建构，且建构的离线语境缺乏细节信息，在这样的情况下，形义组配模式就会凸显自身的识解难易度。有关形义组配模式对词法词识解难易度的影响，我们将另文探讨。

六、复合词的形义关系对二语者词义识解的影响及教学 *

6.1 引言

现代汉语词汇最主要的构造方式是词根语素的复合。复合会形成表

---

* 本节作者孟凯。本节内容曾发表于《汉语应用语言学研究》2016 年第 5 辑。

层语法结构（syntactic structure）和深层语义结构（semantic structure）两种关系。通常情况下，复合词的语法结构关系与语义结构关系是对应的（correspondent），如主谓复合词对应陈述关系，动宾复合词对应支配关系，定中 / 状中复合词对应偏正关系。这反映出汉语复合词构成成分之间的结构关系和句法结构关系具有高度一致性（陆志韦等，1964；赵元任，1968；朱德熙，1982；周荐，1992；苑春法、黄昌宁，1998 等）。复合词这种普遍的形式对应是"留学生准确理解、记忆、运用或类推词汇的保证和关键"（孟凯，2012a）。

不过，不可否认的是，汉语词法的特异结构相当多（刘叔新，1990b；黎良军，1995；叶文曦，1996；周荐，2003；董秀芳，2004 等），表层语法结构和深层语义结构的不对应远比句法层面复杂（张博，2008）。毕竟，音节限定（主要是双音节）的复合词有时难以兼顾语义结构和语法结构的和谐匹配，会以特异形式出现，从而造成复合词形义失谐。致使性动宾复合词（causative VO-compound）即属此类形义失谐的复合词。

致使性动宾复合词可以形式化为"X+N $_{役事}$"，意义是"使 N $_{役事}$ 发生 X 的变化"。以双音节为主，如"便民、斗鸡、健身、美发、兴国、喜人、醉心"；也有三音节的，如"倒胃口、滚雪球"。这类动宾复合词的语义结构并非一般动宾结构所体现的支配关系，而是非常规的致使关系，即复合词的表层语法结构（动宾）与深层语义结构（致使）不对应[①]。孟凯（2010a、2012a）的研究已显示，这类形义不对应的动宾复合词已"令学习者不易理解，更可能导致词义误解和理解不确"（孟凯，2012a）。那么，为什么致使性动宾复合词的形式不对应会导致二语学习者的词义识解（word-meaning construal）不当？针对这类复合词的特点和二语者的具体学习情况，对外汉语词汇教学又该采取怎样的有效手段来规避二语者词义识解不当的问题呢？

6.2　致使性动宾复合词形义关系的根源与对二语词义识解的影响

6.2.1　致使性动宾复合词的构式性与其形义关系

孟凯（2010b、2011、2012b）借鉴构式语法理论（Construction Theory，

---

① 动宾结构典型的语义关系是支配，即宾语成分是受事，致使宾语成分是一种非典型的宾语成分。其他非典型的宾语成分还包括施事、时间、处所、方式、原因、目的、结果等。

参看 Goldberg，1995、2003、2006 等），将“X+$N_{役事}$”确定为现代汉语致使性动宾复合词构式，并发现其构式性主要体现于：（1）“X+$N_{役事}$”是一个形义规约体（conventionalized form-meaning pair）；（2）X 和 N 之间的致使语义关系既不是二者意义的直接加合，也不可完全由先前已有的“X+N”结构的惯常组合义（支配或偏正）推知或预测，而是“X+$N_{役事}$”这个结构本身所固有的独立意义；（3）“X+$N_{役事}$”具有强大的能产性，且语域有特定化的类推趋向。

基于致使性动宾复合词“X+$N_{役事}$”显著的构式性，在考察了《现代汉语词典》(第 6 版)、《新华新词语词典》、《现代汉语常用词表（草案）》、孙茂松等研制的《信息处理用现代汉语分词词表》和研究者日常收集的使用频率相对较高的共计 575 个“X+$N_{役事}$”的基础上，孟凯（2012b）依据 X 和 $N_{役事}$的语法语义性质，将致使性动宾复合词构式分为“Vt+$N_{役事}$”“Vi+$N_{役事}$”和“Adj+$N_{役事}$”三类（详见表 2-2，引自孟凯，2012b）。

表 2-2　致使性动宾复合词构式“X+$N_{役事}$”分类表

<table>
<tr><th>复合词构式类型</th><th>词义</th><th colspan="2">X 的语义特征</th><th>$N_{役事}$的语义特征</th><th colspan="2">词数 / 比重</th><th>词例</th></tr>
<tr><td rowspan="3">Vt+$N_{役事}$</td><td>使$N_{役事}$发出 X 的动作</td><td rowspan="3">[+结果]</td><td>[+动作]</td><td rowspan="2">[+生命]</td><td>43</td><td rowspan="3">96
16.70%</td><td>插身❶，撤军，分神❶，接吻，开口[1]，扭头❶</td></tr>
<tr><td>使$N_{役事}$产生 X 的心理 / 感受</td><td>[+心理 / 感受]</td><td>2</td><td>恨人，怕人❷</td></tr>
<tr><td>对$N_{役事}$发出 X 的动作</td><td>[+动作]</td><td>[−生命]</td><td>51</td><td>分家❶，关门[1]❶，合股，合资，开幕❶</td></tr>
</table>

续表

复合词 构式类型	词义	X 的语义特征	N_{役事}的 语义特征	词数 / 比重	词例
Vi + N_{役事}	使 N_{役事}发出 X 的动作或产生 X 的行为	[+动作 / 行为]	[±生命]	65	侧身[1]，斗鸡❶，回首❶，凝眸，努嘴，起身❸，屈膝，退兵❶❷，住手
	使 N_{役事}产生 X 的心理 / 感受	[+心理 / 感受]		27	294 51.13%	动人，死心，羞人，醉人❶，醉人❷，醉心
	使 N_{役事}产生 X 的行为或性状	[+结果]	[+行为 / 性状]	[±生命]	202	败家，侧耳，反光❶，滚雪球，回眸，降级，隆胸
Adj + N_{役事}	使 N_{役事}产生 X 的心理 / 感受	[+心理 / 感受]	[+生命]	81	185 32.17%	傲人，便民，烦心❶，焦心，劳神❶，清口，壮胆
	使 N_{役事}产生 X 的性状	[+性状]	[±生命]	104	富国❶，干杯，丰胸，活血，空腹，正骨，壮阳

　　由表 2-2 可知，三类致使性动宾复合词构式既有各自的语义特点，尤其是"Vt + N_{役事}"和"Adj + N_{役事}"的语义比较集中，前者体现出与动作性之间的强对应性，后者则表现为与性状和心理 / 感受的优势关联。这与 Vt 和 Adj 自身的语义属性大有关系。同时，三类致使性动宾复合词构式之

间也存在着明显的语义关联，以"Vi + N_{役事}"具有兼容性和过渡性的丰富语义体现得最为显著。因此，致使性动宾复合词的表层动宾结构（以双音节为主）无法将复合词构式复杂的深层语义体现出来，而这种潜存的深层语义将会是影响二语学习者能否准确识解此类复合词词义的关键因素。

6.2.2　致使性动宾复合词的形义关系对二语者词义识解的影响

依托致使性动宾复合词构式的语义类型及其与 X 不同语义类的对应关系的研究，孟凯（2010a、2012a）对中高级水平的约 50 名二语学习者进行了问卷测试（见附录），结果发现，致使性动宾复合词的形义关系对二语者词义识解确有影响，主要表现在：

第一，二语者对致使义的感知度较低，容易将致使性动宾复合词误解为非致使词。比较典型的致使性动宾复合词（如"Vi + N_{役事}"和"Adj + N_{役事}"中的很多词）不是汉语的高频词，对外汉语教学中更是罕见。而有一些对外汉语教学中比较常见、常用的致使性动宾复合词，如"Vt + N_{役事}"中的"关门、开门、开口、停车、张嘴"等，又不是致使性动宾复合词集的典型成员（参看孟凯，2011）。这种交错性矛盾使得二语者在识解致使性动宾复合词词义时容易产生误解，将其理解为非致使词。问卷测试了 7 个比较典型的致使性动宾复合词"X + 人"（惊人、累人、迷人、怕人、喜人、吓人、怡人），其致使性的判定结果并不理想，有超过 40% 的二语者将"累人、迷人、喜人、吓人、怡人"判定为非致使词，"迷人"的错判率甚至高达 60.42%，"惊人"和"怕人"的错判率虽不及以上 5 词，但也都高于24%。而且，在解释这 7 个词的意义时，出现了大量根据语境灵活释义的现象，如将"惊人"解释为"卓越、优秀、很强"，将"怕人、吓人"解释为"害怕"，将"怡人"解释为"优美、舒适"。较高的错判率和随语境释义都说明，二语者并未感知到致使性动宾复合词的构词理据和两个构词成分的致使性语义关系，因而无法准确识解词义。

第二，二语者对新生致使性动宾复合词的接受度普遍偏低。问卷测试了二语者对近年来出现的 15 个致使性动宾复合词（7 个典型词"活血、健身、静心、美甲、美容、美体、纤体"，8 个边缘词"活肤、健胃、洁面、亮发、美足、嫩肤、舒筋、顺发"）合理性的判断，总体来看，由于这些词都属新生词，在对外汉语课堂教学中比较少见，二语者对它们的接触和认知主要来自日常生活，因此，除了比较常见的"美甲、美容、健身"的接受率分别达到了 83.02%，92.45%，94.44%，其他词的接受度普遍不高。经过与部分学习者的访谈，我们了解到，很多二语者认为这些新生致使词不太合理的一个重要原因是，他们不大清楚这些词的意思，故而不敢贸然判断其合理。可见，在不甚了解词义的前提下，二语者很难接受新词。

　　第三，语义相近的同构致使性动宾复合词（如"X＋人"和"X＋心"）之间、致使性动宾复合词与逆序的主谓复合词（如"X＋心"和"心＋X"）之间存在着错综复杂的语法语义关系，可能形成互向影响，容易令二语者产生混淆、误解或使用不当。问卷对"烦人、烦心、心烦"和"醉人、醉心、心醉"两组复合词进行的个案考察让我们发现，"X＋心"和"心＋X"语义纠葛难辨，"X＋心"又不像"X＋人"那样不能与分析型致使结构（analytic causative structure）连用（如不能说"他的话真让我烦人"，但可以说"他的话真让我烦心"），这两点使得很多二语者对"X＋心"致使义的认知度远低于"X＋人"。可见，语义相近的同构复合词及其逆序词的学习对二语者来说是个容易产生偏误的词汇难点。

6.3　致使性动宾复合词的教学

　　致使性动宾复合词在汉语母语者日常生活中的使用频率不是很高，一些使用频率较高的词（如"开门、停车"等）的致使性又在多种因素（如常用度高、X 具有及物性等）的作用下有所弱化或磨损，从而不易为公众感知。因此，对外汉语教材或教学中不可能大量收录或添增此类复合词。但是，教学中零星出现的致使性动宾复合词却不能不引起重视，否则，长久的词义识解不当将可能导致此类复合词学习的"化石化"。而累积性的一知半解的词汇学习或可影响二语者对汉语词法知识和词汇系统的整体了解和把握。基于此，我们对与致使性动宾复合词有关的对外汉语词汇教学提出几点建议：

　　1）注意致使性动宾复合词的特殊性。当教学中遇到这类词时，汉语教师首先要意识到这是一类意义与结构不对应的复合词，其隐含的致使性可能不会为二语者所感知，且可能会令二语者将其与非致使义的相关词语混淆，如将致使性动宾复合词"喜人"理解为"喜欢、高兴"，故而可能混淆"喜人"和"喜欢"。因此，汉语教师需要特别提醒二语者，直接讲解也好，启发诱导也罢，总之要让二语者也注意到并识解这类词的特殊意义和构词成分间的关系。这对他们相关的后续致使性动宾复合词的学习和全面准确地理解含有此类复合词的文意都有好处，更有助于提高他们对复合词形义关系的理性认识和对汉语词法知识的掌握。

2）注意致使性的显隐教学。虽然致使性动宾复合词在动宾致使构式的作用下都有致使性（这样才能被统一归入同一范畴），但不同类型的致使性是不均等的，为尚未建立汉语语感的汉语学习者感知的概率也是不同的。有些词（如"Adj + N$_{役事}$"）的致使性非常明显，如"喜人、烦心"等；有些词（如"Vt + N$_{役事}$"）的致使性就比较弱，如"撤军、开门、升旗"等。那么，针对致使性不同的"X + N$_{役事}$"的教学策略也应当有所区别。对于致使性比较凸显的"Adj + N$_{役事}$"或词义为性状、心理/感受类的"X + N$_{役事}$"，应该采取显性教学，即教材在生词注解或翻译中直接显现致使义，教师则要着重强调致使性，让二语者充分体会，以加深记忆；对于致使性已弱化或磨损、易与受事动宾式相混淆的"Vt + N$_{役事}$"或词义为动作类的"X + N$_{役事}$"，应该采取隐性教学，即教材的生词表或教师授课都无须强调词义隐含的致使性，即使强调二语者也不容易感知到。而且，这类的致使性不典型，不如直接呈现适宜的词义，如以一般的谓宾句解释"开门"，以"把"字句解释"升旗"等，其中隐含的致使性二语者是否体会得到无关紧要，只要他们会使用这个词就好。

3）注意分类型教学与分层次教学相结合。所谓"分类型教学"，就致使性动宾复合词而言，是指根据三类"Vt + N$_{役事}$""Vi + N$_{役事}$"和"Adj + N$_{役事}$"的特点进行有针对性的教学。如前一教学建议提及的教授"Vt + N$_{役事}$"可采用隐性教学法，教授"Adj + N$_{役事}$"可采用显性教学法，就是分类型教学。而且，"Vt + N$_{役事}$"动词性的语法特点比较突出，教学中应该按比较典型的动宾式动词来处理；而"Adj + N$_{役事}$"形容词性的语法特点更凸显，教学中应当提供更丰富的适于形容词的语境进行讲解和练习。

对于兼容性的"Vi + N$_{役事}$"，其语义特点和语法功能都有过渡性，特点不是那么显豁，要视各个词的个性进行教学。当然，也可以大而化之地按照词性进行类型教学，但动词性的"Vi + N$_{役事}$"和形容词性的"Vi + N$_{役事}$"在语法功能上有纠缠难分的情形，仅以词类归属作为依据恐有疏失或不当。总之，分类型教学是对同一范畴内不同性质的复合词所采取的教学策略，这样可以达到以简驭繁、条分缕析的效果。当然，在充分重视类型特点的前提下，还是要针对每一个复合词的个性设计教学，这是词汇教学的基本要求和方法。

　　所谓"分层次教学"，是指根据二语学习者的汉语水平对致使性动宾复合词进行有层次、差别化的教学。处于初、中、高不同阶段的二语者对汉语的感受力、理解力、领悟力和应用能力都有差别，教学内容和教学方法自然也不能一以贯之，即使同类复合词（如致使性动宾复合词）亦如此。对于初级水平的二语者来说，词义的讲解就足够了，完全没有必要涉及致使性或构词法的教学。其实，学生更需要的是，在了解词义的基础上，教师能够以多种形式提供词语适用的语境，如举例、完成句子、情景练习等，让他们熟悉怎么使用一个词。因此，讲解点到为止，更多地带着他们练习是教授初级水平学习者的重要途径。也只有在充分练习、掌握用法的不断积累下，二语者才能在后续学习和教师的引导下进行理性的总结和归纳，渐入词汇系统学习的佳境。

　　对于中高级水平的二语者来说，在接触并掌握了一定数量汉语词汇的前提下，可以由浅入深、由零散到系统地逐步教授一些构词法知识或技巧，让他们逐渐体会汉语复合构词法对识解词义的作用。因此，适当地讲解致使性动宾复合词的致使性、构词成分的特点等是可行且必要的。同时，也可以在教学中适当引入日常生活中常见、常用的新生词，如"健身、健胃、美发、美甲、美容、润肤、爽肤"等，这些现实生活中听得到、用得着的复合词是二语者掌握得最快的词汇，也有利于他们更好地了解、理解、选择、适应、探求汉语词汇，还能够培养他们多观察、多发现、多思索的学习意识。

　　致使性动宾复合词的分类型教学与分层次教学的结合就是按照二语者的汉语水平，针对三类致使性动宾复合词的功能特点和语义特点进行教学。具体而言，教授初级水平的二语者时，对三类致使性动宾复合词要"不求甚解"，只讲明词义就好，至于是否将致使性体现在词义中，则视复合词的类型而定。"Adj＋N役事"就最好体现出致使义，否则，可能也无法讲明词义，可以适当地指出其中的 Adj 的意义，但这不是学生必须掌握的内容；而教授其他两类致使性动宾复合词时完全不必涉及致使问题，采用致使义的隐性教学即可。

　　教授中高级水平的二语者时，对三类致使性动宾复合词就应该逐步"甚解"一些，尤其教授高级水平的二语者，应该讲明由形容词或不及物动词带名词而形成动宾致使结构"X＋N役事"这样的构词特点、Adj 参与构造的词致使性更凸显、致使性动宾复合词的意义多表性状或心理／感受等问题，这有利于二语者更好地从整体上把握此类复合词。

4）注意教学中的构词问题。由于现代汉语词汇多是采用复合的方式构词，因此，构词法在词汇系统中就特别重要。而复合词的结构关系与语义关系又保持着很强的对应性，这更使得对构词法的了解和掌握可以成为学习和拓展词汇的重要而有效的途径。当然，构词法的教学也是分层次的。初级水平的二语者掌握较常用的基本词汇（2000～2500个）是关键，不必开始教授构词法，但可以视其学习目的、水平和意愿适当地引入简单的构词问题，如讲解动宾离合词时可以点出两个构词成分是"动"和"名"，所以后面不再出现名词。这就是我们在对外汉语词汇教学中更多地提倡"构词问题"，而非强调"构词法"的原因。构词问题不分水平或层次，也不必那么系统、严格，点到为止，逐步渗透，可以让二语者慢慢地自行领悟；构词法既为法则和规律，就需系统、严整地教授，并要求学习者掌握和运用，这对水平不同的二语者来说是不太现实的，也是难以操作的。

对于已掌握汉语基本词汇并初步培养起一定的汉语语感的中高级水平的二语者，由浅入深地讲授构词法就比较必要了，这将有利于成年学习者理性地把握词汇系统的规则，比较便捷、高效地学习词汇。那么，对于既在现代汉语构词法之内（属于动宾复合词的一类），又不是结构关系与语义关系相对应（动宾结构一般与支配语义对应）的致使性动宾复合词，其构词方面的教学更是很有必要。当然，关于结构关系的讲解是次要的，因为过于强调结构容易令二语者忽略这类复合词语义上的特殊性；关于语义的讲解和用法的练习是主要的，因为从明义到使用是词语学习和语言学习的重要目的所在。总之，构词意识是对外汉语教师在词汇教学，特别是中高级阶段词汇教学中应当秉持的一种重要的教学意识。而且，教师也有责任培养二语者逐步建立这种意识，并引导他们认识复合词的形义关系，这可以对他们的汉语词汇学习起到提纲挈领的作用，达到事半功倍的效果。

6.4 余论：复合词形义关系的教学启示

上述由致使性动宾复合词的形义关系所引发的二语学习者的词义识解问题说明，二语者一般不关注汉语词汇的形义关系，词法知识比较匮乏，缺乏依据词汇的结构关系和成分意义对词义进行分析和解释的能力。长此以往，词义识解不当的固化将可能导致二语者复合词的学习愈发缺乏系统性和规律性，积重难返。因此，面对汉语复合词复杂的形义关系，对外汉语词汇教学既不能忽视对复合词表层结构关系的教授，亦不能忽略对复合词深层语义关系的提示和教授。尽管现代汉语复合词与句法 / 短语的结构具有高度同构性，意义结构也与语法结构存在着显著的对应关系（张博，2007；孟凯，2009），这自然会对二语者的词汇学习具有相当重要而显著的促进作用；但是，词法特异性的存在亦不可忽视，复合词繁杂多样的形义关系会令二语者在词汇学习的不同阶段遇到词义识解或词语使用上的不同困难，且其困扰二语者词汇学习的程度和广度可能远比我们母语者想象的要严重。因而，这些形义失谐的复合词应当成为对外汉语词汇教学的关注点和着力处。对外汉语教师在逐步帮助学习者树立汉语复合词的语素意识和义项意识的同时，也应启发他们关注语素义与语素义、语素义与词义的关系，这样既有利于二语者对 70% 多与结构吻合的复合词词义（苑春法、黄昌宁，1998）进行类推性识解，又有助于他们遇到不规则的复合词时能够留心学习、单独记忆，也能逐渐培养他们分析汉语复合词的结构关系和意义关系的能力。

附录：测试问卷

你的国籍：_____　　　专业：_____　　　性别：_____
你现在上_____年级（上、下）　　　HSK 考试通过_____级
请不要查词典，谢谢合作！

测试问卷（一）

一、请选择最适合下列词语或画线词语的解释（单选）

1. 富国强兵：
   A 富足的国家，强大的军队
   B 国家富足，军队强大
   C 使国家富足，使军队强大

2. 止痛片：
   A 停止疼痛　　　B 让疼痛停止　　　C 疼痛停止　　　D 把疼痛停止

3. 良药苦口利于病：
   A 口觉得苦
   B 让口觉得苦（引起苦的味觉）
   C 苦苦的口

4.国富民强:

　　A国家富足,人民强大

　　B富足的国家,强大的人民

　　C使国家富足,使人民强大

5.开门:

　　A敞开门　　　　B把门打开　　　　C使门开开　　　　D门敞开

6.停车:

　　A把车停下　　　B停下车　　　　　C让车停下　　　　D车停下

7.升旗:

　　A把旗升起来　　B旗升起来　　　　C升起旗　　　　　D使旗升起来

8.扭头:

　　A转动头　　　　B把头转动　　　　C头转动　　　　　D使头转动

9.合眼:

　　A合上眼睛　　　B把眼睛合上　　　C使眼睛合上　　　D眼睛合上

二、判断下列句子是否正确(正确的画√,错误的画×)

　　他的话真烦人。(　　　)　　　　　他的话真让我烦人。(　　　)

　　他的话真烦心。(　　　)　　　　　他的话真让我烦心。(　　　)

　　他的话真心烦。(　　　)　　　　　他的话真让我心烦。(　　　)

三、你认为下列句中的画线词语合理吗?(合理的画√,不合理的画×)

　　1.这家美容院经营的项目很多,美体、美足、美甲都包括。

　　　　　(　　　)　　　　　(　　　)(　　　)(　　　)

　　2.静心口服液,女人的首选。(　　　)

　　3.活肤新产品,一试就知道。(　　　)

　　4.健身健美,请来张贝。(　　　)

　　5.这种药可以清热解毒,舒筋活血。(　　　)(　　　)

四、写出下列句子中画线词语的意思(请用汉语或英语写)

　　1.家里事多,在外也难安心。　　　2.海边的气候最宜人。

　　3.人人都说西湖最美,我去了一看,果然风景怡人。

　　4.没电的时候,屋里黑得怕人。　　5.他拥有惊人的办事能力。

测试问卷(二)

一、写出下列句子中画线词语的意思(请用汉语或英语写)

　　1.山洞又深又黑,真吓人。　　　2.孩子小的时候非常累人。

3. 颐和园景色<u>迷人</u>。　　　　　　4. 他相信自己没做错，所以<u>心安理</u>得。

5. 看到孩子<u>喜人</u>的成绩，妈妈哭了。

二、判断下列句子是否正确（正确的画√，错误的画×）

他的钢琴曲是醉人的。（　　）　　他的钢琴曲是让人醉人的。（　　）

他的钢琴曲是醉心的。（　　）　　他的钢琴曲是让人醉心的。（　　）

他的钢琴曲是心醉的。（　　）　　他的钢琴曲是让人心醉的。（　　）

三、请选择最适合下列词语或画线词语的解释（单选）

1. 瘦身：

　A 让身体变瘦　　　　　B 身体很瘦　　　　　C 瘦弱的身体

2. 减肥：

　A 减轻肥胖的程度　　　B 使肥胖的程度减轻　　C 肥胖的程度减轻

3. 聚精会神：

　A 集中精神；集中注意力　　　B 把精神、注意力集中起来

　C 使精神、注意力集中　　　　D 精神、注意力集中

4. 专心：

　A 集中注意力　　　　　　　　B 让注意力集中

　C 注意力集中　　　　　　　　D 集中的注意力

5. 关门：

　A 使门关上　　　B 关上门　　　　C 把门关上　　　D 门关上

6. 开口：

　A 张开嘴说话　　B 把嘴张开说话　C 嘴张开说话　　D 使嘴张开说话

7. 转身：

　A 使身体转过去　B 身体转过去　　C 转过身　　　　D 把身体转过去

8. 降价；

　A 把价格降下来　B 使价格降下来　C 价格降下来　　D 降下价格

9. 撤兵：

　A 使军队撤退　　B 撤退军队　　　C 军队撤退　　　D 把军队撤退

四、你认为下列句中的画线词语合理吗？（合理的画√，不合理的画×）：

1. <u>健胃消食</u>片，常备常舒坦。（　　　　）

2. 这种新出的<u>嫩肤</u>霜效果不错。（　　　　）

3. 我们用的是同一个牌子的<u>洁面</u>乳。（　　　　）

4. <u>顺发亮发</u>，合二为一。（　　　）（　　　）

5. 一股流行的<u>纤体瘦身</u>热潮正在席卷全国。（　　　　）

七、并列式复合词词义识解影响因素实证研究 *

7.1 引言

钱旭菁（2003）指出："无论是第一语言还是第二语言，人们学习词语的途径主要有两种：专门的词语教学和阅读中的伴随性习得。""阅读中的伴随性词语学习主要是通过猜测词义的方式完成的。"（钱旭菁，2005）这里的"猜测词义"指的是学习者利用语境线索认识和理解词义。实际上，除了语境条件下的词义猜测，对词义的认知加工方式还包括无语境条件下词义的猜测，本节将其统称为"词义识解"，即学习者运用多种方式对词义的认知加工过程，包括无语境条件和有语境条件下对词义的认识和理解。

以往研究主要关注语境条件下词义的识解，很多研究也已经证明语境有助于汉语二语学习者词义的识解（刘颂浩，2001；钱旭菁，2003、2005；江新、房艳霞，2012）。此外，一些研究还发现，汉语二语学习者词义识解受语义透明度（王春茂、彭聃龄，1999；干红梅，2008）、词语的结构类型（干红梅，2009；江新、房艳霞，2012；许艳华，2014）、语素义和词义的关系（张江丽，2010）等因素的影响。

汉语复合词结构类型多样，同一结构类型下复合词的构词语素间的语义关系比较复杂。蒋绍愚（2015：56）指出："那些'句法式'的复合词的两个语素之间，既有结构关系，又有语义关系，两者都需要分析，才能准确地把握复合词。'定中''并列'等名称只表明了两个语素之间的结构关系，而同是'定中式'或'并列式'的复合词，两个语素之间的语义关系还可能是不同的。"如"美丽""动静""手足"，虽同属并列式复合词，但是语义关系却不相同。"美"和"丽"两个语素属于同义关系，"动"和"静"是反义关系，"手"和"足"属于类义关系，这种构词语素间语义关系的差异可能也会影响词义识解的结果，目前很少有人关注。

戴庆厦（2015）指出："汉藏语的并列式复合词成为区别于其他语系语言的一个重要特点。"于洋（2016）指出，汉语并列式复合词也是汉语二语学习者词汇学习的重点和难点，常出现词语偏误。现代汉语并列式复合词按其构词语素间的语义关系可划分为：同义语素、反义语素和类义语

---

    * 本节作者赵凤娇。本节内容曾发表于《海外华文教育》2017 年第 12 期。

素并列式复合词。小川典子（2016）考察了母语为日语的汉语二语学习者在"不定语境"（nondirective context）条件下对不同结构类型复合词的词义识解情况，其中并列式复合词以"差遣""出入""眉目"为例，分别代表构词语素间的同义关系、反义关系、类义关系，研究发现并列式复合词构词语素间语义关系类型不同，词义识解的难度也不同，反义语素并列式复合词最难识解。该结论主要是在语境条件下得出的，所考察的构词语素间语义关系不同的并列式复合词较少，该结论的可信度有待进一步检验。此外，在无语境条件下，并列式复合词词义识解情况是否也能与小川典子（2016）的研究结论一致？需进一步验证。

本节将使用实验研究和访谈相结合的方法，探讨中级水平汉语二语学习者在并列式复合词词义识解过程中受哪些因素制约，以及哪些为主要影响因素。

7.2 实验设计

本研究采用 $2 \times 3 \times 2$ 三因素混合实验设计。三个自变量为：语境条件（无语境条件和有语境条件）、并列式复合词的三种语义关系类型（同义语素、反义语素和类义语素并列式复合词）、语义透明度（语义透明和语义隐晦）。因变量为被试在词义识解过程中所得的平均分数。控制变量为构词语素的常用度和整词频率。

7.2.1 被试

被试为北京语言大学汉语学院[①]二年级（下）40名本科留学生[②]，汉语水平为中级。将40名被试随机分成两组，其中无语境组20人，母语背景分别为韩语（10人）、日语（3人）、印尼语（3人）、泰语（2人）、哈萨克语（1人）和乌尔都语（1人）；有语境组20人，母语背景分别为韩语（7人）、日语（3人）、印尼语（2人）、泰语（6人）、乌克兰语（1人）和阿拉伯语（1人）。

[①] 北京语言大学汉语学院主要承担来华留学生本科学历教育，所以学生大多是来自不同国家的留学生，需要完成四年本科学习任务。汉语学院分级考试和教学进度情况，能够为汉语水平划分提供一定的依据：一年级一般被视为初级汉语水平，二年级为中级水平，三、四年级为高级水平。

[②] 在有语境组回收的测试问卷中，将大部分未作答和错误率过高的4份问卷排除，邀请汉语学院二年级（下）的另外4名留学生进行补测。

7.2.2　实验词语

7.2.2.1　词语的筛选

首先，根据《汉语国际教育用音节汉字词汇等级划分》和《HSK 汉语水平考试词典》对汉语并列式复合词进行统计，然后根据被试水平对实验词语进行层层筛选，选出符合条件的"熟字生词"，即被试对并列式复合词的构词语素是熟悉的，但对整词是陌生的。

其次，控制构词语素的常用度以及语义关系类型不同的并列式复合词的整词频率，最终获得实验词语 36 个，其中同义语素并列式复合词 12 个，反义语素并列式复合词 12 个，类义语素并列式复合词 12 个。

7.2.2.2　语义透明度的调查

本调查借鉴心理学语义透明度的研究方法（王春茂、彭聃龄，1999），使用李克特量表的形式，设计语义透明度判断的五级量表，并给出语义透明度可操作性的定义，采用微信电子问卷形式，发放给本科及以上学历的非语言学专业背景的学生，在线判断词语的语义透明程度，最终回收有效问卷 81 份。根据判定结果，将两个语素与整词关系的评分均值作为该词的语义透明度值。

从调查的结果来看，并列式复合词的语义透明度分布在 2.68～4.22 分之间，其中同义语素并列式复合词在 3.17～4.22 分之间，反义语素并列式复合词语义透明度在 2.85～3.34 分之间，类义语素并列式复合词在 2.68～3.49 分之间。从中可以看出，同义语素并列式复合词语义透明度分值较高，反义语素和类义语素并列式复合词语的透明度分值都较低。

丁喜霞（2006：133-146）在考察中古时期常用并列式复合词成词和演变过程中指出，同义语素并列式复合词是在汉语词汇双音化的驱动和同义并列构词法的类推作用下，运用同义联想，通过词法途径把两个意义相同或相近的单音词并连在一起构成的，反义语素和类义语素并列式复合词主要由并列短语演变而来，一般是通过语义融合和语义失落两种途径完成的。董秀芳（2011：116）指出："根据距离象似原则……表达相反、相对意义的并列项由于在概念领域的距离比较远，相应地就在形式上保持较大的距离，因而不容易词汇化，只有当其在功能上发生了转类、在意义上转指包容对立的两极的上位概念之后，才会成为词。"她进一步指出："两个并列项在语义上相似的并列短语比并列项在意义上相对或相反的一类更容易成词。"从丁文和董文中可以看出：同义语素并列式复合词两构词语素义相同或相近，融合程度较低，词义易理解；反义语素和类义语素并列式复合词两构词语素义融合程度较高，语义相对隐晦。

语义透明度问卷的调查结果与构词语素间语义关系不同的并列式复合词词义衍化结果一致。因此我们对各类并列式复合词的语义透明度进行两分，即将每种语义关系类型的并列式复合词分为语义相对透明和语义相对隐晦两种。

7.2.3　语言测试卷的设计

本实验将被试分有语境组和无语境组，分别参加有语境测试和无语境测试。两种测试内容均包含两部分：第一部分是词义识解部分，要求被试识解出目标词的意思；第二部分是一种开放式回答，要求被试写出（或说出）识解词义的过程。对第二部分的测试，有语境组将采用访谈的方式考察。

7.2.3.1　无语境组测试卷的设计

无语境词义识解指在没有任何语境帮助的情况下，被试根据构词语素或其他知识猜测出目标词的词义。

样例：

请你猜猜这些词语的意思，然后写出判断的理由。可以用汉语或自己国家的语言。（Please try to guess the meaning of these words, then write the justification for your answer. You can use Chinese or your native language.）

例如：

美丽：好看、漂亮。

你是怎么猜到的（How do you get it?）：

因为我学过"美"是"好看"的意思；"丽"是"好看、漂亮"的意思。所以我觉得"美丽"是"好看"、"漂亮"的意思；或者因为学过 beautiful，利用外语翻译或母语翻译……

7.2.3.2　有语境组测试卷的设计

有语境词义识解指在提供语境线索的情况下，被试可以利用语境线索或其他方式猜测出目标词的意思。为了保证语境对目标词所提供的线索既不多也不少，保持在中等水平，本测试设置为一般语境（general context）。

一般语境指将目标词词义局限在某一语义范围内，语境能够为读者提供某些目标词的意义线索，但不会提供目标词的具体的语义特征（Beck et al., 1983）。

测试句皆选自北京大学中国语言学研究中心语料库，笔者根据被试水平对句子进行改编。为保证符合一般语境要求，首先将 36 个句子中的目标词删掉，请 5 名汉语母语者进行填空测验，笔者根据测试结果进行语境调整，然后请语言学专业背景的研究生对含有目标词的句子的语境进行语境支持度评判，根据结果再次调整，最后请汉语学院二年级（下）的 2 名留学生（非正式实验被试）判断测试句是否能被理解。

样例：

请你猜猜这些词语的意思，可以用汉语或自己国家的语言。（Please try to guess the meaning of these words. You can use Chinese or your native language.）

游客们认为当地居民非常<u>友善</u>、态度好。

友善：_____

7.2.4   访谈

在测试结束后，我们随机选取 15 名被试分别进行 20 分钟访谈，其中 5 名来自无语境组，10 名来自有语境组。由于在无语境组中我们已经对词义识解的心理加工过程进行了考察，而有语境组中并未进行相关考察，所以邀请有语境组参加访谈的人数较多。由于口头信息难于精确记录，因此我们对所有的交谈内容都进行了录音，并完成录音转写。

7.2.5   成绩计算

目标词的常用词义以《现代汉语词典》(第 6 版，本节简称《现汉》)中的释义为参考标准。我们将每一测试词语的成绩分为 5 个等级，最低分为 0 分，最高分为 4 分，每个级别相差一分。具体评分标准如下：

1）0 分：未作答或回答完全错误，如将"增添"解释为"意味着"。

2）1 分：不太准确，有模糊的语义关联。具体表现为：①词义等于两个语素义加合时，只写出一个语素的近义，如将"供求"解释为"要求"；②词义等于两个语素义加合基础上的引申义时，被试只写出非常用的加合义或一个语素义，如将"骨肉"解释为"带骨头的肉"；③写出部分语素义，但与整词义差别较大，如将"汇聚"解释为"聚会"；④其他情况，即被试的回答与词义有一点关联，如将"山河"解释为"很大，很宽"等。

3）2分：部分准确，写出部分相关的语义特征。具体表现为：①词义等于两个语素义加合时，只写出一个语素义或语素义正确，且语义结构错误，如将"时空"解释为"时间"或"空的时间"；②与词义部分相关，有重要的语义特征，如将"行列"解释为"排队"。

4）3分：与目标词的核心义接近，包括核心的语义特征，但不是十分准确或与目标词为近义词。具体表现为：①核心义准确，但词性错误，如"得失"本为名词，但被试认为是动词，将其解释为"得到和失去"；②写出核心义，但其义域范围不同，如"首领"本为某些集团的领导人，词语使用的范围有限，而被试将其解释为"总统"；③词义等于语素义加合时，一个语素义正确，另一个语素义只写出其近义，如将"得失"解释为"得到的和失败的"；④加合义和偏义共存，只写出不常用的加合项，如"恩怨"词典释义为"恩惠和怨恨"，这类词多数用于偏义，但加合义有时也可使用，如果被试只写出加合义"恩惠和抱怨"，我们也计为3分。

5）4分：与目标词的意义相同或互为同义词，如将"增加"解释为"加；加上"或"添加"。

由于测试过程中有些被试使用母语作答，所以测试成绩评定之前，我们邀请与其有相同母语背景的语言学及应用语言学专业的博士研究生，对被试的释义进行中文翻译。之后，由三名词汇学专业背景的硕士研究生参考词典释义和以上标准，对被试的测试结果进行评判。三位评分员所评分数之间的肯德尔系数为0.91，说明信度系数很高，评测结果可信。以三名评分员所评分数的平均数作为被试在每个目标词上的得分。

7.3　实验结果

首先分别统计出中级水平汉语二语学习者在不同语境条件下并列式复合词词义识解结果与目标词实际意思之间的语义相关评分，然后利用 SPSS 21.0 对评分结果进行重复测量方差分析（repeated measures ANOVA）。被试在不同语境条件下词义识解结果与目标词实际意思之间语义相关评分的平均值如表 2-3、图 2-8 所示。

表 2-3　被试词义识解结果与目标词实际意思之间语义相关评分的平均分和标准差

语境条件	平均分（标准差）						被试/人
	同义语素并列式复合词		反义语素并列式复合词		类义语素并列式复合词		
	语义隐晦	语义透明	语义隐晦	语义透明	语义隐晦	语义透明	
无语境	2.17 （0.42）	3.24 （0.47）	2.42 （0.52）	2.68 （0.57）	1.38 （0.80）	1.95 （0.54）	20
有语境	2.52 （0.57）	3.28 （0.58）	2.57 （0.41）	2.36 （0.69）	2.12 （0.65）	2.15 （0.82）	20

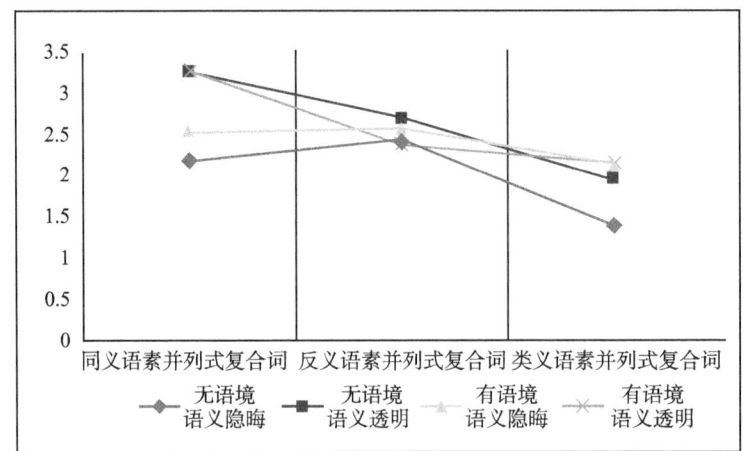

图 2-8　三种语义关系类型并列式复合词在不同语境条件下词义识解的平均分

重复测量方差分析结果显示：

1）构词语素间语义关系的主效应非常显著（$F(1.699, 64.571) = 61.74$, $p < 0.001$），说明构词语素间语义关系不同的并列式复合词的词义识解存在显著差异。事后多重比较结果显示，同义语素并列式复合词的平均分（2.80）显著高于反义语素并列式复合词（2.51）和类义语素并列式复合词的平均分（1.90）（$p < 0.001$），反义语素并列式复合词显著高于类义语素并列式复合词的平均分（$p < 0.001$）。从表 2-3 中也可以看出，同义语素并列式复合词平均分最高，反义语素并列式复合词次之，类义语素并列式复合词最低，平均分由高到低排序为：同义语素并列式复合词＞反义语素并列式复合词＞类义语素并列式复合词。

2）语义透明度的主效应非常显著（$F(1, 38) = 53.36$, $p < 0.001$），语义透明的并列式复合词的平均分（2.61）显著高于语义隐晦的并列式复合词的平均分（2.20），即语义透明并列式复合词＞语义隐晦并列式复合词。

3）构词语素间的语义关系与语义透明度交互作用非常显著（$F(1.639, 62.264) = 21.02$, $p < 0.001$），因此需要进一步进行简单效应检验。对构词语素间不同语义关系影响下的语义透明度进行简单效应分析，结果表明：在同义语素并列式复合词中，语义透明词与语义隐晦词词义识解结果之间存在非常显著的差异（$p < 0.001$），语义透明词的平均分（3.26）显著高于语义隐晦词（2.33）；在反义语素并列式复合词中，语义透明词与语义隐晦词的词义识解结果并不存在显著差异（$p > 0.05$）；在类义语素并列式复合词中，语义透明词与语义隐晦词的词义识解结果差异显著（$p < 0.05$），语义透明词的平均分（2.05）显著高于语义隐晦词的平均分（1.75）。

对语义透明度影响下的构词语素间语义关系进行简单效应分析表明，在语义隐晦的词语中，同义语素与反义语素并列式复合词词义识解结果之间并不存在显著差异（$p > 0.05$），与类义语素并列式复合词词义识解结果存在非常显著的差异（$p < 0.001$），同义语素并列式复合词的平均分（2.34）显著高于类义语素并列式复合词（1.75）；反义语素与类义语素并列式复合词词义识解结果之间差异非常显著（$p < 0.001$），反义语素并列式复合词的平均分（2.49）显著高于类义语素并列式复合词（1.75）。在语义透明的词语中，同义语素并列式复合词的平均分（3.26）显著高于反义语素并列式复合词（2.52）和类义语素并列式复合词（2.05）；反义语素并列式复合词与类义语素并列式复合词词义识解结果之间也存在非常显著差异（$p < 0.001$），反义语素并列式复合词的平均分（2.52）显著高于类义语素并列式复合词（2.05）。

4）语境条件的主效应不显著（$F(1, 38) = 2.20$, $p = 0.15$, $p > 0.05$），说明无语境和有语境条件下并列式复合词的词义识解的结果并不存在显著差异。

5）语境条件与构词语素间语义关系的交互作用显著（$F(2, 76) = 5.69$, $p < 0.01$），因此需要进一步进行简单效应检验。对构词语素间语义关系影响下的不同语境条件下的词义识解结果进行简单效应分析，结果表

明：在同义语素并列式复合词中，无语境和有语境条件下的词义识解结果并无显著差异（$p > 0.05$）；在反义语素并列式复合词中，两种语境条件下的词义识解结果并无显著差异（$p > 0.05$）；在类义语素并列式复合词中两种语境条件下的词义识解结果差异显著（$p < 0.05$），有语境条件下词义的识解结果（2.14）显著高于无语境的词义识解结果（1.66）。

对两种语境条件影响下的不同语义关系类型并列式复合词的词义识解结果进行简单效应分析，结果表明：在无语境条件下，同义语素与反义语素并列式复合词词义识解结果并不存在显著差异（$p > 0.05$），与类义语素并列式复合词存在显著差异（$p < 0.001$），同义语素并列式复合词（2.71）显著高于类义语素并列式复合词（1.66）；反义语素与类义语素并列式复合词词义之间差异非常显著（$p < 0.001$），反义语素并列式复合词（2.55）显著高于类义语素并列式复合词（1.66）。在有语境条件下，同义语素并列式复合词词义识解结果（2.90）显著高于反义语素并列式复合词（2.47）和类义语素并列式复合词（2.14）；反义语素与类义语素并列式复合词词义识解结果之间存在显著差异（$p < 0.05$），反义语素并列式复合词显著高于类义语素并列式复合词。

6）语境条件和语义透明度的交互作用非常显著（$F(1, 38) = 53.36$，$p < 0.01$），需要进一步进行简单效应检验。对语义透明度影响下的语境条件进行简单效应分析，结果表明：在语义隐晦的情况下，无语境和有语境的词义识解结果差异显著（$p < 0.01$），有语境条件下词义的识解结果（2.63）显著高于无语境条件的词义识解结果（1.99）；在语义透明的情况下，无语境和有语境的词义识解结果差异不显著（$p > 0.05$）。

对语境条件影响下的语义透明度进行简单效应分析，结果表明：在无语境条件下，语义透明和语义隐晦的并列式复合词词义识解结果差异非常显著（$p < 0.001$），语义透明词语的词义识解结果（2.63）显著高于语义隐晦词语（1.99）；在有语境条件下，语义透明和语义隐晦的并列式复合词词义识解结果也存在显著差异（$p < 0.05$），语义透明的词语词义识解结果（2.60）显著高于语义隐晦的词语（2.40）。

7）语境条件、构词语素间的语义关系与语义透明度之间的交互作用不显著，$F(2, 76) = 0.35$，$p = 0.70$，$p > 0.05$。

7.4　讨论

第一，构词语素间的语义关系影响并列式复合词词义的识解。

本研究结果显示，构词语素间语义关系的主效应显著，不同语义类型的并列式复合词词义识解结果存在显著差异。同义语素并列式复合词最易识解，反义语素并列式复合词次之，类义语素并列式复合词最难识解，这与小川典子（2016）反义语素并列式复合词词义最难识解的结论不同。本研究认为，构词语素间语义关系不同的并列式复合词词义识解难度主要是由同义语素、反义语素和类义语素并列式复合词词义衍化程度，被试的识解方式及课堂词汇知识教学等因素决定的。

丁喜霞（2006：143-152）指出同义语素并列式复合词主要由词法的类推作用构成，就实词而言，其成词的途径分为两种：（1）由两个原本同义的单音词作为参构语素直接并连而成，如"追逐"；（2）两个参构语素的本义不同，其中一个或两个经过词义引申，获得了相同或相近的意义和用法之后形成同义语素并列成词。如"依靠"，在先秦文献中，"依"的本义是表示抽象的"凭借"义，"靠"始见于东汉文献，本义表示比较具体的"背靠、放靠"，后引申出较为抽象的"凭借"义，见于唐代文献，此后二者同义并列成词。反义语素和类义语素并列式复合词主要由并列短语演变而来，一般是通过语义融合和语义失落两种途径完成的。如"利害"在成词之初仅表示"利益"和"损害"，后来经过语义融合、引申，发展出"情形、形势"义。还如"领袖"原指"领子"和"袖子"，后经语义融合，发展出"国家、政党、群众团体等的最高领导人"的意思。所以，从词义衍化程度来看，同义语素并列式复合词两构词语素义融合程度较低，容易被识解；反义语素和类义语素并列式复合词两构词语素义融合程度较高，不易被识解。

从词义与语素义之间的关系来看，同义语素并列式复合词整词义等于语素义或语素义之间的叠合。反义语素与类义语素并列式复合词的整词义与构词语素义之间的关系大致可分为三种：（1）整词义等于两语素义间的加合；（2）整词义等于两语素义加合基础上的引申义；（3）偏义复词，其中一个语素义脱落，整词义等同于另外一个语素义。通过访谈我们发现，被试在进行生词熟字的识解时，大多依靠语素义来推知整词义，所以同义语素并列式复合词词义识解结果最好。

此外，在汉语二语词汇教学中，教师对同义词和反义词的教学较多，对类义词提及的较少，所以学习者对同义词和反义词的理解比较深刻，对类义词的认识不足。因此在并列式复合词的词义识解过程中，相较于类义语素并列式复合词，学习者能够较好地分辨出构词语素间的同义关系和反义关系，利用构词语素间的语义关系识解出同义语素和反义语素并列式复合词的词义。

总之，构词语素间的语义关系影响并列式复合词的词义识解，类义语素并列式复合词最难识解，反义语素并列式复合词次之，同义语素并列式复合词最易识解。

第二，语义透明度影响并列式复合词词义的识解，尤其对同义语素和类义语素并列式复合词词义的识解影响较大。

研究结果显示，语义透明度的主效应显著，语义透明度不同的并列式复合词词义的识解结果差异显著，说明语义透明度影响并列式复合词词义的识解。这与干红梅（2008）的研究结论相一致。

语素义与整词义关联性越强，词义的透明度越高，从语素义中能获知整词义的可能性越高，越容易识解；语素义与整词义的关联性越弱，词义的透明度越隐晦，从语素义中获知整词义的可能性越低，词义越难识解。被试在词义识解过程中常常根据语素义来推知整词义，所以语义透明度势必会影响并列式复合词词义的识解。

从构词语素间的语义关系与语义透明度的交互作用来看，我们发现语义透明度对同义语素和类义语素并列式复合词词义的识解影响显著，对反义语素并列式复合词词义的识解影响不显著。从访谈中我们发现，被试在词义识解过程中对构词语素间的反义关系的辨识最为敏感，常常利用语素义结合构词语素间的语义关系来推知整词义，所以语义相对透明和相对隐晦的反义语素并列式复合词词义识解结果相差不大。

总之，语义透明度影响并列式复合词词义的识解，语义透明的词语易识解，语义隐晦的词语较难识解。具体来看，语义透明度对同义语素和类义语素并列式复合词词义识解有显著影响。

第三，语境条件有助于并列式复合词词义的识解，对类义语素并列式复合词词义的识解影响较大。

本研究结果显示，语境条件与构词语素间的语义关系及语义透明度的交互作用均存在显著差异，说明语境条件影响并列式复合词词义的识解。

这与江新、房艳霞（2012）"既有词又有语境条件"的词义识解效果比"只有词没有语境"的词义识解效果好的结论一致。

从语境条件与构词语素间语义关系的交互作用来看，语境条件对同义语素和反义语素并列式复合词的影响并不显著。通过表2-3和图2-8可以看出，有语境条件下同义语素和反义语素并列式复合词词义的识解结果仅略高于无语境条件下词义的识解结果。这可能与语境的反作用有关，语境在某些情况下干扰词义的识解。通过访谈我们发现，在有语境条件下，一些被试过度关注对上下文句义的理解，忽视了对词义本身的解释，认为目标词只是前后文句义的连接，所以在对目标词进行词义识解时，只要词义能对上下语句进行承接，就将其识解为目标词的词义。如有的被试在"门口高高挂着的红灯笼，增添了节日的喜庆。"中将"增添"识解为"更展现出""意味着"等意义。虽然被试对目标词的解释在语境中可以讲通，但与目标词词义并无任何联系，语境在一定程度上对词义识解造成了干扰。

语境条件对类义语素并列式复合词影响显著，语境条件下类义语素的识解效果更好。在汉语二语词汇学习中，被试对类义关系了解比较少，且类义语素并列式复合词构词语素义融合程度较高，词义较隐晦，因此在无语境条件下学习者因判断不出构词语素义之间的关系，较难识解出整词义；在语境条件下，被试可以依赖语境线索，识解出词义，所以语境条件有助于类义语素并列式复合词词义的识解。

通过与语义透明度的交互作用我们还发现，有语境条件下语义隐晦词语词义识解效果更好，说明语境线索有助于语义隐晦词语的识解。

总的来说，语境条件影响并列式复合词词义的识解，尤其是有助于类义语素并列式复合词的词义识解。语境条件有助于语义隐晦词语的识解。

7.5　其他因素的制约

通过对语言测试结果的分析和访谈发现，中级水平汉语二语学习者在并列式复合词词义识解过程中受汉字字形、多义语素的干扰、构词法知识和母语词义误推等因素的制约。

7.5.1　汉字字形的混淆

无论是在无语境组还是有语境组中，被试均易将与测试词的构词语素同形的汉字、具有相同义符或声符的汉字混淆，造成词语的误认和误解。

在无语境组中，有的被试在识解"血汗""领袖""行列"时均易发生汉字字形的混淆。如在识解"血汗"时，将"汗"误认为同声符汉字"干"，将"血汗"识解为"把血晒干"。在有语境组中，发生汉字字形混淆的词语较少，仅发现"供求""利害"两例。如将"供求"解释为"多人的共同要求"，很明显，被试在字形上混淆了"供"与同声符汉字"共"，导致了词义的误解。

7.5.2　多义语素的干扰

并列式复合词构词语素常常是多义的。被试所掌握的义项数量和对不同义项的熟悉程度不同，导致被试在词义识解时，所提取的构词语素义不准确，出现词义的误解。尤其在无语境组中，由于没有语境线索的提示，被试只能尽可能地依靠所学的汉语词汇知识，在这个过程当中容易受构词语素多义义项的干扰。如"供求"。在《现汉》中"供求"的准确释义为"供给和需求"。很多被试能够准确指出"供"为"提供"的意思，但对"求"的义项的掌握却各不相同。在《现汉》中"求"有三个义项：①设法得到；②恳求，乞助；③需要。大多数被试对义项①比较熟悉，所以他们易将"供求"识解为"提供和要求"。

7.5.3　汉语构词法知识的影响

汉语构词法知识包括词语结构和语义关系知识，这里主要指的是构词语素间的语义关系知识。由于被试对汉语构词法知识的理解不太准确或掌握得不太牢固，因此造成构词语素间语义关系的误判，影响了词义的正确识解。

冯丽萍（2003）指出："中级汉语水平的欧美学生在经过一定时间的汉语学习之后，已具有中文合成词的词汇结构意识，无论是否有意识提取，词汇结构都作为一种潜在的因素存在于其心理词典的词汇表征系统中，并影响其词汇加工方式。"干红梅（2009）在研究中也证明"结构识别对词语学习有一定的影响"。本研究发现中级水平汉语二语学习者虽然有了汉语词语语义结构意识，但掌握程度还不高，在并列式复合词词义识解过程中，常常对构词语素间语义结构关系判断错误。从语义关系误判的数量上来看，由高到低的排序为：偏正关系＞动宾关系＞主谓关系。从语境条件上看，无语境组＞有语境组。

1）误判为偏正关系。如被试将"名利"识解为偏正关系："好的名字"。

这类词语还有"环绕""友善""要领""音像""骨肉""指教""感触""风气""时空""恩怨""利害""首领"和"片段"等。

2）误判为动宾关系。在有语境组访谈中我们发现，被试在识解"风波"时，通过"波"联想到"waves"，进而联想到"海上会有大风，水上有 waves，可能是防风的意思"。被试通过语素义联想到词语出现的场景，将"风"和"波"的语义关系误判为动宾关系。类似误判词语还有"收支""要领""得失""行列"。

3）误判为主谓关系。如有的被试将"环境"识解为主谓关系："环境很绕"。

总的来说，词语语义关系的误判一般发生在无语境组中，尤其是发生在词义归纳的阶段。在有语境组中，被试易将构词语素间的语义关系误判为偏正式关系，但整体来说误判数量比较少，仅有"得失""山河"和"名利"三例。

7.5.4　母语词义误推的影响

Shen（2015）发现美国高级汉语二语学习者在二语词汇运用过程中仍十分依赖母语，与汉语母语者相比，他们大多使用直觉进行判断而较少使用其他的策略，尤其是那些需要依据二语语义、语法及语用知识来判断的策略。这在一定程度上说明了汉语二语学习者在词汇习得过程中会受母语知识的影响。鲁健骥（1987）指出："目的语的词与母语的词之间在意义上互有交叉……而学习者往往简单地从自己的母语出发去理解和使用目的语的词。"张博（2011）也指出："在第二语言学习中，学习者获知目的语词 A 对应的是母语词 A'后，可能会把 A'所有而 A 并没有的意义推移到 A 上，因而造成目的语词语误用或误解，本文称这种现象为'母语词义误推'。"张文还将汉语二语学习者母语词义误推类型归纳为义位误推、义域误推和语义特征误推三种类型。

根据测试和访谈结果，我们也发现母语确实影响中级汉语二语学习者并列式复合词词义的识解，尤其是母语为日语、韩语的被试，在并列式复合词词义识解过程中他们大多借助母语进行词义识解。不可否认，母语在一定程度上有助于词义的识解。但在实验过程中我们发现消极作用在词义识解过程中更为明显，被试易受母语或其他语言的影响，出现词义误解，具体表现在母语义位的误推、义域的误推及其他的语义误推。

1）义位误推指"当母语多义词在一个义位上与目的语某词有同义关系时，学习者将母语多义词词义系统中的其他义位错误地推移到目的语的这个对应词上"（张博，2011）。如"行列"在《现汉》中被释为"人或物排成的直行或横行的总称"。在韩语词典《标准国语大词典》（修订版）[①] 中"行列（행렬）"的名词性义项有两个：①很多人排着队一起行走，把很多数字或文字排列成方形或长方形；②指家人当中的同一辈。很明显，韩语第一个义项与汉语词义具有同义关系。但由于两种语言词语的义项数量不一致，被试仅仅利用母语词来解释，易将韩语中第二个义项的意思错误地推移到汉语的目标词上，造成词语的理解错误。类似的词语还有"岁月"。

2）义域误推指的是"学习者将母语词某一义位相对宽广的语义范围（即'义域'）错误地推移到目的语的对应词上"（张博，2011）。如《现汉》中"岁月"指"年月"。母语为韩语的被试将其释为"세월"。在韩语中，"세월"有两个义项：①岁月，光阴，年华，时光，时间，年月；②光景，日子，景气。韩语中的"虚度光阴"可说成"허송세월（岁月）"，但是汉语中一般不说"虚度岁月"。可见，如果依靠母语对应词来识解汉语词语，两种语言词语义域范围的不对应可能会影响学习者对词义的准确识解，从长期来看不利于汉语词义的真正习得。

3）其他的语义误推。这类误推与前两种误推不同，并非母语对应词的词义误推，而是汉语二语学习者（大多是韩语母语者）利用音译找到母语中发音相近的词或短语后，直接将母语中音节所代表的词的意义组合起来，将母语的词义或词组义推移到汉语目标词上，这种语义的误推使得所识解出的词义与汉语词义相去甚远。如"动静"，一名韩语背景的被试按照汉语发音直接对应到韩语音节上，译成"동정하다"，这个词在韩语中的意思为"同情"，与目标词的词义差距很大。

综合被试错误的识解结果，我们分析并归纳出两种语境条件下汉字字形混淆、多义语素的干扰、构词法知识和母语词义误推等影响因素的分布情况，具体情况如表2-4所示：

---

① 原词典名称为：국립국어연구원（2008），《표준국어대사전》（개정판），두산동아，此处为中文翻译：国立国语研究院（2008）《标准国语大词典》（修订版），斗山东亚。

表 2-4　不同语境条件下并列式复合词词义识解的其他制约因素的数量和错误率

组别	数量（错误率）				错误总量 / 个
	汉字字形混淆	多义语素的干扰	词法知识的影响	母语词义的误推	
无语境组	10（3.82%）	138（52.67%）	69（26.34%）	45（17.18%）	262
有语境组	3（3.75%）	37（46.25%）	24（30%）	16（20%）	80

从表 2-4 可以看出，有语境条件下并列式复合词词义的识解错误明显少于无语境条件下的词义识解错误，说明语境条件有助于词义的识解。无论有无语境条件，被试均会受汉字字形混淆、多义语素的干扰、词法知识和母语词义的误推等因素的影响。从致误因素所占比例来看，语境条件相同的情况下，这些制约因素的影响力不同。无论是无语境组还是有语境组，多义语素的干扰影响力最大，按影响因素制约力的高低排序为：多义语素的干扰＞词法知识的影响＞母语词义的误推＞汉字字形混淆。

7.6　结论与启示

本研究考察了 40 名（其中无语境组 20 名，有语境组 20 名）中级水平汉语二语学习者在无语境和有语境条件下对并列式复合词词义识解的情况，我们发现：（1）构词语素间的语义关系影响并列式复合词词义的识解，具体表现为类义语素并列式复合词最难识解，反义语素并列式复合词次之，同义语素并列式复合词最易识解。（2）语义透明度影响并列式复合词词义的识解，语义透明的词语易识解，语义隐晦的词语较难识解。从对构词语素间语义关系来看，语义透明度对同义语素和类义语素并列式复合词词义识解的影响较大，对反义语素并列式复合词词义识解的影响较小。（3）语境条件影响并列式复合词词义的识解，尤其是有助于类义语素并列式复合词词义的识解。（4）被试在并列式复合词的词义识解过程中还受汉字字形、多义语素、构词法知识和母语词义误推等因素的影响，其中多义语素的干扰影响最大。

综合以上结论，本研究建议在词汇教学过程中，教师应加强汉语二语学习者的构词法知识教学，关注不同结构类型词语中的深层语义关系，强化学习者对其深层语义关系的认识和理解，同时要注意新旧词语的区分。在语境法教学过程中教师亦不能忽略对生词本身语义结构关系的关注。

无论是有语境条件还是无语境条件下，一些中级水平汉语二语学习者均能较好地识解出并列式复合词的词义。那么他们在词义识解过程中主要使用哪些策略？哪种识解策略最有效？这些问题还有待进一步研究。

八、二语学习者反义复合词词义识解的影响因素 *

8.1   引言

反义复合词是由两个意义相反或相对的单音语素构成的并列式复合词，如"左右、上下、开关、买卖、儿女"。这类并列式比较特殊，与占比更大的同/近义或类义并列相比，"表达相反、相对意义的并列项由于在概念领域的距离比较远，相应地就在形式上保持较大的距离，因而不容易词汇化。只有当其在功能上发生了转类、在意义上转指包容对立的两极的上位概念之后，才会成为词"（董秀芳，2002：122）。

有些反义复合词的词义是语素义的加合，相当于短语义，如"父母、黑白❶"①；有些词义已抽象化或虚化，词性也发生了转变，如"长短、开关、左右"。对于前者，汉语第二语言学习者能够较容易地推知其词义；对于后者，二语者就未必能准确地由两个已知语素义推知词义了，如他们知道动词"买"和"卖"的意思，却未必能知道"买卖"是生意义（指商业经营）的名词。据此我们推测，二语者对反义复合词词义的识解并非处于同一水平，词义与语素义之间不同的语义关系可能会造成二语者反义复合词词义识解的差别。

针对二语者汉语不同类型词汇的词义识解研究尚处于起步阶段，与反义复合词词义识解相关的研究目前仅见赵凤娇（2017）。该文通过语言测试考察了中级水平汉语二语者并列式复合词词义识解的影响因素，同义、反义、类义这三种语义关系类型是影响因素之一。其测试结果显示，反义并

---

　　* 本节作者刘玉倩、孟凯。本节内容曾发表于《汉语学习》2019 年第 2 期，收入此书有增改。
　　① 语素义加合的复合词或因语素不能独立使用而成词，如"父母"；或因复合词为多义词，短语义为意义引申的源点，如"黑白"。阴文数字为《现代汉语词典》（第 7 版，本节简称《现汉》）义项号。

列式复合词的识解难度居于同义和类义并列式之间。但是，正如本节前述，反义复合词内部的语义关系也非匀质。类型不同的反义复合词，如"父母"、"动静❶"（动作或说话的声音）、"出入❷"［（数目、内容等）不一致、不相符的情况］的词义识解是否都比同义并列式"增加"难，而比类义并列式"时空"容易？恐怕未必。我们希望深入反义复合词内部去探明其不同的语义关系类型对二语者词义识解的影响，尝试阐述形成词义识解难易度的原因，并提出相关的教学和学习建议。

本研究中的"词义识解"（word-meaning construal）与心理语言学的"词义猜测"（predicting word meaning）大体相当，我们没有采用"词义猜测"而采用"词义识解"这一术语，是因为：首先，词义猜测大多指学习者在阅读过程中对生词意义的猜测，词义识解则不一定提供阅读文本或语境，主要是让学习者对熟字生词的意义进行理解或猜测；其次，从字面上看，"识"即"识别"，"解"即"理解"，"词义识解"即二语者识别词语并理解词义。研究题旨字面化更容易让人把握研究精髓。

在词语的视觉加工过程中，心理语言学一般认为词素或词素结构在人的词汇表征或加工过程中起着一定的作用（Taft & Forster，1975；Sandra，1990；王春茂、彭聃龄，2000 等）。而词素义如何表征词义正是词义识解的重要内容，也是二者之间的语义关系类型。可见，复合词的语义关系类型是影响学习者词义识解的一个不可忽视的因素。尽管词义猜测的研究成果丰硕，但主要是结合词语结构（如偏正式、动宾式）和母语背景进行考察，复合词的语义关系类型对词义识解影响的专题研究还不多见。

此外，由于复合词的词义识解与语素的辨认、语素义的提取关系密切，而不同母语文字背景（如汉字圈或非汉字圈）的学习者对汉字的认知和掌握是不同的，因此，母语文字背景或许也会对学习者复合词词义识解产生一定的影响。

基于此，本研究将通过语境下的词语释义测试，考察语义关系类型和母语文字背景对中级二语者反义复合词词义识解的影响，并提供词义识解难易度序列，为反义复合词的二语习得和教学提供实证支持。

8.2　研究背景：反义复合词的语义关系类型

就反义复合词来看，语义关系类型与语义结构相仿，但命名视角有别：语义结构是就词义整体而言的，语义关系类型是就词义与语素义的关系而言的。

学界根据词义和语素义的关系对反义复合词的语义结构进行了分类（谭达人，1989；苏宝荣，2002；束定芳、黄洁，2008；杨吉春，2008；张金竹，2015 等），杨吉春（2007、2008）的分类最为系统，分为 6 类：加合型（AB＝A＋B）、概括型（AB＞A＋B）、转指型（AB＝C）、比喻型（AB＝C）、偏义型（AB＝A（B））、选择型（AB＝或 A 或 B）。这种分类多以词形为单位，而不是以义项为单位，而多义词的不同义项可能对应不同类型，学习者的词义识解难度也可能不同。这样的问题在上述分类中难以处理。因此，本研究将以义项为单位划分反义复合词的语义关系类型。

在参考杨吉春（2008）分类的基础上，我们首先分析了从《汉语国际教育用音节汉字词汇等级划分》(本节简称《等级划分》）中检索到的 70 个反义复合词 130 个义项的词义和语素义关系，再进行语义关系类型的层级化划分：先分为直接表义和间接表义两类，每类再细分小类，得到加合型、选择型、偏义型、概括型和引申型 5 种类型。

8.3   研究方法

8.3.1   研究问题

通过语境下的词语释义测试，本研究旨在回答以下问题：

（1）5 种语义关系类型对二语者反义复合词词义识解是否产生影响？若确有影响，有哪些影响？

（2）母语文字背景（汉字圈和非汉字圈）对二语者反义复合词词义识解是否产生影响？若确有影响，有哪些影响？

（3）若以上两种因素均对二语者反义复合词词义识解有影响，二者是否存在交互作用？若存在，交互作用的具体情况如何？

8.3.2   被试

被试为北京语言大学中级班（完成两年及以上全职汉语课程）二语者[1]共 40 人。汉字文化圈 20 人，来自韩国（18 人）和日本（2 人）；非汉字文化圈 20 人，来自俄罗斯（4 人），刚果、古巴、印尼（各 2 人），白俄罗斯、巴基斯坦、秘鲁、波兰、法国、哥斯达黎加、喀麦隆、老挝、乌兹别

---

① 本研究没有选择高级二语者作为被试，主要是因为高级学习者的词汇量虽然更大，但满足筛选条件的测试词不够均衡，如《等级划分》中"选择型"高级以上的反义复合词只有"迟早"一个，数量太少。

克斯坦、西班牙（各 1 人）等 14 个国家。这些学习者的词汇储备达到 3000 词以上，所使用的二语教材覆盖表 2-5 提及的反义复合词的所有语义关系类型。

8.3.3 测试材料

8.3.3.1 测试词的确定

测试词语对被试来说应是"熟字生词"，即两语素字的等级要低于词的等级。由于使用学习者没学过的或者虽然学过但因使用频率低而遗忘的字词进行测试会影响识解结果，因此，在对被试使用教材的生词进行筛选的基础上，我们采用纸笔测试的形式，对 20 名中级学习者（与正式测试的被试不同）和 2 名被试的任课教师进行熟字生词的调查。根据调查结果和《等级划分》中、高级反义复合词及其中汉字的等级，在尽量平衡字频效应并保证不同语义关系类型词语均衡的条件下，本研究最终选定 14 个词作为测试词（见表 2-5）。

表 2-5 测试词的等级和语义关系类型分布

语义关系类型			中级	高级	高级附录
直接表义	双语素直接表义	加合型	胜负	黑白 ❶	言行
		选择型	是否、早晚 ❷	迟早	—
	单语素直接表义（偏义型）		舍得	动静 ❶	—
间接表义	概括型		长短 ❶、南北 ❷	高低 ❶	—
	引申型		出入 ❷、开关 ❶	—	得失 ❷

8.3.3.2 语境控制

本研究的测试词多半是多义词，若只提供测试词，学习者写出的解释基本都是语素义的加合，如"南北"，要测试的是义项 ❷"从南到北的距离"，但学习者写出的往往是义项 ❶"南边和北边"。[①] 因此，本研究采用语境测

[①] 我们以无语境释义的形式，非正式地测试了 4 名中级二语者（非本研究的被试）。结果显示，除了"开关"，对于其他 13 个测试词，测试者写出的都是语素义加合的意义。

试法。

语境控制为一个单句。句中除测试词外，其他词均为中级学习者学过的，且等级不高于测试词（参看江新、房艳霞，2012）。为保证测试结果的有效性，我们请 30 名汉语为母语的语言学专业研究生对语境支持度和句子自然度进行了五度量表的问卷调查。操作程序为：（1）请母语者为语境对目标词的支持度打分，5 分表示语境能够完全支持目标词并为目标词的词义提供参照，1 分表示语境对目标词不支持；（2）根据问卷调查结果，把语境支持度统一控制在 3～4 分，以保证测试结果尽量不受语境的干扰，排除语境这一变量；（3）再请这些母语者为句子自然度打分，5 分表示句子非常自然，理解起来无障碍，1 分表示句子不自然，理解很困难；（4）把句子自然度控制在 4～5 分，保证学习者理解句子不受干扰。

8.3.4　施测

本测试为 5×2 被试内两因素混合设计，两个自变量是 5 种语义关系类型的反义复合词和学习者的 2 种母语文字背景，因变量是测试成绩。采用纸笔测试的形式进行。

我们对被试进行个别施测，要求被试在不询问他人、不查词典的情况下，对简单语境下的反义复合词进行释义。如：

他迟早会回来的。

迟早：＿＿＿＿＿＿＿＿＿＿＿＿＿＿＿＿＿＿＿＿

测试前先给被试讲解，要求被试对简单语境中的生词进行解释，可以写出一个或多个答案，并尽量写出这样解释的原因。鉴于被试为中级学习者，他们可以用汉语或英语解释测试词；用汉语解释时有不会写的字，也可以用拼音代替。为排除陌生施测人员的干扰，测试由被试的任课教师监督，现场完成。测试无时间限制，被试大多在四十分钟内完成测试。

8.3.5　成绩计算方法

本研究参照赵玮（2016）的计分法，采取 4 分制计算测试成绩，最低分 0 分，满分 4 分。具体的评分标准为：

1）未作答或回答完全错误，记 0 分。如将"舍得"解释为"干嘛"。

2）不太正确，记 1 分。包括三种情况：①语素地位不平等的词，仅写出对词义影响较小的语素义，如将"早晚"解释为"早点儿"；②引申型，只答出一个语素义或所答并非词义，如将"开关"解释为"打开或者打关"；③语素义写对了，但词义结构有误，所答并非词义，如将"开关"解释为"开然后关"。

3）部分正确，记 2 分。包括两种情况：①语素地位平等的词，写出一个语素义，如将"言行"解释成"语言，可以（行）"；②引申型，答出了两个语素义，但引申义没有答出，如将"出入"解释为"出口和入口"。

4）基本正确，记 3 分。包括两种情况：①语素地位平等的词，写出一个语素义和另一个语素的部分意义，如将"言行"解释为"说的话和动作"；②词义解释不准确，但核心意思解释出来了，如将"迟早"解释为"一定"。

5）完全正确，记 4 分。如将"高低"解释为"高度"，将"出入"解释为"矛盾"。

成绩计算由两名汉语为母语的语言学硕士共同完成，取平均分作为最终得分。两名评分员的评分信度系数分别为 0.925 和 0.926，评分一致性较高。

8.4 研究结果

8.4.1 语义关系类型和母语文字背景对反义复合词词义识解的影响

测试词词义识解的平均分是 1.746，在 4 分制中处于中等偏下水平，说明学习者反义复合词的词义识解不甚理想。具体统计结果如表 2-6 所示：

表 2-6 不同母语文字背景学习者识解 5 种语义关系类型反义复合词的
平均成绩及标准差

组别	平均数（标准差）				
	加合型	选择型	偏义型	概括型	引申型
所有被试（40）	2.16（0.99）	1.81（1.00）	1.48（0.99）	2.10（0.95）	1.26（0.93）
汉字圈（20）	2.83（0.85）	1.80（0.85）	1.56（0.86）	2.15（0.93）	1.56（0.80）
非汉字圈（20）	1.49（0.59）	1.82（1.11）	1.40（1.07）	2.04（0.94）	0.95（0.93）

表 2-6 显示，从平均成绩来看，两种母语文字背景的学习者对 5 种语义关系类型反义复合词的词义识解存在差异，对加合型和引申型词义的识

解差异较大，对其他类型词义的识解差异没那么大。从标准差不难看出，即便平均成绩相差不大，但对选择型、偏义型和概括型这三类，非汉字圈二语者内部的个体差异还是比较大，词义识解效果参差不齐。

我们利用 SPSS 19.0 对中级二语者 5 种语义关系类型的反义复合词词义识解数据进行重复测量方差分析。结果显示，反义复合词语义关系类型的主效应显著，$F(4, 76) = 7.74$，$p < 0.0005$，说明学习者对 5 种语义关系类型的词义识解差异显著，即语义关系类型对学习者反义复合词词义识解影响较大。p 之所以趋近于 0，可能是我们的测试词样本不够多，导致测试结果不够精确，但差异的显著性是毋庸置疑的。

方差分析结果显示，母语文字背景的主效应同样显著，$F(1, 19) = 5.09$，$p = 0.036$，说明汉字圈与非汉字圈学习者反义复合词的词义识解存在明显差异，即学习者反义复合词的词义识解同样受母语文字背景的影响。

语义关系类型和母语文字背景之间的交互作用显著，$F(4, 76) = 2.847$，$p < 0.05$，说明一个因素如何起作用要受到另一个因素的影响（舒华、张亚旭，2008：166）。在重复测量方差分析的基础上，我们又进行了简单效应检验。检验沿两个方向进行：检验 1 考察语义关系类型水平上的母语文字背景效应，检验 2 考察母语文字背景水平上的语义关系类型效应。

检验 1 的结果显示，语义关系类型水平上的母语文字背景效应大部分不显著。母语文字背景（汉字圈与非汉字圈）的差异仅对加合型的词义识解影响显著，$F(1, 19) = 19.1$，$p < 0.05$，对其他 4 类的词义识解没有特别大的影响。这说明，语义关系类型不太受母语文字背景的影响，是否为汉字圈学习者对多数语义关系类型的词义识解是没有影响的。

检验 2 的结果显示，母语文字背景水平上的语义关系类型效应显著。在非汉字圈水平上，语义关系类型的简单效应显著，$F(4, 76) = 4.56$，$p = 0.02$；在汉字圈水平上，语义关系类型的简单效应也显著，且显著性水平更高，$F(4, 76) = 6.35$，$p < 0.005$。这一结果说明，不同母语文字背景受语义关系类型的影响，同非汉字圈相比，汉字圈中的语义关系类型效应更大。

8.4.2　中级二语者不同语义关系类型反义复合词的词义识解难易度

为了深入探讨中级二语者反义复合词词义识解的具体差异，我们进一步从语义关系类型的角度，对 40 名被试的测试成绩进行了统计（见表 2-7）。

表 2-7 5 种语义关系类型及各测试词的平均成绩及标准差

语义关系类型			平均数（标准差）		测试词	平均数（标准差）
直接表义	双语素直接表义	加合型	1.746（1.609）	1.816（1.640）	2.158（0.999）	胜负	1.7625（1.684）
					黑白 ❶	3.15（1.388）
					言行	1.5625（1.467）
		选择型		1.808（1.001）	是否	2.7125（1.688）
					早晚 ❷	1.5875（1.346）
					迟早	1.125（1.321）
	单语素直接表义（偏义型）			1.481（0.986）	舍得	1.35（1.484）
					动静 ❶	1.6125（1.682）
间接表义	概括型			1.676（1.562）	2.096（0.951）	长短 ❶	2.575（1.506）
					南北 ❷	1.675（1.363）
					高低 ❶	2.0375（1.530）
	引申型			1.255（0.928）	出入 ❷	0.525（0.887）
					开关 ❶	1.425（1.614）
					得失 ❷	1.8125（1.473）

表 2-7 显示，直接表义类比间接表义类词义识解的平均分高，符合学习者更容易由直接表义的语素猜测、理解复合词词义的一般规律；深入到两类内部的 5 种语义关系类型，加合型词义识解的平均分最高，引申型平均分最低，二者相差近 1 分。前者词义最易识解已毋庸置疑，后者由于词义并非语素义的简单加合，且发生了转类，所以难以识解。不过，间接表义的概括型词义识解的平均分却比较高，直接表义的偏义型平均分却比较低。

从测试词来看，6 个词的得分高于平均分，"黑白 ❶"最高，高出平均分 1.5 分；8 个词的得分低于平均分，"出入 ❷"最低，比平均分低 1.2 分多。加合型中"胜负、言行"的得分比同类型的"黑白 ❶"低很多；选择型中"是否"的得分是同类型"早晚 ❷、迟早"的得分之和；引申型中"出入 ❷"的得分比同类型的"开关 ❶、得失 ❷"低很多。可见，在同一语义关系类型中，学习者词义识解的程度也是参差不齐的。

8.5　讨论

测试结果已显示，语义关系类型和母语文字背景都会对中级二语者反义复合词的词义识解产生影响，二者之间有一定的交互作用，且交互作用有一定程度的倾向性，即语义关系类型的差异对汉字圈与非汉字圈学习者的词义识解影响显著，但多数语义关系类型并不受汉字圈与非汉字圈差异的影响。基于此，本研究将着重讨论语义关系类型对不同母语文字背景中级二语者反义复合词词义识解的影响。

8.5.1　直接表义类反义复合词的词义并非都易于识解

直接表义类的词义可以由语素义直接推知，一般会认为这类词义都容易识解。但表 2-7 显示并非如此，加合型较易识解，选择型和偏义型却并不易识解。

8.5.1.1　加合型的词义最易识解

在 5 种语义关系类型中，加合型的词义识解得分最高，说明最易识解。一方面，加合型从语义上看更像短语义，如"黑白❶"义为"黑色和白色"，只要知道两个语素的意义，就能比较容易地识解词义；另一方面，中级学习者已初步具备汉语语素意识和结构意识，如冯丽萍（2003）就发现，中级欧美学习者已经具有中文合成词词汇结构的意识，在复合词理解加工时，能够利用语素信息通达词汇意义。加合型的词义恰恰与学习者的词义加工方式吻合，因而识解效果最好。

如果加合型中的两个语素既常用又是成词语素，且词义应用了语素最常用的本义，如"黑白❶"，那么它就是最典型的加合型，词义最易识解；如果加合型的两个语素含有学习者不那么熟悉的语素义，如"胜负"中的"负"或"言行"中的"行"，那么这种加合型就不如前一种容易识解，如有些被试把"负"解释为"负责"，把"行"解释为"能、可以"。虽然加合型总体上最易识解，但学习者若没能准确地识别其中的语素义，也会产生词义误解。

8.5.1.2　选择型和偏义型的词义较难识解

选择型和偏义型的词义虽然是由语素直接表义的，但体现的是两语素之间的选择关系或偏指关系，而不是语素义的加合。这样的词义结构明显区别于加合型，是词汇化（lexicalization）的结果。而词汇化的结果很可能影响学习者的词义识解（孟凯、崔言燕，2018）。

选择型的两个语素义都保留，是或此或彼的选择关系。学习者往往不知道是选择关系，仍然用语素义加合的方式来识解这类的词义，甚至将每个语素按照自己最熟知的意义直接加合解释。如有 10 名被试径直将"迟早"解释为"迟到和早上"。

偏义型是比较特殊的并列式，在反义复合词中不多。其内部往往是首语素义起作用，尾语素意义失落，甚至语音弱化。偏义型经历了意义偏指的词汇化过程，这个过程及其结果是一般学习者所不了解的。即使在语境中，学习者也不容易意识到偏义型的语义特点，仍会按加合型理解，如把"动静❶"解释为"动的东西和静的东西"或"行动和安静"；也有学习者意识到了偏指义，却把偏指性理解反了，如把"动静"解释为"安静"，写出的是不贡献意义的尾语素的常用义。

此外，多义词的转类也会加大词义识解的难度，如"早晚❷"，虚化导致词义由时间名词❶的加合关系转变为副词❷的选择关系，学习者不了解这种变化，当然也就不容易正确识解"早晚❷"的意义。

8.5.2　间接表义类反义复合词的词义并非都难以识解

间接表义类的词义要么由两语素义概括而来，要么由语素义引申而来，难以由语素义直接推知。一般认为这类词的词义不易识解，不过，表2-7 显示，间接表义类并非都难以识解，概括型较易识解，引申型则难以识解。

8.5.2.1　概括型的词义较易识解

概括型的词义识解得分仅次于加合型，比直接表义的选择型和偏义型都高。

概括型的词义为语素义的概括和整合，通常表达的是上位义，虽是间接表义，语素义仍可提供部分语义信息或提示，对学习者的词义识解有一定帮助。而且，概括型是很典型的反义复合词，"在意义上转指包容对立的两极的上位概念"（董秀芳，2002：122），像由两个单音量度形容词性语素结合而来同样表量度（gradability）的"长短、大小、多少、高低"等常用名词都属此类。频繁接触此类词会令其语义特点逐渐固化在学习者的认知系统中，遇到没学过的此类词，学习者也能较易识解其词义。与此相比，"南北❷"的词义识解得不太好，是因为其是由两个方位名词性语素结合表量度，词义识解需要学习者更多的认知加工；而且，学习者对"南""北"

的了解恐怕只是方位词，容易想到二者是加合关系。所以，不少被试把"南北❷"解释为"南北❶"的方位义"南（方）和北（方）"。

8.5.2.2 引申型的词义最难识解

引申型往往发生了转类，义域也有变化，有些词义与语素义的距离已经比较远了，学习者难以由语素义推知词义，其已有的语素意识反而可能对词义识解形成阻碍。如若过度强调语素意识和结构意识，将不利于引申型的词义识解。

有些引申型在历时演变过程中既发生了转类，义域又有所改变，学习者识解起这类词来会比较困难。如"出入"由动词性语素"出"和"入"的结合转为指"（数目、内容等）不一致、不相符的情况"的名词，名词义强化了"出"和"入"的反义关系，义域由表位移动作转为表数目、内容等。学习者难以由字面义获知这两种转变，就出现了不少被试仍然把"出入❷"解释为原动词义的加合"出和入"，也有解释为名词性的"出口和入口"。这些因素导致"出入❷"得分最低，最难识解。相比而言，"开关❶"虽然也转为名词，但其名词义与"开""关"的动作义关系密切，而且"开关❶"是常用词，学习者识解其词义的正确率比"出入❷"要高得多，尽管也有将其解释为原动词义的结合"开灯和关灯"或"On/Off"的。

有些引申型词性没有改变，只是引申义与原义的义域不尽相同，但这并不意味着其词义更易为学习者识解。如名词"得失❷"（利弊；好处和坏处）由名词"得失❶"（所得和所失；成功和失败）引申而来，由❶义表动作行为的结果转为❷义表事情或办法的利弊，学习者恐怕难以觉察这两个意义之间细微的义域变化，甚至都不认为"得失"是个名词，径直将其解释为"得到和失去"。

引申型在历时发展中，或词性发生了转类，或词义发生了改变，这使得其词义比较复杂，内部表现不一致。这种复杂性和不一致性恰恰是二语者识解复合词词义的难点，也是其词义识解困难的重要原因之一。

8.5.3 5 种语义关系类型反义复合词词义识解的难易度

根据测试结果，中级二语者5种语义关系类型的反义复合词词义识解的难易度呈现出以下梯级（"<"表示"易于"，括号内为平均成绩）：

最易识解 ＜ 较易识解 ＜ 较难识解　　　＜ 最难识解
　加合型 ＜　概括型 ＜ 选择型 ＜ 偏义型 ＜ 引申型
　（2.158）　（2.096）　（1.808）（1.481）　（1.255）

　　此难易度梯级的形成与反义复合词不同语义关系类型自身的特点密切相关。加合型词义是语素义的直接相加，知道语素义，就很容易推知词义，因而最易识解，如"父母"；概括型词义由两语素义概括而来，语素义提供类义信息和概括的端点信息，两语素地位平等，因而较易识解，如学习者由"长""短"义能推知"长短"的词义与尺寸有关，识解出长度义应不会太难；选择型与偏义型较难识解，因为学习者一般不了解这两类的语义关系，往往将这两类识解为加合型，如把"早晚"解释为"早一点儿和晚一点儿"，把"动静"解释为"行动和安静"；引申型最难识解，因无法由语素义推知词义的义域改变或词性转类，学习者不易识解出这类词义，依然倾向于将语素义直接相加，如将"出入"识解为"出口和入口"。

　　上述词义识解的难易度梯级一方面体现出中级学习者对不同语义关系类型反义复合词的认知加工规律，另一方面也为相应的汉语第二语言词汇教学及教材编写提供依据和参考。

8.6　教学启示

8.6.1　反义复合词需根据语义关系类型分类教学

　　本研究已证实，语义关系类型对中级学习者反义复合词的词义识解有影响。因此，反义复合词教学应注重语义关系类型的分类教学。

8.6.1.1　语素法与语境法的结合与分离

　　赵玮（2016）曾指出，词义为直接加合型词语适合采用语素法教学，词义为引申型的词语应尽量避免采用语素法讲授。本研究的测试结果与该观点一致。反义复合词教学中，加合型采用语素法教学，既利于学习者理解和记忆词义，又利于培养其语素意识。[①] 特别提醒，应以义项为单位讲解多义语素，以免学习者习惯性地过度类推语素的常用义，如将"言行"中的"行"解释为"能、可以"就是不了解语素的多义性而过度类推常用义的典型例子。引申型则不宜采用语素法，适于应用语境法，让学习者在多样化的短语或句子中理解词义，加深记忆。

　　对于其他类型反义复合词，可以既给出语境帮助学习者理解词义，又适当地讲解语素义之间、语素义与词义之间的关系，双管齐下，更利于学

[①] 并不是说加合型反义复合词的教学就不需要提供语境，所有词语的教学都应在语境中进行。我们只是想强调，相比于其他类型，加合型更适于语素教学法。

习者识解词义、掌握词语。如学习"早晚"时，可以先引导学习者了解"早"和"晚"指时间的早和晚，而不总是他们经常使用的早上和晚上义；再根据语境（如"他们早晚会回来的。"）提示学习者"早晚"是"早或者晚"的选择关系，而不是并列关系。

8.6.1.2　及时归纳反义复合词的语义关系类型

有些反义复合词的语义关系类型比较特殊，如概括型通常由两个形容词性或方位名词性语素组合表示上位概念，多用于表量度；偏义型只是一个语素义在起作用，另一个语素不贡献意义；选择型虽由两语素共同表义，但或此或彼的选择关系不太容易被意识到；引申型由于引申义难以从语素义推知而加大了词义识解难度。

中级学习者已学习了一定量的反义复合词，但很可能没有意识到其语义关系类型的差异，汉语教师应及时归纳总结不同语义关系类型的特点。如概括型，初级阶段已出现"多少、大小、前后"，到中高级阶段学到"上下、南北、高低"时，教师可提示性地引导出之前学过的此类词，带领学习者一起归纳概括型的语义特点，指出可以将其理解为"从……到……的距离"或"……的程度"。又如偏义型，初级阶段出现了"忘记、睡觉、教学、人物"等，中高级阶段再接触"舍得、动静"时，教师也可以连类而及地引导学习者回忆学过的此类词，并尝试让他们总结其共同点，以加深他们对这类词的印象。

通过不断的归纳总结，学习者就会逐渐具备词汇的分类意识，再遇到类似的词，会有意识地进行归类分析。这不但对反义复合词的学习帮助很大，对学习和掌握其他类型的词汇也大有裨益。

8.6.2　反义复合词的教学顺序宜与二语者词义识解难易度匹配

中级学习者反义复合词的词义识解呈现出难易度梯级，教学顺序如果能与该梯级对应，由易到难展开，一方面能使学习者的词义识解和词语学习过程与其认知加工心理保持一致，另一方面也有助于教师针对学习者的词义识解程度调整教学策略和方案，以使教学更高效。如在教学过程中，若短时间内（如一课内）需要学习几个反义复合词，教师首先应归并这些词的语义关系类型，按照上述词义识解难易度梯级由最易到最难、循序渐进地安排教学顺序。

当然，词汇教学的安排和调整会涉及很多问题，需要协调语法、功能、话题以及教材类型、课程设置等诸多因素，而对外汉语教学涉及的反义复合词又不是很多，这就决定了按照词义识解难易度梯级调整反义复合词的教学顺序实践起来难度很大。以教材编写为例，本研究被试使用的教材是《汉语口语速成》，其中出现的反义复合词较少，而且"多少、反正"等在前几课就已出现，但这些词并不是学习者最容易识解的加合型，它们的出现主要是为了与话题和语用表达相匹配。所以说，某类复合词的教授受制于教材和教学的整体规划，在具体教学安排中能做到与学习者的理解和使用阶段相对应是最理想的。

词义识解的准确性往往是二语者能否正确使用词语的前提。本研究对二语者反义复合词词义识解的实证性分析表明，从学习者的角度深入、细致地研究汉语词汇的理解问题是十分必要而紧迫的，有待研究者探讨的复合词类型还有很多，希望本研究能为其他类型复合词的二语者词义识解及其影响因素研究提供参考和借鉴。

九、基于整词离析度和离析形式常用度的动宾离合词离析教学 *

9.1　引言

离合词是汉语中一类比较特殊的词语，它们可离可合，时离时合；合用时像词，分用时像短语。尽管特殊，汉语母语者基本不会用错这类词，甚至都不会感觉到其特殊之处。但是，对于以汉语为二语的学习者（以下简称"二语者"）而言，这类词就显得"太难""太复杂"了，他们使用离合词（即指"动宾离合词"，下同）的偏误也较多。以下误例出自北京语言大学"HSK 动态作文语料库"，句后括号内简标学生的母语背景：

（1）* 对我来说，<u>见面这样一个人</u>，他使我走人生的道路，这不是影响最大的人吗？（韩）

（2）* 六年前我去新疆旅游，那时我看到七八个很可爱的当地的小男孩，所以我要<u>照他们的相</u>。（日）

---

* 本节作者孟凯、王丽丽。本节内容曾发表于《国际汉语教学研究》2017 年第 3 期。

（3）＊有一种歌曲和以前只唱的歌曲不一样，一边<u>跳舞着</u>一边唱歌而让听众们得到另一种的乐曲。（韩）

（4）＊感觉饿的时候，干什么都没有精神，<u>睡不觉着</u>。（日）

（5）＊爸、妈，我有个好消息，考完了期中考试我校<u>放假了一个星期</u>。（印尼）

（6）＊可是不知怎么回事，那天我<u>睡觉得很早</u>。（韩）

（7）＊这次，我<u>有的课没上课</u>。（日）

　　例（1）、例（2）是离合词与宾语的位置关系问题，属于合用时的偏误；例（3）～（5）是离合词离析使用时的偏误，分别为动态助词"着"、可能补语、动态助词"了"和数量名短语与离合词的位置关系不明；例（6）可以不使用离合词，用单音动词"睡"表达为"睡得很早"，如若使用离合词"睡觉"，必须重复第一个动词性成分，表达为"睡觉睡得很早"，属于离合词使用中的重动问题；例（7）是离合词内的宾语成分已前置，离合词不应再出现宾语成分，即离合词的离析使用与成分倒置的叠加。

　　以上偏误让我们看到，离合词的误用既有其与宾语的关系问题，也有其与插入成分、提取成分的关系问题。初级二语者前一类偏误比较突显，随着汉语水平的提高，此类偏误逐渐得到克服，而后一类偏误的改善状况却不尽人意。原因在于，离合词的插入成分类型繁多，且经常叠置插入，二语者感觉过于复杂，难以掌握。即使是上述 6 例中的常用离合词，其偏误在不同水平的二语者中也都比较常见。可见，动宾离合词的偏误有"化石化"倾向。

　　目前，与离合词教学、习得有关的研究或集中于分析不同语别 / 国别学习者的离合词偏误类型及其成因（王瑞敏，2005；萧频、李慧，2006 等），或探讨离合词不同扩展形式的习得问题（崔新丹，2011；兰海洋，2012；林才均，2015 等），或研究离合词的教材编写和教学方法、策略等（高书贵，1993；杨庆蕙，1993；李炳生，1996；饶勤，1997；刘春梅，2004；范妍南，2007；王海峰，2011 等）。

　　离合词的对外汉语教学包括合用和分用两类，二者性质不同，需区别对待。对于整词合用的教学，离合词作为不及物动词充当句法成分（如'我们终于<u>见面</u>了'"马上<u>睡觉</u>并不难"）对二语者来说较容易，可不做重点处理；而像例（1）、例（2）所涉及的离合词的句法框架应成为教学重点。框架一般都是离合词合用时的高频结构，规律性强，如若不教，二语者很可能会产出例（1）、例（2）这样的误例，也不一定知道是"给……照相"还是"对……照相"。

　　尽管绝大部分离合词合用多于分用（王海峰，2011），但是，"离合词的教学，难度主要是其扩展形式的教学"（王瑞敏，2005）。尤其常用离合词的离析使用比较普遍，离析形式复杂多样，叠合插入成分也比较常见，因此离析形式的教学应当成为常用离合词教学的重点。具体来看，除了数量多寡和使用频次高低，离析形式类别的丰富程度是否会对离合词的学习产生影响？离析度的梯级呢？离析形式的常用度在离合词教学中又有什么作用？简言之，本研究主要回答两个问题：是否所有常用离合词都是教学重点？是否常用离合词的所有离析形式都是教学重点？

9.2　动宾离合词的离析使用率、离析形式与离析度

9.2.1　动宾离合词的离析使用率

　　本节以《汉语水平词汇与汉字等级大纲》（修订本，2001）甲级词（占该大纲收词总数的 11.7%）中的 22 个离合词与《汉语国际教育用音节汉字词汇等级划分》(本节简称《等级划分》)普及化等级词汇—①和—②（占《等级划分》收词总数的 12.1%）中的 44 个离合词的交集作为研究对象，即 13 个常用离合词：放假、见面、看病、起床、请假、上课、上学、睡觉、跳舞、握手、洗澡、下课、照相。

　　我们在北京大学中国语言学研究中心语料库（本节简称"CCL 语料库"）现代汉语语料库中对这 13 个离合词（语料总字数近 500 万字）进行了逐一检索，统计了它们的使用频次、离析使用频次和离析使用率（见下页表 2-8）。

　　由表 2-8 可知，13 个离合词中使用频率最低的三个"洗澡、跳舞、请假"的离析使用率都比较高，可见，离合词的使用率与离析使用率并不成正比。同时，也可以看到，即使对于常用离合词而言，离析使用频次也不是很高。管中窥豹可知，离合词虽然具有离析性，但仍以合用为常。离合词离析使用率的高低只能表明哪些离合词相对来说更可能离析使用，并不能表明离合词离析使用的程度或难度。因为可能有的离合词离析使用率较高，但离析形式比较单一；而有的离析使用率不是那么高，但离析形式可

能比较多样。因此，还需进一步量化和细化 13 个离合词的离析形式。

表 2-8   13 个动宾离合词离析使用情况表 ①

序号	离合词	使用频次	离析使用频次	离析使用率 / %
12	洗澡	2365	660	27.91
11	睡觉	5000	1195	23.9
10	跳舞	4763	894	18.77
9	请假	3555	486	13.67
8	握手	5000	677	13.54
7	上课	5000	368	7.36
6	放假	5000	353	7.06
5	看病	5000	98	1.96
4	起床	5000	52	1.04
3	见面	5000	39	0.78
2	下课	5000	23	0.46
2	照相	5000	23	0.46
1	上学	5000	7	0.14

9.2.2 动宾离合词离析形式的统计

离合词的离析形式是所有离合词的非合用形式。关于离合词的离析形式或扩展方式，学界主要探讨了离析形式的类型（段业辉，1994；饶勤，1997；王素梅，1999 等），以王海峰（2011：46-47）基于大规模语料库得到的 13 种扩展方式最为详细。但仅仅知道离合词有多少种离析形式还是不够的，因为每个离合词离析形式的种类不同，其间的差别非常大。因此，依据离析形式的统计结果划分离析度，实现离析形式的分级，对离合词的教学意义更大。

借鉴以往的研究成果，依据离析形式的性质、插入成分的性质及其复杂性，我们将离合词的离析形式分为 5 大类：插入补足成分、插入饰限成

---

① 本节所研究的 13 个离合词都是常用词，语料动辄上万，但 CCL 语料库只允许检索 5000 条语料，语料不足 5000 条的三个词统计全部语料，语料超过 5000 条的统计可检索的这 5000 条。检索时间为 2012 年 1 月。为便于后文离析度的计算，本表按最后一列"离析使用率"逆序排列，数值相同，序号相同。

分、插入补足和饰限成分、动词重叠、宾语前置。其中，前三类都与插入成分有关，而复杂的插入成分既是离合词可离析特性的最有力表现，又是离合词的使用难点之所在。因此，我们又将前三类插入成分分别细分为不同小类，以表明其重要性与复杂性，详见表 2-9 中各词前三类的小类。

表 2-9　13 个动宾离合词离析形式汇总表①　　　　　单位：种

序号	离合词	插入补足成分						插入饰限成分		插入补足和饰限成分			动词重叠	宾语前置	离析形式的类别
		插入动态助词			插入补语	插入"的"	叠合插入助词和补语	单独插入饰限成分	叠合插入饰限成分	插入两项	插入三项	插入三项以上			
		了	着	过											
12	睡觉 160	1	1	1	27	—	9	19	21	22	22	—	12	25	11
11	洗澡 100	1	—	1	15	1	10	14	12	21	10	—	7	8	11
10	请假 88	1	1	1	20	1	21	12	1	17	13	—	—	—	10
9	跳舞 79	1	1	1	15	1	10	21	4	11	4	—	9	1	12
8	上课 76	1	1	1	7	1	4	17	9	13	17	3	1	1	13
7	放假 56	1	—	1	5	1	5	16	4	17	5	1	—	—	10
6	看病 31	1	—	—	9	—	4	11	—	4	—	—	2	2	8
3	照相 8	1	—	—	1	—	—	2	—	1	—	—	1	—	7
2	上学 4	1	—	1	1	—	1	—	—	—	—	—	—	—	4
2	起床 4	1	—	—	2	—	—	—	—	—	—	—	—	—	3
1	下课 3	1	—	—	—	—	—	1	—	1	—	—	—	—	3
总计		13	5	11	108	6	70	116	54	114	75	4	38	37	—
								170		193					

---

① 第二列离合词后的数字为其离析形式的总种数，最后一列类别总量是对左侧列出的 13 个类别的汇总。有些表内显示为不存在的离析形式在现实语感中是可说的，如"放假、照相"可以插入动态助词"着"，"睡觉、上学"可以插入表强调的"的"；而有些表内显示语料库存在的离析形式在语感中却有点儿可疑，如"?请着假"。我们未进行人工干预，暂依据语料库检索结果统计。这些微差基本不影响离析度的分析。本表按第二列离析形式总种数逆序排列，数值相同，序号相同。

表 2-9 显示，13 个离合词的离析形式在总量、类别量和各类的分布上差别相当大。以离合词同时插入补足和饰限成分为最多（193），如"睡起大觉来、睡上一会儿安稳觉"；以插入动态助词"了"最为普遍，13 个离合词都可以插入"了"；由于插入补语类型繁多且比较复杂，可单独充当饰限成分的类型也不少，因而这两类离析形式都比较丰富（108、116），占到了相应大类的五六成；两类叠合插入型的数量也不少（70、54），如"洗了一次澡、洗一个舒服的热水澡"；宾语成分前置、插入强调性的助词"的"和动词重叠是普遍性较弱的离析形式，以"洗澡、跳舞、上课"插入这三种形式最为集中。

总体来看，离合词在离析使用时以插入成分（包括叠合插入补足、饰限或兼有这两类成分）为主，类别分布不均。

9.2.3　动宾离合词的离析度

离合词的离析度就是离合词可离析的程度。离析度既与离合词的离析使用率有关，也与离析形式的量有关。而离析形式的量又分为总量与类别量，总量多并不意味着类别丰富，如"请假（88）"比"跳舞（79）、上课（76）"的总量多，但"请假"离析形式的类别（10）却不及后两者（12、13），也就不能说"请假"的离析度比"跳舞、上课"高。因此，我们合取离合词的离析使用率、离析形式的总种数和小类类别量三项指标来综合考量离析度，即将表 2-8 的序号、表 2-9 的序号与表 2-9 最后一列的数据相加，从而获得 13 个常用动宾离合词的离析度序列：

睡觉 / 洗澡	—	跳舞	—	请假	—	上课	—	放假	—	握手	—	看病	—	见面	—	照相	—
34　　 34		31		29		28		23		22		19		14		12	

起床	—	上学	—	下课
9		7		6

13 个离合词的离析度级差相当大，大体呈现出三个梯级（以最高值与最低值之差的三分之一作为级差）：

高离析度（离析度序列值 ≥ 25）："睡觉、洗澡、跳舞、请假、上课"5 个词在这一梯级。前 4 个词的离析使用率和离析形式的总量都很高，"上课"的这两项指标则居于中上水平；这 5 个词的离析形式类别多样，（叠合）插入补足成分、（叠合）插入饰限成分以及同时插入这两类成分等内部类别和句法表现都很复杂。另据初步统计，尽管语料显示这 5 个词不都能插入"了、着、过"，但它们在插入"了、着、过"时的使用频次很多是相当高的，如：请了假（71）、洗过澡（62）、洗了澡（52）、睡过觉（41）、跳过舞（35）、跳着舞（32）。这些表明这 5 个词最能体现离合词的离析属性。

中离析度（25 > 离析度序列值 ≥ 15）："放假、握手、看病" 3 个词在这一梯级。它们离析形式的总量都处于中等水平，但"握手"的离析使用率远远高于其他两个词；3 个词离析形式的类别尚算丰富，但不同类别的分布和使用差距明显，如"插入两项补足和饰限成分"中，"放假（17）"比其他两词之和（8）的两倍还要高；另据"插入可能补语"的统计，"看病"的使用频次为 5，"放假、握手"都为 0。可见，这几个离合词离析形式的分布已愈显非均质，离析使用的句法表现颇具个性。

低离析度（15 > 离析度序列值）："见面、照相、上学、起床、下课" 5 个词在这一梯级。它们的离析使用率和离析形式的总量都很低，离析形式的类别出现大量空缺，多数词各类别的空缺项多于允准项，说明这几个离合词的离析能力已十分微弱，更倾向于整词合用，离析特征不明显。

9.3　动宾离合词离析形式的常用度

深入到各个离合词具体的离析形式中可以发现，某一离析形式使用频次的高低与其是否成为教学重点亦有关系。因而，需要对各个离合词不同离析形式的常用度进行分析。

由于 13 个离合词的离析形式纷繁复杂，数量众多，我们无法在有限的篇幅内提供几百个离析形式的序列，因此，我们只列出出现 20 次（及以上）的高频离析形式，共 38 个：

握着某人的手（353）、睡不着觉（216）、握住某人的手（212）、洗个澡（148）、睡一觉（138）、睡大觉（120）、放暑假（116）、跳起舞来（104）、睡不好觉（75）、洗完澡（73）、请了假（71）、睡懒觉（63）、洗过澡（62）、睡午觉（56）、放寒假（54）、洗了澡（52）、睡好觉（50）/ 跳跳舞（50）/ 跳起了……舞（50）、洗了个澡（47）、起了床（45）/ 放长假（45）、请个假（42）、睡过觉（41）/ 跳起……舞（41）、睡了一觉（40）/ 请病假（40）、跳过舞（35）、跳着舞（32）、睡上一觉（30）、洗个热水澡（27）、请长假（26）/ 握住了某人的手（26）、跳着……舞（25）、放了假

（23）、下了课（21）、睡个午觉（20）/ 上了一课（20）

此序列中，有关"睡觉"的离析形式有11个，"跳舞"7个，"洗澡"6个，"请假、放假"各4个，"握手"3个，"上课、起床、下课"各1个。这组数据表明，离合词的离析度与高频离析形式的种类具有成正比的倾向。

具体来看，除"握手"的2个超高频的离析形式外，使用频次排序靠前的离析形式普遍都以插入单一成分为主，或者单独插入动态助词，如"请了假、洗过澡、跳着舞"；或者单独插入补语，如"睡不着觉、跳起舞来、洗完澡"；或者单独插入饰限成分，如"洗个澡、睡一觉、睡大觉、请病假"。这一结论与表2-9所显示的离合词在离析使用时以叠合插入成分为主的倾向有所不同，原因在于，表2-9是离析形式各类总体使用频次比较的结果，而上述结果是由离析形式个体使用频次的比较获得的，因而会出现中离析度的"握手"虽只有3种高频离析形式，但有2种使用频次出奇地高，居于常用度序列的一、三位，比高频离析形式较多的"睡觉、跳舞、洗澡"都要高这样看似不合情理、却又合乎情理的现象。词的离析度和离析形式的常用度是不同观察视点之下的产物，二者在总体一致（普遍呈正比关系）中亦有差别。只有将二者结合起来，才能更好地把握住离合词离析教学的重点和关键。

9.4　动宾离合词的离析教学与教材编写

9.4.1　动宾离合词的离析教学

离合词离析度的高低决定了其教学讲练的精简程度。一方面，并非所有离合词都是教学重点，离析度越高，其离析形式越应该重点讲练；另一方面，即使是重点教授的离合词，其所有离析形式也并非都是教学重点，常用度高的离析形式（如上小节所列的38个）应当获得更多的教学关注。综合两者观之，往往离析度越高的离合词，其成为教学重点的离析形式也越多，像38个高频离析形式多集中于5个高离析度离合词，如"睡觉、跳舞、洗澡"，这些肯定要重点操练；3个中离析度离合词离析形式的数量和类别也不少，尤其有些词的高频离析形式十分突显，像"握手"占据一、三位的2个离析形式，自然也是教学重点。

我们以离析度和高频离析形式总种数都最高的"睡觉"为例，结合汉语水平、语法点大纲和通行汉语教材，基本秉承由易到难、由短语到句子的教学原则，给出一套具体、可操作的离合词离析教学方案。其他离合词教学仿此，但比"睡觉"要简括。

"睡觉"的离析教学案例[①]（根据课型特点和要求，适当拓展或缩减）：

（1）初级水平

动态助词：睡了觉（18）→睡了一觉（40）→我下午睡了一觉。

→我睡了觉就去超市。/ 我睡了觉就去超市了。

睡着觉（14）→他睡着觉（呢）。（可强调"着……呢"的连用）

睡过觉（41）（"睡过觉"现实语感中不是那么高频，不必过多操练）→我睡过觉就马上起床了。→睡过一觉（6）

饰限成分：睡一觉（138）→睡一大觉（8）→睡了一大觉→昨晚我睡了一大觉。

睡大觉（120）（可问二语者睡多长时间是"大觉"；若有二语者说"睡小觉"，可补充"睡一小觉"，并问二语者大概睡多久是"小觉"）→睡一大觉

结果补语：睡完觉→睡完一觉（"睡完觉"不大常用，不必过多操练）

可能补语：睡得着觉（6）→睡不着觉（216）（强调"着"的发音，告诉二语者可以说"睡得着、睡不着"）

睡不好觉（75）→睡得好觉（告诉二语者可以说"睡得好、睡不好"）

睡不了觉（13）→什么让你睡不了觉？

时量补语：睡一会儿觉（6）→睡半小时觉→中午睡一会儿/半小时/一小时觉是个好习惯。

动词重叠：睡睡觉（3）→睡一睡觉

睡不睡觉（1）

睡觉睡得不错（1）→最近睡觉睡得不错

---

① "睡觉"的各离析形式后括号内标出的数字为该形式在 CCL 语料库中的使用频次。例后括号内的文字为教学提示或相关说明。

（2）中级水平

结果补语：睡上一觉（30）→睡上一大觉→睡上一个好觉→好希望睡
上一个好觉啊！

→好好地／美美地／香香地睡上一觉→我
真想好好地／美美地／香香地睡上一觉。

→睡上一个美美的／香香的觉

趋向补语：睡起觉来（3）(强调复合趋向补语与宾语成分的位置)

饰限成分：睡懒觉（63）(问学生谁喜欢，为什么)→睡个懒觉（2）

睡午觉（56）→睡个午觉（20）→美美地睡个午觉→睡个
美美的午觉

睡好觉（50）→睡个好觉（10）→幸福地睡个好觉（"睡懒
觉、睡午觉、睡好觉"亦可在初级出）

宾语成分前置：一觉睡到天亮／某时（14）、一觉睡醒（1）、一觉睡去
（1）；连觉也睡不着（5）、连觉也没睡好（1）；觉也没
睡（1）、觉睡得安稳（2）；把觉睡过劲儿了（1）等
（亦可在高级出）

（3）高级水平

所有离析形式的适当复现和复杂化，以插入可能补语和插入形容词修
饰成分为主。

上述教学方法同样适用于本研究考察范围之外的离合词。大体操作步
骤为：（1）检索语料库，大体确定哪些离析形式是高频的，未必穷尽性检
索，因为本研究所考察的 13 个离合词基本是最常用的，其中某些离合词
的离析度已不是那么高，其他不那么高频的离合词，其离析形式在语料库
中可能会一目了然，很快就能确定哪些更常用。（2）对离析形式进行大体
分类，整体上秉承结合语法点、先易后难的原则，先教插入成分较为单一
的离析形式，再教插入成分相对复杂的，循序渐进。如《等级划分》的二
级词"散步"也是个较常用的离合词，粗略检索 CCL 语料库，其离析形式
"散（一）会儿步、散了一会儿步、散上一会儿步"使用频次较多，应当作
为初中级的教学重点。若每个离合词都按此教学方案处理，二语者就可以
在多种课型中多次、反复接触和操练离合词的离析形式，从而分步骤、分
阶段、由浅入深地逐步掌握各离合词的离析用法。

9.4.2 离合词的教材编写

对外汉语教材作为二语者学习汉语的主要载体和教师教授汉语的重要依据，其处理离合词（也包括动补离合词）的方式会对二语者了解和掌握离合词"可离可合"的特点产生一定的影响。动词合用是常态，离析使用属特例，汉语教材如不对后者进行特别标示和说明，那么，二语者忽视离合词的离析使用也就无可厚非了。目前来看，国内应用得比较普遍的对外汉语教材对离合词还是给予了不同于普通动词的差别化呈现，只是标注形式不统一，在是否提供搭配和是否作为语法点上也不一致。我们考察了国内对外汉语教学界 7 部应用比较广泛的初中级综合课教材对离合词的处理，以"睡觉"为例进行说明，详见表 2-10：

表 2-10　7 部对外汉语教材对离合词"睡觉"的处理一览表

教材	拼音	词性标注	生词表中离析形式的常用搭配	作为语法点或注释
汉语教程（第二册上）	shuì jiào	—	—	+
尔雅中文：初级汉语综合教程（Ⅱ）	shuì//jiào	动词	+	+
桥梁：实用汉语中级教程（上）	shuì jiào	动	—	—
成功之路·顺利篇（Ⅰ）	shuì jiào	—	—	+
新实用汉语课本（1）	shuì jiào	VO	很少	—
博雅汉语·初级起步篇（Ⅰ）	shuì jiào	—	+	—
发展汉语·初级综合（Ⅰ）	shuì jiào	V	—	+

表 2-10 显示，多数教材采用拼音分写的方式给离合词注音，《尔雅中文》则与《现代汉语词典》（第 7 版）一致，以" // "将拼音分开。这两种方式都在二语者最先关注的拼音上显性地表明离合词可离析的特性。《新实用汉语课本》的标音与一般动词无异，无法让二语者在拼音上辨识出来，但其词性标注很特别，以 VO 揭示动宾离合词的内部结构关系，可以弥补注音无辨识性的不足。

有 3 部教材直接标动词，二语者无法从词性上将离合词与一般动词分开，须与拼音结合起来才能看到离合词的特殊之处；有 3 部教材离合词的词性标注处是空白，也算是以较显明的方式彰显离合词离析时的非词属性。

不过，有些教材对某些非离合词也采用词性标注处空白和拼音分写的方式，如《博雅汉语·准中级加速篇》(Ⅰ)对动词"据说"的处理就与离合词完全相同，这不利于突显离合词的特点。

　　是否提供常用搭配方面，一般教材或囿于篇幅，生词表一律不提供搭配。《尔雅中文》和《博雅汉语》意识到离析形式的重要性，多半离合词都提供了搭配（《博雅汉语·初级起步篇》不提供搭配）；《新实用汉语课本》给离合词提供的搭配以合用为主，离析形式甚少。有4部教材将离合词作为一个语法点进行处理。

　　综合考虑以上7部教材对离合词的处理，《尔雅中文》除不宜直接标"动词"，其他方面做得还比较理想。借鉴现有教材的编写经验和既往研究成果（高书贵，1993；刘春梅，2004等），参考本研究对动宾离合词离析形式的分析，秉承以显明的方式呈现可以让二语者关注离合词"可离"的特点这一原则，我们建议：

　　1）教材首先应以显性标记给予离合词特殊待遇，以示区别，即拼音宜分写或以"//"分开，推荐后者，与通用工具书打通。

　　2）把离合词标为"动词"不利于与一般动词区分，以不标词性为宜，因为空白是一种显豁的标记，提示作用较强。但此种方式最好只用于处理离合词，短语可标"短语"或"VO"。

　　3）生词表提供常用的典型搭配是目前教材编写的发展方向之一，毕竟二语者是在多样的搭配中理解和使用词语的。因此，生词表应有倾向地提供离合词的常用框架（如"给……照相、跟……见面"）和典型的离析形式，以达到以简驭繁、事半功倍之效。

　　4）作为与各类语法成分关系最密切的汉语复合词，离合词尽管因数量大须逐一教授和学习，但有必要将其作为一个语法点，至少作为一个注释呈现于教材。这能引起二语者对其特殊结构特点的关注，强化拼音和词性标注的辨识作用，使二语者日后遇到此类词能够自行辨认，进而为重视其句法框架和离析形式打下基础。

　　5）位于离合词前位构词成分的单音动词最好排在相关离合词之下，以提示学习者这一构词成分的句法独立性和常用性。

　　6）课后练习对离合词的搭配、句法框架和离析形式等应给予不同练习形式的复现，以逐步强化二语者对离合词的感知。

本节涉及教材

陈　灼（2012）《桥梁：实用汉语中级教程》（第三版上），北京：北京语言大学出版社。

黄　立、钱旭菁（2012）《博雅汉语·准中级加速篇》（第二版 I），北京：北京大学
　　出版社。

李　泉（2011）《发展汉语·初级综合》（第二版 I），北京：北京语言大学出版社。

刘　珣（2015）《新实用汉语课文》（第 3 版 I），北京：北京语言大学出版社。

任雪梅、徐晶凝（2013）《博雅汉语·初级起步篇》（第二版 I），北京：北京大学出
　　版社。

魏新红（2014）《尔雅中文：初级汉语综合教程》（II），北京：北京语言大学出版社。

杨寄洲（1999）《汉语教程》（第二册上），北京：北京语言大学出版社。

张　莉（2008）《成功之路·顺利篇》（1），北京：北京语言大学出版社。

参考文献

卞成林（1998）现代汉语三音复合词结构分析，《汉语学习》第 4 期。

蔡镜浩（1989）魏晋南北朝词语考释方法论——《魏晋南北朝词语汇释》编撰琐议，
　　《辞书研究》第 6 期。

陈光磊主编（2008）《改革开放中汉语词汇的发展》，上海：上海人民出版社。

陈香兰（2013）《语言与高层转喻研究》，北京：北京大学出版社。

程　荣（2015）语汇学的研究对象与新语的类型特点，《世界汉语教学》第 4 期。

崔新丹（2011）基于语料库的新疆少数民族学生"离合词"的习得研究，《语言与
　　翻译》第 3 期。

戴庆厦（2015）汉藏语并列复合词韵律词序的类型学特征——兼论汉藏语语法类型
　　学研究的一些认识问题，《吉林大学社会科学学报》第 3 期。

丁喜霞（2006）《中古常用并列双音词的成词和演变研究》，北京：语文出版社。

董秀芳（2002）《词汇化：汉语双音词的衍生和发展》，成都：四川民族出版社。

董秀芳（2004）《汉语的词库与词法》，北京：北京大学出版社。

董秀芳（2011）《词汇化：汉语双音词的衍生和发展》（修订本），北京：商务印书馆。

董秀芳（2014）2+1 式三音复合词构成中的一些问题，《汉语学习》第 6 期。

端木三（1999）重音理论和汉语的词长选择，《中国语文》第 4 期。

端木三（2000）汉语的节奏，《当代语言学》第 4 期。

段业辉（1994）论离合词，《南京师大学报》（社会科学版）第 2 期。

范妍南（2007）对外汉语教学中的动宾式离合词带宾语问题，《语言教学与研究》第 5 期。

冯丽萍（2003）中级汉语水平留学生的词汇结构意识与阅读能力的培养，《世界汉语教学》第 2 期。

冯胜利（1996）论汉语的"韵律词"，《中国社会科学》第 1 期。

冯胜利（1997）《汉语的韵律、词法与句法》，北京：北京大学出版社。

冯胜利（1998）论汉语的"自然音步"，《中国语文》第 1 期。

冯胜利（2004）动宾倒置与韵律构词法，《语言科学》第 3 期。

干红梅（2008）语义透明度对中级汉语阅读中词汇学习的影响，《语言文字应用》第 1 期。

干红梅（2009）词语结构及其识别对汉语阅读中词汇学习的影响，《语言文字应用》第 3 期。

高书贵（1993）有关对外汉语教材如何处理离合词的问题，《世界汉语教学》第 2 期。

葛本仪（2001）《现代汉语词汇学》(修订本)，济南：山东人民出版社。

顾之川（2000）《明代汉语词汇研究》，开封：河南大学出版社。

国家汉办等编（2010）《汉语国际教育用音节汉字词汇等级划分》（国家标准·应用解读本），北京：北京语言大学出版社。

国家汉语水平考试委员会办公室考试中心（2001）《汉语水平词汇与汉字等级大纲》（修订本），北京：经济科学出版社。

韩晨宇（2007）汉语三音节新词语与类词缀的发展初探，《北京广播电视大学学报》第 3 期。

何文秀（2011）2+1 式三音词的构词和语义研究，北京大学硕士学位论文。

何元建（2004）回环理论与汉语构词法，《当代语言学》第 3 期。

侯　敏、周　荐主编（2009）《2008 汉语新词语》，北京：商务印书馆。

侯　敏、周　荐主编（2010）《2009 汉语新词语》，北京：商务印书馆。

侯　敏、周　荐主编（2011）《2010 汉语新词语》，北京：商务印书馆。

侯　敏、邹　煜主编（2013）《2012 汉语新词语》，北京：商务印书馆。

侯　敏、邹　煜主编（2015）《2014 汉语新词语》，北京：商务印书馆。

胡爱萍、吴　静（2006）英汉语中 N+N 复合名词的图式解读，《语言教学与研究》第 2 期。

黄　洁（2008a）汉英隐转喻名名复合词语义的认知研究，《外语教学》第 4 期。

黄　洁（2008b）名名复合词内部语义关系多样性的认知理据，《语言教学与研究》第 6 期。

黄　洁（2013）汉语隐喻和转喻名名复合词的定量定性研究，《语言教学与研究》第 1 期。

惠天罡（2014）近十年来汉语新词语的构词、语义、语用特点分析，《语言文字应用》第 4 期。

贾燕子、吴福祥（2017）基于词汇类型学视角的汉语"吃""喝"类动词研究，《世界汉语教学》第 2 期。

江蓝生（2004）跨层非短语结构"的话"的词汇化，《中国语文》第 5 期。

江　新、房艳霞（2012）语境和构词法线索对外国学生汉语词义猜测的作用，《心理学报》第 1 期。

江　新、房艳霞、杨舒怡（2016）汉语母语者和第二语言学习者名名组合的理解，《世界汉语教学》第 2 期。

蒋绍愚（2015）《汉语历史词汇学概要》，北京：商务印书馆。

亢世勇等（2008）《现代汉语新词语计量研究与应用》，北京：中国社会科学出版社。

亢世勇、刘海润主编（2003）《新词语大词典（1978—2002）》，上海：上海辞书出版社。

亢世勇、刘海润主编（2015）《新世纪新词语大词典（2000 年—2015 年）》，上海：上海辞书出版社。

柯　航（2012）《现代汉语单双音搭配研究》，北京：商务印书馆。

兰海洋（2012）中高级阶段泰国学生离合词扩展用法习得顺序研究，《广西教育学院学报》第 3 期。

黎良军（1995）《汉语词汇语义学论稿》，桂林：广西师范大学出版社。

李炳生（1996）词汇教学中应注意的一类词——离合词，《语言与翻译》第 3 期。

李　慧（2012）嵌入式语块的构成及语义发展，《汉语学习》第 4 期。

李静晓（2016）非常规性搭配三音词语的韵律—结构—语义调适，第三届汉语韵律语法研究国际研讨会（北京语言大学，2016 年 9 月 23 ～ 25 日）论文。

李如龙（2004）汉语词汇衍生的方式及其流变，《词汇学理论与应用》（二），北京：商务印书馆。

李宇明（1999）词语模，邢福义主编《汉语法特点面面观》，北京：北京语言文化大学出版社。

林才均（2015）泰国初级学生汉语离合词之习得研究，《海外华文教育》第 2 期。

刘楚群（2012）近年新词语的三音节倾向及其理据分析，《汉语学报》第 3 期。

刘春梅（2004）通过教材编写改善对外汉语的离合词教学，《云南师范大学学报》（对外汉语教学与研究版）第 6 期。

刘丹青（1996）词类和词长的相关性——汉语语法的"语音平面"丛论之二，《南京师大学报》（社会科学版）第 2 期。

刘红妮（2013）结构省缩与词汇化，《语文研究》第 1 期。

刘叔新（1990a）《汉语描写词汇学》，北京：商务印书馆。

刘叔新（1990b）复合词结构的词汇属性——兼论语法学、词汇学同构词法的关系，《中国语文》第 4 期。

刘颂浩（2001）关于在语境中猜测词义的调查，《汉语学习》第 1 期。

刘娅琼（2012）从"X 帝"等看敏感事件投射命名——兼论关系性框填结构，《当代修辞学》第 2 期。

刘正光、刘润清（2004）N+N 概念合成名词的认知发生机制，《外国语》第 1 期。

刘中富（2014）现代汉语三音节词的判定问题，《中国海洋大学学报》（社会科学版）第 2 期。

鲁健骥（1987）外国人学习汉语的词语偏误分析，《语言教学与研究》第 4 期。

陆丙甫（1989）结构、节奏、松紧、轻重在汉语中的相互作用，《汉语学习》第 3 期。

陆志韦等（1964）《汉语的构词法》（修订版），北京：科学出版社。

罗树林（2014）三音节聚合词语结构、语义特征及词汇化现状分析，《语言文字应用》第 1 期。

吕长凤（2005）现代汉语三音节词的词类分布及其语法特征，《北方论丛》第 4 期。

吕叔湘（1963）现代汉语单双音节问题初探，《中国语文》第 1 期。

马辰庭（2016）转喻的百科知识表征，《现代外语》第 3 期。

孟　凯（2009）留学生反义属性词的类推及其成因，《汉语学习》第 1 期。

孟　凯（2010a）"X＋人"与"X＋心"致使复合词的差异及教学——以"烦人／烦心""醉人／醉心"为例，袁焱、印京华主编《国际汉语教学实践与思考》，北京：外语教学与研究出版社。

孟　凯（2010b）构式视角下"X＋N役事"致使复合词的类推及其语域特定化，《当代修辞学》第 6 期。

孟　凯（2011）构式视角下"X＋N役事"致使复合词的范畴特征及其影响因素，《语文研究》第 4 期。

孟　凯（2012a）"X＋N_{役事}"致使复合词与留学生的词义理解——兼论词义与词法的对应关系与对外汉语词汇教学，《云南师范大学学报》（对外汉语教学与研究版）第 2 期。

孟　凯（2012b）"X＋N_{役事}"致使词式的类型及其语义关联，《世界汉语教学》第 4 期。

孟　凯（2016）三音词语的韵律—结构—语义界面调适——兼论汉语词法的界面关系，《中国语文》第 3 期。

孟　凯、崔言燕（2018）词汇化导致的语义磨蚀对汉语二语学习者词汇学习的影响——以双音词"可 X"为例，《汉语学习》第 2 期。

齐沪扬（1989）三音节 V＋N 结构组合规律的初步考察，《淮北煤师院学报》（社会科学版）第 2 期。

祁　峰、端木三（2015）定中式形名组合词长搭配的量化研究，《语言教学与研究》第 5 期。

钱旭菁（2003）汉语阅读中的伴随性词汇学习研究，《北京大学学报》（哲学社会科学版）第 4 期。

钱旭菁（2005）词义猜测的过程和猜测所用的知识——伴随性词语学习的个案研究，《世界汉语教学》第 1 期。

邱雪玫、李葆嘉（2011）论当代汉语新词的词音结构多音节化，《语言文字应用》第 1 期。

饶　勤（1997）离合词的结构特点和语用分析——兼论中高级对外汉语离合词的教学，《汉语学习》第 1 期。

任学良（1981）《汉语造词法》，北京：中国社会科学出版社。

商务印书馆辞书研究中心（2003）《新华新词语词典》，北京：商务印书馆。

邵敬敏主编（2000）《HSK 汉语水平考试词典》，上海：华东师范大学出版。

沈家煊（1999）《不对称和标记论》，南昌：江西教育出版社。

沈家煊（2017）汉语"大语法"包含韵律，《世界汉语教学》第 1 期。

施春宏（2001）名词的描述性语义特征与副名组合的可能性，《中国语文》第 3 期。

施春宏（2013）新"被"字式的生成机制、语义理解及语用效应，《当代修辞学》第 1 期。

施春宏（2014）"招聘"和"求职"：构式压制中双向互动的合力机制，《当代修辞学》第 2 期。

施春宏（2015）构式压制现象分析的语言学价值，《当代修辞学》第 2 期。

石定栩（2002）复合词与短语的句法地位——从谓词性定中结构说起，《语法研究和探索》（十一），北京：商务印书馆。

舒　华、张亚旭（2008）《心理学研究方法》，北京：人民教育出版社。

束定芳、黄　洁（2008）汉语反义复合词构词理据和语义变化的认知分析，《外语教学与研究》第 6 期。

宋作艳（2015）《生成词库理论与汉语事件强迫现象研究》，北京：北京大学出版社。

宋作艳（2016）功用义对名词词义与构词的影响——兼论功用义的语言价值与语言学价值，《中国语文》第 1 期。

苏宝荣（2002）词义研究与汉语的"语法—语义结构"，《语言教学与研究》第 1 期。

谭达人（1989）略论反义相成词，《语文研究》第 1 期。

谭景春（2010）名名偏正结构的语义关系及其在词典释义中的作用，《中国语文》第 4 期。

谭景春（2012）词典释义中的语义归纳与语法分析，《中国语文》第 6 期。

唐子恒（2006）词素间意义的横向合并，《山东大学学报》第 5 期。

涂海强、杨文全（2011）媒体语言"X+哥"类词语的衍生机制与语义关联框架，《语言教学与研究》第 6 期。

王灿龙（2002）句法组合中单双音选择的认知解释，《语法研究和探索》（十一），北京：商务印书馆。

王春茂、彭聃龄（1999）合成词加工中的词频、词素频率及语义透明度，《心理学报》第 3 期。

王春茂、彭聃龄（2000）多词素词的通达表征：分解还是整体，《心理科学》第 4 期。

王海峰（2011）《现代汉语离合词离析形式功能研究》，北京：北京大学出版社。

王红旗（2004）框架及其在语言表达中的作用，《语言研究》第 1 期。

王洪君（1998）从与自由短语的类比看"打拳""养伤"的内部结构，《语文研究》第 4 期。

王洪君（2000）汉语的韵律词和韵律短语，《中国语文》第 6 期。

王洪君（2001）音节单双、音域展敛（重音）与语法结构类型和成分次序，《当代语言学》第 4 期。

王瑞敏（2005）留学生汉语离合词使用偏误的分析，《语言文字应用》第 S1 期。

王素梅（1999）论双音节离合词的结构、扩展及用法，《沈阳师范学院学报》（社会科学版）第 4 期。

王新宇（2009）三字格聚合词初探,《语文学刊》第 8 期。

王　寅（2011）《构式语法研究》（上下卷）,上海:上海外语教育出版社。

吴为善（1986）现代汉语三音节组合规律初探,《汉语学习》第 5 期。

吴为善（1989）论汉语后置单音节的粘附性,《汉语学习》第 1 期。

吴亚平（2016）"大 / 小 + 双音成分"的对称性及其成因研究,北京语言大学硕士学位论文。

《现代汉语常用词表》课题组（2008）《现代汉语常用词表（草案）》,北京:商务印书馆。

萧　频、李　慧（2006）印尼学生汉语离合词使用偏误及原因分析,《暨南大学华文学院学报》第 3 期。

小川典子（2016）汉语词语结构对日本学生猜词的影响,"词汇学国际学术会议暨第十一届全国汉语词汇学学术研讨会"分组会报告。

许艳华（2014）复合词结构类型对词义猜测的影响,《语言教学与研究》第 4 期。

杨吉春（2007）《汉语反义复词研究》,北京:中华书局。

杨吉春（2008）反义复词内部结构分析与词汇教学,《汉语学习》第 4 期。

杨庆蕙（1993）对外汉语教学中"离合词"的处理问题,《第四届国际汉语教学讨论会论文选》,北京:北京语言学院出版社。

杨书俊（2005）三音节"$V_单 + X + N_单$"构词分析,《汉语学报》第 4 期。

杨文全、王　平（2008）"A 领"词族的衍生变异与语义构造,《汉语学习》第 1 期。

叶文曦（1996）汉语字组的语义结构,北京大学博士学位论文。

于　洋（2016）基于复合词结构类型的汉语二语词汇偏误类型及其成因研究——以并列式复合词偏误为例,北京语言大学博士学位论文。

俞理明（2005）《汉语缩略研究——缩略:语言符号的再符号化》,成都:巴蜀书社。

苑春法、黄昌宁（1998）基于语素数据库的汉语语素及构词研究,《世界汉语教学》第 2 期。

岳长顺（1993）论类推创造新词,《世界汉语教学》第 2 期。

张　博（1999）组合同化:词义衍生的一种途径,《中国语文》第 2 期。

张　博（2003）《汉语同族词的系统性与验证方法》,北京:商务印书馆。

张　博（2007）反义类比构词中的语义不对应及其成因,《语言教学与研究》第 1 期。

张　博（2008）现代汉语复音词义项关系及多义词与同音形词的分野,《语言研究》第 1 期。

张　博（2011）二语学习中母语词义误推的类型与特点，《语言教学与研究》第
　　3 期。

张国宪（1996）单双音形容词的选择性差异，《汉语学习》第 3 期。

张国宪（2005）形名组合的韵律匹配图式及其韵律的语言地位，《当代语言学》第
　　1 期。

张国宪（2006）《现代汉语形容词功能与认知研究》，北京：商务印书馆。

张国宪（2016）《现代汉语动词的认知与研究》，上海：学林出版社。

张江丽（2010）词义与语素义之间的关系对词义猜测的影响，《语言教学与研究》
　　第 3 期。

张金竹（2015）《现代汉语反义复合词式的语义和认知研究》，北京：世界图书出版
　　公司。

张小平（2008）《当代汉语词汇发展变化研究》，济南：齐鲁书社。

张谊生（2007）附缀式新词“X 门”试析，《语言文字应用》第 4 期。

张永言（1982）《词汇学简论》，武汉：华中工学院出版社。

赵凤娇（2017）并列式复合词词义识解影响因素实证研究，《海外华文教育》第
　　12 期。

赵　玮（2016）汉语作为第二语言词汇教学‘语素法’适用性研究，《世界汉语教学》
　　第 2 期。

赵一农（1999）语义场内的词义联动现象，《解放军外国语学院学报》第 4 期。

赵元任（1968）《汉语口语语法》，吕叔湘译，北京：商务印书馆，2005 年。

郑庆君（2003）三音节合成词的结构类型及层次，《山西大学学报》（哲学社会科学
　　版）第 1 期。

中国社会科学院语言研究所词典编辑室编（2012）《现代汉语词典》（第 6 版），北京：
　　商务印书馆。

中国社会科学院语言研究所词典编辑室编（2016）《现代汉语词典》（第 7 版），北京：
　　商务印书馆。

周　荐（1992）几种特殊结构类型的复合词，《世界汉语教学》第 2 期。

周　荐（2003）论词的构成、结构和地位，《中国语文》第 2 期。

周　荐（2004）《汉语词汇结构论》，上海：上海辞书出版社。

周　荐主编（2007）《2006 汉语新词语》，北京：商务印书馆。

周俊勋（2006）《魏晋南北朝志怪小说词汇研究》，成都：巴蜀书社。

周　韧（2011）《现代汉语韵律与语法的互动关系研究》，北京：商务印书馆。

周 韧（2016）汉语三音节名名复合词的物性结构探讨,《语言教学与研究》第6期。

朱德熙（1982）《语法讲义》, 北京：商务印书馆。

朱 彦（2010）创造性类推构词中词语模式的范畴扩展,《中国语文》第2期。

Beck, I. L., M. G. McKeown & E. C. McCaslin (1983) Vocabulary development: Not all contexts are created equal. *Elementary School Journal* 83 (3): 178–181.

Benczes, Réka (2006) *Creative Compounding in English: The Semantics of Metaphorical and Metonymical Noun-Noun Combination*. Amsterdam: John Benjamins Publishing Company.

Bloomfield, L. (1955) *Language*. London: George Allen & Unwin Ltd. (中译本《语言论》, 袁家骅等译, 北京：商务印书馆, 1980 年)

Brinton, L. J. & E. C. Traugott (2005) *Lexicalization and Language Change*. Cambridge: Cambridge University Press. (中译本《词汇化与语言演变》, 罗耀华等译, 北京：商务印书馆, 2013 年)

Crystal, D. (1997) *A Dictionary of Linguistics and Phonetics*. Oxford: Blackwell Publishers Ltd. (中译本《现代语言学词典》, 沈家煊译, 北京：商务印书馆, 2000 年)

de Saussure, Ferdinand (1949) *Cours de linguistique générale*. Paris: Payot. (中译本《普通语言学教程》, 高名凯译, 北京：商务印书馆, 1980 年)

Downing, Pamela (1977) On the creation and use of English compound nouns. *Language* 53 (4): 810–842.

Duanmu, San (1997) Phonologically motivated word order movement: Evidence from Chinese compounds. *Studies in the Linguistic Science* 27: 71–87.

Duanmu, San (2012) Word-length preferences in Chinese: A corpus study. *Journal of East Asian Linguistics* 21 (1): 89–114.

Fromkin, V. & R. Rodman (1988) *An Introduction to Language* (4th ed.). New York: Holt, Rinehart and Winston, Inc. (中译本《语言导论》, 沈家煊等译, 北京：北京语言学院出版社, 1994 年)

Givón, Talmy (1993) *English Grammar: A Function-based Introduction*. Amsterdam: John Benjamins Publishing Company.

Goldberg, Adele E. (1995) *Constructions: A Construction Grammar Approach to Argument Structure*. Chicago: Chicago University Press. (中译本《构式：论元结

构的构式语法研究》，吴海波译，北京：北京大学出版社，2007 年)

Goldberg, Adele E. (2003) Constructions: A new theoretical approach to language.《外国语》第 3 期 .

Goldberg, Adele E. (2006) *Constructions at Work: The Nature of Generalization in Language*. Oxford: Oxford University Press.

Hockett, C. F. (1958) *A Course in Modern Linguistics*. New York: Macmillan. (中译本《现代语言学教程》，索振羽、叶蜚声译，北京：北京大学出版社，2002 年)

Kövecses, Zoltán & Günter Radden (1998) Metonymy: Developing a cognitive linguistic view. *Cognitive Linguistics* 9 (1): 37–77.

Lakoff, George & Mark Johnson (1980) *Metaphors We Live By*. Chicago: University of Chicago Press.

Lu, Bingfu & San Duanmu (2002) Rhythm and syntax in Chinese: A case study. *Journal of the Chinese Language Teachers Association* 37: 123–136.

Pustejovsky, James (1991) The generative lexicon. *Computational Linguistics* 4: 409–441.

Pustejovsky, James (1995) *The Generative Lexicon*. Cambridge, MA: The MIT Press.

Pustejovsky, James (2001) Type construction and the logic of concepts. In Pierrette Bouillon & Federica Busa (eds.), *The Syntax of Word Meanings*, 91–123. Cambridge: Cambridge University Press.

Pustejovsky, James (2006) Type theory and lexical decomposition. *Journal of Cognitive Science* 30 (6): 39–76.

Pustejovsky, James & Elisabetta Ježek (2008) Semantic coercion in language: Beyond distributional analysis. *Rivista di Linguistica* 20 (1): 181–214.

Ruiz de Mendoza Ibáñez, Francisco José & Lorena Pérez Hernández (2001) Metonymy and the grammar: Motivation, constraints and interaction. *Language and Communication* 21 (4): 321–357.

Ryder, Mary Ellen (1994) *Ordered Chaos: The Interpretation of English Noun-Noun Compounds*. Berkeley: University of California Press.

Sandra, D. (1990) On the representation and processing of compound words: Automatic access to constituent morpheme does not occur. *The Quarterly Journal of Experimental Psychology* 42 (A): 529–567.

Selkirk, Elisabeth (1984) *Phonology and Syntax: The Relation between Sound and Structure*. Cambridge, MA: The MIT Press.

Shen, H. Helen (2015) L1 semantic transfer in the acquisition of L2 Chinese vocabulary by advanced learners. *Chinese Teaching in the World* 29 (2): 221–241.

Sperber, Dan & Deirdre Wilson (1995) Relevance: Communication and cognition (2nd ed.). Oxford: Blackwell.

Taft, M. & K. I. Forster (1975) Lexical storage and retrieval of prefixed words. *Journal of Verbal Learning and Verbal Behavior* 14 (6): 638–647.

Ungerer, Friedrich (1999) Diagrammatic iconicity in word-formation. In Max Nänny & Olga Fischer (eds.), *Form Miming Meaning: Iconicity in Language and Literature*, 307–324. Amsterdam: John Benjamins Publishing Company.

Ungerer, Friedrich & Hans-Jörg Schmid (2006) *An Introduction to Cognitive Linguistics* (2nd ed.) . London: Pearson Education Limited.

Warren, Beatrice (1978) *Semantic Patterns of Noun-Noun Compounds*. Gothenburg: Gothenburg University Press.

Wisniewski, Edward J. & Bradley C. Love (1998) Relations versus properties in conceptual combination. *Journal of Memory and Language* 38 (2): 177–202.

第三章 汉语多义词及其教学实证研究

　　一词多义在各种语言中普遍存在，多义现象也是词汇本体、词汇习得和词汇教学研究关注的重点。本章有关多义词的研究主要集中在研究方法、多义词义项之间的关系和衍生机制、多义词的习得和教学三个方面。首先，我们梳理了近二十年来国内外多义词的研究方法。多义词的本体研究方法主要有基于词典的研究、基于语料库的研究、基于汉外对比的研究和基于心理实验的研究。多义词的习得研究主要从理解和产出两方面展开。多义词的理解研究主要采用实验的方法，多义词的产出研究则主要通过儿童语言语料库或二语学习者语料库。

　　关于义项之间关系的研究既包括宏观方面的研究——多义词和同音词的区别，也包括微观方面的研究——某一类多义词的义项关系和衍生机制。附丽于同一词形的多个意义之间的关系，首先需要判定这样的词是多义词还是同音词。学者们（符淮青，1981；张博，2004、2008）提出了切当可行的分析方法。本章关于并合造词法的研究发现，汉语并合造词法形成了一条独特的多义化路径。相比于引申义与本义/源义的关系，并合义与非并合义的关系较为疏离。已有的复音词义项关系的分析方法（张博，2008）不能完全解决并合义和非并合义是多义还是同音的问题。因此，附丽于同一词形的并合义与非并合义是一词多义还是同音形现象，是一个有待深入研究的问题。

　　义项关系和衍生机制的微观研究以"长、宽、高、深、厚"这一组正向空间量度形容词为研究对象。这五个词没有发生方向一致的对应性引申或虚化，而是两两共有一个义位或某三个词共有一个义位。形成共有义位和特异义位的认知动因主要是概念隐喻和概念转喻。而共有义位和特异义位的语义条件则不相同。少数共有义位是因为具有相同语义条件发生相应衍化，而大多数共有义位的形成是基于各自词义中的某一义素，在隐喻、转喻作用下衍生路径的偶然交合。形成特异义位的语义条件是特异义素。

有关多义词习得的研究包括对汉语母语者和汉语作为二语的学习者研究两个方面。对汉语母语者，我们采用词语联想的方法，考察了他们心理词汇中多义词的词义分布。研究发现，人们心理词汇中的义项数量少于词典义项数量。此外，我们认为需要区分母语者心理词汇中的原型义和实际语言使用中的高频义。原型义是大多数母语者头脑中最容易想到的意思。原型义不一定是语言使用中的高频义。原型义和高频义的区分有利于二语者学习汉语多义词。

关于二语者多义词的习得，我们一方面考察了在一学年内多义词的发展情况，另一方面则考察了多义动词的习得过程以及影响习得的因素。研究发现，词义多样性和词汇多样性的发展呈显著正相关，在很大程度上同步发展。学习者对多义词的非常用义项整体猜测情况并不理想。多义词义项间紧密度对猜测多义动词的非常用义有显著影响，常用义项强度则没有显著影响。相比而言，义项间的意义联系是词义猜测的关键。

在词汇教学中，多数教师可能较多地关注学生是否学了数量更多的词，而对掌握了词语的多少义项关注不够，导致学习者往往只重视多义词的"第一义项"，而忽视其他义项。因此，学习者词义产出的多样性在多数时间内呈现下降的趋势。基于词义多样性与词汇多样性在发展过程中所具有的显著正相关关系，如果我们对多义词不同义项的掌握多加关注，也是促进学习者词汇多样性发展的一个途径，所以加强多义词系统教学显得更为重要。具体来说，教师在教学中应注意区分义项间紧密度不同、常用义项强度不同的多义词，合理安排多义词义项的呈现方式、顺序。另外，我们建议在教材的生词表或词汇知识中增列与常用义较为疏离的多义词的非常用义，并在课堂中将其作为独立词项进行教学。

一、多义词本体和习得研究方法 *

　　一词多义是世界不同语言在各个历史时期都普遍存在的现象。多义问题长期以来一直都是语言学家和心理学家关注的问题。近些年来，随着语言学理论和心理学理论的发展，多义词研究也出现了很多新的方法。本节首先从多义词的本体研究和习得研究两方面综述近二十年来国内外多义词研究方法，在此基础上进一步阐述如何从多义词众多的研究方法中选择合适的方法。

1.1　本体研究

1.1.1　基于词典的研究

　　基于词典的多义词研究多集中于对词典义项设置的研究。例如比较不同时期汉语词典中多义词的义项异同。胡长虹（2013）比较了《国语辞典》和《现代汉语词典》（第6版）中1450个常用多义动词。结果发现，与《国语辞典》相比，《现代汉语词典》（第6版）义项的增加是主流，词义有复杂化趋势。周娟（2011）比较了《现代汉语词典》2002年的增补本和2005年的第5版，发现多义词义项发生了义项增加、义项减少、义项分立和义项合并等方面的变化。陈国华、李申（2015）分析了《汉语大词典》义项失序的问题。

　　还有一些学者基于词典对多义词本身进行了研究。陈晓光（2011）通过考察词典中由"生""活""死"构成的复合词，分析了这三个词从原型义到边缘义的引申。李安（2014）以《现代汉语分类词典》提出的义类体系为基础，通过计算语义相似度来测量多义词义项的语义距离，并把多义词义项之间的关系分为跨义类、同义类和近义三种关系类型。

1.1.2　基于语料库的研究

　　多义词是关于词语意义的研究，而影响词语意义最重要的一个因素是

　　* 本节作者钱旭菁。本节内容曾以"近二十年多义词本体和习得研究方法综述"为题发表于《云南师范大学学报》（对外汉语教学与研究版）2019年第2期。本研究得到教育部人文社会科学重点研究基地重大项目（项目批准号：15JJD740006）和北京语言大学校级科研项目（中央高校基本科研业务专项资金）（项目编号：15ZDJ05）、北京语言大学梧桐创新项目"汉语第二语言词汇教学的实证研究创新平台"（中央高校基本科研业务专项资金）（项目编号：17PT02）资助，特此致谢。

语境。因此研究多义词离不开多义词所在的语境。此外，认知语言学的兴起使得基于用法的语料库得到广泛的应用。从认知角度进行的多义词研究很多也采用语料库研究的方法。

首先，通过对语料库标注多义词词义是检验词典义项划分是否科学合理的重要手段。对比语料库检索的语料与词典释义，可以发现词典对多义词释义的不当，例如"跑"（李瑞云，2013）、"绿"（李仕春，2013）、"黄"（柴湘露、李仕春，2014）、"灰"（焦子桓、李仕春，2014）等。肖航（2010）通过对华文教材语料库的词义标注，考察了词典多义词义项间关系对准确区分词义的影响。

其次，语料库是全面考察多义词词义的重要凭借。很多学者通过语料库检索到的语料，概括总结多义词的义位体系，如对动词"洗"（萧惠贞，2013）、"收"（朱彦，2006）、"穿"（朱彦，2010）、"赶"（朱彦，2016）、情态动词"能"（王伟，2000）等的研究。

还有学者利用语料库研究多义词义位之间的关系。Deignan（1999）用语料库资源研究了温度、疾病、工具三个语义场词语的字面义和隐喻义的语义关系。研究发现，隐喻义只是在最基本、最抽象的层次上保留了字面义之间的聚合语义关系，但是在具体用法和搭配方面，隐喻义和字面义有很大的差别。例如，表示字面义的时候，hot/warm、cold/cool 分别具有近义关系，最高频的搭配词包括天气、身体温度、食物和饮品。如果这种聚合语义关系从温度域系统地映射到情感域依然成立的话，那么 hot 与 warm、cold 和 cool 应该表达相同的情感，只是程度更强烈。但实际上并非如此。hot 更多的是表达性欲或气愤，warm 则是表达友谊。在评价色彩方面，二者基本相反。hot 表示气愤的时候是一种负面评价，warm 表达友善的时候则是一种积极评价。cool 用于积极评价，cold 用于消极评价。反义关系也是如此。hot 和 cold 的最高频义项都是其温度义，二者构成反义关系。两个词的搭配模式也比较相似，都可以表示天气、食物和喝的东西、人的感觉。但是这种反义关系投射到隐喻义上的很少。此外，对工具和疾病语义场的词汇研究表明，上下位关系很少从源域隐喻映射到目标域。

1.1.3　汉外对比研究

多义是各种语言都普遍存在的现象。常用多义词的不同义位在不同语言中有同有异，这引起了学界对不同语言多义词的对比研究。如表 3-1：

表 3-1　多义词汉外对比研究

对比内容	对比语言	研究者
甜—甘い	汉日	陈佳，2013
深—deep	汉英	陈娜，2009
老—old	汉英	陈盈盈，2012
软—soft	汉英	宋芸，2013
火—fire	汉英	田凡娜，2014
多义动作动词	汉泰	殷琪，2014

1.1.4　心理实验研究

根据认知语言学的观点，意义来自人在客观世界中的身体体验，然后经过大脑特有的认知加工（范畴化、原型化、意象图式等）形成概念。认知语言学家和心理学家对于身体体验、认知对词义理解和加工的影响都感兴趣。因此，很多学者用一些心理实验的方法来研究多义词。

Gibbs et al.（1994）通过实验考察身体的经历和体验对人们理解 stand 不同义位的影响。在第一个实验中，24 个被试稍微体验一下"站"的感觉后，阅读 12 个可能与"站"有关的意象图式的简单介绍，实验者然后让被试对这 12 个意象图式与 stand 的关系打分。实验结果表明理解 stand 最凸显的 5 个意象图式是：BALANCE，VERTICALITY，CENTER-PERIPHERY，RESISTANCE，LINKAGE。

词典中呈现的多义词义位是词汇学专家通过专门的词汇研究对词义切分的结果。普通人心理词汇中多义词的词义是如何切分的？心理学家常常用分类任务对其进行考察。Gibbs et al.（1994）让被试把 35 个包含 stand 的句子按照意义的相似性分成 5 组。用多维度分析法（multidimensional scaling）分析相似性判断，最后把 stand 分成 3 个义位。分类结果表明，被试不区分 stand 的动作义和比喻义，也无法找到一个贯穿所有义位和所有用法的核心义。不同义位之间是通过意象图式关联起来的。用这一方法划分出多义词义位的还有 get（Raukko，2003）。

与义位划分相关的一个问题是义位之间的距离问题。研究者们一般采用给两个义位之间的相似程度打分的方法来判断多义词不同义位之间的距离。Raukko（2003）让被试判断 get 的不同义位是否相同。"0"表示完全相同，"4"表示完全不同。例如：

I am getting tired.

The dog got sick.

这两个句子中 get 的意义距离是 0。

I am getting tired.

A guy got me pregnant.

这两个句子中 get 的意义距离是 2。

I am getting tired.

Did you get his joke?

这两个句子中 get 的意义距离是 4。

Durkin & Manning（1989）请 101 个大学一年级学生写出 197 个词（包括 21 个同音词）让他们想到的第一个意义。然后根据这个问卷的结果确定每个词的写的人数最多的义项和写的人数最少的义项，共得到 404 组这样的义项组。让 30 个被试在 7 度量表中对每组的两个义项的相关程度打分，1 分为完全不相关，4 分为中度相关，7 分为高度相关。结果显示，同音词的义项基本不相关，多义词义项之间的关系值差别很大。对义项相关度高的词来说，从核心义到非核心义的理解比较容易；对义项相关度低的词来说，从核心义到非核心义的理解更难。

除了评分方法以外，对多义词不同义位距离的研究还有启动实验的方法。Hsiao，Chen & Wu（2016）采用语义判断启动任务发现多义词义位与核心义的距离影响被试的语义判断。他们采用的实验材料是"吃""打""洗"三个单音节动词与双音节名词构成的词组。每个动词有 9 个启动动名词组、18 个目标动名词组。所有启动词组都是动词的基本义。每个目标短语包括基本义、关系密切义位、关系疏远义位。如表 3-2：

表 3-2　"吃""打""洗" + 名词构成的实验材料（Hsiao, Chen & Wu，2016）

动词		吃	打	洗
启动词组		吃牛排	打坏人	洗袜子
目标词组	基本义 + 基本义	吃糖果	打小孩	洗锅子
	关系密切义 基本义 + 关系密切义	吃尾牙	打排球	洗温泉
	关系疏远义 基本义 + 关系疏远义	吃败仗	打草稿	洗冤屈

被试判断启动短语和目标短语是否有意义，按 Y（表示"是"）和 N（表示"否"）键做出反应。实验结果显示，与基本义关系越远，"是"的反应正确率越低，反应时越长。

1.1.5　核心义的研究方法

家族相似性理论认为，一个多义词若干有联系的义位构成一个范畴，不同的义位彼此相像，就像家族成员之间的相似。在这个范畴中，所有的义位都围绕一个核心义位构成一个多义网络。核心义是多义词的关键所在，因此核心义的研究是多义词研究的热点，研究核心义的方法也有许多。

1）问卷调查。Raukko（1999、2003）让被试写下 get 表达不同意义的句子，要求被试尽量写出 get 的所有意义。然后要求被试回答在他们所写出的句子中，是否有哪个意思比其他意思更核心、更典型或更重要？如果有，被试需要简单说明认为这个意义最核心的理由。

2）根据被试所写包含目标词的句子进行判断。Caramazza & Grober（1976）请若干被试尽可能多地写出目标词不同义位的句子，写出人数最多的义位就是核心义位。Durkin & Manning（1989）请 101 个大学一年级学生写出 197 个词（其中 21 个同音词）让他们想到的第一个意义。每个词写的人数最多的义项就是核心义项。结果表明母语者头脑中的多义词有一个占优势的义项。

3）判断包含目标词的句子的可接受度，接受度最高的句子中的目标词的义位就是其核心义。Caramazza & Grober（1976）向被试展示了 26 个包含 line 的句子，要求被试判断每个句子的可接受度：[①]

（1）Ford is coming out with a new line of hard tops.

（2）I am no longer in that line of business.

……

（13）We were told to line up.

……

（22）The shortest distance between two points is a straight line.

（23）We were told to draw a line under the title of the book.

……

（26）As I examined the wall of the cave, I could clearly see a line of iron ore.

---

① 此处列出部分句子，全部 26 个判断句见本节附录。

结果显示,(13)和(22)的可接受度最高,因此,句中 line 的义位是其核心义。

4)判断在句子中出现的目标词与自己所理解的目标词意义的相似程度。Caramazza & Grober(1976)向被试展示了 26 个包含 line 的句子(与 3)中的 26 个句子相同),要求被试判断每个句子中的 line 与自己所理解的 line 的意义的相似程度。

结果显示,(13)和(22)中的 line 与被试理解的 line 的意义最相似,因此其义位是 line 的核心义。

5)词语联想的方法。钱旭菁(2016)让被试写出看到刺激词想到的第一个词语。被试所写的联想词反映了被试心理词汇中刺激词的各个义位。如表 3-3:

表 3-3 "打"的联想词所反映的词典中的义项(钱旭菁,2016)

联想词	义项
打~门	❶用手或器具撞击物体。
打~碎	❷器皿、蛋类等因撞击而破碎。
打~屁股	❸殴打、攻打。
打~洞	❺建造;修筑。
打~开	⓫揭;凿开。
打~灯	⓬举;提。
打~电话	⓭放射;发出。
打~水	⓰舀取。
打~饭	⓱买。
打~篮球	㉒做某种游戏。
打~哈欠	㉓表示身体上的某些动作。

词语联想中出现频次最高的义项即核心义。该研究发现,母语者心理词汇中有些词语的核心义不一定是语言使用中的高频义。如表 3-4 所示:

表3-4 核心义与高频义不一致的动词（钱旭菁，2016）

动词	核心义	高频义
拍	❶用手掌或片状物打。	❹拍摄。
关	❶使开着的物体合拢。	❷使机器等停止运转，使电气装置结束工作状态。
合	❶闭；合拢。	❷结合到一起；凑到一起；共同（跟"分"相对）。
挑（tiǎo）	❷挑拨；挑动。	❶用竹竿等的一头支起。
提	❶垂手拿着（有提梁、绳套之类的东西）。	❹指出或举出。
接	❸托住；承受。	❹接受。
投	❶向一定目标扔。	❷放进去，送进去。
丢	❷扔。	❶遗失；失去。
夹	❶从两个相对的方面加压力，使物体固定不动。	❷胳膊向胁部用力，使腋下放着的东西不掉下。
扭	❹身体左右摇动（多指走路时）。	❶掉转；转动。
吹	❸（风、气流等）流动；冲击。	❶合拢嘴唇用力出气。

1.2 多义词习得研究

不管是儿童习得母语中的多义词，还是成人习得第二语言中的多义词，习得研究主要从对多义词的理解和产出两方面展开。

1.2.1 多义词理解的研究方法

对多义词理解的习得研究主要采用实验的方法。实验多采用多项选择的形式。实验者给出包含目标词的词组或句子，让被试从所给选项中选出适合句子语境的意思。

刘召兴（2001）通过多项选择的形式考察汉语学习者10个常用多义词动词的理解情况。他给被试提供包含目标动词的句子，要求被试从四个选项中选出目标词的正确意思。

他在<u>吃</u>东西。

A. is swallowing food   B. is eating food

C. is tasting food   D. is buying food

王志军、郝瑜鑫（2014）用类似的方法考察了英语母语的汉语学习者对 10 个最常用的多义单音形容词义项的理解情况。每个形容词设计一个题目，下面有五个义项，其中三个义项为目标义项，分别是英汉共有义项、目的语特有义项和学习者母语特有义项，其余两个为干扰义项，义项以词或词组方式呈现。例如"黑 /black"的共有义项是"像煤或墨的颜色"，目的语特有义项是"非法的、不公开的"，学习者母语特有义项是" sullen"。要求被试在无教师指导的条件下，选择目的语词所对应的义项。结果显示，共有义项得分显著高于目的语特有义项，目的语特有义项显著高于学习者母语特有义项。

很多因素都会影响多义词的理解，因此多义词理解研究的一个重要内容是哪些因素会影响多义词的理解。这些研究一般都采用实验的方法，控制某些因素，研究目标因素对多义词理解的影响。萧惠贞、陈昱蓉（2014）研究了语境线索对汉语学习者理解多义词组的影响以及语境线索教学的效果。她们的研究内容为 4 个多义的"做 + 名词"词组，如表 3-5 所示：

表 3-5　"做 + 名词"词组的基本信息（萧惠贞、陈昱蓉，2014）

词组	义项 1	义项 2	义项 3
做人	为人处世	生孩子	—
做梦	睡觉时的大脑活动	对未来有期待	对未来有不切实际的期待
做文章	写作文	大肆渲染	—
做功课	写作业	事前准备	宗教徒例行活动

研究者为这些目标词组分别设计了 1 个歧义句，每个义项设计 2 个单义句。单义句 1 只有 1 个线索词，单义句 2 有 2 个线索词。线索词来自语料库的统计。在语料库中检索与 4 个"做 + 名词"词组共现的词的频率，选择频率较高的共现词作为线索词。

测试时实验者先让被试写出没有上下文语境的目标词组的意义。如：

做功课：_____   踢皮球：_____

吃醋：_____   做文章：_____

然后被试需要写出有上下文语境的目标词组的意义，并还需要圈选出其认为对语义辨识有帮助之词汇。例如：

王先生爱吃醋，李小姐受不了。

我们应该避免此事做文章。

青少年是做梦的年纪。

她们的研究表明语境线索对理解多义词有帮助，语境线索教学效果显著。

1.2.2 多义词产出习得的研究方法

与其他产出习得研究一样，多义词产出习得研究的重要方法是利用儿童语言语料库或二语学习者语料库。在儿童多义词习得方面，符晶（2008）通过儿童语言语料库考察了三岁前儿童习得 5 个汉语多义词"都""要""走""给""老"的情况。张云秋等（2010）基于语料库研究了三岁前儿童多义词习得的策略。

在汉语作为第二语言习得研究方面，李慧等（2007）考察了 118 个常用多义词在中介语语料库中的义项分布。王志军、郝瑜鑫（2014）考察了 10 个单音形容词的英汉共有义项、目的语特有义项和学习者母语特有义项在学习者语料库、现代汉语语料库中的分布情况。结果发现，调查的 10 个单音节多义形容词项的共有义项在英语母语者的中介语中都出现了，但只有 4 个词的目的语特有义项在中介语中出现，可见学习者对两类义项的使用情况差异很大。另外，两种语料库共有义项的使用频次都远远高于目的语特有义项的使用频次。

除了利用语料库的方法以外，多义词产出习得研究也采用一些调查和实验的方法。例如，研究者让语言学习者写出多义词的句子。Nerlich et al.（2003）让孩子们写出用 get 的句子。该研究的自变量是年龄，因变量是生成任务中儿童说出的句子。研究结果如表 3-6 所示（见下页）。

儿童最先习得 get 的"获得"义，原型场景是获得一个礼物。有意思的现象是，儿童每天会听到很多不表"获得"义的 get，如他们每天早上都会听到 get up，get ready，get your jumper on，get on with it，we are getting late。尽管如此，他们产出最多的还是表示"获得"义的 get。这似乎表明心理词汇中有一个很强势的意义，这个意义不受输入的影响。

表 3-6　4 ~ 8 岁儿童产出的包含 get 的句子（Nerlich et al.，2003）

	4 ~ 5 岁	6 ~ 7 岁	7 ~ 8 岁
义位	have，fetch，obtain/receive	obtain/receive，fetch …	obtain/receive …
原型句型	I get X. Get X! Get me (some) X!	I get X. …	I got/get X. …
原型言语行为	陈述，命令	陈述，命令，提问	陈述，命令，提问
典型的事物 / 事件， 典型的概念框架	sweets，car，cat	sweets，toy，pocket money，play station，drink，shoes，cat	sweet，pocket money，pet，toy，ice-cream，bike，cat，drink，Christmas，birthday
其他	Get up!	get away from，get weighed，get ready	Get lost! Get a life! get ready，I got a long way to my birthday.

核心义在多义词习得研究中也是学者们关注的焦点。很多研究用实验的方法考察核心义对多义词习得的影响。Rijpma（1999）设计了三种条件下的词义猜测和词语长时记忆保持：（1）提供核心义，（2）提供非核心义，（3）没有提供线索。结果发现，提供核心义对猜测比喻义的效果好于提供非核心义和不提供任何线索。从长时记忆来看，条件（1）和（2）好于条件（3）。

Verspoor & Lowie（2003）测试了核心义对英语学习者猜测陌生的多义词的作用。目标词至少有三个义项：一个核心义（S1），一个比喻义（S2），一个更抽象的比喻义（S3）。S1、S2、S3 为连锁引申，S3 的抽象程度高于 S2，S2 和 S3 的抽象程度由母语者判断。被试分成两组，一组给出包含 S1 和 S2 的两个句子，另一组给出包含 S2 和 S3 的两个句子，要求被试猜测每个句子中目标词的意思。实验结果表明，给学习者提供核心义比提供非核心义更有利于他们猜测多义词的非核心义，核心义也使得多义词的意义在长时记忆中保持得更好。

张江丽（2013）采用与 Verspoor & Lowie（2003）类似的方法研究了

汉语学习者利用核心义猜测的情况。研究材料例如：

第一组

S1 这张纸很薄。扁平物上下两面之间的距离小（跟"厚"相对）。/ thin. / 薄い（「厚い」の对）。/ 韩语释义

S3 这对夫妻之间的感情很薄。_____

第二组

S2 这片土地很薄。不肥沃。/ poor unfertile land; thin soil. /（土地が）やせている、肥えていない。/ 韩语释义

S3 这对夫妻之间的感情很薄。_____

该研究也显示提供核心义有助于学习者猜测词义。

1.3　多义词研究方法的选择

多义词的研究方法有很多，应该如何选择合适的研究方法呢？我们认为研究问题和理论取向决定研究方法。以核心义研究为例，不同学者对核心义的定义不同，采用的研究方法也不同。反过来，核心义的研究方法反映了研究者所理解的核心义是什么[1]。有的学者认为词的核心义是本义，因此他们采用的研究方法就是考察词义演变过程中词语出现的最早义项。陈国华、李申（2015）研究《汉语大词典》义项排序问题时采用的就是这一方法[2]。另外一些与本义密切相关的观点认为核心义不是一个单独的义位，是本义蕴涵的形象特征（宋永培，1994：20），是贯穿所有义位的遗传义素（张联荣，2000：283），是由本义概括而来、贯穿所有义位的抽象词义特征（王云路、王诚，2014）。这些学者多采用义素分析法、本义提取法、本义推演法、同源归纳法等历史词汇学研究方法。也有学者认为核心义是多义词各义位中使用频率最高的义位。张江丽（2013）就是把语料库中出现频次最高的义位作为核心义提供给学习者，考察核心义对汉语学习者猜测非核心义的影响。认知语言学视角的研究者把多义词看作是一个范畴，核心义是其中的原型范畴。"原型词义，即概括反映原型事物的那些明显能被感

---

[1]　不同学者可能用不同的术语来指称多义词居于核心地位的义位。为了叙述的统一，我们在行文中统一用"核心义"。如果相关学者使用"核心义"以外的术语，我们用脚注的方式说明。

[2]　陈国华、李申（2015）用的是"基本意义"。

官感知的区别性特征的意义，依靠它可以将原型所在的范畴与其他范畴区别开来，这一词义一般也是人们不依赖语境首先就会想到的词义。"（张莉，2005：24）原型的形成来自人们对周围世界的认识，因此核心义是人们心理词汇中最凸显的意思。"（多义词）几个义位的地位不是等同的。有的义位是主要义位，一说到这个词，人们就会想到这个义位，如'背（bèi）'的'背部'义，'背离'义；有的义位是次要义位，如'背（bèi）'的'偏僻'义；有的甚至是很少用的罕用义位，如果不是特别提示，人们可能根本想不到这个词有这一义位，如'背（bèi）'的'听觉不灵'义（'耳背'）。"（蒋绍愚，2015a）从认知视角研究核心义多采用心理实验的方法，详见1.1.5。

　　每一种研究方法都有其适用范围，也都存在局限性。为了克服一种研究方法的局限性，当前多义词研究的一个趋势是同时用多种方法研究同一个问题。Caramazza & Grober（1976）采用多种方法研究多义词的核心义：（1）判断包含目标词的句子的可接受程度；（2）判断句子中目标词与自己理解的意思的相似程度。（3）让被试写出包含目标词的句子。Raukko（2003）比较英语和芬兰语的多义词时采用了三种方法：（1）生成测试，要求被试写出表示目标词不同意思的句子，写完以后还要求被试说出该词最典型的意思以及不同意义之间的联系；（2）意义距离判断测试，要求被试对两个句子中目标词的意义距离从0到4打分；（3）给意义分类任务，要求被试给若干包含目标词的句子按意义分类。

　　多义词习得研究常常是语料库与问卷调查相结合。刘召兴（2001）首先考察了学习者语料库中常用多义动词义项的历时发展情况，此外还通过3个测试考察汉语学习者多义词的理解和产出情况。测试所选择的目标词来自语料库分析统计的结果，测试选择的是学习者语料库中不同水平等级都出现、连续性较好的10个多义动词。采用语料库与问卷调查相结合的研究还有对常用多义形容词的研究（王志军、郝瑜鑫，2014）、"打"的个案研究（张江丽，2011）等。

　　总之，我们需要根据研究的理论取向和具体的研究问题选择恰当的研究方法，并且最好能采用多种研究方法获得多方面的数据，进行多方相互验证。

附录

Caramazza & Grober（1976）向被试展示的 26 个包含 line 的句子。

（1）Ford is coming out with a new <u>line</u> of hard tops.

（2）I am no longer in that <u>line</u> of business.

（3）He had come from a <u>line</u> of wealthy noblemen.

（4）They came to two different conclusions using the same <u>line</u> of reasoning.

（5）Sam owned the local bus <u>line</u>.

（6）When the curtain rose for the second act, Bob could not recall his opening <u>line</u>.

（7）She said it was a <u>line</u> from Keats.

（8）He began to type the first <u>line</u> of his paper.

（9）When you arrive in New York, please remember to drop me a <u>line</u>.

（10）The tailor would <u>line</u> the coat with fur.

（11）The rich man was able to <u>line</u> his pocket with money.

（12）We wanted to <u>line</u> the street with people.

（13）We were told to <u>line</u> up.

（14）<u>Line</u> your paper for writing.

（15）Sergeant Jones would bring him into <u>line</u>.

（16）We built a fence along the property <u>line</u>.

（17）There was no turning back; they had crossed the enemy <u>line</u>.

（18）The children was playing in the direct <u>line</u> of fire.

（19）The judge had to draw a <u>line</u> between right and wrong.

（20）I pulled on the <u>line</u> with all my strength.

（21）The workman broke through to the gas <u>line</u>.

（22）The shortest distance between two points is a straight <u>line</u>.

（23）We were told to draw a <u>line</u> under the title of the book.

（24）When he frowned, a <u>line</u> formed across his forehead.

（25）The road was flanked by a <u>line</u> of trees on either side.

（26）As I examined the wall of the cave, I could clearly see a <u>line</u> of iron ore.

二、并合造词法对词义结构与词义发展的影响 *

2.1 引言

张博（2017）提出"并合造词法"概念，重点讨论了汉语并合造词法的特质及形成机制。该文认为，从截短驱动、形式、语义和使用等方面来看，汉语并合造词法不同于缩略造词法，也不是纯粹的词义演变现象，而是一种单音节词汇成分的创造方式。并合造词法的形成主要受汉语词长特征的制约。汉语的词长通常为双音节，这样，在双音节词汇成分的基础上再构造新的复合词时，需先用并合法把原双音节承载的意义归于其中一个音节，构造出一个单音节并合语素，然后再与其他单音节语素组合，以使构造出来的新词仍然维持双音节格局；现代汉语（尤其是口语）动词的典型词长为单音节（刘丹青，1996），受单音节词长的制约，多种结构类型的双音节动词都有可能并合为单音节动词。除了词长制约之外，汉字的类型特征使汉语无法采用"合义且合音"的方式控制新词的长度，只能走"合义舍音"之路，这也是汉语并合造词法形成的原因之一。

汉语中的并合造词现象由来已久，且随着词汇的发展不断增多和凸显。认可"并合"的造词法地位，不仅有助于认识汉语为数众多的并合词与并合−复合词①的衍生途径，探讨汉语词汇的类型特征对造词法及其能产性的制约作用，还有助于深化汉语词义的研究。本研究将在张博（2017）的基础上，着眼于词法对词义的促动作用，进一步探讨并合造词法对汉语词义结构与词义发展的影响，主要关注的问题是：并合−复合词的词义结构跟普通复合词及英语合成词的词义结构有何不同？并合造词法怎么会与词义发展有关？并合义与非并合义的关系跟本义与引申义的关系有何不同？希望能从另一个侧面审视汉语词义结构与词义发展的某些特点。

2.2 汉语并合造词法对复合词词义结构的影响

复合词的词义通常是以语素义为基础形成的，词义与语素义之间的关

---

* 本节作者张博。本节内容曾以"汉语并合造词法对词义结构与词义发展的影响"为题发表于《吉林大学社会科学学报》2019 年第 5 期。

① "并合−复合词"指并合语素与其他语素复合而成的双音节词。

系主要有三种类型[①]。

加合型：$C = S_1 + S_2$[②]（词义等于语素义之和。如"认错"＝承认错误[③]）

补充型：$C = S_1 + S_2 + X$（语素义直接但部分地表示词义，需要在语素义的基础上补充一些内容。如"征婚"＝公开征求结婚对象）

组合扩展型：$C = [S_1 + S_2] >$ 引申或喻指（词义是在语素义组合的基础上，经由引申或比喻而来。如"沉浮"＝比喻起落或盛衰消长）

从三种词义结构式可以看出，复合词两个语素的意义处于同一层级，词义结构呈现为线性结构。然而，用并合法构造的并合语素与其他语素复合而成的并合－复合词，其词义结构不再是线性的，而是层级结构。对比"储君"与"储宫"的结构可以看到"并合－复合词"与复合词词义结构的不同。"储君"的意义是"储"的储备义和"君"的君主义的线性组合（如图 3-1 所示），指太子[④]；而"储宫"的意义则不是"储"的储备义和"宫"的宫室义的线性组合，"储宫"之"储"的底层是"储君"，"储君"先并合为"储[并]"[⑤]，这个并合语素再与"宫"组合为"储宫"（如图 3-2 所示），意思是太子所居之宫，其词义结构是两个层次的层级结构。

$$储宫＝储_{并} + 宫$$

$$\uparrow$$

储君

储君＝储 + 君

图 3-1　"储君"的线性词义结构　　　**图 3-2　"储宫"的层级词义结构**

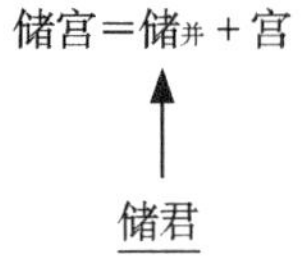

"储宫"中一个语素为并合成分，词义结构为两层，我们把这类并

---

① 符淮青（1981）较早讨论词义与构成词的语素义之间的关系问题，将词义与语素义的关系分为 9 种，进而归纳为 5 种类型。因其第四、五种类型"部分语素在构词中失落原义""构成词的所有语素意义已完全失落，语素的现有意义同词义没有联系"较为特殊，本研究忽略未计。这里主要参考前三类，为其分别命名并将词义结构形式化。

② 词义结构式中，C 表示词义，S 表示语素义，X 表示补充的语义内容。

③ 本研究所用词语释义，如未加说明，皆引自《现代汉语词典》（第 7 版，本节简称《现汉》）。

④ 上古汉语中"储主"和"储君"都指称太子："前有老主而不逾，后有储主而不属，矜矣。是真吾守法之臣也。"（《韩非子·外储说右上》）"储君，嗣主也。"（《白虎通·京师》）因"储君"比"储主"常用得多（CCL 语料库"古代汉语"分库、BCC 语料库"古汉语"分库、语料库在线"古代汉语语料库"中，"储君""储主"的频次之比分别为 318 ∶ 10、1774 ∶ 55、92 ∶ 3（2018 年 4 月 9 日检索）），指称太子的"储"由"储君"并合的可能性更大，故这里只以"储君"为例。

⑤ 为与源形式中的同形语素相区别，本研究将并合成分（包括并合语素和并合词）标为"X[并]"。

合-复合词的词义结构简称为"单并两层"。并合-复合词还有三种相对复杂的词义结构，即双并两层、单并多层和双并多层，"拉吹""展柜"和"武警、炒股"的词义结构就分属这三种类型，见图 3-3 到图 3-6。

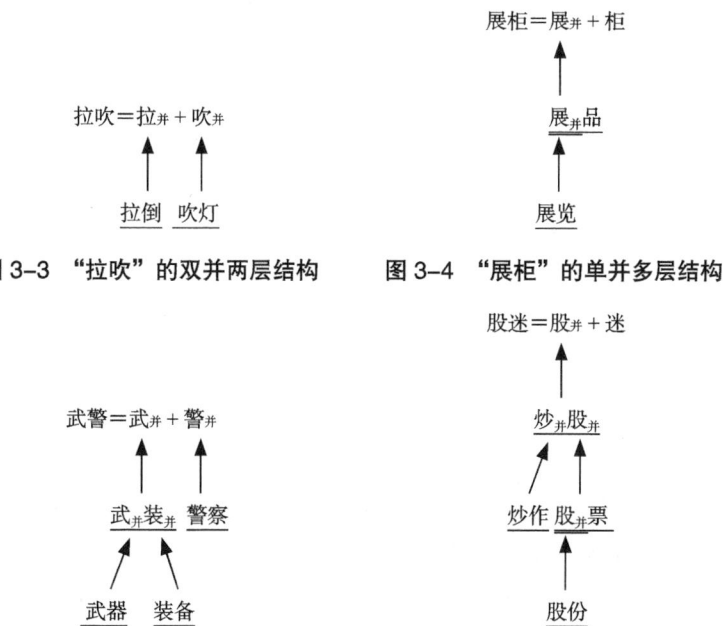

图 3-3　"拉吹"的双并两层结构　　图 3-4　"展柜"的单并多层结构

图 3-5　"武警"的双并多层结构　　图 3-6　"股迷"的双并多层结构

在并合-复合词词义的四种层级结构中，双并多层结构尤为复杂。有的复合词两个直接成分都是并合语素，其中之一来自多次并合，如"武警"的"武"是"武装"的并合，"武装"的"武"又是"武器"的并合；有的复合词两个直接成分中只有一个是并合语素，但这个并合语素的原词是由两个并合语素构成的，其中一个并合语素的原形式中还包含并合语素，如"股迷"的"股"是由"炒股"并合而来，"炒""股"分别是由"炒作"和"股票"并合而来，其中"股票"的"股"又是由"股份"并合而来。

从词的内部构成来看，英语等语言中不少合成词的结构也具有层级性，所不同的是，不是语义结构层级，而是形态结构层级。Bloomfield（1955/1980）较早关注到合成词形态结构的层级性，他指出，在具有复杂形态的语言中，合成词的形态结构具有层级性，各种不同的复合成分、附加成分、变化成分等可以依照一定的次序加在基础形式上。例如，英语

actresses（女演员们）这个词，首先，是由 actress（女演员）和［-iz］（表示复数的词尾）组成的，actress 本身又是由 actor（演员）和 -ess（表示"女性"的后缀）组成的，最后，actor 是由 act（表演，动作）和［-ə］（表人名词后缀）组成的。我们按照布氏的分析，可以把 actresses 的形态结构区分为以下几个层级（ranks），如图 3-7 所示：

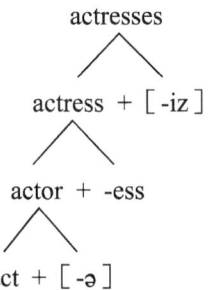

图 3-7　actresses 的形态结构层级

　　将汉语并合-复合词的词义结构与英语 actresses 之类合成词的形态结构进行对比，可以看到，虽然都是层级结构，但英语由于没有严格的词长限制，那些在基础形式之上层层添加的复合成分、附加成分和变化成分等都在最终构成的合成词的词形结构中占有位置，在合成词的结构中有所显现。从这一点来说，英语合成词形态结构的层级性是显性的。如果从合成词构成成分的组合方式来看，基础成分与各种添加成分还是以线性排列的方式组合在一起，例如：actresses = act +［o］r + ess + es，分析识别这些线性排列的构词构形成分及其排列顺序，可以较为容易地理解合成词的词义。而汉语的情形则大不相同，由于词长受限，复合词的某个（或两个）语素可能经由层层并合而来（如"股迷"），不论经过几次并合、组合、再并合、再组合，词形结构中留下的总是与原词中部分要素同形的并合形式，其原词的语义则掩蔽于并合形式的底层，因此，并合-复合词词义结构具有隐性层级性。

　　并合-复合词词义结构的隐性层级性使词义的识解不能通过表层语素意义的加合、补充或组合扩展来达成，而要透过表层语素识别出其所并合的原词，在原词意义的基础上方能通达并合-复合词的词义。如果未能识别出表层语素所并合的原词，则无法理解并合-复合词的词义。比如，人们大都明了"拟聘人员"中的"拟聘"指计划聘任，而不会根据"聘"的

常用义 ① 将其理解为计划聘请，因为人们经由"聘"这个语素识别出了它所并合的原词"聘任"；可是，在填写职称申报表时，有些申报人却不明白"拟聘职务"是什么意思（日常交流及百度网站皆有"拟聘职务怎么填/写?"之类的询问），原因是他们不知道这里"拟聘"的"聘"并合的是"应聘"，指接受招聘。

　　在原词及其并合语素都比较常用的情况下，人们可以较为容易地识别出并合语素所并合的原词，准确地理解并合－复合词的词义，例如"水暖""汽暖""电暖""停暖""供暖""断暖"等词语的意思容易理解，是因为并合语素"暖"的原词"暖气"常用，"暖并"构成的复合词也较多 ②。如果原词及其并合形式不太常用，并合－复合词的词义识解就相对困难。例如，"拟聘人员"中的"拟聘"较易理解，而"拟聘职务"中的"拟聘"较难理解，其中一个原因是，相比较而言，"聘并"的两个原词中，"聘任"比"应聘"更常用。利用 BCC 语料库历时检索，在 1986—2015 这三十年间的语料中，"聘任"出现 3245 次，而"应聘"只出现 1741 次 ③；况且，由"聘任"并合而来的"聘"可单用（如"1980 年他被聘为中国科学院学部委员"），而由"应聘"并合而来的"聘"则不能单用。另外，还有一个可能的原因是，"拟聘人员"中"拟聘"的词义结构为单并两层结构，而"拟聘职务"中"拟聘"的词义结构是单并多层结构，如图 3-8、图 3-9 所示：

图 3-8　"拟聘［人员］"的词义结构　　图 3-9　"拟聘［职务］"的词义结构

从理论上说，两次并合应当比一次并合给词义识解带来的影响更大。

　　如果说，晚近产生的某些并合－复合词的隐性层级结构已给词义识解

___

① 《现汉》"聘"下收录了 4 个义项：❶团聘请：～任｜～用｜～他当顾问。❷〈书〉聘问：报～｜～使往来。❸ 定亲：～礼。❹〈口〉团女子出嫁：出～｜～姑娘。现常用的是第一个义项。

② 《现汉》未收录"暖"的暖气义和"电暖""停暖""供暖""断暖"等，只收录了"水暖""汽暖"。

③　2018 年 4 月 14 日检索。

带来困难（如"拟聘"［职务］），那么，对于历史上产生的并合-复合词来说，由于去古已远，其构词理据更是受到隐性层级结构的掩蔽，容易让人产生误解。例如，关于"杜撰"一词的构词理据，从宋代开始有多种说法，徐时仪、肖燕（2005）对此做了详细的梳理，指出前人之说皆不可信，最后，根据《慧琳音义》卷三十九释《不空羂索经》第二十五卷中"嫷憻"条"译经者于经卷末自音为含剂，率尔肚撰造字，兼陈村叟之谈，未审嫷憻是何词句"，认为古人以为心之官为思，故慧琳所说的"肚撰"即凭空臆想；并断定"杜撰"一词早在唐代已出现，其最初的写法应为"肚撰"，后因"杜"与"肚"音同而写作"杜撰"，"杜"于是有了"虚假"和"凭空"义。我们赞成该文对前说的质疑，但并不认可"杜撰"源于"肚撰"的推论。原因是：（1）"心之官为思"并不代表"肚之官为思"。"肚_{当古切}"（今读 dǔ）古义指胃，《广雅·释亲》："胃谓之肚。"王念孙疏证："肚之言都也，食所都聚也。"后分化出"肚_{徒古切}"（今读 dù），指人和动物的腹部。从这两个同形同族词来看，"肚"的主要功能是储聚食物，不是古人心目中典型的思维器官。（2）"撰"是表手部动作的动词，故有"手撰"之说；如果"肚"真表思维器官，怎么能跟撰著义的"撰"搭配？（3）人体器官多从肉旁，字形与意义的关联非常牢固。意义相关的人体部位词"胸""腔""腹""胃"等都未见假借其他同声符字的情况。（4）如果"肚撰"是本字本用，文献中应有其他用例，不可能仅此孤例。那么，"杜撰"究竟是怎么来的呢？我们认为，该词的产生与并合造词法有关。"杜撰"之"杜"应是"杜门"的并合，意思是闭门；"杜撰"是由闭门撰著引申指没有根据地造造、虚构。理由是：（1）"杜门"并合为"杜"符合动宾式复合词的并合规律。"杜门"是动宾式复合词，始见于《国语》（如"谗言益起，狐突杜门不出"），此后历代文献中皆有用例。在古汉语中，动宾式复合词与单音节词组合时，常发生并合，并合模式是将动宾式复合词的意义并合到动词性语素中。例如：

叩头→叩

（1）欲复使廷掾与豪长者一人入趣之。皆叩头，叩头且破，额血流地，色如死灰。（《史记·滑稽列传》）

（2）妇女累累，啼哭拜叩。（韩愈《元和圣德诗》）

闭关→闭

（3）先王以至日闭关，商旅不行，后不省方。（《易·复》）

（4）窃见四海已定，兆民同情，而季孟闭拒背畔，为天下表的。

（《后汉书·马援传》)(《汉语大词典》：闭拒，闭关抵拒。)

满意→满

（5）奏记长吏，文成可观，读之满意，百不能一。(《论衡·佚文》)

（6）近日士大夫皆有僭侈无涯之心，动辄欲人以周、孔誉己，自孟轲以下者，皆忾然不满。此风殆不可长。(《苏轼集》卷七十四“答李廌书”)

根据动宾式复合词的并合模式，“杜门”与“撰”组合时，可以并合为“杜”。（2）符合古人的治学观念。闭门撰著怎么会变成没有根据地编造、虚构呢？这与古人的治学观念相关。古人注重学与思的关系，强调学思兼备，不可偏废，“学而不思则罔，思而不学则殆”。(《论语·为政》）在学与思之间尤为看重“学”。孔子曾以亲身体会强调“学”的重要性，说：“吾尝终日不食，终夜不寝，以思，无益，不如学也。”（《论语·卫灵公》）古人学习的途径有很多，除了从书本中汲取知识，还要问道于人，躬行实践，所谓“敏而好学，不耻下问”（《论语·公冶长》、“纸上得来终觉浅，绝知此事要躬行”(陆游《冬夜读书示子聿》）等都体现了古人关于学习路径、方法的主张。与求师问道和实践中学相反的是闭门面壁式的不学而“思”，在古人看来，这势必导致没有根据地编造和虚构。故“向壁”“面壁”都可以跟“虚构”“虚造”等词搭配：

（7）是编所记，不免谬误。或当日闻焉弗详，见焉弗审。向壁虚构，则非所敢。(清 夏仁虎《旧京琐记》)

（8）按黎氏既家传古学，必非向壁虚造者，惜其所正定文字不传。

（清 俞樾《茶香室四钞·黎氏字学》)

（9）不佞编撰这部《汉官》，事事根据正史，兼采古人杂记野史，以及各省省府县志，不敢面壁虚构，即此一段，就可证明。

（民国 徐哲身《汉代宫廷艳史》)

“闭门造车”的词义演变更能说明问题。“闭门造车”是宋代流行的古语，本来是一个褒义词。朱熹《四书或问》卷五：“古语所谓‘闭门造车，出门合辙’，盖言其法之同。”意思是只要按照同一规格，关起门来制造的车辆，出门后其车辙也能与路上的车辙完全相合，强调的是有统一规格标准的重要性。可后来却产生了贬义，指没有依据地凭主观想象做事情。例如：

（10）墨子云梯为吾国机事之祖。厥后非无作者，然皆<u>闭门造车</u>，不尽适于用，其法亦不传。（郭则沄《十朝诗乘》）

（11）篇中所述，仍不外依据原传，及上述各参考书，非敢<u>闭门造车</u>。

（张恨水《水浒新传》）

"杜门"与"闭门""闭户"同义，这组同义词又常与"面壁"连用[①]，既然"面壁""向壁"与"虚构""虚造"相关，"闭门造车"也引申出没有依据地凭主观想象做事情，那么，由"杜门"并合的"杜"与"撰"构成的"杜撰"，完全可以表示没有根据地编造虚构。

今人对"拟聘［职务］"的不解，前人对"杜撰"由来的聚讼纷纭，共同折射出并合造词法对合成词词义结构的深刻影响。并合造词法打破了合成词词义结构的常规模式，使并合–复合词的词义结构不再是表层语素意义的线性组合，而是表层语素翳蔽下的原词的意义与其他语素义的组合，是隐性层级结构。具有隐性层级性词义结构的并合–复合词与一般的复合词相比，其语义透明度相对较低，如果不能识别出表层语素所并合的原词，即便知道整词的意义，也不能明了构词理据或得名之义。前人推定"杜撰"与杜姓人氏"杜默""杜光庭"有关，或是"肚撰"的同音假借，都是因为局限于合成词词义结构的线性模式和表层语素来考虑问题。这类案例提示我们，要充分认识汉语并合造词法对合成词词义结构的影响，无论识解词义还是考释词语，都不能胶着于表层语素义。当基于语素义无法通达词义时，要有循素探词的意识，只有找到表层语素所并合的原词，才能在此基础上准确地理解合成词的词义，还原其构词理据。

2.3　汉语并合造词法对词义发展的影响

2.3.1　形成一条独特的多义化路径

英语等语言通过合义且合音的手段构造出的缩略词（acronyms）和截

---

① 例如：

方将求田问舍，为三百年之养；<u>杜门面壁</u>，观六十年之非。（宋 苏轼《答王幼安宣德启》）

孟子之存心仁礼也，虽横逆自反也，与夫<u>面壁杜门</u>绝念与意者异也。（明 崔铣《洹词》）

古人<u>面壁闭门</u>却问，还透得这里么？（宋 赜藏主《古尊宿语录》卷十七）

古人<u>面壁闭门</u>，还有为人处也无。（宋 长灵守卓《长灵守卓禅师语录》）

外男女之别，废衣冠之正，而徒语心性之学，此施之于<u>面壁闭户</u>之间则可，施之于天下国家，其不大乱者几希！（清 陈士斌《西游真诠》第一百回）

搭词（blends），通过舍音取义而来的截略词（clipped words；clippings），通常不会与语言中其他词语音形相同，例如，由 Test of English as a Foreign Language 缩略而来的 TOEFL（作为外语的英语测试），由 web 和 log 截搭成的 blog（网页日志），由 doctor 截略而来的 doc（医生），都有自己专属的读音和拼写形式，并没有出现与英语中其他词语"撞脸"的情形。即便偶或与他词音形相合，也完全没有意义上的联系。例如，由 cartoon 截略而来的 toon（卡通，动画片）与英语中的红椿树名同音形，由 popular music 截略而来的 pop（流行音乐）与美式英语口语中的 pop（爸爸）同音形，然而 toon（卡通）和 pop（流行音乐）这两个截略词与英语中原有的两个词 toon（红椿树）和 pop（爸爸）并没有词源联系，意义也毫不相关，纯属音形偶合。而汉语并合造词法的情形与英语相关词法大不相同。汉语的结构基础是"字"（即单语素词），"1 个字·1 个音节·1 个概念"有着一一对应的关系（徐通锵，1997：126），当复合词或词组通过并合构造出一个新的单音节词汇成分时，新成分的意义通常与音形相同的原单音节成分（即"字"）有意义联系，保留或蕴涵着它的原义。这样，汉语词汇层面的并合法就成为一种特殊的语言现象：从语言单位的角度说，并合的结果多是造出一个与原形式同义不同形、与原形式中某成分同形不同义的单音节或构词语素，如"抱养→抱"（我想抱一个女婴，因为我不能生育）；从语义的角度说，并合的结果是使原词语的某一构成成分产生了新义，如"抱"，由"用手臂围住"义，产生了"把别人家的孩子抱来当自己的孩子抚养"义，所不同的是，这个新义不是来自"抱"原义的纵向引申，而是来自其所参构词语意义的并合。

随着汉语并合造词法的日渐能产，"并合"正成为"引申"之外另一条渐行渐宽的多义化路径。有些单音词已经发展出不止一个并合义。例如（引自《现汉》，非并合义略）：

报 ❹ 动 报销：～差旅费 | 药费已经～了。❶ 指电报：发～。
院 名 ❸ 指学院：高等～校。❹ 指医院：住～ | 出～。
拍 ❹ 动 拍卖：～品 | 竞～。❺ 动 拍摄：～电影 | ～照片。❼ 动 拍马屁：吹吹～～。

并合造词法不仅导致单音节词或语素的多义化，还会导致双音节词的多义化。这有两种情形：

其一，并合－复合词与复合词或另一并合－复合词同形。例如：

【大洋】名❶ 洋②：四～。❷ 银圆：五块～。

【火险】名❶ 火灾的保险。❷ 失火的危险：～隐患。

【水面】名❶ 水的表面：～上漂着片片花瓣。❷ 水域的面积：我国可以
　　　　　养鱼的～很大。

【书展】名❶ 书籍展览、展销。❷ 书法展览。

大洋 ❷、火险 ❶、水面 ❷ 为并合－复合词（并合语素为"洋←洋钱、险←
保险、面←面积"），其意义与同形复合词的意义形成一词多义。"书展"的
"展"是"展览"的并合，因此"书展"在两个义项上都是并合－复合词，
只是"书展 ❶"中的"书"为非并合成分，"书展 ❷"中的"书"为"书法"
的并合，故"书展"形成两个义项。

　　其二，复合词的某个语素并合的是不同的原词。例如：

【高压】❶ 名 较高的压强。❷ 名 较高的电压。

【教改】动 ❶ 教育改革。❷ 教学改革。

"高压"的"压"分别并合的是"压强"和"电压"，"教改"的"教"分别
并合的是"教育"和"教学"，因而都有两个义项。前举"拟聘人员"和"拟
聘职务"中的"聘"分别并合的是"聘任"和"应聘"，因而也使"拟聘"
具有两个义项。

　　并合造词法使汉语词形成一条独特的多义化路径——语义并合，正是
着眼于这一点，我们不认同将汉语的并合造词法完全等同于英语等语言中
的缩略造词法，而主张将其视为具有汉语特色的一种造词法。因为缩略是
就形式而言的，强调的是语言成分形式上的截短；而并合造词不仅仅是形
式截短的问题，它通常会将两个成分共同承载的意义归于其中一个成分，
使这个成分增加新的意义——并合义。以往有研究之所以忽视"并合"由
双而单的造词属性，认为"机"的飞机义、"编"的编制义等属于词义演变
的结果，即"词素间意义的横向合并"（唐子恒，2006），在一定程度上可谓
情有可原，从侧面反映出并合造词法推动下的词义发展是汉语中非常凸显
的语言事实。

2.3.2　并合义与非并合义关系疏离

　　从总体上来说，词义是在隐喻和转喻认知方式的作用下发展的，隐喻

基于相似联想（association by similarity），转喻基于邻近联想（association by contiguity）。因此，引申义和本义所反映的事物现象不是相似就是相近相关，意义联系较为明显，表现在，本义与引申义之间或直接引申义与间接引申义之间多有相同的语义要素，这是词义发展过程中引申义传承本义或源义的基因型语义要素。分析"背"的本义（后背）及多个引申义的语义构成不难看到这一点：

后背＝［躯干］［反面／后部］

物体的反面或后部＝［物体］［反面／后部］（手背、力透纸背）

背部对着＝［后背］［朝向］（背水一战）

朝着相反的方向＝［朝］［相反方向］（《荀子·解蔽》："以为立魅也，背而走。"）

离开＝［朝］［所在地的相反方向］［移动］（背井离乡、燕不背贫家）

违背；违反＝［言行］［与法则、道义等］［相反］（背信弃义）

"背"的这几个义位的语义结构式中，加下划线的成分都是来自本义或源义的基因型语义要素。

与引申义本义之间明显的语义联系相比，并合词的意义与其同形成分的本义及引申义则相对疏离。原因在于：

首先，与并合义的衍生动因相关。并合词的意义实际上是其所参构的复合词或词组的意义，也就是说，并合义来自词义或词组义的并合，是并合造词引发的词义衍生，而不是在隐喻或转喻思维作用下的词义引申，因此，其与同形成分的本义或源义所反映的事物现象缺乏明显的相似性或相关性，在语义上也就缺乏与本义或源义共有的基因型要素。例如，"背书"的"背"指凭记忆念出读过的文字，其与前举"背"的其他义位没有相同的语义要素，因为这个意义不是来自引申，而是来自"背诵"的并合。"背诵"最早指背部对着读过的文字凭记忆念出，《三国志·魏志·王粲传》："初，粲与人共行，读道边碑。人问曰：'卿能暗诵乎？'曰：'能。'因使背而诵之，不失一字。""背诵"词化后表示凭记忆念出读过的文字，语素"背"的"背部对着"义逐渐漂白（bleaching）或淡化；当"背诵"并合为"背"后，其概念义与"背"的本义和引申义几无联系。随着"背并"的搭配对象不断扩大，现在"背密码、背公式、背谱、背图、死记硬背、默背"等搭配中的"背"进而逐渐失落"念出"和"文辞"等语义内容，侧重于表示"记忆"。"背"的"记忆"义与其本义"后背"及引申义"背部对着"等则完全没有联系了。

其次，与并合造词规律相关。发生并合的多是偏正式复合词或动宾式复合词，并合语素通常选择的是双音节词中的前位语素①。对于偏正式复合词来说，前位语素只是修饰性成分，它的意义与复合词意义的相关度较低；后位语素是中心成分，它的意义与复合词的意义更相关。例如，在"储君"中，"君"的意义与"储君"更相关，因为"储君"是一种"君"而不是一种"储"。这样，当"储君"并合为"储"后，"储并"的语义重心实际上在于"君"，因此与"储"的意义关系相对较远。对于动宾式复合词来说，前位语素是动词，动词的语义具有非自足性，如表分离、离开义的"离"，必须依赖其所关涉的人、物或地方才能表达完整的意义；动词与其支配对象构成的动宾结构则可以表达完整的意义，如"离家""离校""离婚"等。由于承载动宾式复合词词义的 V并 表达的是完整意义（如"他俩早离了"中的"离"），V 的语义是不自足的，二者之间意义关系也相对较远。

2.3.3　并合义与非并合义的关系难以判定

上文分析表明，并合造词法使汉语形成一条独特的多义化路径，可是，经由并合产生的新义与同形成分的本义或源义的关系又相当疏离，由此便带来一个问题：附丽于同一词形的并合义与非并合义（包括本义和引申义）是一词多义还是同音形现象？从《现汉》条目分合的歧异处理来看，这是一个令人纠结的难题。

《现汉》通常将单字条目的并合义与非并合义处理为一词多义，不分立条目。例如，"拍"的并合义"拍摄""拍卖"、"背"的并合义"背诵"、"机"的并合义"飞机"、"洋"的并合义"洋钱"等，都与非并合义排列在一个条目下；可是，对含有并合语素的多字条目的多个义项则有不分立条目与分立条目两种处理。不分立条目是多义词的处理方式，例如：

【机组】名❶ 由几种不同机器组成的一组机器，能够共同完成一项工作，如汽轮机、发电机和其他附属设备组成汽轮发电机组。❷ 一架飞机上的全体工作人员。

【大洋】❶ 洋②（即"地球表面上被水覆盖的广大地方"）：四～。❷ 银圆：

---

① 限于篇幅，这里不展开讨论并合造词的规律，笔者将在后续文章中再做分析。

五块～。

分立条目则是同音形词的处理方式，例如：

【开拍】¹[动]开始拍摄（影视片等）：这部影片由去年初～，直至今年底才停机。

【开拍】²[动]（物品）开始拍卖。

【参拍】¹[动]（物品）参加拍卖：一批在海外收藏多年的瓷器近日回国～。

【参拍】²[动]参加拍摄（影视片等）：这部影片有多名影星～。

【背书】¹[动]背诵念过的书：过去上私塾每天早晨要～，背不出书要挨罚。

【背书】²[动]❶持有票据的人转让票据时，在票据背面批注并签名盖章。……

【战机】¹[名]❶适用于战斗的时机：抓住～。❷战事的机密：泄露～。

【战机】²[名]作战用的飞机：出动～拦截。

同是由并合语素参构的复合词，《现汉》或处理为多义词，或处理为同音形词，甚至同一并合语素（如"机"）参构的复合词有多义词（【机组】）和同音形词（【战机】¹、【战机】²）两种处理，这反映出并合义与非并合义的关系十分错综复杂。

附丽于同一词形的多个意义究竟是一词多义还是同音形现象，关键在于有无意义联系。符淮青（1985：85-86）从词源和现时感觉这两个角度把词义的联系归纳为四种可能：（一）词源上有联系，现时感觉意义有联系；（二）词源上有联系，现时感觉意义无联系；（三）词源上无联系，现时感觉意义有联系；（四）词源上无联系，现时感觉意义无联系。符淮青先生认为，（一）属多义词，（四）属同音词，这是容易区分的。至于较难处理的（二）（三）两类，也都应看作同音词。张博（2004）指出，鉴别词语有无词源上和（或）现时的意义联系，必须有一套切当可行的分析方法，不能仅仅依凭分析者的主观感觉加以定夺。为此，该文遵循符淮青"历时—共时"双重限定的基本原则，提出区分现代汉语单音节同音形词与多义词的四种方法，即义素分析法、词源考索法、引申义列梳理法、相关比较法，但其中并未涉及并合义与非并合义语义关系的分析方法。张博（2008）又对现代汉语复音词义项关系提出了分析原则和方法，其中将并合语素[1]参构的并合-复合词与复合词（如"相机[1]"［照相机］与"相机[2]"［察看机会］）的语义关系视为部分无关，将原词不同的并合语素所构并合-复合词（如"主拍[1]"［主持拍卖］和"主拍[2]"［主持拍摄］）之间的语义关系也视为部分无关，认为部分无关的词义并非来自同质基源，因而没有纯粹的词源上的联系，不宜视为一词多义。然而，这样的处理建议并不是在全面考察分析并合-复合词语义关系的基础上得出的，更为重要的是，如果着眼于语素的同一性，认为同形的并合-复合词与复合词的语义部分无关，那么，如何看待单音节并合词与音形相同的非并合词之间的语义关系？《现汉》将绝大多数单字条目的并合义与非并合义处理为一词多义，但又倾向于将并合-复合词与复合词分立条目，处理为同音形词，这种单双自相矛盾的条目分合是出于何种考虑？另外，单字条目的并合义与非并合义处理为一词多义是否合理？哪些可以处理为一词多义，哪些则应处理为同音形词？音形相同的并合-复合词与复合词应当判定为多义词还是同音形词，或者哪些应判定为多义词，哪些应判定为同音形词，其依据是什么？要想解决这些问题，需要对并合义与非并合义错综复杂的意义联系进行全面细致的探讨。

2.4 结语

一种语言的某种较为凸显的特点总是由其他特点决定的，而且，这种凸显的特点还会影响到语言的其他层面。汉语的词长特征决定了并合成为具有一定能产力的造词手段，而并合造词法又对汉语词义结构与词义发展产生明显影响。

从表层形式来看，由并合成分参与构成的并合-复合词是两个语素的线性组合，而从语义来看，其中至少有一个语素的意义不能直接进入词义，进入词义的是它所并合的双音节词或词组的意义。因此，并合-复合词的词义结构具有隐性层级性，只有经由表层语素提取掩蔽于底层的原词的语义，才能准确理解并合-复合词的词义。

并合造词法本是创造新词的方式，可是，由于创造出来的新词与原形式中的某一构成成分同形，从语义的角度来说，也可以视为原词语的某一构成成分增加了新义。所不同的是，这个新义来自双音节词语意义的并合

---

[1] 该文没有使用"并合语素"这个术语，只是其"缩略成分"中有一些是并合语素。

而不是来自引申，因而与同形成分的其他意义关系疏离。并合义与非并合义究竟是一词多义还是同音形现象，从《现汉》相关条目处理不一的情况来看，是一个有待厘清的问题。

并合造词法对汉语词义结构和词义发展的影响是广泛而深刻的，本研究只是做了一些初步的思考分析。充分认识并合造词法对汉语词义结构的影响，有助于在汉语教学中关注学习者并合词的词义理解困难，帮助学习者尽早形成由单及双的词义识解策略；进一步探讨并合造词法对汉语词义发展的影响，有助于语文辞书合理收录、解释并合词或并合义，增强并合义与非并合义分合处理的体系性。

三、正向空间量度形容词共有义位和特异义位及其成因 *

3.1　引言

汉语中词义发展的系统性一直是学界关注的重点（陆宗达、王宁，1983；许嘉璐，1987；蒋绍愚，1989；张博，1995、2003a），具有某种语义聚合关系的多个词常常发生方向一致的对应性引申、分化（和）虚化，从而形成新的语义聚合关系（张博，2003b）。前人大多是从义位角度出发，将义位相同的一组词聚类观察并分析发生相应衍化的语义条件。张博（2003b）曾指出如果两个或多个词的意义中有相同的义素，这些词有可能发生相应虚化。受此启发，我们试图从义类角度出发，观察同处一个语义场的词是否能发生相应衍化。因此，本节选取了正向空间量度形容词（以下简称"正向 $A_空$"）"长、宽、高、深、厚"为研究对象，通过比较这些词的所有义位，发现它们并没有发生一致的对应性引申或虚化，而是成对（两个）或成组（三个）发生相应引申或虚化，即在同一义域形成同义关系，本研究称之为共有义位。例如，"长、高、深"都衍生出"时间久"的意义。同时，正向 $A_空$ 还各自产生了特异性的义位。例如，只有"长"衍生出"擅长"的意义。正向 $A_空$ 形成共有义位和特异义位的原因是什么呢？

---

　　* 本节作者刘志远。本节内容是在其硕士学位论文《汉语正向空间量度形容词共有义位和特异义位及其衍生机制——以"长、宽、高、深、厚"为例》（北京语言大学，2019）部分内容的基础上修改而成。

本研究将主要运用概念隐喻、转喻的认知理论，在精细描写正向 A_空词义结构的基础上，对共有义位和特异义位的成因做出解释。并且，为了弥补认知语言学在推导词义衍生路径时所使用的内省法的先天不足，我们拟结合比较互证的方法，对词义衍生路径给予验证。

本节拟从共时层面研究词义衍生，没有做历时的系统考察并不是有意忽视共时历时二者相结合的重要性，而是本研究重点在于对各义位间的理据性关系的分析以及词义衍生机制的解释，因此不对词义演变过程进行考察。

3.2　义位的确定

本研究确定义位时以《现代汉语词典》（第 7 版，本节简称《现汉》）中的义项为主要参考，但是"《现汉》多义条目毕竟不是严格遵循词汇学原则基于海量语料库进行词义统计所得到的词语意义清单，它的设立要受到词义研究和词典编纂体例的双重限制，因此，《现汉》多义条目与现代汉语多义词的对应关系是相对的、不完全的。体现在：1）《现汉》个别多义条目并非现代汉语多义词，反之，现代汉语中的个别多义词在《现汉》中未被设立为多义条目；2）《现汉》某些多义条目的义项与现代汉语多义词的义位并非一一对应"（张博，2009）。本研究在确定义位时，做了以下工作：

（1）剔除与词义衍生不相干的姓氏义项。

（2）现代汉语不能自由使用的义项在古代汉语中可以自由使用，那么保留这些义项。原因是：剔除古汉语遗存的义项，可能会使在我们推求义位关系时出现误推。

（3）根据语料细化词典中的义项或合并词典中的某几个义项。如：

长 ❶ 形 两端之间的距离大（跟"短"相对）。a）指空间，b）指时间。

长的义项 ❶ 包含空间义和时间义，我们将这一义位细化为两个义位。

高 ❷ 名 高度。**❸** 名 三角形、平行四边形等从底部到顶部（顶点或平行线）的垂直距离。

我们将这两个义位看作一个义位。

宽 ❹ 形 宽大；不严厉；不苛求。

我们分为两个义位，一个是"标准宽"，另一个是"宽容、不严厉；不苛求"。我们认为二者有细微的差别,"标准宽"就事物客观标准而言,而"宽容、不严厉;不苛求"是就执行标准的主体(人)而言。

宽❸ 动 放宽,使松缓。

《现汉》中,宽❸为动词义,但是配例只有两个。通过 BCC 语料库大规模检索,并没有发现"宽"动词用法的其他例子。就仅有的"宽心""宽限"来看,二者的词汇化程度都比较高。董秀芳(2011:160)和孟凯(2016:222)都将"宽心"分析为复合词;"宽限"可以带宾语,如"宽限几天",因此它的词汇化程度也很高。既然如此,"宽"在表动词义时能否单用就值得怀疑。此外,从句法功能判断,"宽"不能受"没"否定,后面不能跟"着、过",无法进入"V 不 V + 宾"的格式,其动词用法也较受限。基于以上两点,本研究认为"宽"没有动词义位。

3.3 正向 $A_空$ 的义素分析

我们首先对前人运用义素分析法总结归纳出的义素(金美顺,2009;徐今,2015;刘桂玲,2017)加以梳理。其次,针对以往义素划分存在争议的地方,本研究提出自己的分析标准。

3.3.1 维度义素

前人已对 $A_空$ 义素有较为系统的描写,但维度划分存在较大争议。我们将以往代表性的研究中对汉语 $A_空$ 维度的划分情况进行了整理。如表 3-7 所示:

表 3-7 已有研究对 $A_空$ 维度的划分 [1]

研究	$A_空$					
	长 / 短	宽 / 窄	高 / 低	深 / 浅	厚 / 薄	粗 / 细
金美顺(2009)	一维	二维	一维	一维	三维	二维∧三维
徐今(2015)	一维	二维	一维	三维	三维∧二维	零维、一维∧三维
刘桂玲(2017)	一维	二维	一维	三维	三维	二维、三维

---

① "∧"表示且的关系,"∧"前的维度为最凸显维度,"∧"后的维度为次凸显维度。

如果就 $A_空$ 本身来看，每个 $A_空$ 都是一维的。根据笛卡尔测量三原则的第三条原则，所有连续量都可以用长度表示，即用直线的长度来表示所有的连续量（参见贺川生，2017），反映在语言形式上，修饰 $A_空$ 的数量短语中的量词都是"厘米、米、公里"等这些长度单位，而非"平方米、立方米"等表示面积（二维）或体积（三维）的单位。因此，我们认为维度划分标准应该参照以下几点：a）$A_空$ 的维度归属应根据其所描写事物的维度特征划分，如"根深叶茂"中"根深"指的是根进入土壤内部的位置，如不参照三个维度，则无法说明其"内部"含义；b）只选取 $A_空$ 原型义[①] 所描述空间为标准，如"粗"一般与圆柱体或条状物搭配（树、胳膊）；c）$A_空$ 所描述空间范畴的不可还原性，如"粗"的基本义是"（条状物）的剖面大"[②]，根据释义内容，核心语义是"剖面"，但是"剖面"预设了三维空间这一含义，因此"粗"所描述的空间不可归入二维而属于三维。同时提请注意，这三条标准要全部符合才能准确划分维度。

根据本研究提出的标准，$A_空$ 维度归属情况应如表 3-8 所示：

表 3-8　$A_空$ 维度归属表

维度	$A_空$
一维	长 / 短
二维	宽 / 窄
三维	高 / 低、深 / 浅、厚 / 薄、粗 / 细

从上表可知，其中"长"归属一维，"宽"归属二维，"高、深、厚"归属三维。

3.3.2　方向义素

正向 $A_空$ 的方向义素也是重要义素之一。"长、宽、厚"没有方向性。"高"的方向义素是［从下到上］。我们认为将"深"的方向认定为［由外到内］更合适，即"深"表示进入物体或空间内部，由上到下的方向不能涵括此义。

---

① 原型义有两种不同解释：一是指具体的典型代表，具有无标记性；二是指抽象图式表征，或属性集合。本研究采用的是第一种解释，即原型义是范畴内的典型代表，是人类心智处理最容易、费时最短的（参见王寅，2007：113；Langacker，1987：371）。

② 《现汉》"粗"义项❶。

3.3.3　距离义素

距离义素包括连续距离和间隔距离。连续距离是指物体自身从一端到另一端的距离，间隔距离是物体距离参照面的距离（徐今，2015）。根据这一标准，"长、宽、厚"只能表示连续距离，例如：

（1）大象的鼻子长。　　　　　（2）*地球到火星距离很长。

（3）路面很宽。　　　　　　　（4）*两排椅子离得宽。

"高、深"既可以表示连续距离，也可以表示间隔距离，例如：

（5）小李个子高。　　　　　　（6）灯笼挂得太高了。

（7）这口井很深。　　　　　　（8）煤层埋藏较深。

3.3.4　形状义素

形状义素是 $A_空$ 所描述的事物具有的属性。本节研究的 $A_空$ 中，只有"厚"有特定的形状义素。根据《现代》中的"厚"的释义：

　　厚 ❶ 形 扁平物上下两面之间的距离大（跟"薄"相对，下③、⑤—⑧同）。

可知"厚"的形状义素为［扁平物］。

综上，我们将本研究的正向 $A_空$ 的义素归纳为表3-9。

表3-9　"长、宽、高、深、厚"义素表

义素	长	宽	高	深	厚
维度	一维	二维	三维	三维	三维
方向	无	无	下到上	外到内	无
距离	连续	连续	连续/间隔	连续/间隔	连续
形状	无	无	无	无	扁平物

3.4　正向 $A_空$ 共有义位及其衍生机制

我们在引言中曾简要说明了何为共有义位，即在同一义域具有同义关系，但正向 $A_空$ 之间的同义关系远近不同。有些正向 $A_空$ 之间的同义关系较近，如"深""厚"都表示感情深，且在大部分语境里可以相互替换，如"感情深""感情厚"，"深交""厚交"。有些正向 $A_空$ 之间的同义关系较远，比如"高""厚"都可以表示数量大，但只能在某一语境中相互替换，如"利润高""利润厚"。还有一些正向 A$_{空}$基本意义相同，但是意义仍有细微的差别，且在任何语境中都不能替换。比如，"长""深""高"都表示时间久，但是"长"表时间段，"深""高"表时间点，且在任何语境中无法相互替换。严格来讲，表时间久的"长、深、高"之间是近义关系。

　　虽然"长、宽、高、深、厚"之间的语义远近关系存在等级差异，但本节重在研究具有类义关系的正向 A$_{空}$为何发生方向一致的语义演变。因此，本研究所指的共有义位是指在同一义域具有广义的同义关系，这里面既包括典型的同义关系，也包括近义关系。

　　那么"长、宽、高、深、厚"有哪些共有义位呢？如表 3-10 所示：

表 3-10　"长、宽、高、深、厚"的共有义位分布表 [①]

义域	长	宽	高	深	厚
时间	+		+	+	
品行		+			+
财产		+			+
数量			+		
感情				+	
程度			+	+	+

　　从上表可见，"长、宽、高、深、厚"并未在某一义域产生 5 个 A$_{空}$一致共有的义位，而是以成对或成组的形式共有一个义位："长、高、深"共有表"时间长久"的义位，"宽、厚"共有表"品行宽厚"的义位。为何会形成这样的分布特征？其背后动因和语义条件又是什么呢？

3.4.1　"长、深、高"的共有义位及其衍生机制

　　"长、高、深"的共有义位属时间域，都表示时间久。"长、深"在《现汉》中释义如下：

　　长 ❶ 形 两端之间的距离大（跟"短"相对）。b) 指时间：～寿｜夏季昼～夜短。

　　深 ❼ 形 距离开始的时间很久：～秋｜夜已经很～了。

---

① "+"表示在该义域内某 A$_{空}$表示正向量的义值。

虽然"高"在《现汉》中没有列出时间义项,但根据语料可以归纳出"高"有表示"年龄长久"的时间义,例如"高寿、高龄、年事已高"。

具有类义聚合关系的词在引申过程中形成同义关系可能与共同义素的遗传有关。朱莉华、白解红(2017)曾以"长、深、大"为例,探讨空间概念构建时间概念的认知机制。该文认为由空间到时间的隐喻映射所保留的正是来源域的一维空间的结构特性,描述时间的空间词语具有[＋一维][＋延展][＋量度]维度义素。本研究认为朱文中的[＋延展][＋量度]是所有 A$_空$ 的共有义素,但并非所有 A$_空$ 都衍生出时间义;另外,"深"的维度义素是[＋三维]而不是[＋一维]。朱文中的三个义素可能并不是"长、深"二者由空间域投射向时间域的充要条件,当然也不可能用来分析"高"的时间隐喻机制。

时间是非常抽象的概念,所以人类表征时间需要依靠其他的概念。汉语中,用以表达时间的空间词汇以一维事物为主,如《现汉》中:

【长河】chánghé 名 长的河流,比喻长的过程:历史的～。

A$_空$ 中只有"长"的维度义素与一维事物相吻合。因此,当时间被隐喻为一维事物时,"长"可以向时间域投射。

从上文"长"的衍生机制来看,其相似性是维度义素。而同样有时间义的"高、深"维度归属于三维。那么"高、深"的"时间久"义是如何产生的?

首先来看"深"如何衍生出时间义。金美顺(2009)认为"深"先根据空间范畴的义素,即容器的[＋内向]义素,映射到视觉范畴上的义素,即[＋暗]的语义属性;再从视觉范畴映射到时间范畴。金文依据颜色的深浅与时间早晚的相关性建立了"深"和"时间久"的语义关联,虽然可以较好解释"深夜""深秋"的用法,但对"深春""深冬"的解释力较弱,更无法解释在"年深日久"中,"年"与"深"是如何通过颜色的相关性建立语义关联的。

我们认为,"深"衍生出时间义与时间的容器隐喻相关。Lakoff(1987:299–300)详细阐述了容器图式(container schema),其结构成分为内部(Interior)、界限(Boundary)、外部(Exterior)。根据这一结构成分来分析时间概念,时间可以看作是一种容器。时间概念有两种形式:时间点和时间段。其中时间段有开始点和结束点两个界限且有内外之分,因此可看作是容器。

　　既然时间段可以看作容器，那么如图 3-10 所示，时间从 T_0（开始点）到 T_n（结束点）的路径就可以看作是由（时段）外到（时段）内，这与"深"的空间方向义素一致。同时，T_0 到 T_n 的数值沿箭头的方向呈递增性，这也与"深"的［距离大］义素一致。

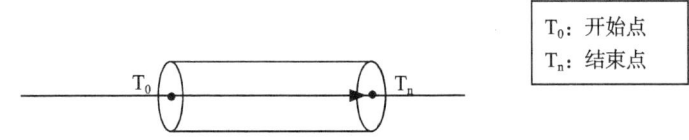

图 3-10　时间段的容器意象图式

　　综上，基于维度和方向的相似性，"深"从空间域投射到时间域，表达"距离开始时间久"。其隐喻过程具体如图 3-11 所示：

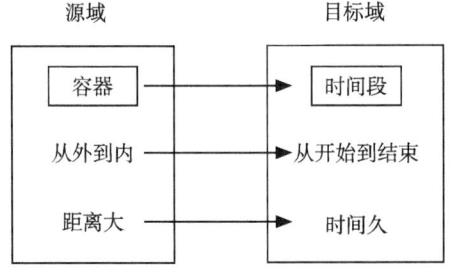

图 3-11　"深"时间义的隐喻过程

　　从上图可知，"深"衍生出时间义经历了两次隐喻。第一次，是本体性隐喻（ontological metaphor），即用物体的概念或概念结构来认识和理解我们的经验（王寅，2007）。我们通过容器来喻指时间段，理解和认识时间段的特征。基于"时间段是容器"这一隐喻，进一步发生第二次隐喻——结构性隐喻（structural metaphor），即源域中的"从外到内""距离大"依次映射到目标域中，并保持结构不变，最终经过两次隐喻，"深"衍生出了"距离开始的时间久"的意思。

　　从上文"深"的衍生机制看出，方位义素是促成空间域向时间域投射的关键因素。而汉语中也确乎存在诸多方位词表征时间的例子，比如：

前 / 后
（9）前天才下过雪，今天又下了一场。
（10）开学一周后提交课程作业。

上 / 下

（11）上星期三你干吗去了？

（12）下周开始正式上课。

从这两组方位词中看出，时间的表征具有水平和垂直两种空间方向性。吴念阳等（2007）也通过实验证实了两种空间方向性图式都能促进被试加快理解时间表述。既然垂直性方向（上 / 下）可以表征时间，那么可试分析同样具有垂直特征的"高"的时间义衍生机制。如图 3-12 所示：

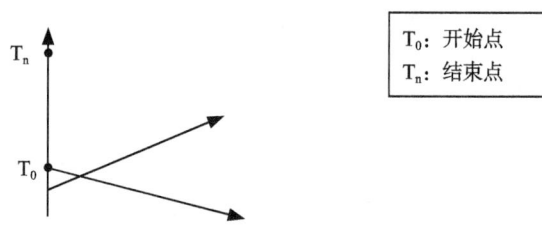

图 3-12　时间在垂直方向的意象图式

图 3-12 显示，时间由下至上延伸①，这与"高"的方向义素相同。同时，T_0 到 T_n 的数值沿箭头的方向呈递增性，也与"高"表示"距离大"一致。综上，基于方位的相似性，"高"从空间域投射到了时间域。

3.4.2　"宽、厚"的共有义位及其衍生机制

其他 $A_空$ 之间只有一个共有义位，而"宽、厚"在两个义位上都存在同义关系，分别属于品行域和财产域。陆宗达、王宁（1983）将这类两个词的引申系列之间的重合描述为"段"的重合。两位先生指出这种"段"的重合，是两个因素造成的：一是这些词的引申系列中先有了某义项的相同，也就是先有了"点"的重合；二是在"点"重合后，又都纳入了同一类型的引申规律。鉴于此，本小节在分别解释两个义位的衍生机制的同时，也会考察两个共有义位是否存在引申关系。

3.4.2.1　"宽、厚"性情义及其衍生机制

"宽"有"宽容、宽和"之义。"厚"有"厚道"之义。《现汉》对这些词的解释如下：

---

① 这里的时间方向性与汉语中"上、下"表示的时间方向性（"上"表示靠前的时间点，"下"表示靠后的时间点）相反。这是因为参照点不同，当观察者不动，时间与观察者相向运动时，"前、上"表示过去时间，"后、下"表示未来时间。而当观察者运动，时间不动时，情况与前者相反（参看曾传禄，2005）。

【宽容】形宽大有气度，不计较或追究。
【宽和】形形宽厚温和。
【厚道】形待人诚恳，能宽容，不刻薄。

"宽、厚"何以衍生出性情义呢？我们依然首先考察共有义素的作用。从义素分析法提取出的义素来看，"宽""厚"所共有的义素——[+无方向][+连续距离]，并非"宽、厚"独有，且无法因这两个义素衍生出"性情宽厚"义。回溯"宽、厚"的本义，我们发现"宽"的"宽容"义可能与其本义有关。《说文》："宽，屋宽大也。"房屋面积宽大，则其容纳性就好。因此，从其本义可提取出[+容纳性]。

同样追溯"厚"的本义，《说文》："厚，山陵之厚也。从𦣞从厂。垕，古文厚从后土。""厚"的本义是指土地的厚，而土地具有承载、容纳的特性。《说文》："元气处分，轻清阳为天，重浊阴为地。万物所陈列也。"《周易》："地势坤，君子以厚德载物。"

综上可知，"宽""厚"都含[+容纳性]。这一义素与"待人包容"有相似性，故而发生隐喻映射，"宽、厚"都从空间域投射向性情域，引申出"性情宽厚"义。

3.4.2.2　"宽、厚"财产义及其衍生机制

"宽、厚"都可表示"殷实，富有。"《现汉》释义：

宽❺形宽裕；宽绰：手头宽。
厚❼形（家产）富有；殷实：家底厚。

"宽、厚"的"殷实、富有"义很大程度上与汉语词义发展的民族性有关。比如，英语中相对应的"wide""thick"并没有衍生出此义。

由于词义是经验的，在词义的形成和发展过程中，势必要受到它的民族条件的制约和影响，不同民族生存的地理环境、历史文化传统、心理状态以及民俗风情的不同，必然导致认识上的差异，这种差异反映到词义上，造成了词义的民族特点（王宁，2009：6）。

众所周知，汉民族从古至今生活在大河流域，因而发展出依赖土地的农业文明。土地肥沃、厚实往往能带来粮食的丰收，也因此积累相当的财富。从上小节可知，"厚"的本义形容山陵之厚，与土地有关。汉民族文化中土地与财富的邻近性关系，使得"厚"发生转喻，由空间域投射到财产域，表示"殷实、富有"。

农业文明的影响还体现在汉人安土重迁。《汉书·元帝纪》:"安土重迁,黎民之性。"汉人常定居一地,不喜迁移,因而讲究发财后买房置地。汉语词汇中"门第"一词便是用房屋喻指家世。上小节已指出,"宽"的本义为屋宽大。汉民族文化中的这种财富与房屋的邻近性关系,使得"宽"发生转喻,由空间域投射到财产域,表示"殷实、富有"。

总而言之,"宽、厚"分别基于财富与房屋、土地的邻近性关系,而发生转喻。其转喻的动因根本是词义发展的民族性。

综合分析"宽、厚"的两个共有义位,我们发现"宽、厚"在衍生中出现的"段"的重合具有偶然性。因为"宽厚"义和"殷实、富有"义并没有引申关系,而是基于本义以辐射的方式衍生出的两个义位。这与陆宗达、王宁二位先生所说引申义列的"段"的重合的原因是不同的。

3.4.3　"高、厚"的共有义位及其衍生机制

"高、厚"的共有衍生义位属数量域。"高、厚"作为空间量度形容词,本义既属于空间域又属于数量域,但是在词义衍生中,发展出了与"长、宽、深"相比更加泛化的表示数量大的义位。例如:

高价、高比分、高钙

厚利、厚赠、本钱厚

从上可知,"高、厚"表示数量大时,本义中的空间义素脱离,适用范围更大。为什么"高、厚"可以衍生出"数量大;多"的义位呢?

Wiese(2003:23-33)指出连续量存在两种形式:外延量和非外延量。贺川生(2017)通过举例说明了两者的区别,如下:

3米长的木头可以认为是3个1米长的测量单位相加。

40度温度的一盆水并不是40勺1度温度的水相加而来。

从上可推知,"长、宽、高、深、厚"都属于外延量,即可以通过事物数的增加带来量的增加,基于这样的相关性,"长、宽、高、深、厚"皆可表达离散量,即数目的多少。但语言事实中,仅有"高""厚"有"数量大;多"的意义,"长[①]、宽、深"则没有。这可能与"高、厚"的［＋三维］

---

①　"长"在古代汉语中有表示"多余的"意思,但仅出现在"身无长物"中。据笔者调查,汉语晋方言并州片中,"长"有"数量大;多"的义位。例如:"山药蛋种子长下啦。"从古代汉语和方言中可知,"长"的确有数量大的意义,但使用范围较为有限。

义素有关。三维事物往往比一维和二维事物更加凸显，因此，"高、厚"更易被语言使用者用来表示数量大。同样具有［＋三维］义素的"深"没有衍生出"数量大"的义位是因为"深"同时具有［＋内向］义素，相比较"高、厚"来说，其凸显性不高。

3.4.4 "深、厚"的共有义位及其衍生机制

"深、厚"的共有义位属感情域，都表示感情好，关系密切。《现汉》的释义如下：

深❺（感情）厚；（关系）密切：深情｜两人的关系很深。

厚❸形（感情）深：深情厚谊｜交情很厚。

"深、厚"的共有义位是否由共有义素衍生而来呢？对比二者，我们发现只有一个共有义素［＋三维］。但是，仅凭［＋三维］义素而衍生出感情义缺乏足够的认知理据，且无法解释同样有［＋三维］义素的"高"为什么没有衍生出感情义？值得注意的是，古代汉语中，"深、厚"在空间义曾有同义关系。

（13）"凡耕之道，必始于垆，为其寡泽而后枯。必厚其靮，为其唯厚而及。"（《吕氏春秋·辩土》）高诱注："深也。"

（14）"且夫水之积也不厚，则其负大舟也无力。"（《庄子·逍遥游》）

观察上例，在表达"水""土"之厚时，"深、厚"同义。原因是，不论是言水之深还是言土之厚，都表达的是数量多的意思。因此可分析出，"深、厚"都含有［＋数量多］这一义素，水从浅到深，土从薄到厚，都经历积累的过程。与之相似的是，我们在生活中，判断和衡量人与人之间的关系亲密度也是通过观察双方的相处时间以及双方互相了解的多少。因此，事物经过积累而变得丰富和人与人经过交往而变得亲密存在相似性关系。所以，"深""厚"都衍生出"感情深厚"义。

3.4.5 "高、深、厚"的共有义位及其衍生机制

"高、深、厚"的共有义位都表示"程度深"。例如：

素质高、品位高、格调高

深仇、深呼吸、深信

厚爱、厚望

　　"高、深、厚"的这一义位，意义更加抽象、更加虚化。那么它们意义虚化的机制是什么呢？

　　"高"的"程度深"义应该由"等级在上"义泛化而来。"高"表示"等级在上"时，所描写事物一般都可划分出序列等级，以"年级"为例，如果学制为 6 年，那么一般认为，1 ～ 3 年级为低年级，4 ～ 6 年级为高年级。在表示年级差时，"高"可以在后面带数量短语，表示具体的等级差值，如"哥哥比我高两个年级"。而"高"表示"程度深"义时，表示"超过一般标准和比较对象"，所描写事物没有序列等级，只有一个参照点。从"等级在上"到"程度深"，"序列等级"这一语义成分脱离，"高"的"等级在上"义适用范围扩大，因此产生出更抽象的"程度深"义，详见图 3-13 和图 3-14 的对比：

图 3-13　"高"的"等级在上"义　　　　图 3-14　"高"的"程度深"义

　　"深"表"程度深"义时，其搭配的名词和动词大多数与认知感受相关。如：

　　名词：仇、意、仇恨、思想、心机、印象、资历、

　　动词：知道、懂、愿、研、盼、想、怀、叹、觉、得、信、解

　　我们知道，认知心理的规律一般都是由陌生到熟悉，由表象到本质。而"深"的方向义素是［从外到内］。基于这一相似性，"深"从空间域投射到认知域。这一过程同时也伴随着意义的抽象化。所以，"深"的"程度义"是通过隐喻机制衍生而来。

　　与"深"类似，"厚"在表"程度深"义时，也较多与心理动词组配，如"厚爱、厚望"。可见，其多表示在心理感觉上程度深。那么这个义位从何而来？本研究认为应该直接从空间域衍生而来。其词义衍生的认知起点是"厚"的［＋重］义素。根据我们的认知经验，事物长度、宽度的改变不一定引起重量增加，只是发生形状改变——拉长或拓宽；事物高度、深度的改变也不一定引起重量增加，只是发生位移——升高或进深。当事物厚度改变时则一定引起重量增加。因此推知，"厚"有［＋重］义素。而汉

语中，"重"有表达"程度深"的意义，如"重病、重感冒"，人们可以通过重量来表达程度范畴。同理可推知，"厚"因为具有［＋重］义素，所以可以投射到程度域，表示程度深。

3.5　正向 A$_空$特异义位及其衍生机制

前文我们通过比较"长、宽、高、深、厚"的义位发现，正向 A$_空$在多个义位上形成同义关系，但仍有一些义位是某个 A$_空$独有的。我们将这些义位归纳出来（见表 3-11），并逐一分析特异义位的衍生机制。

表 3-11　"长、宽、高、深、厚"的特异义位分布表 ①

语义域	长	宽	高	深	厚
行事	+				
优势	+				
颜色				+	
难度				+	
等级			+		
标准		+			
味觉					+
品行			+		
听觉			+		+
评价					+

3.5.1　"长"的特异义位及其衍生机制

"长"的特异义位有两个：一个属于行事域，表示"对某事做得特别好"，即擅长，为动词用法；另一个表示"优势"，为名词用法。那么，"长"的这两个义位是如何衍生出的呢？我们知道，"长、宽、高、深、厚"都符合人的正向期待，都含有一定程度的正向评价意义。从这点出发，似乎所有的正向 A$_空$都可能投射到行事域。但语言事实中，唯独"长"衍生出这

---

① 此表中同一横行出现"+"只表示两词共属同一义域，但并没有同义关系。如，"高"和"厚"虽然都在听觉域内表示正向量的义值，但是二者并不表示相同的意义。

两个义位，究竟是什么原因造成的呢？

　　我们首先看"长"的"擅长"义如何衍生而来。我们利用 BCC 语料库，对每个 A_空的搭配特征进行了较为详细的描写，发现与"长"组配的成分中最常见的是工具类，服饰类次之，如表 3-12 所示：

表 3-12　A_空工具、服饰类组配成分占比对比表

组配成分	长	宽	高	深	厚
工具类占比 /%	29.5	6.1	13.1	1.3	16
服饰类占比 /%	23.5	10.6	2.8	—	14.8

　　对比正向 A_空工具、服饰类组配成分的比重，可发现，在正向 A_空中，"长"最常与工具和服饰类成分组配。基于数据的统计，我们猜测，"长"向行事域投射与此相关。这样一来，"长"衍生出"擅长"义的机制也清晰了。其机制是 Goossens（1990）指出的隐转喻（metaphtonymy）机制中的一种——隐喻中的转喻（metonymy within metaphor）。隐喻中的转喻中存在着嵌入（built-in）隐喻的转喻。

　　简言之，嵌入隐喻的转喻就是在两个概念之间仍然以相似性为连接进行隐喻映射，但在两个概念中，还有一些概念要素实际上是以转喻的形式进行对应的。同理，我们认为"长"的"擅长"义衍生机制符合隐喻中的转喻的机制。具体情况如图 3-15 所示：

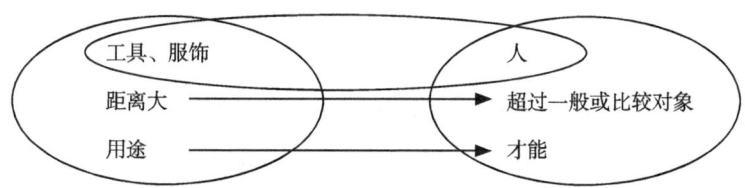

图 3-15　"长"的"擅长"义衍生机制

　　"长"的空间义是"两端距离大"，且常修饰"工具、服饰类"，而行事义表示"某人的才能超越一般人"，整体上看它是以相似性关系产生隐喻映射，但是，其中"工具、服饰"通过"工具—使用者"这一临近关系转喻性地指代了人。因此，"长"的"擅长"义是通过隐喻中的转喻衍生而来的。

　　我们再看"长"的名词用法从何而来。"长"的名词用法应该是动词名化而来。"长"的动词义表示"擅长"，"长"的名词义指称的是"做得好的

方面"。前者表动作，后者可以看作是动作关涉的方面。基于二者的邻近性关系，可以用"擅长"这一动作来转指擅长的方面。汉语中这一类转指较少见，相类似的还有"拐弯、封口"。

3.5.2 "宽"的特异义位及其衍生机制

"宽"有一个特异义位，表示"不严格"。例如：

（15）而今政策宽了，劳动虽说熬苦一些，但吃饭不要再受熬煎。

（16）"宽进"是深化职教招生制度改革的必然，而非应对职教生滑坡的权宜之计。

"宽"的特异性空间义素为［＋二维］，在表示距离大时常指事物的平面。这一义素应来自其本义"屋子宽大"。我们知道，房屋面积宽大，陈列和摆放物品可以不紧凑，彼此疏远。又因疏远可以较方便让事物通达，因此可以产生"标准不严"的意思。将这一衍生过程简化如下：

面积广→疏远→通达→不严格

这一系列的衍生都与因果转喻有关，"面积广"转指"疏远"是由原因转指结果，"疏远"转指"通达"也是原因转指结果，"通达"转指"不严格"则是由结果转指原因。经过三次转喻，"宽"衍生出了"不严格"之义。

那么这一引申系列是否正确呢？

"宽"有"阔"义。那我们可以用"阔"的引申义列加以比较。《说文》："阔，疏也。""疏"本义为"通"后发展出"疏忽"之义。

通过比较，我们验证出"宽"标准义衍生机制应是可信的。

3.5.3 "高"的特异义位及其衍生机制

"高"有三个特异义位，分属听觉域、品行域和等级域。

分属听觉域的声音义比较特殊，是视觉通过通感隐喻关系来喻指听觉。目前对通感隐喻机制的研究并不多见（Caterina et al.，1997），且也多与神经机制相关。较多的通感隐喻集中在隐喻的方向性上（Ullman，1957；Williams，1976），且多是分析不同感觉的不同显著度对映射方向的影响。在此背景下，我们仅解释"高"映射到听觉域的可能性。

与持生理机制观点的学者不同，有的学者认为通感隐喻和其他类型的隐喻一样，遵循着从较具体、可及性高的范畴映射到较抽象、可及性低的范畴的认知规律（赵青青、黄居仁，2018）。比较正向 $A_{空}$ 的语义结构时，我们发现"高"的方向性最为特殊，且上向性在认知凸显度中较高，因此，"高"可能较其他 A$_空$在心理的可及性更高。也因此，"高"更可能发生从视觉域到听觉域的通感隐喻。

品行义和等级义都与"高"的上向性有关。已有心理学的研究证明，在垂直维度的"上—下"方位词能够喻指道德概念的心理现实性，但是这种隐喻映射的方向并非常见的单向性，而是双向性的，即既可以从源域投射向目标域，也可以从目标域投射向源域（参见鲁忠义等，2017）。"高"含有［＋上向性］，基于此心理现实性，因而可以向道德概念投射。

那么"高"的等级义是如何衍生出来的呢？在分析"高"的等级义衍生机制之前，我们需要先讨论一下隐喻映射的方向性。一般认为隐喻映射的方向是单向的，即从源域到目标域，例如由"空间"到"时间"。但单向性似乎无法解释某些源域投射向目标域到底是源自哪些特征。刘正光（2002）曾提出对单向性的质疑，他认为从交际的角度看，喻题与喻体分别起不同的作用，各自的相关特征也不同。喻题充当已知信息，而喻体则是新信息源，或者说喻体说明喻题。那么，喻体的一些属性特征也是喻题的属性特征。因而，根据语言环境的变化，喻题对属性特征具有选择和制约的作用，即潜在地参与确定概念的映射。近年来，心理学实证研究表明，隐喻映射有双向性的特征（鲁忠义等，2017）。

从上可知，在隐喻映射中，目标域对源域的选择是存在的。这样一来，就好解释"高"等级义的衍生机制。"等级"是一个抽象的概念，其属性特征是［＋序列］［＋级差］［＋上向性］，而"高"本身的空间义素是［＋上向性］［＋大］［＋三维］。人类在表达等级义时，会寻找具有类似义素的属性词，而在正向 A$_空$中，只有"高"符合"上向性"特征，因而"高"投射向了等级域。否则，只从"高"空间域出发，难以确定发生隐喻映射的起点。即使确定隐喻映射的起点，仍然无法确定投射方向。

3.5.4　"深"的特异义位及其衍生机制

"深"有两个特异义位，分属颜色域、难度域。《现汉》释义如下：

深 ❸ 形 深奥：由浅入深｜这本书很深，初学的人不容易看懂。

　❻ 形 （颜色）浓：深红｜深绿｜深色｜颜色太深。

从共时层面来分析两个义位，颜色义是有关实体事物的属性，而难度义描写的是抽象事物。根据词义衍生的一般规律，应该是从具体义到抽象义，因而颜色义与空间义的联系更为直接，难度义与空间义的关系较远。那么，两个义位之间是否存在引申关系呢？

首先，分析"深"的颜色义的衍生机制。我们认为，空间义素是衍生出颜色义的重要因素。［＋内向］会引发人们的联想：在自然光条件下，越是进入事物内部深处，光线越暗。这一生活经验很容易将从外到内的位移与明暗度变化联系起来，因而表示从外到内距离大的"深"可以喻指"亮度低，黑暗"。结合语例来看：

深红——暗红

深绿——暗绿

深色——暗色

这三对颜色词，每对的前后两项意义相同。结合百科知识，颜色测量时需借鉴三个参数：色相、饱和度和明度。其中，色相用以区分不同色彩类别，如"红、蓝"；饱和度（纯度）指颜色的鲜艳程度，其高低取决于一个色彩中灰色成分的比例；亮度是眼睛对光源和物体表面的明暗程度的感觉，主要是由光线强弱决定的一种视觉经验。所以"深"表示颜色义时，更符合"暗"的意思。

其次分析"深"的难度义的衍生机制。如果继续以空间义素［＋内向］作为空间义与难度之间的相似性，在心理可及性上较差，且难以在汉语语料中找到足够的证据。我们认为，"深"的难度义应该从"深"的颜色义引申而来，即：

从外到内的距离大→暗→难

这一引申系列是否正确呢？从两个层面可以予以验证：汉语中存在这样的引申系列，其引申机制可以解释。第一个层面，汉语中"晦"同样有"内容隐晦，不易懂"的含义。"晦"的本义是每月最后一天，《说文》："晦，月尽也。"农历月末，月亮几乎看不到，因此引申出"昏暗"，《诗经·郑风·风雨》："风雨如晦，鸡鸣不已。""昏暗"又引申出"隐晦"，《左传》："春秋之称，微而显，志而晦，婉而成章。"其引申系列简化如下：

月末也→昏暗→隐晦

从"晦"的词义引申我们可验证汉语中确实存在由"昏暗"到"隐晦"

的语义衍生。

随之而来的问题是，这样的衍生机制是什么？如图 3-16 所示：

图 3-16　"深"难度义的衍生机制

因为昏暗，所以视觉受限看不清，"昏暗"和"看不清"具有因果关系，基于邻近性，"昏暗"可以转指"看不清"；而"看不清"和"看不懂"存在相似性，因此发生隐喻，"看不清"可以用来喻指"看不懂"；"看不懂"和"深奥"也存在因果关系，可以由"看不懂"转指"难"。经过三次认知操作，"深"的"颜色深"义衍生出"难度大"义，表示"深奥"。

综上所述，"深"的难度义应该来自"深"的颜色义，两个义位存在引申关系。

3.5.5　"厚"的特异义位及其衍生机制

"厚"的特异义位有三个，分别属听觉域、味觉域、评价域。例如：

听觉域，表示"低沉有力"：他的声音非常浑厚。

味觉域，表示"浓"：这酒味道很厚。

评价域，表示"优厚"：感谢公司对我的厚待。

味觉和听觉都属于人的生理感知，因此较为客观。评价依靠人的判断，因此主观性较强。依照客观到主观的认知规律，我们依次对三个义位的衍生机制进行分析。

首先来分析"厚"的味觉义和听觉义。同上文"高"的听觉义一样，这种用视觉来表达味觉和听觉的衍生方式，属于通感隐喻。

赵青青、黄居仁（2018）认为，通感隐喻的制约机制除了受生理机制影响，也受制于从可及性程度高映射到可及性程度低的认知机制。"厚"所表示的"浓"和"声音低沉有力"相较于"扁平物上下两面之间的距离大"更抽象，因此从空间域投射到听觉和味觉两个域是符合认知规律的。我们可以从概念层面来分析"厚"向听觉域和味觉域发生投射的认知动因。我们知道，决定声音音高的是发声体的振动频率，厚的物体相对薄的物体，振动频率低，因而发出的声音比较低沉。早在先秦时期，古人就已经掌握这一规律，并将它应用到乐器制作。比如，在古时编钟的声学设计方面，可以通过改变钟体的厚度来改变其振动频率，厚的钟体能发出更为低沉的声音。基于厚的物体发声较为低沉的这一经验，"厚"从空间域投射到了听觉域。

"厚"衍生出"浓"义，与前文我们提到的"厚"含有［＋重］语义特征有关，实际上，汉语中"重"也可以用来表示味道浓。《吕氏春秋·尽数》："凡食，无强厚，无以烈味重酒。"那么，为什么"厚、重"可以用来形容味道浓郁呢？凡厚重之物，其质量较大，因此耐损耗。同样，味道浓郁的食物，因为其中所含物质较多，所以品尝起来味道经久不散，回味无穷。基于［＋耐损耗］这一相似性，"厚重"与"浓"产生隐喻性的语义关联，"厚"与"重"皆衍生出了味道浓的意义。

"厚"发展出"优厚"义也与［＋重］有关。商代赏赐物品主要以贝为主，周武王、成王、康王的封建赏赐以土地和民人为主（详见景红艳，2006）。可见，先秦时期的赏赐都是以物质财富为主。那么衡量待遇优厚的重要标准就是赏赐物的分量轻重。分量越重，代表待遇越优厚。前文我们已经分析出"厚"含有［＋重］语义特征，自然"厚"也就可以表示赏赐物的分量重。又因为赏赐物厚重与待遇优厚直接相关，所以，基于这一相关性，"厚"衍生出了"优厚"义。

综上，"厚"的特异义位的形成，与［＋重］有密切的关系。而这一语义特征，恰是"长、宽、高、深"没有的。

3.6　结论

本研究归纳总结了正向 $A_空$ 的共有义位和特异义位，并细致分析了它们的形成原因。相较于以往 $A_空$ 的个案研究，从类义角度观察，并运用比较互证的方法能够更为深入地揭示正向 $A_空$ 词义衍生的机制。其认知动因主要包括概念隐喻和概念转喻。并且二者在词义衍生中并不是截然分开的，而是相互作用的。二者的互动类型大致有两种：隐喻中的转喻，隐喻和转喻交替发生。

更为重要的是，通过分析聚合同化的机制，我们发现，"长、宽、高、深、厚"虽然具有类聚关系，但是这五个词没有发生方向一致的对应性引申或虚化，而是两两共有一个义位或某三个词共有一个义位，可见语义类聚只是形成共有义位的必要条件。大部分共有义位的形成是"殊途同归"，即没有因相同义素形成共有义位，而是正向 A空各自衍生路径在某一个语义节点上偶然交合，例如，"宽""厚"的"富有、殷实"义，是从各自本义引申而来的。

　　总之，对于具有类聚关系的某一较小词群，共有义位的形成较少受语义条件相同这一制约因素的影响。多数情况下，是从各自词义中的某一义素出发，在隐喻、转喻作用下，衍生路径偶然交合。

四、汉语母语者心理词汇中的多义词研究 *

4.1　引言

　　一词多义在各种语言中普遍存在，多义现象也是词汇研究关注的一个焦点。学者们细致考察了汉语词义引申现象，并试图用认知理论解释多义词的本义或基本义和引申义之间的关系。学界对多义词的研究大多数依据的是词典中多义词的义项。人们心理词汇中的多义词和词典中的义项一样吗？

　　心理词汇中的词语和词典中的词语有些信息是重合的，但是二者在语音、意义、句法信息以及组织方式等方面都存在很大的不同。例如《牛津高阶英汉双解词典》区分 stand 表示"站立""起立""位于"等具体义和表示"出于某种状态、情形、水平"等的比喻义，但是普通人并不区分这两类意义（Gibbs & Matlock，1997）。总体来说，词典只给出了比较表面的、静态的、不完整的心理词汇，心理词汇中所包含词的信息比词典所提供的要丰富、复杂得多。本研究采用词语联想的方法，考察 78 个身体动作动词在汉语母语者心理词汇中的词义分布情况。

　　* 本节作者钱旭菁。本节内容曾以《汉语母语者心理词汇中的多义词研究——兼论原型义和高频义的区分》为题发表于《词汇学理论与应用》(九)，商务印书馆，2018 年。本研究得到教育部人文社会科学重点研究基地重大项目（项目批准号：15JJD740006）、北京语言大学校级科研项目（中央高校基本科研业务专项资金）(项目编号：15ZDJ05)、北京语言大学梧桐创新项目"汉语第二语言词汇教学的实证研究创新平台"（中央高校基本科研业务专项资金）(项目编号：17PT02) 资助。本节在写作过程中得到张博教授的指导。在此一并致谢。

4.2 研究方法

动词是"世界各语言中普遍存在的词类"（张敏，1998：303），是语言中最重要也是最复杂的一个词类（Miller & Fellbaum，1991：214），也是第二语言词汇学习的重点和难点。而"语言里最典型的动词是表示人的动作的动词"（张伯江，2008：145），因此我们选择汉语中的动作动词作为研究对象。本研究以《同义词词林》（梅家驹，1983）的"动作"类动词中的"上肢动作""头部动作"为考察范围，检索在《汉语水平词汇与汉字等级大纲》（本节简称《词汇大纲》）中属于甲、乙级的单音节动词，同时增补《同义词词林》未收的有关动词。"言语动词"是比较特殊的一类动词，暂不列入本研究的考察范围。

本研究采用词语联想的方法考察母语者心理词汇中多义词的情况。词语联想的具体做法是研究者向被试口头或书面呈现一个词语，要求被试说出或写出脑子里想到的第一个词语。向被试呈现的词语叫作刺激词，被试说出或写出的词语叫作联想词。例如"红～血"[①]，很多人看到或听到"红"，会想到"血"，那么"红"就是刺激词，"血"是联想词。

本研究的被试为北京某大学理工科专业的 80 名本科生和 80 名母语为英语的汉语学习者。

多义词不同的义项之间通常有某种联系。本研究判断是多义词还是同音同形词的主要依据是《现代汉语词典》（第 5 版，本节简称《现汉》），即凡是《现汉》分立条目的，我们都归入同音词，否则就归入多义词。我们对词语义项的描写、统计和分析不包括那些联想词与刺激词构成惯用语、成语的刺激词义项。

通过联想词，我们可以观察到刺激词的词义在被试心理词汇中的分布情况。例如"打"的下列联想词分别反映了被试心理词汇中"打"的不同义项，见表 3-13：

---

① 本研究用"A～B"这样的形式来表示刺激词和联想词的联系，其中波浪线前的 A 是刺激词，波浪线后的 B 是联想词。

表 3-13 "打"的不同联想词所反映的"打"的不同义项

联想词	义项
打~门	❶ 用手或器具撞击物体。
打~碎	❷ 器皿、蛋类等因撞击而破碎。
打~屁股	❸ 殴打、攻打。
打~洞	❺ 建造;修筑。
打~开	⓫ 揭;凿开。
打~灯	⓬ 举;提。
打~电话	⓭ 放射;发出。
打~水	⓰ 舀取。
打~饭	⓱ 买。
打~篮球	㉒ 做某种游戏。
打~哈欠	㉓ 表示身体上的某些动作。

由联想词所反映的刺激词义项我们称为词语联想义项。

4.3 词语联想义项与词典义项的比较

根据我们的统计,刺激词中多义词在《现汉》中的平均义项数为 4.71。母语者词语联想所反映出的平均义项数只有 2.29。彭聃龄等(2003)研究的母语者主观义项数是 2.1。二者都差不多只有词典义项数的一半。这表明人们的心理词汇和词典义项的划分、组织不完全相同,心理词汇中的义项数少于词典义项数,心理词汇对义项的划分没有词典那么细。

人们心理词汇中的主观义项数量少于词典义项数量原因是多方面的。

第一,已经有多项研究表明,普通人和词典编纂者对义项的确定或划分不同。Fellbaum et al.(1998:217-219)让普通人和词典专家确认文章中每个实词的义项,结果发现两个群体义项确定的一致性为 74%。即使给被试呈现词典上的众多义项,他们确认的义项也比词典的义项少(Huang,2003:24)。此外,一般人不区分比喻义和非比喻义(Gibbs & Matlock,1997),这也是一般人心理词汇中义项比词典义项少的一个原因。

第二，多义词不同义项在心理词汇中的表征方式决定了心理词汇中义项数量少于词典义项数量。心理语言学关于多义词不同义项的表征方式有不同的理论。一种理论认为每个多义词只有一个高度抽象的表征，其他义项则是根据语境由这一抽象的表征遵循语用规则推导出来的（Huang，2003：22）。另一种多义词表征理论认为多义词的每个义项单独表征，和同音词的表征模式相同。Klein & Murphy（2001）发现人们并没有注意到某个多义词不同义项之间的联系。不同义项之间重合的部分很少，概念共性也较少（Huang，2003：22）。不管是单一表征论还是各义位分别表征论，不是多义词的所有义项都储存在心理词汇中，因而使得心理词汇的义项数量少于词典的义项数。

第三，词典的各个义项在实际的语言使用中并不一定都出现。78个刺激词在《现汉》中的总义项数是367个，词均义项是4.71。而根据"现代汉语多义词义项频率统计"项目（张博、邢红兵，2006，本节简称"义频语料"）统计的结果，这些刺激词在实际语料中共出现了275个义项，词均义项为3.72。也就是说，将近1/4的词典义项并没有在实际的语言使用中出现。

4.4　原型义与高频义

4.4.1　身体动作动词的原型义一般是本义或较早产生的义项

多义词的各个义项地位并不相同，一般认为多义词有一个义项是基本义。不同学者对基本义的看法不太一样。有的表述为"最常用最主要的意义"（符淮青，2003；安华林，2003：71），有的认为是最常用的且最基本的（胡裕树，1991；黄伯荣、廖序东，1997）。最常用的毫无疑问是最高频的，但对什么是"最主要的""最基本的"，学者们似乎没有明确说明。我们认为上述学者所指的基本义实际上包含着两种意义：高频义和原型义。高频义是多义词在语言实际使用中的最高频义项。原型义则是以典型范畴理论为基础提出的。根据典型范畴理论，多义词的不同意义构成了一个范畴，其中有的义项是该范畴的典型成员，有的义项是边缘成员，不同义项之间具有家族相似性。典型义项往往是人们首先获得的，也是词语最原始、最基本的义，语义范畴就是围绕这个典型义项不断扩展而逐步形成的（张绍全，2009：50）。可见，原型义就是多义词词义的典型成员，其他义项都和原型义项具有某种相似性。原型义是大多数母语者头脑中最容易想到的意思（Durkin & Manning，1989），也就是本研究词语联想所反映的最高频的义项。那么，高频义和原型义之间是什么关系？

我们的词语联想数据显示，78 个动词中的 67 个，即 85.90% 的动词在"义频语料"和词语联想中的最高频义项是相同的，只有大约 15% 左右的刺激词存在差异。即大多数身体动作动词的高频义和原型义是相同的。少数高频义和原型义存在差异的主要原因是母语者词语联想中的最高频义项大部分都是刺激词的本义或者较早产生的义项，而"义频语料"的最高频义项不一定是本义或较早产生的义项。

根据《汉语大字典》和《古汉语常用字字典》所列义项，我们发现词语联想中的最高频义项一般是刺激词的本义或较早产生的义项。

表 3-14　母语者最高频义项为本义或非本义的刺激词数量分布

本义或较早产生的义项	非本义	义项引申关系不明
61	13	4

母语者 78 个最高频义项中有 61 个是刺激词的本义或较早产生的意义。例如《说文解字》对以下一些词的解释是：

闭，阖门也。从门，才所以距门也。

采，捋取也，从木，从爪。

刻，镂也。从刀，亥声。

上述词语的本义也是这些词在母语者词语联想中的最高频义项。

有些最高频义项即使不是词语的本义，也是该词在词义发展过程中产生较早的义项。例如"戴"：

《说文解字》："戴，分物得增益。"段玉裁《说文解字注》："戴，引申之，凡加于上皆曰戴。"《礼记·丧服大记》："皆戴圭。"

这个较早从"戴"的本义引申出来的义项是母语者词语联想中的最高频义项。

原型义与高频义不同的刺激词共有 11 个，如表 3-15 所示：

表 3-15　母语者词语联想和"义频语料"最高频义项不一致的 11 个动词

动词	义频语料	母语者词语联想
拍	❹ 拍摄。	❶ 用手掌或片状物打。
关	❷ 使机器等停止运转，使电气装置结束工作状态。	❶ 使开着的物体合拢。
合	❷ 结合到一起；凑到一起；共同（跟"分"相对）。	❶ 闭；合拢。
挑（tiǎo）	❶ 用竹竿等的一头支起。	❷ 挑拨；挑动。
提	❹ 指出或举出。	❶ 垂手拿着（有提梁、绳套之类的东西）。
接	❹ 接受。	❸ 托住；承受。
投	❷ 放进去，送进去。	❶ 向一定目标扔。
丢	❶ 遗失；失去。	❷ 扔。
夹	❷ 胳膊向胁部用力，使腋下放着的东西不掉下。	❶ 从两个相对的方面加压力，使物体固定不动。
扭	❶ 掉转；转动。	❹ 身体左右摇动（多指走路时）。
吹	❶ 合拢嘴唇用力出气。	❸ （风、气流等）流动；冲击。

在这 11 个动词中，除了"夹""扭""吹"以外，其他动词词语联想的最高频义项都是刺激词的本义或较早产生的意义。

为什么这些动词的最高频义项在词语联想和"义频语料"中不同？这和不同义项所属的概念域有关。有些"义频语料"的最高频义项与词语联想的最高频义项分属不同的概念域。词语联想中"提"的最高频义项属于手部动作概念域，"义频语料"最高频义项属于言语动作概念域。"接"在"义频语料"和词语联想中的最高频义项分别属于抽象和具体两个不同的概念域。"拍"的两个最高频义项分别属于手部动作概念域下不同的子概念域。在词义引申的过程中，词义从一个概念域发展到另一个概念域，后起的意义使用频率可能会高于本义。但人们的心理词汇中比较凸显的是本义，这样实际语料和人们心理词汇的最高频义项就会出现差别。如果不同义项所属概念域的差距太大，那么后起的那个义项可能就不如本义那么凸显。例如"抱❶用手臂围住"是具体的手部动作，而"抱❺心里存着（想法、意见）"属于抽象的思维领域范畴，二者相距甚远。"义频语料"中❶和❺都出现了，词语联想只出现了❶，没有出现❺。即人们看到"抱"这个词，一般想到的只是手部动作，不太会想到"抱"还有表示"心里想"的意思。

上述"义频语料"和词语联想最高频义项不同的 11 个动词中只有"吹"较为特别。其他动词都是词语联想中的最高频义项是本义，"义频语料"中的最高频义项是比较后起的义项；而"吹"则正好相反，"义频语料"中的最高频义项是"吹"的本义，而词语联想中的最高频义项是比较后起的义项。我们进一步观察"吹"各义项在词语联想中的频次，详见表 3-16：

表 3-16 "吹"各义项在"义频语料"和词语联想中的频次分布

义项	义频语料	词语联想
❶ 合拢嘴唇用力出气。	79	19
❷ 吹气演奏。	21	3
❸ （风、气流等）流动；冲击。	38	24
❹ 说大话；夸口。	11	1
❺ 吹捧。	0	0
❻ （事情、交情）破裂；不成功。	5	0
总频次	154	47

由表 3-16 可以看到，词语联想中次高频义项和"义频语料"的最高频义项一样，是"吹"的本义，而且词语联想中最高频和次高频义项的频次其实差别并不太大。

另外，"吹"在词语联想和"义频语料"中的最高频义项的不一致和《现汉》的义项划分也有关系。《现汉》把和"吹"相类似的"刮"分立为两个同音词，"刮[1]"是"刮"的本义"用刀等贴着物体的表面移动，把物体表面上的某些东西去掉或取下来"及其引申义。"刮[2]"表示"（风）吹"。但是"吹"的本义和"风吹"义并列在一个词形下。如果"吹"也像"刮"一样分立两个同音词的话，词语联想跟"义频语料"高频义项的差别可能会消失。

词义反映了人们对客观世界的主观认识，这种主观认识直接来源于人类对自身、对外部物质世界、社会的经历和体验。"人的整个概念系统都植根于知觉、身体运动和人在物质和社会环境中的体验"（沈家煊，2005：2），即所谓的"心寓于身"（embodiment）。那些"不直接源自体验的概念主要是在直接体验的基础上通过隐喻形成的"（王寅，2007：470）。在直接体验中，人们对自己身体的知觉、身体动作、身体对事物的操控等体验是最基本的。反映人们身体动作的手部、眼部、嘴部动词属于一种语言词汇中的基本词汇，古今变化不大，它们的原型义也分别是手部、眼部和嘴部动作义。

而词的本义也具备范畴典型成员的特征："本义是与原始字形相贴切的词的一个义项"，"本义是使用这个语言的民族对客观对象的共同的具体认识被巩固在词里的较早的内容，所以，它的特点能决定词义以后的运动方向"（王宁，1996：54–55）。不管是典型范畴理论，还是我们的词语联想数据都表明，身体动作动词的原型义一般是词的本义或较早产生的意义。

4.4.2　区分原型义和高频义的意义

4.4.2.1　原型义和高频义的区分有利于第二语言学习者学习多义词

虽然高频义和原型义在大部分情况下是一致的，但也有少数不一致的情况。大部分手部、眼部、嘴部动作义既是原型义也是高频义，但也有一些高频义项不是原型义，而是从手部、眼部、嘴部动作义引申出来的义项。例如"扔、投、甩、丢"这一组动词的本义都是"投掷"义，其原型义都是"投掷"，但高频义却不再是"投掷"义，"扔""甩""丢"的高频义是"舍弃"，"投"的高频义是"放进去；送进去"。对于那些原型义和高频义不一致的，第二语言词汇教学要加强对学习者原型义的教学。

多义词义项的演变发展规律体现了人类一般的认知规律，而语言习得也是认知活动的一部分。大部分情况下，词义的习得过程和多义词的演变发展过程相一致。儿童习得母语的多义词主要也是从原型义开始。张云秋等（2010）考察了儿童习得 8 个多义词的情况，其中 6 个词儿童最先习得的是词语的本义。

汉语中部分手部动作动词可表示言说行为，手部动作是本义，言说行为是从手部动作引申而来。如表 3–17：

表 3-17　手部动作义引申为言说义的动词

词	手部动作义	言说义
捧	❶ 用双手托。	❺ 奉承人或代人吹嘘。
拉¹	❶ 用力使朝自己所在的方向或跟着自己移动。	⓭ 闲谈。
提	❶ 垂手拿着。	❹ 指出；举出。 ❼ 谈（起，到）。
扯	❶ 拉。	❸ 漫无边际地闲谈。
指	❸（手指头、物体尖端）对着；向着。	❺ 指出来使人知道；点明。①

　　从手部动作到言说义不仅汉语中存在，其他语言也有类似现象。因此从"手部动作＞口部动作＞言说"这一语义演变模式可能是人类语言语义演变的一个共性，具有类型学上的意义（董正存，2009）。学习者掌握了手部动作动词的原型义和"手部动作＞言说"这一语义演变模式就能把手部动作义和言说义系联起来。反过来，如果学习者只掌握了手部动词的言说义，却不知道其更基本的手部动作义，恐怕就很难把言说义与原型义联系起来。例如动词"提"的原型义是"垂手拿着"，高频义是"指出；举出"。在学习者的词语联想中频次最高的不是核心的手部动作义，而是言说义。这样一方面学习者很难把"提"的言说义和"垂手拿着"联系起来；另一方面，也不容易系联其他由"垂手拿着"引申出来的义项，如"使事物由下往上移""把预定的期限往前挪"等。

　　另外，由于原型义项是联系多义词不同义项的枢纽，掌握原型义项有利于学习者把多义词的各个义项联系起来，构建多义词的语义网络。例如"拍"的原型义是"用手掌或片状物打"，高频义是"拍摄"，学习者词语联想中更多的是"拍摄"义，由"拍摄"义很难把"拍"的各个义项系联起来。再比如"打"的原型义和高频义是"殴打；攻击"，而学习者词语联想中最多的是"做某种游戏"，这个义项不如原型义能更好地系联"打"的不同意义。

　　第二语言的实验研究也表明原型义项有利于学习者学习第二语言的词

---

　　① 《现汉》"指"的义项 ❺ 是用"指点"来解释的，这儿列出的是"指点"的义项 ❶。

义。Verspoor & Lowie（2003）让母语为荷兰语的英语学习者在两种条件下猜测没学过的词的比喻义。一种条件是提供表示目标词原型义的语句，一种条件是提供表示目标词非原型义的语句。结果发现，无论是猜测的正确率还是长时记忆的保持率，提供原型义条件都好于提供非原型义条件。

4.4.2.2   原型义和高频义的区分对外向型学习词典的编纂也有启示

张博、邢红兵（2006）提出了针对留学生的学习词典安排多义词的义项顺序的频率原则，即频次高的义项排列在频次低的义项前。但是该文也看到绝对按照频率高低排列义项有时"会割断义项间的源流关系和语义关联，影响学习者的词义习得"，因此该文提出"在频率相差不大的情况下，应当兼顾词义发展的轨迹和义项间的远近关系"。作为区分原型义和高频义的实践，《新牛津英语词典》（*New Oxford Dictionary of English*，1998）就已经把原型义项而不是最高频义项列为第一个义项（Verspoor & Lowie，2003）。

4.5   结语

通过词语联想研究，我们发现汉语母语者心理词汇中多义词的义项数量少于词典义项数量。心理词汇中多义词的各个义项中有一个占优势的义项，这个义项是多义词的原型义项。身体动作词的原型义一般是词的本义或较早产生的意义。身体动作词的原型义与语料中的高频义大部分一致，但也有少数不一致的。从词典编纂和第二语言习得来看，区分原型义和高频义是必要的。

五、汉语二语学习者词汇语义系统动态发展研究 *

5.1   引言

词汇学习是二语学习中极为关键的环节，因此，词汇习得越来越受到

* 本节作者周琳。本节内容曾发表于《世界汉语教学》2020年第1期。本研究得到北京市社会科学青年基金项目：基于动态系统理论的汉语二语学习者心理词汇发展研究（编号：17YYC018）、对外经济贸易大学中央高校基本科研业务费专项资金（编号：15QN16；CXTD10–08）和北京语言大学梧桐创新项目"汉语第二语言词汇教学的实证研究创新平台"（中央高校基本科研业务专项资金）（项目编号：17PT02）的资助。本节内容曾在《世界汉语教学》青年学者论坛（第6届）上宣读，承蒙北京语言大学江新教授指正，《世界汉语教学》匿名审稿专家对论文初稿提出了宝贵的修改意见，谨致谢忱。文中不当之处，概由笔者负责。

研究者的重视。Nation（1990：24）将学习者习得的词汇分为理解性词汇和产出性词汇，前者指学习者在听读中可以理解的词汇，后者指学习者在说写中可以自由表达的词汇。20 世纪 80 年代开始，学习者写作中产出性词汇的发展受到更多关注，目前已有较多研究成果。随着研究的不断深入，研究者发现，词汇的习得不是一个渐变连续的、从零到近似目的语的线性发展过程，应以一种新的视角重新审视二语学习者的习得过程。在这样的情况下，动态系统理论（Dynamic Systems Theory，DST）成为二语习得研究领域的新兴前沿理论。Larsen-Freeman（1997）最早将 DST 引入二语习得研究。DST 语言观认为，语言是一个由其内部相互联结的子系统组成的复杂、动态系统，语言的发展是多重因素在多层次、多维度不断互动的非线性过程，词汇知识的发展也不例外，它具有复杂系统的所有特征。近些年国内外二语习得研究领域已涌现出若干从 DST 视角对二语学习者词汇发展进行的研究。但总的来说，实证研究的数量仍然不多，而基于 DST 理论针对汉语二语学习者词汇发展的研究更为少见。

5.2　研究现状

5.2.1　二语学习者产出性词汇研究

海外二语学习者产出性词汇研究主要分为三类：（1）二语写作与母语写作中词汇丰富性的对比，如 Linnarud（1986）、Laufer & Nation（1995）等；（2）词汇丰富性与二语写作质量关系研究，如 Hyltenstam（1988）、Engber（1995）等；（3）二语写作中的词汇发展研究，如 Laufer（1991、1994、1998）、Leńko-Szymańska（2002）等。国内同类研究多集中在英语学界，主要从以下几方面展开：（1）产出性词汇知识广度，如席仲恩（1998）、张桂萍等（2005）、卢敏（2008）等；（2）词汇深度知识的发展，如吴旭东、陈晓庆（2000），刘绍龙（2001、2003），谭晓晨（2007），Zheng（2011、2012）；（3）词汇广度与深度知识综合研究，如谭晓晨（2006），崔艳嫣、王同顺（2006），崔艳嫣、刘振前（2011），杨滢滢（2014）等；（4）二语写作中词汇丰富性发展研究，如鲍贵（2008），万丽芳（2010），王海华、周祥（2012），朱慧敏、王俊菊（2013）等。相比之下，汉语二语学习者写作中产出性词汇发展研究则起步更晚，研究成果还不算太多，内容涉及二语写作中产出性词汇量（任春艳，2011；张江丽，2018 等）、词汇广度与深度知识的发展（沈禾玲，2009；张江丽等，2011）、词汇丰富性的发展（黄立、钱旭菁，2003；孙晓明，2009；吴继峰，2016 等）、母语对心理词汇发展的影响（王志军、郝瑜鑫，2014）等方面。

从研究结果上来看，一些研究的结论存在差异，如：黄立、钱旭菁（2003）、孙晓明（2009）和吴继峰（2016）的结果就有不一致之处，黄立、钱旭菁（2003）通过看图作文考察了汉语二语学习者在一个学期内词汇多样性、密度、新颖性、复杂性和偏误率的变化，结果显示，学习者产出性词汇复杂性有显著提高，偏误率有所降低，但另外三个指标无明显变化。孙晓明（2009）通过让初、中、高三个水平的留学生分别书写同一主题作文的方式，考察其产出性词汇复杂性的发展，结果显示，随着留学生汉语水平的提高，虽然其作文中所使用的甲级词比例降低，更高等级词汇比例有所提高，但总的来说，词汇复杂性的提高并不显著。吴继峰（2016）从词汇多样性、词汇复杂性、词汇密度和词汇错误四个维度考察了词汇丰富性在写作中的发展变化特点及其与写作质量的关系，发现随着汉语水平的提高，英语母语者的词汇多样性、词汇复杂性都有显著提高，在词汇错误方面，形式错误逐渐减少，但语义错误大量增加。

从研究方法上来看，这些研究大多是统计学习者在一些特定时间点上的某种词汇能力指标的均值，然后观察其是否产生了显著变化。这种方法的局限在于，只能考察变化的结果却无法洞悉发展的过程，而且仅关注均值可能会导致一些个体差异被忽视。可见，学习者产出性词汇的发展需要一种更新的视角去进一步探明其特征和规律。

5.2.2　基于动态系统理论的二语习得研究

国际二语习得研究领域已涌现出若干从 DST 视角对二语学习者词汇发展进行的实证研究，如：Churchill（2008）、Capsi & Lowie（2010）、Spoelman & Verspoor（2010）以及 Baba & Nitta（2014）等，这几项研究均为纵向历时个案研究，分别对词汇知识的发展过程、接受性词汇知识与产出性词汇知识的转换以及二语学习者写作流利度的发展等问题进行了深入细致的探讨。国内学界对于 DST 的关注度越来越高，不仅对 DST 理论进行了系统梳理（如：沈昌洪、吕敏，2008；王涛，2010；李兰霞，2011；郑咏滟、温植胜，2013；许希阳、吴勇毅，2015；戴运财、周琳，2016；马健俊、黄宏，2016；徐锦芬、雷鹏飞，2017 等），基于 DST 理论的实证也逐渐增多，内容涉及二语学习者写作或口语中词汇与句法的发展等方面（郑咏滟，2011、2014、2015a、2015b；何安平，2015；王海华等，2015；江韦珊、王同顺，2015；陈默、李侑璟，2016；吴继峰，2017；郑咏滟、冯予力，2017；李小鹏、詹全旺，2018）。

5.2.3 现有研究的局限和本研究的目标

综观目前基于动态系统理论的语言习得研究，虽然研究内容逐渐丰富，但还处于起步阶段，仍存在以下不足：

第一，现有研究中基于 DST 考察汉语二语学习者的实证研究匮乏，仅见许陈默、李侑璟（2016）和吴继峰（2017）等。

第二，从研究方法来看，现有研究大多采用横断静态研究的方法，纵深式的历时研究明显不足。横向研究和纵向研究虽各有所长，但若想考察二语者的语言产出在不同维度上的发展变化，更为理想的方法是纵向历时研究，这一研究方法的重要性越来越受到国外学者的重视（Ortega & Iberri-Shea，2005；Ortega & Byrnes，2008），而此类研究在国内还非常少，仅有王海华、周祥（2012），朱慧敏、王俊菊（2013），王海华等（2015），郑咏滟（2015a、2015b）和吴继峰（2017）等少数几项。其中，吴继峰（2017）是目前为数不多的基于 DST 考察汉语二语学习者书面语词汇和句法发展的历时研究，揭示了一位母语为英语的汉语学习者在一年内的词汇变化性、复杂性、句法复杂性和语言准确性四方面的发展特点，填补了此类研究的空缺，但由于个案研究本身的局限性，其结论需要更多后续研究去验证和补充。此外，该研究着眼于词汇和句法两个中观层面，更微观的词义系统的变化发展特征有待进一步探究。

第三，国内现有研究大多在国外学者已建立的研究范式内，对词汇产出的多样性、复杂性和准确性以及句法复杂性等进行研究，未触及词义层面，这可能导致一些问题被忽略。例如，在学习者 A 的作文中出现这样两个句子：

（1）中国制造的东西虽然非常便宜，但是从质量的角度来看，容易坏，不能用上很长时间。

（2）人们可以通过屏幕买东西，这样就不用出去买东西了。

这里出现了两个"用"，依据测量词汇多样性的计算方法（即文本中单词的类符 type 和形符 token 之比 TTR 或 Uber index），类符应计为 1，形符应计为 2。但深入到"用"所呈现的义项来看，根据《现代汉语词典》(第 7 版，本节简称《现汉》)，第一个"用"呈现的是"用❶"，为"使用"义，第二个"用"呈现的是"用❹"，意思是"需要（多用于否定式）"。而在学习者 B 的作文中，"用"也出现了 2 次，类符和形符也应分别计为 1 和 2，但 B 的作文中所呈现的都是"用❶"，看起来 B 的词汇多样性统计数值和 A 相同，但这里却忽略了学习者词义产出的多样性问题。目前为止，鲜有研究关注词义层面的发展变化以及词汇多样性、复杂性与词义发展之间的相互关系。

鉴于此，本研究基于动态系统理论，聚焦词汇语义层面，对汉语二语学习者写作中产出性词汇语义系统的发展进行纵向历时研究。

5.3 研究方法

5.3.1 研究问题

学习者在一个学期的时间内词汇丰富性（lexical richness）和词义产出发展情况如何？即词汇多样性（lexical variance）、词汇复杂性（lexical sophistication）、词义多样性有什么样的发展？词汇丰富性和词义多样性之间在发展过程中是否存在相关关系？如果存在，相关关系有何变化特征？

5.3.2 研究对象

本研究采用历时设计，以北京某大学本科三年级 15 名留学生一学年内 12 次作文为语料（作文话题涉及餐饮、广告、服饰、工作、家电、娱乐等多个方面），探索其作文中自由产出词汇和词义产出发展情况以及二者之间的关系。其中女生 9 名，男生 6 名，母语皆为韩语。他们学习汉语的时长为 2～5 年不等，都通过了新汉语水平考试（HSK）5 级，相互之间的汉语水平有一些差异。

5.3.3 研究步骤

研究材料为 15 名学生的不限时作文[①]。笔者在研究期间担任这些学生

---

① 在本研究进行过程中，参加学习的学生共为 30 人，其中有 11 名学生没有按规定的时间交齐作文（期末补交的作文被排除在外）。另外，在分析语料的过程中，我们发现有 4 名学生的作文表述与网络上的某些文章过于近似，可能存在抄袭现象，这些语料也被排除。

的汉语综合课教师。该门课程为学生的必修课，一学年两个学期各安排 18
个教学周，每周上课 2 次，每次 2 课时（每课时长度为 45 分钟），两个学
期共 144 课时。在每个学期的教学中，每 3 周完成一课的教学任务（每课
学习 30 ～ 35 个生词，5 ～ 7 个语法点和一篇 1000 ～ 1500 字左右的课文），
然后结合当课的话题给学生布置一篇 300 字左右的作文，由学生在课后不
限时完成，可查阅词典及参考书，体裁均为议论文。两个学期各收集 6 次
语料，共计 180 篇作文。[①] 学生在写作时并不知该语料将被用于研究。我们
将学生的作文逐一转写为电子文本，然后利用自行设计的分词软件 [②] 对文
本进行分词和词频统计，请母语为汉语的汉语国际教育专业在读硕士研究
生 [③] 对分词结果进行人工校对，并依据《现汉》对语料中使用正确的名词、
动词、形容词义项及义频进行标注。

5.3.4　测量维度及工具

5.3.4.1　测量维度

自由产出性词汇是指一个人在不受限制的情况下可以使用的词汇。实
际研究中，词汇丰富性是衡量学习者产出性词汇质量的重要指标。关于词
汇丰富性的测量维度，学者们有不同的观点。Laufer & Nation（1995）认
为可从词汇多样性（即文本中单词的类符—形符之比）、词汇密度（即文本
中实词占总词数的比例）、词汇复杂性（即文本中低频单词占总词数的比例）
和词汇独特性（lexical originality）四个维度来测量。Engber（1995）认为词
汇密度不应作为测量学习者词汇使用情况的有效工具，但词汇错误（lexical
error）则是有效测量维度。Read（2000：200）提出应从词汇多样性、词汇
复杂性、词汇密度和词汇错误四个维度来测量词汇丰富性，这四个维度也
是目前研究中使用最多的。吴继峰（2016）指出，用于计算英语词汇密度
的公式不适合汉语词汇密度的测量。又因本研究所使用的语料中词汇错误
的数量相对较少，所以我们采用 Read（2000：200）研究框架下的两个测

①　理想状态下，被试语料收集间隔时间越密集、收集次数越多越好，但限于教学进度的安
排，在一个学期仅能采集 6 次作文。因为采集数据次数有限，本研究使用蒙特卡洛模拟通过五千次
随机从原始数据中再抽样，重新模拟计算数据间的关系，并与原始数据的相关关系进行比较，可在
一定程度上降低不规则、小样本数据的偶然性和不稳定性。今后，我们将进行更长观测周期的历时
研究，对现有研究结果进行补正。

②　衷心感谢对外经济贸易大学中文学院的唐兴全副教授将自行研发的分词软件提供给笔者。

③　对外经济贸易大学中文学院的张桂娜、邱海红、马静、李俏四位同学在语料整理方面帮助
笔者做了大量工作，在此表示衷心感谢。

量维度，即词汇多样性、词汇复杂性。

关于词汇知识的衡量标准，学界已有共识，认为词汇知识至少应包含质和量两个维度。以往对词汇多样性的考察着眼于学习者所产出的词语数量，无论是计算类符和形符之比还是以此为基础产生的公式变体，关注的都是学习者所使用的词语数量，计算的过程都是将可能承载多个义项的词当作一个整体来看待。而事实上，我们在自由表达中产出的可能是一个词的不同义项。有的学习者仅掌握某些词语的某个义项，而有的学习者掌握多个义项，这就涉及词汇产出的质的方面，但这方面在以往的研究维度下难以测查到。[①]Nation（1990：27）在论述词汇深度知识的构成时指出，掌握一个词意味着了解它的形式、位置、功能和意义。可见，掌握一个词的全部意义和用法的程度是衡量词汇深度知识的一个重要指标，也应成为词汇丰富性的测量维度之一，我们将其称为"词义多样性"，它用来衡量学习者对词语各个义项的掌握情况。

综上，本研究将词汇丰富性的测量维度定为词汇多样性、词汇复杂性和词义多样性。

5.3.4.2　词汇和词义多样性的测量工具

Read（2000：200）指出，词汇多样性是指使用多种不同的词，如同义词、上位词或其他关系的词，而避免多次重复使用相同的词。早期测量词汇多样性的方法是测算文本中单词的类符（type，即文本中不同词的个数，重复出现的词只计为 1 个类符）和形符（token，即文本中出现的所有词的个数）之比，简称 TTR。但后来研究者发现 TTR 会受到文本长度的影响，于是采用了曲线拟合的方法（curve-fitting approach）来消减文本长度这一影响因素，计算形符和类符比值的各类公式及变体应运而生，其中 Uber index 被公认在处理小样本语料时准确性较高（详见 Jarvis，2002）。因为本研究中每篇作文的字数在 300 个左右，属于小样本，所以采用 Uber index 来测量词汇多样性，计算公式如下：

$$U = \frac{(\log \text{Tokens})^2}{(\log \text{Tokens} - \log \text{Types})}$$

---

① 前文所举关于"用"的例子正是这种情况的体现。

我们发现，深入到词义的层面，在一个文本中出现的所有义项的个数（也可以看作义频）与文本中不同义项的个数之间的关系跟形符和类符之间的关系类似。例如：

（3）我是性格很开朗的人。很善于跟别人沟通。其实，我<u>想</u>应聘的岗位是管理培训生的岗位。我<u>想</u>，当管理培训生的时候，最重要的就是性格。……对在化妆品公司工作的员工来说对化妆品没什么兴趣，那么工作的愉快吗？我<u>想</u>兴趣和态度有着相关的关系。

在上述文本中，多义词"想"呈现了两个义项，分别是："想❸：希望，打算"和"想❷：推测，认为"，其中"想❷"出现了2次，"想❸"出现了1次，那么多义词"想"在这里所呈现的所有义项个数应为3，所呈现的不同义项个数应为2。基于上述分析，参考词汇多样性的测算理念，我们尝试用文本中名、动、形三类实词的不同义项个数与它们在文本中所出现的所有义项数之比来计算词义多样性，以测量文本中词义呈现的情况，其所体现的是学习者掌握同一个词不同义项的能力，计算公式如下：[①]

词义多样性＝文本中不同义项个数 / 文本中包含的词的所有义项个数

5.3.4.3　词汇复杂性的测量工具

词汇复杂性是指在产出的词汇中选择使用更适合主题的低频词，而不是日常的普通词汇，使用专有名词、术语和其他有特点的词来精确地表达作者的意思（Read，2000：200）。Laufer（1991）将词汇复杂性定义为"高级词汇在总词数中所占的比重"，并指出"如何定义'高级词汇'应该根据学习者的水平来决定"。根据本研究所调查的学习者的总体水平，我们将《汉语国际教育用音节汉字词汇等级划分》(本节简称《等级划分》) 中包含在"中级词汇"（3211 词）、"高级词汇"（4175 词）、"高级'附录'词汇"（1461 词）三个词表内及超出《等级划分》之外的词汇定为"高级词汇"。本研究中词汇复杂性的计算方法是每篇作文中出现上述"高级词汇"的类符数占总类符的比例。

---

① 从理论上说，这个公式的计算结果也会受到文本长度的影响，但由于本研究所收集的文本大约都在 300 字左右，字数差异不大，因此文本长度的影响可以忽略。

5.3.5　数据分析方法

5.3.5.1　移动极值图

移动极小–极大值图表（简称极值图）最早由儿童母语习得研究的领军人物 van Geert（van Geert & van Dijk，2002）首创并用于儿童母语习得研究，Verspoor et al.（2008）将其应用到二语发展研究中。该图表的制作原理是：根据测量数据的次数将数据划分为若干个移动的子系列，称为移动窗口。比如在我们的数据中，每个学习者的测量次数为 12，可以把每 3 次测量点作为一个移动窗口，并对 3 个测量点进行极小值、极大值计算，得出两组相应的数据，然后再顺次移动 1 个数据格，进行第二个子系列的计算具体形式如下：

min (t1...t3)，min (t2...t4)，min (t3...t5)，min (t4...t6)，etc.

max (t1...t3)，max (t2...t4)，max (t3...t5)，max (t4...t6)，etc.

将这两组数据绘成线性图表就可看到发展中的波动变化规律。

5.3.5.2　再抽样技术和蒙特卡洛模拟

由于动态系统理论的实证研究往往进行个案及小样本研究，数据的统计学意义常会被质疑。再抽样技术和蒙特卡洛模拟可以在一定程度上解决这个问题，可以确定小样本、不规则数据的统计意义。再抽样技术即从原始数据中随机抽取子样本，使之重新排序。蒙特卡洛模拟通过几千次随机从原始数据中再抽样，重新模拟计算数据间的关系，并与原始数据的相关关系进行比较。Verspoor et al.（2011）详细介绍了上述分析方法的具体操作步骤。

5.4　结果及讨论

我们对三个维度的均值在一学年中的发展情况进行单因素方差检验，结果表明，词汇多样性（$F = 5.69$，$p < 0.05$）、词汇复杂性（$F = 3.73$，$p < 0.05$）和词义多样性（$F = 4.26$，$p < 0.05$）在 12 次测量间均有显著差异。

5.4.1　词汇多样性的发展

15 位学习者在一学年中的产出性词汇多样性发展情况如表 3–18 所示：

表 3-18　15 名学习者词汇多样性（U 值）发展情况表

学生		次数											
		1	2	3	4	5	6	7	8	9	10	11	12
1	PSR	30.45	24.57	16.92	20.00	35.17	24.53	24.81	25.68	24.68	22.42	25.79	26.80
2	PZM	20.99	24.13	17.49	17.13	24.46	13.06	20.30	18.87	17.28	23.05	25.14	17.08
3	QXY	21.67	18.94	19.14	21.11	38.89	27.18	20.90	17.74	16.41	16.18	19.26	19.73
4	QZC	29.07	26.47	19.26	38.60	27.02	26.11	19.68	15.77	20.26	24.73	19.94	20.30
5	PHZ	21.74	22.55	22.18	29.77	40.37	24.54	26.97	19.39	22.03	31.22	19.74	35.49
6	SHY	20.53	21.48	25.68	19.49	25.29	19.79	22.49	19.39	21.76	16.54	15.88	18.69
7	WYQ	19.33	19.69	18.69	14.28	18.45	15.84	16.15	26.26	16.03	14.54	18.07	17.28
8	ZMZ	27.66	19.38	22.25	15.06	34.77	15.48	24.71	18.23	17.78	17.78	28.48	19.12
9	ZXL	23.85	22.73	23.39	20.46	27.21	29.91	20.97	28.80	25.28	24.88	21.08	24.68
10	JDE	20.29	24.06	18.29	27.82	33.01	19.97	22.49	23.13	18.16	22.19	21.94	13.83
11	WZH	21.99	21.17	18.86	21.75	32.01	29.64	13.89	22.03	18.29	23.09	25.85	17.47
12	YHY	21.26	19.62	18.05	19.59	27.82	17.76	23.90	21.93	20.01	25.40	23.13	18.38
13	JXZ	27.79	26.89	23.64	30.43	23.84	24.01	29.76	28.10	27.23	27.58	29.37	35.30
14	LSL	25.08	19.60	23.64	20.90	31.07	29.55	22.46	17.99	19.53	19.59	28.40	20.21
15	QMJ	28.56	18.48	17.21	20.17	15.77	19.25	14.71	20.10	26.46	19.59	15.53	15.70
平均值		24.02	21.98	20.31	22.44	29.01	22.44	21.61	21.56	20.75	21.92	22.51	21.34
标准差		3.74	2.76	2.84	6.51	6.99	5.55	4.36	4.03	3.69	4.59	4.52	6.54

　　图 3-17 直观描绘了自由产出词汇多样性均值的波动发展。总的来说，15 名学生产出性词汇多样性在前 3 次作文中呈现一定下滑，从第 4 次作文开始出现回升，在第 5 次达到峰值，之后又出现回落，从第 6 次作文开始进入相对平稳的发展阶段。我们用二元六次多项式拟合了 15 名学习者产出性词汇多样性在一学年中的发展趋势。

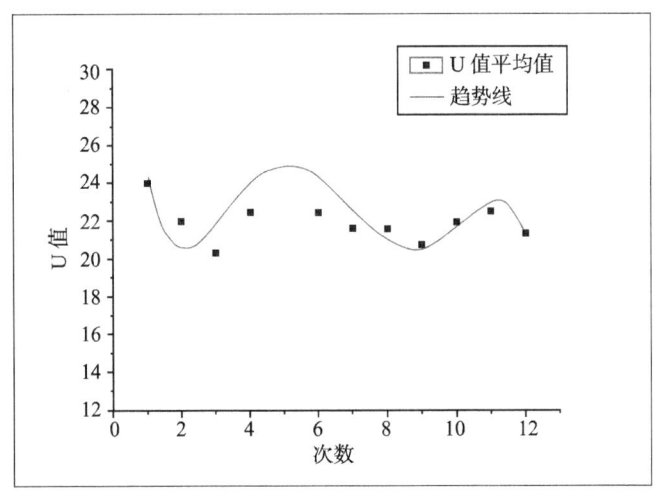

图 3-17   15 名学生自由产出词汇多样性（U 值）均值发展趋势图

以上我们从 U 值的均值来观察 15 名学习者整体词汇多样性发展。但我们知道，并非每个学生都遵循整体趋势发展。有的学生在词汇多样性方面的表现和平均趋势有所不同，这时如果单纯观察均值，就有可能掩盖学习者发展的特性。传统研究往往只关注整体发展趋势，而"学生之间的差异经常对二语习得研究的意义更大"（文秋芳，2009）。动态系统理论的优势之一就是能够突破以往重均值轻个体的研究定式，在关注群体发展特征的同时也关注个体发展的特性。我们依据 Baba & Nitta（2014）的方法，计算 15 名学习者自由产出词汇多样性与数据采集次数之间的相关性，并筛选出相关性最高的两位学生 JXZ（$r = 0.52$, $p < 0.05$）和 SHY（$r = -0.58$, $p < 0.05$），对他们的词汇多样性发展进行深入具体描述。数据显示，随着时间的延长，JXZ 的词汇多样性呈现增长趋势，而 SHY 的词汇多样性则呈现下降趋势。

我们使用移动极值图分别描绘两位学生词汇多样性的动态发展轨迹。本研究总的测量次数共计 12 次，我们把每 3 次测量点作为一个移动窗口，并对 3 个测量点进行极小值、极大值计算，得到两个移动极值图（图 3-18、图 3-19）。

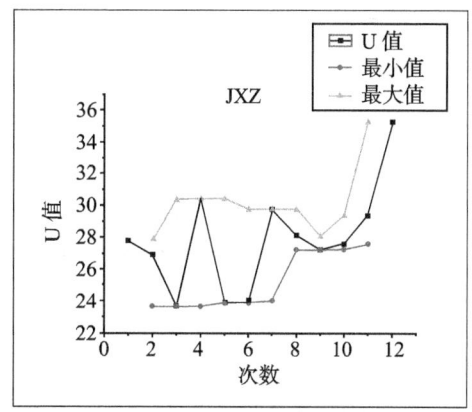

图 3-18　JXZ 词汇多样性移动极值图

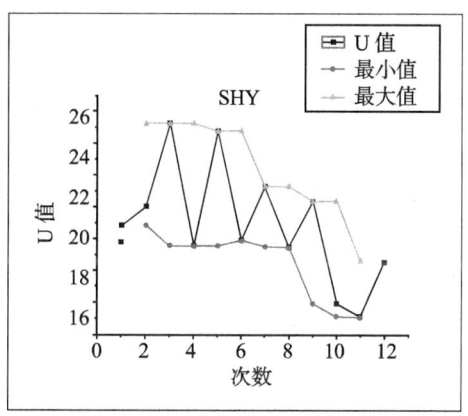

图 3-19　SHY 词汇多样性移动极值图

　　从图 3-18 可见，JXZ 的产出性词汇多样性在前 7 次作文中波动较大，从第 8 次作文开始，最大值和最小值之间的差距开始缩小，进入一个相对稳定的发展阶段，在第 12 次作文中，其词汇多样性又出现较大增长，如果本次历时研究继续观察下去，也许会观察到其词汇多样性进入更高水平的稳定发展阶段。从图 3-19 来看，SHY 的产出性词汇多样性在前 6 次波动较大，并从第 7 次作文开始呈现缓慢下降的趋势。我们使用蒙特卡洛模拟（5000 次）来检验两位学生各自所呈现的发展趋势是否属于偶然。结果显示，JXZ、SHY 的数据 p 值分别为 0.0128 和 0.0002（$p < 0.05$）。从蒙特卡洛检验数据来看，两名学生词汇多样性的发展与作文次数的相关性都显著，JXZ 的产出性词汇多样性在一个学期内显著增长的趋势和 SHY 词汇

多样性的下降趋势都是比较确定的，并非偶然现象。

5.4.2 词汇复杂性的发展

考量学习者产出性词汇丰富性的发展不仅要看其所使用的不同的词语的情况，还要看其所使用的词语是低频词还是高频词，这就需要进一步观察词汇复杂性的发展。15 名学生在一个学年内的词汇复杂性发展情况见表 3-19。

表 3-19　15 名学习者词汇复杂性发展情况表

学生		次数											
		1	2	3	4	5	6	7	8	9	10	11	12
1	PSR	0.17	0.30	0.59	0.24	0.53	0.44	0.41	0.49	0.52	0.44	0.47	0.48
2	PZM	0.34	0.21	0.19	0.07	0.39	0.37	0.50	0.34	0.26	0.34	0.15	0.15
3	QXY	0.34	0.22	0.16	0.13	0.44	0.44	0.28	0.22	0.31	0.36	0.38	0.42
4	QZC	0.38	0.30	0.39	0.34	0.33	0.47	0.31	0.29	0.23	0.26	0.40	0.42
5	PHZ	0.38	0.34	0.30	0.23	0.36	0.37	0.31	0.29	0.31	0.41	0.36	0.28
6	SHY	0.25	0.29	0.35	0.22	0.28	0.47	0.40	0.24	0.37	0.31	0.36	
7	WYQ	0.29	0.21	0.21	0.21	0.33	0.08	0.19	0.33	0.20	0.28	0.25	0.29
8	ZMZ	0.21	0.25	0.24	0.17	0.35	0.54	0.28	0.25	0.16	0.22	0.32	0.24
9	ZXL	0.12	0.21	0.30	0.25	0.33	0.32	0.26	0.27	0.20	0.23	0.37	0.33
10	JDE	0.31	0.26	0.32	0.25	0.37	0.26	0.48	0.4	0.23	0.46	0.43	0.2
11	WZH	0.28	0.26	0.22	0.33	0.30	0.30	0.38	0.38	0.28	0.27	0.33	0.19
12	YHY	0.16	0.21	0.21	0.22	0.34	0.12	0.27	0.29	0.26	0.24	0.45	0.21
13	JXZ	0.40	0.48	0.38	0.25	0.31	0.36	0.45	0.39	0.37	0.35	0.46	0.38
14	LSL	0.34	0.32	0.28	0.26	0.46	0.21	0.29	0.34	0.22	0.31	0.46	0.32
15	QMJ	0.37	0.30	0.29	0.32	0.37	0.61	0.27	0.44	0.28	0.27	0.29	0.14
平均值		0.29	0.27	0.30	0.23	0.36	0.34	0.34	0.34	0.27	0.32	0.36	0.29
标准差		0.09	0.07	0.10	0.07	0.07	0.14	0.09	0.07	0.08	0.07	0.09	0.10

图 3-20 直观描绘了 15 名学生自由产出词汇复杂性均值的波动发展。

从总体上说，词汇复杂性在前2次作文中出现下滑，在第3次作文有小幅上升，在第4次作文出现下滑，在第5次又大幅回升，从第6次到第8次进入相对平稳发展阶段，从第9次开始又出现较大波动起伏。我们用二元六次多项式拟合了15名学习者词汇复杂性的发展趋势线，总的来说呈现波浪式上升趋势。

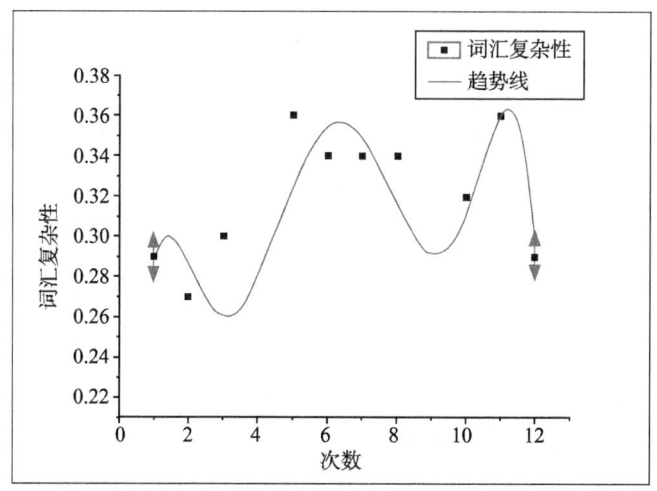

图 3-20　15名学生自由产出词汇复杂性均值发展趋势图

通过计算15名学生的词汇复杂性与数据采集次数之间的相关性，筛选出相关性最高的两位学生 PSR（$r = 0.518, p < 0.05$）和 ZXL（$r = 0.501$, $p < 0.05$），他们的词汇复杂性发展的移动极值图如图3-21、图3-22所示：

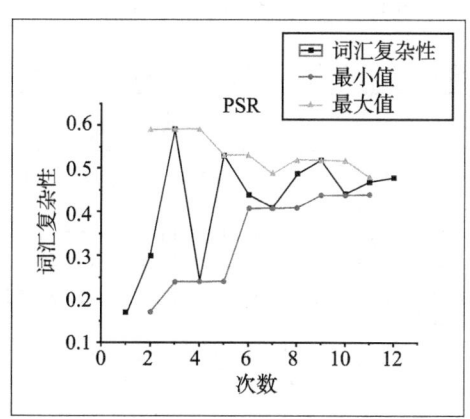

图 3-21　PSR 词汇复杂性移动极值图

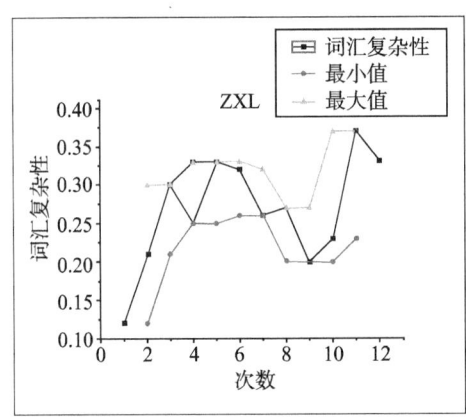

图 3-22　ZXL 词汇复杂性移动极值图

图 3-21 显示，PSR 的词汇复杂性在前 4 次作文中波动较大，从第 5 次作文开始，最大值和最小值之间的差距开始缩小并呈现稳步发展；从图 3-22 来看，ZXL 的词汇复杂性变化波动则一直较大。我们同样使用蒙特卡洛模拟检验两位学生各自所呈现的发展趋势是否属于偶然，结果显示，PSR、ZXL 的数据 p 值分别为 0.0231（$p < 0.05$）和 0.92（$p > 0.05$），说明 PSR 目前所呈现的词汇复杂性发展趋势的确进入了相对稳定的状态，并非偶然，而 ZXL 的词汇复杂性具有一定的偶然性，尚未进入稳步发展阶段。

5.4.3　词义多样性的发展

15 名学生的词义多样性发展情况如表 3-20 所示：

表 3-20　15 名学习者词义多样性发展情况表

学生		次数											
		1	2	3	4	5	6	7	8	9	10	11	12
1	PSR	0.78	0.77	0.64	0.71	0.89	0.82	0.75	0.74	0.66	0.69	0.69	0.75
2	PZM	0.84	0.75	0.69	0.84	0.70	0.77	0.67	0.55	0.61	0.71	0.68	0.68
3	QXY	0.68	0.62	0.64	0.63	0.89	0.76	0.69	0.64	0.49	0.52	0.54	0.61

续表

学生		次数											
		1	2	3	4	5	6	7	8	9	10	11	12
4	QZC	0.80	0.71	0.8	0.94	0.77	0.81	0.75	0.48	0.67	0.71	0.69	0.67
5	PHZ	0.59	0.52	0.57	0.74	0.86	0.66	0.75	0.62	0.64	0.82	0.66	0.83
6	SHY	0.69	0.55	0.68	0.76	0.78	0.60	0.69	0.51	0.61	0.50	0.37	0.54
7	WYQ	0.56	0.55	0.41	0.46	0.46	0.51	0.56	0.75	0.68	0.52	0.56	0.49
8	ZMZ	0.63	0.60	0.70	0.56	0.91	0.61	0.75	0.58	0.62	0.63	0.62	0.57
9	ZXL	0.76	0.56	0.68	0.68	0.84	0.69	0.90	0.73	0.66	0.69	0.65	0.78
10	JDE	0.65	0.61	0.63	0.78	0.90	0.69	0.66	0.68	0.57	0.60	0.64	0.56
11	WZH	0.81	0.65	0.62	0.80	0.78	0.74	0.6	0.68	0.71	0.60	0.60	0.63
12	YHY	0.65	0.56	0.62	0.82	0.59	0.63	0.61	0.60	0.75	0.73	0.57	0.65
13	JXZ	0.76	0.82	0.73	0.78	0.85	0.82	0.80	0.70	0.76	0.74	0.76	0.81
14	LSL	0.63	0.64	0.68	0.81	0.76	0.78	0.72	0.46	0.53	0.6	0.73	0.61
15	QMJ	0.84	0.64	0.59	0.65	0.79	0.67	0.67	0.56	0.83	0.61	0.39	0.42
平均值		0.71	0.64	0.65	0.73	0.78	0.70	0.70	0.62	0.65	0.64	0.61	0.64
标准差		0.09	0.09	0.08	0.12	0.12	0.09	0.08	0.09	0.08	0.09	0.10	0.11

图 3-23 描绘了 15 名学生词义多样性的发展，学习者的词义多样性在第 3 次作文时出现上升，在第 5 次作文时到达峰值，之后一直呈现下降趋势。总体而言，在我们所观察的时间范围内，学习者的词义多样性呈现波浪式发展，但多数时间呈现下降趋势。

计算 15 名学生的词义多样性与数据采集次数之间的相关性之后，我们筛选出相关性最高的两名学生 SHY（$r = -0.633$，$p < 0.05$）、QMJ（$r = -0.580$，$p < 0.05$），他们的词义多样性发展的移动极值图如图 3-24、图 3-25 所示。

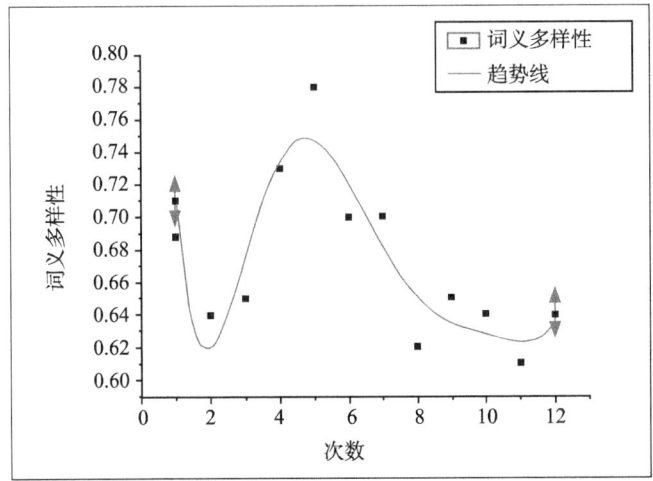

图 3-23   15 名学生自由产出词义多样性均值发展趋势图

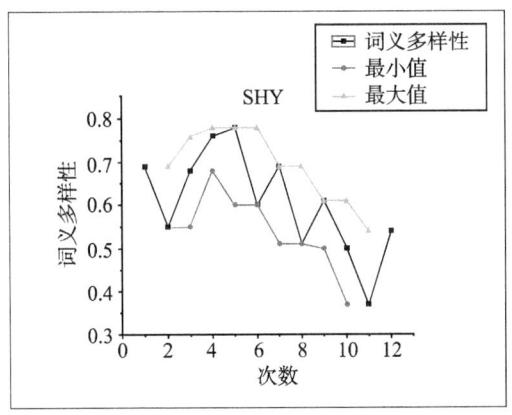

图 3-24   SHY 词义多样性极值图

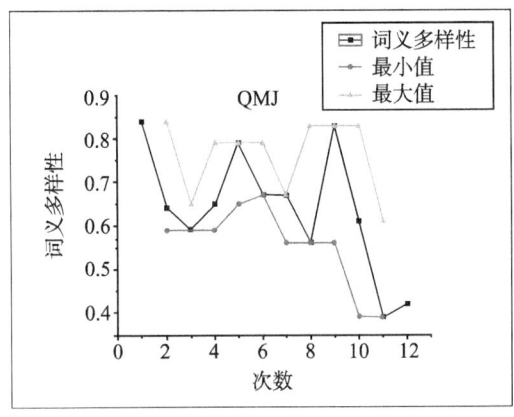

图 3-25   QMJ 词义多样性极值图

从两名学生词义多样性发展的移动极值图来看，SHY 的词义多样性在第 3 次作文之后进入一个较高水平，在第 5 次之后又出现下降，但最大值和最小值之间的带宽未出现明显变化；QMJ 的词义多样性则一直处于震荡起伏之中。再次用蒙特卡洛模拟（5000 次）来检验两名学生所呈现的发展趋势是否属于偶然，结果显示，SHY 和 QMJ 的数据 p 值分别为 0.19 和 0.81，说明两位同学的词义多样性发展趋势都尚未进入稳定发展阶段。

此外，基于前文所述类符和形符与文本中不同义项数和所有义项数之间的相似关系，为验证用于计算词汇多样性 Uber index 的公式是否也适用于计算词义多样性，我们将 12 次不同义项个数和所有义项数的均值代入公式中，即：

$$词义多样性 = \frac{(\log 所有义项数)^2}{(\log 所有义项数 - \log 不同义项个数)}$$

然后将基于原始公式"不同义项个数 / 所有义项个数"计算得出的值与 Uber index 值进行比较，结果显示两组数据的拟合优度 $R^2 = 0.741$，拟合度比较好[①]。基于本研究的数据分析，用于计算词汇多样性的 Uber index 也可用于表征词义多样性。具体如图 3-26 所示：

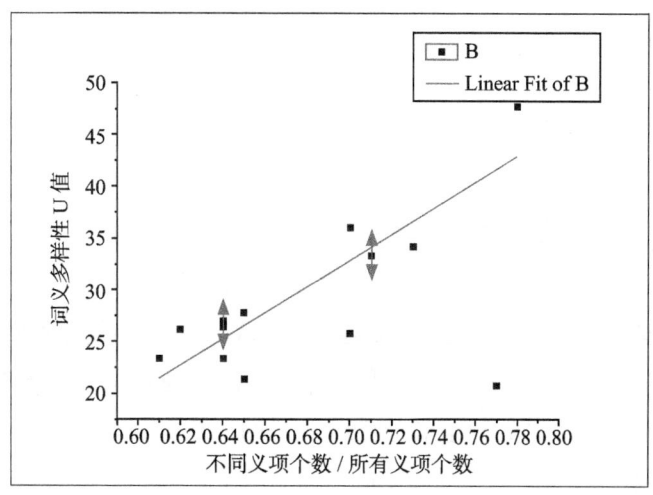

图 3-26　两组数据线性拟合图

---

① R^2 可以反映拟合结果的好坏，越接近 1，说明拟合结果越好，负数则说明结果偏差过大。线性拟合中，只要满足 $R^2 > 0.49$ 就说明较好地满足了线性。

5.4.4   不同维度间的关系

我们对 15 名学生的词汇多样性、词汇复杂性和词义多样性这三组指标均值进行了皮尔逊相关性检验[①]。结果显示,15 名学生的词汇多样性和词义多样性存在显著正相关（$r = 0.740$，$p < 0.01$），词汇多样性与词汇复杂性之间的相关性不显著（$r = 0.369$，$p = 0.238$），词汇复杂性和词义多样性之间也不存在显著相关性（$r = -0.12$，$p = 0.970$）。对词汇多样性和词义多样性数据进行蒙特卡洛模拟（5000 次）显示，$p = 0.159$，说明两者无显著差异，即两者的发展趋势大体是一致的，在很大程度上是同步发展的。我们根据 Verspoor et al.（2011：176-181）的方法对三个维度的原始数据进行去趋势化（detrending）处理，之所以"去趋势化"，是因为基于原始数据所绘制的趋势线可能会掩盖各个数值点的实际发展轨迹而与真实情况有所偏差。具体如图 3-27 所示：

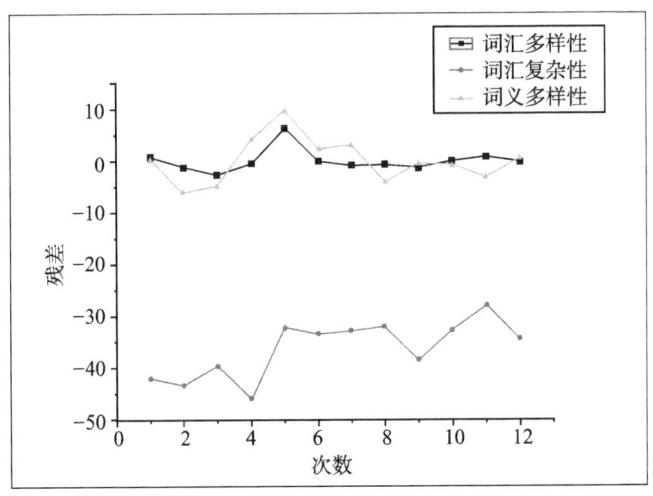

图 3-27   词汇多样性、复杂性和词义多样性发展的去趋势化图

从图 3-27 也可以看出，词汇多样性和词义多样性的发展趋势大体相近，而词汇复杂性的发展则和其他两个指标的发展轨迹有一定差异。

5.4.5   讨论

从我们所考察的学习者一学年产出性词汇的多样性、复杂性和词义多样性的发展轨迹来看，词汇语义的各项指标并非直线匀速发展，而是表

[①]   词汇复杂性和词义多样性的单位为"%"。

现出曲折性和跳跃性，体现了产出性词汇的复杂、动态系统特征，这与以往研究的发现一致（Verspoor et al.，2008；Spoelman & Verspoor，2010；Baba & Nitta，2014；郑咏滟，2015a；吴继峰，2017）。在相同的教学环境下，学习者的二语词汇语义系统也并非沿着相同的路径发展，有的学习者具有自己独特的发展路径。我们在分别考察 15 名学习者的词汇多样性、词汇复杂性和词义多样性的发展时，都可以找出和整体发展趋势不一致的学生，再次印证了 Larsen-Freeman（2006）和 Larsen-Freeman & Cameron（2008）的结论。

　　本研究显示，在我们所考察的时间段内，15 名学习者产出的词汇多样性和词汇复杂性发展不具备显著相关性。这与郑咏滟（2015a）和吴继峰（2017）的研究结果不太一致。这两项研究显示，学习者产出性词汇多样性和词汇复杂性在很大程度上是密切相关的，呈现相互支持的关系。我们认为，这可能因为在二语词汇能力发展的某一阶段，学习者的词汇语义系统各维度发展并不同步。例如，在我们所考察的发展时段内，JXZ 和 SHY 的词汇多样性发展十分显著，但其词汇复杂性则未出现显著发展。由于学习者的认知资源有限，当他们还没有足够的能力同时关注词汇语义系统的各个维度时，只能将有限的资源先分配给某一维度。在跨越了该阶段之后，某些维度可能会进入协同发展阶段（如，进入词汇多样性和词汇复杂性协同发展阶段）。本研究中的 15 名学习者与吴继峰（2017）中学习者的二语词汇语义系统可能处于不同的发展阶段。本研究中的学习者词汇多样性虽然在发展，但可能所使用的词汇仍主要局限在常用词，尚未发展到能够系统产出更高等级词汇的阶段，他们可能在日后的学习中会逐步进入词汇多样性和词汇复杂性相互支持的阶段。本研究的结果说明，词汇能力各维度之间的关系并不是一成不变的，在二语能力发展的不同阶段，词汇能力之间的关系处于不断的变化之中。因此，不能简单地说词汇多样性和词汇复杂性是一种相互支持的关系或者相关性不显著，而应以一种动态的、发展的眼光去看待两者之间关系的变化。

　　此外，本研究深入到词义的层面观察词义产出在二语产出性词汇发展过程中的特点及与其他指标之间的关系。结果显示，二语学习者的词汇多样性和词义多样性之间存在显著的正相关，5000 次的蒙特卡洛模拟表明，学习者词汇多样性和词义多样性呈现同步发展。

5.5　结论和启示

本研究运用动态系统理论的研究方法，聚焦词汇语义层面，对15名母语为韩语的汉语二语学习者一学年内作文中词汇多样性、词汇复杂性和词义多样性的发展，以及这三者在发展过程中的相互关系进行了纵向历时考察。研究发现：

第一，学习者的二语词汇语义系统发展呈现出跳跃性、曲折性和复杂性，在波动前行中伴随着阶段性上升或下降，并非简单的线性发展过程；在相同的教学环境下，学习者的词汇语义系统也并非沿着相同的路径发展，有的学习者具有独特的发展路径。因此，教师在关注群体词汇能力发展的同时也应关注个体词汇能力发展的特性。

第二，本研究得出了和以往研究不太一致的结论。本研究中学习者词汇多样性与词汇复杂性的发展相关性并不显著，并不是"相互支持"的关系，但词汇多样性和词义多样性的发展呈显著正相关，在很大程度上同步发展。这提示我们，应尊重学习者二语词汇语义系统的发展规律，在学习者有限的认知资源仅可支持其在常用词范围内关注词汇多样性时，学习更多高难度等级的词汇可能并不能有助于其他维度词汇能力的进步。

第三，我们也发现，在一学年中，学习者词义产出的多样性在多数时间内呈现下降的趋势（见图3-23），这从一个侧面反映了多义词教学的一个问题，即多数教师只关注学生是否学了数量更多的词，而不关注他们掌握了词语的多少个义项，学习者往往只重视多义词的"第一义项"，而忽视其他义项。这对他们的阅读和写作都会产生一定影响。基于词义多样性与词汇多样性在发展过程中所具有的显著正相关关系，可以推论，对多义词不同义项的掌握多加关注，也是促进学习者词汇多样性发展的一个途径。所以加强多义词系统教学显得更为重要。然而，目前汉语教学中的多义词教学仍未形成科学的体系，进入教材的词汇往往也只呈现其较为常用的义项，致使学习者在理解和产出二语词汇时仅局限于常用义项。我们考察了这一学年内学习者所使用的两本综合课教材的生词，发现几乎全部的多义生词都只呈现了一个义项。在这样的情况下，很难要求学生在词义多样性方面有显著进步。因此，教材编写者对进入教材的多义词各义项的筛选、出现顺序、出现形式、复现率等应有科学的规划设计，教师也应重视并加强系统的多义词教学。所以，如何进行科学规划与系统教学是十分值得研究的课题。

本研究也存在一些不足：第一，观察周期较短，在后续研究中我们要进一步拉长观察周期并重视短期内的微观变化，应该会有更为丰富的发现；第二，词汇多样性、复杂性和词义多样性在发展过程中的特点及相互关系背后更深层次的原因仍需进一步深思。

六、汉语学习者多义动词非常用义习得研究 *

6.1　引言

一词多义是人类语言的普遍现象（Lyons，1995：116），它符合语言的经济性原则，减少了词汇总量，减轻了人们的记忆负担（文秋芳，2013：191）。然而，由于学习者往往缺乏足够的、高度语境化的输入，这使得二语和一语的词汇发展过程有明显的区别（Jiang，2000）。其中一个重要区别就是，母语者自然习得的一词多义或非常用义，到学习者那里就成了问题（张博，2018）。

外语学界的研究发现，学习者不了解多义词义项之间的理据和语义网络，即使是生活在目的语国家的高级外语学习者也多使用词语的基本义，而回避使用其引申义（MacArthur & Littlemore，2008），他们大多靠死记硬背记忆多义词在词典中所列的前三个义项（吴旭东、陈晓庆，2000；瞿云华、张建理，2005）。同样的问题也发生在汉语二语学习者多义词的产出上。在对比母语者与留学生多义词义项使用的具体情况后，研究者们发现留学生对多义词的掌握并不理想，对多义词的使用主要集中在某一个义项上，出现义项使用数量有限、低频义项使用比例不高、高频义项的搭配使用单一等问题（李慧等，2007）。由此看来，留学生对多义词义项的习得不均衡，更多地使用常用义，非常用义的产出情况并不乐观。

词汇的产出往往要在词汇理解的基础之上，学习者在多义词非常用义产出时表现出的不足，很有可能是由于其对多义词意义间的联系缺乏理解导致的。前人研究多围绕学习者多义词的产出性错误展开，相较而言，学界对多义词的理解问题关注较少，尤其是习得较差的多义词非常用义。学习者遇到多义词的非常用义，往往会运用语境线索猜测词义，它是二语习

---

　　* 本节作者李孪。本节内容是在其硕士学位论文《汉语二语学习者单音节多义动词非常用义猜测的影响因素研究》（北京语言大学，2018）部分内容的基础上修改而成。

得研究者积极提倡的词汇学习策略，也是二语学习者最频繁使用的策略（Bengeleil & Paribakht，2004）。语境对多义词的词义猜测有重要影响（刘颂浩，2001；张剑，2010），然而也有学者提出，根据语境猜词并不是那么有效（Mondria & Boer，1991；Verspoor & Lowie，2003）。

以往研究多关注影响多义词词义猜测的词外线索，即语境因素，而较少关注多义词复杂的意义系统的内部因素对词义猜测的影响。有研究显示，学习者总是错误地坚持认为那个已被熟知的义项就是该单词的唯一义项（Laufer，1997：140），误把多义词的非常用义当作常用义，影响到复合词词义的识解，这是学习者理解、猜测新词时产生错误的重要原因之一。学习者将常用义与非常用义混淆，是由于不了解多义词各个义项间的联系，从根本上说，这与多义词本身义项间的联系紧密度不同密切相关。为此，本研究拟以多义词义项间紧密度为变量，考察其对非常用义猜测的影响。本研究将从多义词自身特点出发，采用实证研究的方法，综合考虑多义词意义间的联系程度以及多义词常用义项的使用频率对多义词非常用义猜测的影响，以期为多义词的对外汉语教学提供些许有益的建议。

6.2　研究方法

本研究采用 2×2 两因素被试内实验设计，包括两个自变量：多义词义项间紧密度（紧密、不紧密）和常用义项强度（强、弱）。因变量为被试在词义猜测过程中所得的分数。控制变量为多义词的词频、义项数、语义抽象度、笔画数和句子的语境支持度。

6.2.1　被试

被试为北京语言大学预科学院 C 班的 40 名中级水平[①] 的留学生。为避免被试的母语背景对实验结果造成影响，我们平衡了不同母语背景的被试人数，分别选取来自汉字文化圈的留学生与非汉字文化圈的留学生各 20人。被试的母语背景分别为韩语（20 人）、乌尔都语（6 人）、俄语（3 人）、蒙古语（2 人）、马来语（2 人）、英语（1 人）、德语（1 人）、土库曼语（1人）、印尼语（1 人）、柬埔寨语（1 人）、土耳其语（1 人）、塔吉克语（1 人）。

---

① 为保证被试水平为中级，我们在正式施测前对被试进行了识字量测试。识字量测试中的汉字均选自《汉语国际教育用音节汉字词汇等级划分》，并根据等级进行随机抽取排列，共 100 个汉字，认读出 65 个以上即为合格。

6.2.2　实验材料

本实验选择单音节多义动词作为研究对象，原因如下：

第一，多义现象存在于动、名、形等各种词类中，张博（2013）指出不同词类的词多义化程度有明显差异。就名动形三大词类而言，动词的多义化程度最高，名词的多义化程度最低。

第二，多义动词相比于其他词类，用法更为复杂，能够与之搭配的词语多样，具有很强的开放性，因此对二语学习者来说，正确地使用多义动词具有一定难度。

第三，单音节动词的多义情况较双音节动词而言更为复杂。张博（2013）指出词长与多义度成反比，词长短的词使用频度高，高频使用会促进词义的发展。王惠（2009）的统计结果也表明："词的长度越大，所承载的词义越少。"我们认为，若本研究所探讨的影响多义词词义猜测的因素能够影响到单音节多义动词的猜测效果，那么也将或多或少地对双音节多义动词的词义猜测产生影响。

基于以上考虑，本实验选择单音节多义动词作为研究对象。

实验词语的具体筛选步骤如下：

首先，确保被试已学过目标词的常用义项，非常用义项尚未在教材中出现过。我们以被试所用的教材《成功之路》[①]为选词范围，以《现代汉语词典》(第7版，本节简称《现汉》)为参考，初步筛选出单音节多义动词98个。

其次，借助张博、邢红兵（2006）主持的"现代汉语多义词义项频率统计"[②]的统计数据（本节简称"义频数据"），确定本实验拟考察的目标词、拟考察的常用义项及非常用义项。

1）确定目标词。参考"义频数据"的统计，排除以下义项：

①"义频数据"中出现次为0的义项；

②非成词语素义项；

③兼类中的非动词性义项；

④方言义及人名、地名等义项。

最后我们得到多义动词93个。为减少实验用词的词频对实验结果的

---

① 由于《成功之路》中《入门篇》主要涉及语音知识的讲解，因此我们的考察范围是《起步篇》（1、2）、《顺利篇》（1、2）、《进步篇》（1、2）这6本教材。

② 该项目在选择语料时特别注重时间上的当代性（20世纪90年代后）、语体上的口语性和题材的生活化，建立了一个计有2093076字、1491266词的语料库（张博、邢红兵，2006）

干扰，我们选取词频排序在 200～4000 之间的多义动词作为本研究的实验候选词语，得到 75 个多义动词。经筛查，发现 75 个词中存在多义动词的常用义项晚于其非常用义出现的情况，为保证在学习者教材中实验选词义项出现顺序的一致性，将此类动词排除，得到实验词语 59 个。为减少义项数量对实验结果的影响，本研究将义项数量超过 6 个的单音节多义动词排除在外，至此得到单音节多义动词 55 个。计算以上 55 个实验词语的非常用义项出现的频次，除以该词在语料中出现的总频次，将得出的比值进行排序，比值小于 1% 的、非常用义项频次过低的"响、当、背"被剔除在考察范围之外，最终得到多义动词 52 个。

2）确定拟考察的多义动词常用义项及非常用义项。我们根据"义频数据"，将教材中已出现过的、"义频数据"中频次最高的义项作为本研究多义动词的常用义项。根据"义频数据"，结合被试所学教材，我们将出现频次排序第二的义项作为考察的非常用义项，如果排序第二的义项也在教材中出现过，那就将出现频次排序第三的义项作为考察的非常用义项，以此类推。

3）设计单音节多义动词义项间紧密度问卷，得到单音节多义动词义项间紧密度表。

请 100 位母语者用 7 度量表的打分方法，给初步选取的多义动词的常用义项及非常用义项之间的紧密度打分。

4）利用"义频数据"的统计数据，计算出初步选取的多义动词常用义项的强度，得到单音节多义动词常用义项强度表。具体计算方法为：

$$常用义项强度 = \frac{常用义项在语料库中使用的频次}{该多义词所有动词性义项使用频次的总和}$$

5）根据单音节多义动词义项间紧密度、常用义项强度，将实验词语分组。

以紧密度 3.67 分、常用义项强度 80.0% 作为分组标准，将实验词语分为：紧密／强、紧密／弱、不紧密／强、不紧密／弱四组。

6）控制所选多义动词的语义抽象度、词语频率、笔画数，最终确定 40 个单音节多义动词作为实验词语。这些词的词频排序区间为 [203，3939]，语义的抽象度范围是 1～3.7。对四组实验词语的词频和抽象度进行方差分析发现，四组实验词语的频率之间无显著差异（$F(3, 36) = 6.11$, $p > 0.05$），四组实验词语的抽象度之间也无显著差异（$F(3, 36) = 0.47$, $p > 0.05$）。然后对词语的笔画数进行了平衡。

6.2.3　测试问卷的设计及句子语境的控制

实验主要以问卷方式进行。问卷样例如下：

请写出下列句子中画线词语的意思，可以用汉语、英语或您的母语。请不要查词典或询问他人，谢谢合作！(Please try to guess and write down the meaning of the words underlined in the sentence. You can use Chinese, English or your native language. Please don't use the dictionary or ask others. Thank you！)

1. 他被公司安排到上海<u>跑</u>客户。

问卷中给每一个实验词语配一个简单句，句子取自北京语言大学 BCC 语料库，笔者根据被试水平对句子进行适当改编。Beck et al.（1983）按照语境线索的多少将语境分为无指示语境、误导语境、一般语境和指示语境四种类型。一般语境指的是将目标词词义局限在某一语义范围内，语境能够为读者提供某些目标词的意义线索。为了保证语境对目标词所提供的线索保持在中等水平，本测试采用一般语境类型。研究者首先将测试材料中的 40 个目标词依次替换为阿拉伯数字 1 ～ 40，要求 3 位母语者阅读材料并根据语境线索在空白处填上一个语义恰当的词，看这个句子是否能给目标词的意思提供一些信息。例如：

新家的电话已经 <u>1</u> 好了。

我们请 3 位语言学专业的研究生对句子的语境支持度和句子的自然度进行评定，以样例中句子为例，评定结果：

如果 3 名评判者在 <u>1</u> 处都填入目标词"装"，则语境支持度为强。如果 3 名评判者在 <u>1</u> 处填入两个或以上与目标词无关但符合句子逻辑的"买"等，则判定该句子语境强度为弱。如果 3 名评判者中两人在 <u>1</u> 处填入目标词"装"，另有一人填入一个与目标词无关但符合句子逻辑的"买"时，则该句子语境强度为中。为保证学习者对多义词非常用义的猜测不受语境支持度的影响，我们对语境支持度评定结果为强和弱的句子进行重新调整，再请评判人进行语境支持度评判，直至句子的语境支持度为中。

6.2.4 成绩计算

考虑到词义猜测的具体情况，我们参考朱勇、崔华山（2005）研究中使用的 5 级评分标准，猜词成绩采用每个词语满分 4 分进行评定，根据回答情况分为 5 个级别（0、1、2、3、4）。评分的关键之处在于判断学习者释义与目标词义的吻合程度，那么这就涉及"一个完善的动词义位的释义包括什么"的问题。

以往学者试图对动词释义模式进行总结，揭示了动词义位内部所蕴含的复杂参与成分。古代训诂的标准词义训释方式是义界。王宁（2002）把义界的基本语言结构归纳为"主训词＋义值差"，如：饯，送（主训词）＋去（义值差）也。符淮青（1996：73）以《现代汉语词典》中的释义为参照，选取了动词的典型成员——表动作行为的词，归纳出其常规的释义模式，如图 3-28 所示。

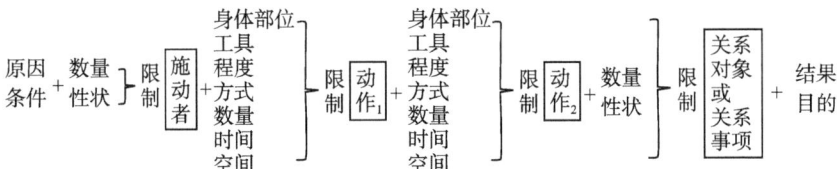

图 3-28 常规的释义模式

我们以上述释义模式为参考，观察学习者词语释义与目标词义的吻合程度，对成绩计算标准进行举例说明，如表 3-22 所示。

表 3-22 成绩计算标准及具体释义举例

分级与分值	具体表现	具体释义举例
0 分：未作答或回答完全错误。	① 学习者写出包含目标词但与其意义无关的词。 ② 学习者将目标词看成了与其形近的其他汉字。 ③ 学习者依赖语境错误地解释了词语的意思。 ④ 多义动词的常用义与非常用义意义间联系较远，学习者写出目标词的常用义。	① 学生们从那面墙翻出去玩。 翻：翻译 ② 他随便拆别人的信。 拆：告诉 ③ 他工作时总是挂着家里的事。 挂：解决 ④ 他被安排到上海跑客户。 跑：跑步

分级与分值	具体表现	具体释义举例
1分：回答不太准确，有模糊的语义关联。	① 核心动词对词义的贡献度较高，而其他成分对整词的贡献较低，学习者未猜测出核心动词，但对词义构成的限制性成分有一定解释。 ② 学习者书写的答案与目标词语褒贬义相反，但从答案中我们能够看出学生理解了词语的部分意义。	① 他被安排到上海跑客户。 跑：努力工作，因为见客户。 错误说明： 跑❹（为某种事务）而奔走。 学习者对"为某种事物"这个表原因的限定性成分有一点解释，但并未说出核心动词或对核心动词进行替换。 ② 她在穿的方面挑得厉害。 挑：不随便穿衣服，很漂亮。 错误说明： 挑❹（过分严格地）（在细节上）指摘。 "挑"在这里是"挑剔"义，学习者的解释与词义褒贬义相反。但我们能观察到学习者对"过分严格地"这部分做出了一定解释。
2分：回答部分正确，写出相关的主要语义特征。	①学习者未能准确解释、替换核心动词的意思，但其他限制性成分描述准确。 ②学习者猜测出目标词义的部分意思，基本猜测出该多义动词表达的事物间关系。 ③学习者释义包含核心动词，但是添加了目标词义不包括的限制性成分。	① 我被 Mike 的问题考住了。 考：让我回答。 错误说明： 考❶：提出问题（让对方回答）。 学习者对结果 / 目的这个限定性成分描述准确，但未解释出核心动词"提出"。 ② 老师让学生们贴着墙走。 贴：躺在墙上。 错误说明： 贴❷：（紧）挨。 学习者用"躺"字来解释，说明他已经明白事物间的关系，但是"躺"有"（人或树立的东西）横倒下来"的含义，用在这里不当。 ③ 妈妈怕我在外面不安全。 怕：害怕。 错误说明： 【害怕】（遇到困难、危险等）而心中不安或发慌。 怕：担心。心中不安。 害怕中多了原因、条件"遇到困难、危险"。

续表

分级与分值	具体表现	具体释义举例
3分：回答基本正确，基本猜测出词义的主要内涵但不十分准确。	① 学习者释义中包含核心动词或使用同义词对核心动词进行替换，但对其限制性成分未进行说明或说明不恰当。 ② 使用近义词替换。	① 王老师负责抓安全工作。 抓：管理。 错误说明： 抓❺：（加强力量）做某事、管某方面。 学习者释义出核心动词部分，但是对其限制性成分未做说明。 ② Jack 同意我把书留到下周。 留：保存。
4分：回答完全正确。	① 学习者准确猜测出词义的核心动词与其他限制性成分。 ② 使用同义词替换。	① 我够条件，可以参加这次实验。 够：到 / 满足一个什么水平。 够❷：达到（某一标准或某种程度）。 ② 老师让学生们贴着墙走。 贴：靠

6.3 实验结果

根据上文的评分标准，我们统计出 40 名被试在不同变量控制下的平均成绩，统计结果如表 3–23 所示。

表 3–23   含有不同义项间紧密度、常用义项强度的多义动词的整体猜测情况

义项间紧密度	常用义项强度	均值（M）	标准差（SD）
高紧密度	高强度	1.538	0.084
	低强度	1.341	0.086
低紧密度	高强度	1.068	0.061
	低强度	1.247	0.076

我们运用 SPSS 24.0 对学习者在不同条件下猜测多义动词非常用义的成绩进行重复测量方差分析（repeated measures ANOVA），得到的结果如下：

1）多义词义项间紧密度主效应显著，$F(1, 33) = 25.89$，$p < 0.05$，偏 $\eta^2 = 0.44$，这说明多义词义项间紧密度影响学习者的猜测。高紧密度的多义动词非常用义的猜测成绩好于低紧密度的多义动词的猜测成绩。

2）常用义项强度主效应不显著，$F(1, 33) = 0.02$，$p > 0.05$，偏 η^2

= 0.01）。这说明，常用义项强度对汉语二语学习者猜测多义动词的非常用义没有显著影响，高强度的多义动词猜测成绩与低强度的多义动词猜测成绩差异不显著。

3）多义词义项间紧密度与常用义项强度间的交互作用显著，$F(1, 33) = 11.73$，$p < 0.05$，偏 $\eta^2 = 0.26$。简单效应检验表明，在低紧密度水平上，常用义项强度的简单效应显著，$F(1, 33) = 4.71$，$p < 0.05$，偏 $\eta^2 = 0.13$，低强度水平的平均得分显著高于高强度水平；在高紧密度水平上，常用义项强度的简单效应也显著，$F(1, 33) = 5.28$，$p < 0.05$，偏 $\eta^2 = 0.14$，高强度水平的平均得分显著高于低强度水平。

多义动词在不同条件下的非常用义猜测成绩如图 3-29 所示：

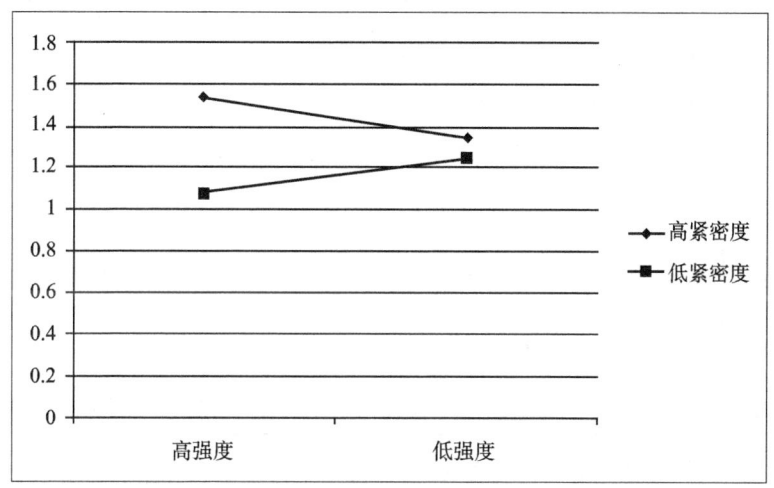

图 3-29　多义动词在不同条件下的非常用义猜测成绩

6.4　讨论

6.4.1　多义词义项间紧密度对非常用义猜测的影响

"概念要素分析法"是对词的语义构成进行分析的一种方法（蒋绍愚，2015：397），我们借鉴概念要素分析的方法，对不同紧密度的多义动词的常用义、非常用义的语义构成进行差异分析后，不难发现：义项间紧密度较高的多义动词，其常用义与非常用义之间共同的概念要素多，区别性的概念要素少；而义项间紧密度较低的多义动词，其常用义与非常用义之间共同的概念要素少，区别性的概念要素多。前者如"撞"，后者如"跑"。

以下二词的释义引自《现汉》：

撞 动 ❶ 运动着的物体跟别的物体猛然碰上：别让汽车~上。

撞 动 ❷ 碰见：不想见他，偏~上他。

基于《现汉》的解释，我们将常用义与非常用义的语义进行结构对比，如表 3-24 所示：

表 3-24　"撞"的常用义与非常用义的语义结构对比

撞	具体动作	行为主体	关系对象	状态／方式
撞❶	碰上	人／事物	人／事物	猛然
撞❷	遇见	人	人	突然地

跑 动 ❶ 两只脚或四条腿迅速前进：~了一圈儿。

跑 动 ❹ 为某种事物而奔走：~关系。

"跑"的常用义与非常用义的语义结构对比如表 3-25 所示：

表 3-25　"跑"的常用义与非常用义的语义结构对比

跑	具体动作	行为主体	关系对象	状态／方式	原因／目的
跑❶	前进	人／动物／交通工具	—	迅速	—
跑❹	奔走	人	事件	忙碌	为达成某目标

可以看出，"跑❶"和"跑❹"在行为主体表现出［±有生命］的细微差别，在关系对象上表现出［±有对象］的不同，在原因／目的上表现出［±有原因］的不同。

因此，这两个义项间紧密度不同的多义动词"撞""跑"，在词义猜测时成绩也有显著的差别，平均值、正确率分别为 2.06、58.8%，0.09、2.9%。

张博（2009）指出："有些引申义或虚义与原义关系较远，学习者较难建立联系，只能分别记忆。这样不仅加重了记忆负担，而且在特定语境中遇到这类引申义或虚义时，学习者对词义的理解也往往胶着于原义，影响对词义的正确猜测。"仔细观察"跑"的猜测情况，我们看到学习者将其引申义"为某种事务奔走"解释为"很快的跑步""很快的过""赛跑"，可以看出学习者对词义的理解往往过分依赖"跑"的原义，词义猜测的效果较差。

多义词义项间紧密度效应也验证了 McClelland et al.（1986）提出的联结主义理论下的平行分布加工理论（Parallel Distributed Processing）。平行分布加工理论认为，认知是一种并行加工过程，语言的各个项目在大脑中并不是储存于单一的单元中，而是储存在单元的联结之中，单元间相互联结，形成网络结构。语言的习得发生在各个单元间的联结之中，联结的强度决定语言习得的效果。联结强度不仅依赖于使用的频率，还依赖于单元之间的相互联系。就此来说，多义词的意义是分布表征的，因此各个意义之间彼此存在竞争。意义间联系程度较高的多义词，由于许多概念要素是共同的，一个词义的激活可以激活内部语义场的另一个相关的意义，联结强度较强，因此在竞争中处于优势地位，如"撞"的常用义是运动着的物体跟别的物体猛然碰上，非常用义是碰见，二者意义联系程度较高，"撞"的常用义的激活可以顺利激活与其意义相关的非常用义，其非常用义"碰见"的猜测效果较好；而意义间联系程度低的多义词，内部的语义场只有部分意义得到激活，联结强度较弱，在竞争中处于劣势地位，如"跑"的常用义是两只脚或四条腿迅速前进，非常用义是为某种事物奔走，二者意义联系程度较低，"跑"的常用义的激活不能顺利激活与其意义联系程度较低的非常用义，其非常用义"为某种事物而奔走"的猜测效果较差。因此，从整体上看，义项间紧密度较高的多义词比义项间紧密度低的多义词的猜测成绩明显较好。

6.4.2　多义动词常用义项强度对非常用义猜测的影响

多义词常用义项强度主效应不显著。也就是说，总体上看，多义词常用义项的使用频率对非常用义的猜测没有显著影响。

常用义项使用频率较高的多义动词，其非常用义的猜测与常用义项使用频率较低的多义动词效果差异不显著。换个角度来说，非常用义项使用频率低的多义动词，其猜测效果与非常用义使用频率高的多义动词的效果大致相同。可以看出，对于被试都未学过的非常用义项来说，频率作用不显著。

在对被试进行访谈的过程中，我们也发现，学习者总是错误地坚持认为那个已被熟知的义项就是该单词的唯一义项（Laufer，1997：140）。例如"贴"通常被学习者记忆为"贴通知"的常用义用法而没有"靠近、挨着"的意思；"接"常被记忆为"迎接"的常用义，而其另一义项"接替"则鲜为学习者所知。我们认为，学习者对汉语多义词的错误认识，也是常用义项强度对非常用义的猜测未产生显著影响的原因。

常用义项的使用频率主效应不显著，而义项间紧密度主效应显著。这也表明，学习者在猜测多义动词非常用义时，频率高低对词义猜测影响不显著，而意义之间的关联作用更为凸显，义项间的意义联系是多义词非常用义猜测的关键。

6.4.3　义项间紧密度、常用义项强度在多义动词词义猜测中的交互作用

重复方差分析结果显示，多义动词的义项间紧密度和常用义项强度在多义动词词义猜测中交互作用显著。在低紧密度水平上，强度的简单效应显著，低强度水平的平均得分显著高于高强度水平；在高紧密度水平上，强度的简单效应也显著，高强度水平的平均得分显著高于低强度水平。我们得到了这样的多义动词非常用义猜测效果排序：紧/强＞紧/弱＞不紧/弱＞不紧/强。

我们发现这种交互作用的产生主要和学习者采用的猜测策略以及不同义项间紧密度、常用义项强度的词的搭配有关。

在高紧密度水平上，高强度水平的平均得分显著高于低强度水平。对于义项间紧密度较高的多义动词，被试在猜测多义动词非常用义时，首先会使用"以旧义推新义"的词义猜测策略，用已经习得的常用义来推测非常用义。如果该多义动词的常用义项强度较高，这意味着常用义项的使用频率较高。被试看到该词会毫不犹豫地想到其常用义，建立起该多义动词与其常用义项的强势联结，加上常用义与非常用义之间的关系较紧密，有很多语义特征是相同的，将常用义带入语境进行检验的时候，发现常用义在此处可以勉强说得通，加上有限的语境提示，词义猜测的效果较好。如"考"，"妈妈总是提问题考我"，被试看到"考"便想起了其"考试"义，然后根据"考"的常用义"考试"，容易推测出"提出问题让对方回答"的动作行为，加上有限的语境，学生将其释义为"提出困难的问题让我回答"。

如果该多义动词的常用义项强度较低，这意味着常用义项的使用频率相对较低，被试不易建立起该词与其常用义项的强势联结，猜测非常用义的时候会犹豫，是否从常用义出发去猜测非常用义，由于常用义与非常用义有很多语义特征是相同的，最终被试的猜测往往很难放弃其常用义，因此词义猜测的效果较差。如"拆"，"政府把旧房子拆了"，根据"拆"的常用义"把合在一起的东西打开"去推测非常用义"拆除（建筑物）"时，

被试往往会犹豫，最终放弃"以旧义推新义"的方法，将其释义为"打开"。这一结果也印证了 Bensoussan & Laufer（1984）提出的"预设观念"（preconceived notions）的说法，由于"预设观念"的干扰，学习者似乎对自己从上下文语境理解到的信息不太具有信心，往往对其"预设观念"难以割舍，从而影响到学习者对语境中词义的理解。

可以看出，在高紧密度水平上，高强度的常用义对多义动词非常用义的猜测起到了积极的促进作用，而低强度的常用义往往对多义动词非常用义的猜测起到消极的干扰作用。

在低紧密度水平上，低强度水平的平均得分显著高于高强度水平。对于义项间紧密度较低的多义动词，学习者在使用"以旧义推新义"的词义猜测策略猜测多义动词非常用义时遇到困难，发现常用义在此处完全解释不通，因此学习者转而寻求其他线索。

义项研究不可以单纯研究单音节多义动词的单个词义，而是应该通过多义动词和其他词的搭配关系来研究。我们对比低紧密度、常用义项强度不同的两组多义动词发现，两组词在搭配上存在不同。

低紧密度的多义动词，在使用其非常用义时，与名词组合形成了一个有限组合，该名词不能任意替换为其他名词。强度不同的多义动词形成的有限组合中，组合选择受限制的程度不同（钱旭菁，2008），低紧密度、高强度的多义动词，常用义项的使用频率较高，与其搭配的义域较宽，搭配词多样，属于低度受限组合，有限的语境信息不能为其非常用义的猜测提供意义的"抓手"，不利于被试猜测词义。比如低紧密度、高强度的多义动词"跑"，用作非常用义"为某种事务奔走"时，与其搭配的义域较宽，搭配词有"码头、材料、工作、买卖、关系、客户"等多个，搭配词对"跑"不存在语义上的限制，因此被试在看到"跑客户"这样的组合时，猜测效果较差，平均值为 0.09。

而低紧密度、低强度的多义动词，其常用义项使用的频率较低，与其搭配的义域较窄，搭配词有限，属于中度或高度受限组合，因此有限的语境可以为其猜测词义提供意义的"抓手"，有助于词义的猜测。比如低紧密度、低强度的多义动词"脱"，用作非常用义"脱落"时，与其搭配的义域较窄，搭配词仅有"皮肤、毛、发"，搭配词对"脱"存在语义上的限制，因此被试在看到"脱毛"这样的词语时，将"脱"释义为"掉了""没有"等意义，"脱"的非常用义猜测效果较好，平均值为 1.15。

另外，我们通过访谈了解到，学习者猜测"抓"的非常用义时，比如"王老师抓安全工作"中的"抓"，会使用替换策略。被试看到"工作"这个词，便会尝试着将"管理、负责"等词代入句中进行替换，"管理某工作、负责某工作"已被学习者熟知，代入句中可以通达句义，"抓"的非常用猜测效果较好。可见，是否存在一个高频的同义或近义替换词对非常用义猜测也有一定影响。

6.5 结论与启示

本研究考察了中级水平汉语学习者对单音节多义动词非常用义的猜测情况，得到的主要结论为：（1）多义词义项间紧密度效应在多义动词的非常用义猜测中表现显著，义项间紧密度较高的多义动词，其非常用义的猜测效果明显好于义项间紧密度较低的多义动词。（2）常用义项强度对汉语二语学习者猜测多义动词的非常用义没有显著影响，相比而言，义项间的意义联系是词义猜测的关键。（3）多义词的义项间紧密度、常用义项强度在多义动词非常用义的猜测过程中存在交互作用。在高紧密度水平上，常用义项强度较高的词，其非常用义猜测的平均得分显著高于常用义项强度较低的词语；在低紧密度水平上，常用义项强度较低的词语的非常用义猜测的平均得分反而显著高于常用义项强度较高的词语，呈现出紧强＞紧弱＞不紧/弱＞不紧/强的词义猜测难易度序列。我们认为，汉语二语学习者采用的猜测策略以及不同条件下多义动词的搭配，也是影响学习者猜测多义动词非常用义效果的重要因素。

综上，我们建议在汉语二语多义动词的教学及教材呈现上，教师应注重多义词义项间紧密度效应，加强多义词词义猜测策略的教学，兼顾频率原则。同时，教材的生词部分应增列与常用义较为疏离的多义词的非常用义，在教学中处理与常用义较为疏离的非常用义时，将其作为独立词项进行教学，帮助二语学习者将多义词的非常用义增添到该多义词的语义网络中。

我们的研究对象选取的是单音节多义动词，仅为多义词中的一类，研究范围较为有限，得出的实验结论尚需以后其他类别多义词的相关研究进行验证。

参考文献

安华林（2003）多义词的义位及其关系，《盐城师范学院学报》（人文社会科学版）
　　第 3 期。

鲍　贵（2008）二语学习者作文词汇丰富性发展多纬度研究，《外语电化教学》第
　　5 期。

柴湘露、李仕春（2014）语料库视野下的现代汉语"黄"字义项分布研究，《齐齐
　　哈尔大学学报（哲学社会科学版）》第 5 期。

陈国华、李　申（2015）《汉语大词典》义项失序问题研究，《辞书研究》第 1 期。

陈　佳（2013）关于中日味觉形容词多义表现的考察，浙江大学硕士学位论文。

陈　默、李侑璟（2016）韩语母语者汉语口语复杂度研究，《语言文字应用》第
　　4 期。

陈　娜（2009）基于语料库的"deep"和"shen（深）"的认知对比研究，上海外国
　　语大学硕士学位论文。

陈晓光（2011）汉语"生、活和死"的多义词认知研究，陕西师范大学硕士学位
　　论文。

陈盈盈（2012）汉英多义形容词"老"和"old"的词义生成与演变，《浙江万里学
　　院学报》第 3 期。

崔艳嫣、刘振前（2011）第二语言词汇语义自主性发展研究，《外语教学》第 5 期。

崔艳嫣、王同顺（2006）接受性词汇量、产出性词汇量与词汇深度知识的发展路径
　　及其相关性研究，《现代外语》第 4 期。

戴运财、周　琳（2016）动态系统理论视域下的二语习得研究：不足与对策，《外
　　语界》第 3 期。

丁汝楠（2018）道德概念的重量隐喻研究，浙江大学硕士学位论文。

董秀芳（2011）《词汇化：汉语双音词的衍生和发展》，北京：商务印书馆。

董正存（2009）词义演变中手部动作到口部动作的转移，《中国语文》第 2 期。

段士平（2015）复杂系统理论框架下中国大学生英语口语模糊限制语块使用研究，
　　《外语界》第 6 期。

符淮青（1981）词义和构成词的语素义的关系，《辞书研究》第 1 期。

符淮青（1985）《现代汉语词汇》，北京：北京大学出版社。

符淮青（1996）《词义的分析和描写》，北京：语文出版社。

符淮青（2003）《现代汉语词汇学》，北京：当代世界出版社。

符　晶（2008）三岁前汉语儿童多义词习得研究，首都师范大学硕士学位论文。

国家对外汉语教学领导小组办公室汉语水平考试部（1992）《汉语水平词汇与汉字等级大纲》，北京：北京语言文化大学出版社。

国家汉办等编（2010）《汉语国际教育用音节汉字词汇等级划分》（国家标准·应用解读本），北京：北京语言大学出版社。

汉语大字典编辑委员会（1996）《汉语大字典》（缩印本），成都：四川辞书出版社，武汉：湖北辞书出版社。

何安平（2015）英语系列教材的词汇知识发展研究：动态系统论视角，《外语教学与研究》第6期。

贺川生（2017）汉语形容词接受度量短语直接修饰的可能性，《当代语言学》第1期。

胡裕树（1991）《现代汉语》，上海：上海教育出版社。

胡长虹（2013）《国语辞典》和《现代汉语词典》常用多义动词义项处理对比研究，鲁东大学硕士学位论文。

黄伯荣、廖序东（1997）《现代汉语》，北京：高等教育出版社。

黄　立、钱旭菁（2003）第二语言汉语学习者的生成性词汇知识考察——基于看图作文的定量研究，《汉语学习》第1期。

江韦姗、王同顺（2015）二语写作句法表现的动态发展，《现代外语》第4期。

蒋绍愚（1989）论词的相因生义，《语言文字学术论文集——庆祝王力先生学术活动五十周年》，北京：知识出版社。

蒋绍愚（2015a）《汉语历史词汇学概要》，北京：商务印书馆。

蒋绍愚（2015b）《古汉语词汇纲要》，北京：商务印书馆。

焦子桓、李仕春（2014）语料库视野下的现代汉语"灰"字义项分布研究，《现代语文》第2期。

金美顺（2009）空间形容词"深"的研究，北京语言大学博士学位论文。

景红艳（2006）西周赏赐制度研究，陕西师范大学博士学位论文。

李　安（2014）多义词义项的语义关系及其对词义消歧的影响，《语言文字应用》第1期。

李　慧、李　华、付　娜、何国锦（2007）汉语常用多义词在中介语语料库中的义项分布及偏误考察，《世界汉语教学》第1期。

李兰霞（2011）动态系统理论与第二语言发展，《外语教学与研究》第3期。

李瑞云（2013）现代汉语"跑"义项分布及教学研究，广西大学硕士学位论文。

李仕春（2013）语料库视野下的现代汉语"绿"字义项分布研究，《山西大同大学学报》(社会科学版) 第 5 期。

李小鹏、詹全旺（2018）基于动态系统理论的模糊限制语习得过程研究,《外语教学》第 3 期。

刘丹青（1996）词类和词长的相关性——汉语语法的"语音平面"丛论之二,《南京师大学报》(社会科学版) 第 2 期。

刘桂玲（2017）认知语义视角下英汉空间量度形容词对比研究, 东北师范大学博士学位论文。

刘绍龙（2001）论二语词汇深度习得及发展特征——关于词义与词缀习得的实证调查,《外语教学与研究》第 6 期。

刘绍龙（2003）论二语词汇的习得与发展——基于实证调查的词汇知识发展差异假说,《外语教学》第 6 期。

刘颂浩（2001）关于在语境中猜测词义的调查,《汉语学习》第 1 期。

刘召兴（2001）汉语多义动词的义项习得过程研究, 北京语言大学硕士学位论文。

刘正光（2002）论转喻与隐喻的连续体关系,《现代外语》第 1 期。

卢　敏（2008）产出性词汇知识广度的发展特征——基于英语专业学生书面语的研究,《外语教学理论与实践》第 2 期。

鲁忠义、贾利宁、翟冬雪（2017）道德概念垂直空间隐喻理解中的映射：双向性及不平衡性,《心理学报》第 2 期。

陆宗达、王　宁（1983）《训诂方法论》, 北京：中国社会科学出版社。

马建俊、黄　宏（2016）从动态系统理论看语言能力综合性研究趋势,《现代外语》第 4 期。

梅家驹（1983）《同义词词林》, 上海：上海辞书出版社。

孟　凯（2016）《汉语致使性动宾复合词构式研究》, 北京：北京语言大学出版社。

彭聃龄、邓　园、陈宝国（2003）汉语多义单字词的识别优势效应,《心理学报》第 5 期。

钱旭菁（2008）有限组合选择限制的方向性和制约因素——兼论外向型搭配词典的体例设计,《世界汉语教学》第 4 期。

钱旭菁（2016）《英语背景学习者汉语身体动作动词习得研究——基于词语联想的研究》, 北京：北京大学出版社。

瞿云华、张建理（2005）英语多义系统习得实证研究,《外语研究》第 2 期。

任春艳（2011）汉语作为第二语言的控制性产出词汇测试研究,《语言文字应用》第 4 期。

沈昌洪、吕　敏（2008）动态系统理论与二语习得，《外语研究》第 3 期。

沈禾玲（2009）广度与深度：美国高年级学生词汇习得调查，《世界汉语教学》第
　　1 期。

沈家煊（2005）认知语言学与汉语研究，刘丹青主编《语言学前沿与汉语研究》，
　　上海：上海教育出版社。

宋永培（1994）《〈说文解字〉与文献词义学》，郑州：河南人民出版社。

宋　芸（2013）认知视角下英汉 Soft/"软"的语义扩展研究，华中师范大学硕士学
　　位论文。

孙晓明（2009）留学生产出性词汇的发展模式，《民族教育研究》第 4 期。

谭晓晨（2006）中国英语学习者产出性词汇发展研究，《外语教学与研究》第 3 期。

谭晓晨（2007）英语学习者产出性词汇深度知识发展的研究，《外语教学》第 2 期。

唐子恒（2006）词素间意义的横向合并，《山东大学学报》第 5 期。

田凡娜（2014）英汉多义词"fire"和"火"的认知研究，南京航空航天大学硕士
　　学位论文。

万丽芳（2010）中国英语专业大学生写作中的词汇丰富性研究，《外语界》第 1 期。

王海华、李贝贝、许　琳（2015）中国英语学习者书面语水平发展个案动态研究，
　　《外语教学与研究》第 1 期。

王海华、周　祥（2012）非英语专业大学生写作中词汇丰富性变化的历时研究，
　　《外语与外语教学》第 2 期。

王　惠（2009）词义·词长·词频——《现代汉语词典》（第 5 版）多义词计量分析，
　　《中国语文》第 2 期。

王　力等（2005）《古汉语常用字字典》（第 4 版），北京：商务印书馆。

王　宁（1996）《训诂学原理》，北京：中国国际广播出版社。

王　宁（2002）单语词典释义的性质与训诂释义方式的继承，《中国语文》第 4 期。

王　宁（2009）《训诂学与词汇语义学论集》，北京：语文出版社。

王　涛（2010）从二语习得到二语发展：一个动态的观点，《外语教学理论与实践》
　　第 4 期。

王　伟（2000）情态动词"能"在交际过程中的义项呈现，《中国语文》第 3 期。

王　寅（2007）《认知语言学》，上海：上海外语教育出版社。

王云路、王　诚（2014）《汉语词汇核心义研究》，北京：北京大学出版社。

王志军、郝瑜鑫（2014）母语环境下美国汉语学习者心理词汇发展的实证研究，
　　《语言教学与研究》第 1 期。

文秋芳（2009）二语习得跟踪研究的三个基本问题：分类、设计与可比性，《中国外语》第 2 期。

文秋芳（2013）《认知语言学与二语教学》，北京：外语教学与研究出版社。

吴继峰（2016）英语母语者汉语写作中的词汇丰富性发展研究，《世界汉语教学》第 1 期。

吴继峰（2017）英语母语者汉语书面语动态发展个案研究，《现代外语》第 2 期。

吴念阳、徐凝婷、张　琰（2007）空间图式加工促进方向性时间表达的理解，《心理科学》第 4 期。

吴婷婷（2015）对外汉语词汇教学中的多义语素义项研究，安徽大学硕士学位论文。

吴旭东、陈晓庆（2000）中国英语学生课堂环境下词汇能力的发展，《现代外语》第 4 期。

席仲恩（1998）英语专业学生的词汇发展状况调查，《外语教学》第 2 期。

《现代汉语常用词表》课题组（2008）《现代汉语常用词表（草案）》，北京：商务印书馆。

肖　航（2010）词典多义词义项关系与词义区分，《云南师范大学学报》（哲学社会科学版）第 1 期。

萧惠贞（2013）多义词"洗"之语义分析、词汇排序与华语教学应用，《华语文教学研究》第 4 期。

萧惠贞、陈昱蓉（2014）汉语词汇歧义探究与教学应用，《华语文教学研究》第 2 期。

徐　今（2015）汉语空间形容词的空间量，《汉语学报》第 1 期。

徐锦芬、雷鹏飞（2017）基于动态系统理论的课堂二语习得研究：理论框架与研究方法，《外语教学理论与实践》第 1 期。

徐时仪、肖　燕（2005）"杜撰"的语源，《语言文字周报》2 月 23 日 4 版。

徐通锵（1997）《语言论》，长春：东北师范大学出版社。

许嘉璐（1987）论同步引申，《中国语文》第 1 期。

许希阳、吴勇毅（2015）复杂动态系统理论：对二语习得研究的反思，《语言教学与研究》第 2 期。

杨滢滢（2014）英语专业学习者同一主题作文的词汇发展和词块运用特征，《外语界》第 2 期。

殷　琪（2014）汉泰常用多义动作动词对比分析，云南师范大学硕士学位论文。

曾传禄（2005）汉语空间隐喻的认知分析，《云南师范大学学报》第 2 期。

张伯江（2008）动词及物性的语用变化——对两组涉手动词的考察，《语法研究和探索》(十四)，北京：商务印书馆。

张　博（1995）词的相应分化与义分同族词系列，《古汉语研究》第 4 期。

张　博（2003a）《汉语同族词的系统性与验证方法》，北京：商务印书馆。

张　博（2003b）汉语实词相应虚化的语义条件，《中国语言学报》第 11 期。

张　博（2004）现代汉语同形同音词与多义词的区分原则和方法，《语言教学与研究》第 4 期。

张　博（2008）现代汉语复音词义项关系及多义词与同音形词的分野，《语言研究》第 1 期。

张　博（2009)《现代汉语词典》条目义项与词语义项的不对应及其弥合空间，《江苏大学学报》第 5 期。

张　博（2013）现代汉语多义词研究，《国家社科基金项目成果选介汇编》(第九辑)，北京：社会科学文献出版社。

张　博（2017）汉语并合造词法的特质及形成机制，《语文研究》第 2 期。

张　博（2018）提高汉语第二语言词汇教学效率的两个前提，《世界汉语教学》第 2 期。

张　博、邢红兵（2006）对外汉语学习词典多义词义项收录排列的基本原则及其实现条件，郑定欧、李禄兴、蔡永强主编《对外汉语学习词典学国际研讨会论文集》(二)，北京：中国社会科学出版社。

张桂萍、韩淑芹、褚美玲（2005）中国学生课堂环境下主动词汇与被动词汇的发展——一项英语专业与非英语专业大学生的对比研究，《现代外语》第 4 期。

张　剑（2010）对外汉语词汇教学中的语境设计，《科技信息》第 31 期。

张江丽（2011）汉语第二语言学习者单音多义词习得深度研究，《语言文字应用》第 1 期。

张江丽（2013）提供核心义对汉语第二语言学习者多义词词义猜测的影响，《语言文字应用》第 4 期。

张江丽（2018）汉语作为第二语言学习者笔语产出性词汇研究，《世界汉语教学》第 3 期。

张江丽、孟德宏、刘卫红（2011）汉语第二语言学习者单音多义词习得深度研究——以动词“打”为例，《语言文字应用》第 1 期。

张　莉（2005）现代汉语多义词新探，山东大学博士学位论文。

张联荣（2000）《古汉语词义论》，北京：北京大学出版社。

张　敏（1998）《认知语言学与汉语名词短语》，北京：中国社会科学出版社。

张绍全（2009）中国英语专业学生多义词习得的认知语言学研究，西南大学博士学位论文。

张云秋、周建设、符　晶（2010）早期汉语儿童多义词的习得策略———一个北京话儿童的个案研究，《中国语文》第 1 期。

赵青青、黄居仁（2018）现代汉语通感隐喻的映射模型与制约机制，《语言教学与研究》第 1 期。

郑咏滟（2011）动态系统理论在二语习得研究中的应用—以二语词汇发展研究为例，《现代外语》第 3 期。

郑咏滟（2014）动态系统理论框架下的二语词汇深度发展研究，《中国外语教育》第 3 期。

郑咏滟（2015a）基于动态系统理论的自由产出词汇历时发展研究，《外语教学与研究》第 2 期。

郑咏滟（2015b）二语心理词库的动态系统发展与频率效应，《解放军外国语学院学报》第 5 期。

郑咏滟、冯予力（2017）学习者句法与词汇复杂性发展的动态系统研究，《现代外语》第 1 期。

郑咏滟、温植胜（2013）动态系统理论视域下的学习者个体差异研究：理论建构与研究方法，《外语教学》第 5 期。

中国社会科学院语言研究所词典编辑室（2016）《现代汉语词典》(第 7 版)，北京：商务印书馆。

周　娟（2011）《现代汉语词典》新旧版本多义词义项变化计量研究，广西大学硕士学位论文。

朱慧敏、王俊菊（2013）英语写作的词汇丰富性发展特征———一项基于自建语料库的纵贯研究，《外语界》第 6 期。

朱莉华、白解红（2017）汉语空间维度形容词时间概念的构建，《湖南大学社会科学学报》第 3 期。

朱　彦（2006）核心成分、别义成分与动作语素义分析——以"收"为例，《中国语文》第 4 期。

朱　彦（2010）基于意象图式的动词"穿"的多义体系及意义连接机制，《语言科学》第 3 期。

朱 彦（2016）意象图式与多义体系的范畴化——现代汉语动词"赶"的多义研究，《当代语言学》第 1 期。

朱 勇、崔华山（2005）汉语阅读中的伴随性词汇学习再谈，《暨南大学华文学院学报》第 2 期。

Baba, K. & R. Nitta (2014) Phase transition in development of writing fluency from a complex dynamic systems perspective. *Language Learning* 64 (1): 1–35.

Beck, I. L., M. G. McKeown & E. C. McCaslin (1983) Vocabulary development: Not all contexts are created equal. *Elementary School Journal* 83 (3): 178–181.

Bengeleil, N. & T. Paribakht (2004) L2 reading proficiency and lexical inferencing by university EFL learners. *The Canadian Modern Language Review* 61 (2): 225–249.

Bensoussan, M. & B. Laufer (1984) Lexical guessing in context in EFL reading comprehension. *Journal of Research in Reading* 7 (1): 15–32.

Bloomfield, L. (1955) *Language*. London: George Allen & Unwin Ltd. (中译本《语言论》，袁家骅等译，北京：商务印书馆，1980 年)

Caspi, T. & W. Lowie (2010) A dynamic perspective on L2 lexical development in academic English. In Rubén Chacón-Beltrán, Christian Abello-Contesse & Maria Del Mar Torreblanca-López (eds.), *Insights into Non-native Vocabulary Teaching and Learning*, 41–58. Bristol: Multilingual Matters.

Caramazza, A. & E. Grober (1976) Polysemy and the structure of the subjective lexicon. In C. Rameh (ed.), *Semantics: Theory and Application* (Georgetown University Round Table on Languages and Linguistics), 181–206. Washington, DC: Georgetown University Press.

Caterina, M., M. Schumacher, M. Tominaga, T. Rosen, J. Levine & D. Julius (1997) The capsaicin receptor: A heat-activated ion channel in the pain pathway. *Nature* 389 (6653): 816–824.

Churchill, E. (2008) A dynamic system account of learning a word: From ecology to form relations. *Applied Linguistics* 29 (3): 339–358.

Deignan, A. (1999) Metaphorical polysemy and paradigmatic relations: A corpus study. *Word* 50 (3): 319–338.

Durkin, K. & J. Manning (1989) Polysemy and the subjective lexicon: Semantic relatedness and the salience of intraword senses. *Journal of Psycholinguistic Research* 18 (6): 577–612.

Engber, C. A. (1995) The relationship of lexical proficiency to the quality of ESL compositions. *Journal of Second Language Writing* 4 (2): 139–155.

Fellbaum, C., J. Grabowske & S. Landes (1998) Performance and confidence in a semantic annotation task. In C. Fellbaum (ed.), *Wordnet: An Electronic Lexical Database*, 217–237. Cambridge, MA: MIT Press.

Gibbs, R. W., D. A. Beitel, M. Harrington & P. E. Sanders (1994) Taking a stand on the meanings of stand: Bodily experience as motivation for polysemy. *Journal of Semantics* 11 (4): 231–251.

Gibbs, R. W. & T. Matlock (1997) Psycholinguistic perspectives on polysemy. In H. Cuyckens & B. Zawada (eds.), *Polysemy in Cognitive Linguistics*, 213–240. Amsterdam: John Benjamins.

Goossens, L. (1990) Metaphtonymy: The interaction of metaphor and metonymy in expressions for linguistic action. *Cognitive linguistics* 1 (3): 323–340.

Hsiao, Huichen S., Yi-chun Chen & Ying-chen Wu (2016) Representation of polysemy in Mandarin verbs: Chī, Dǎ, and Xǐ. *Concentric: Studies in Linguistics* 42 (1): 1–30.

Huang, L. (2003) Resolving word sense ambiguity of polysemous words in a second language. Unpublished Ph.D. dissertation, University of Texas at Austin.

Hyltenstam, K. (1988) Lexical characteristics of near-native second-language learner of Swedish. *Journal of Multilingual and Multicultural Development* 9 (1–2): 67–84.

Jarvis, S. (2002) Short texts, best-fitting curves and new measures of lexical diversity. *Language Testing* 19 (1): 57–84.

Jiang, N. (2000) Lexical representation and development in a second language. *Applied Linguistics* 21 (1): 47–77.

Klein, D. E. & G. L. Murphy (2001) The representation of polysemous words. *Journal of Memory and Language* 45 (2): 259–282.

Lakoff, G. (1987) *Women, Fire, and Dangerous Things: What Categories Reveal about the Mind*. Chicago: University of Chicago Press.

Langacker, R. W. (1987) *Foundations of Cognitive Grammar (Volume I): Theoretical Prerequisites*. Stanford: Stanford University Press.

Larsen-Freeman, D. (1997) Chaos/complexity science and second language acquisition. *Applied Linguistics* 18 (2): 140–165.

Larsen-Freeman, D. (2006) The emergence of complexity, fluency, and accuracy in the oral and written production of five Chinese learners of English. *Applied Linguistics* 27 (4): 590–619.

Larsen-Freeman, D. & L. Cameron (2008) Research methodology on language development from a complex systems perspective. *The Modern Language Journal* 92 (2): 200–213.

Laufer, B. (1989) A factor of difficulty in vocabulary learning: Deceptive transparency. *AILA Review* 6 (1): 10–20.

Laufer, B. (1991) The development of L2 lexis in the expression of the advanced learner. *The Modern Language Journal* 75 (4): 440–448.

Laufer, B. (1994) The lexical profile of second language writing: Does it change over time? *RELC Journal* 25 (2): 21–33.

Laufer, B. (1997) What's in a word that makes it hard or easy? Intralexical factors affecting the difficulty of vocabulary acquisition. In N. Schmitt (ed.), *Vocabulary Description, Acquisition and Pedagogy*, 140–155. Cambridge: Cambridge University Press.

Laufer, B. (1998) The development of passive and active vocabulary in a second language: Same or different? *Applied Linguistics* 19 (2): 255–271.

Laufer, B. & P. Nation (1995) Vocabulary size: Lexical richness in L2 written production. *Applied Linguistics* 16 (3): 307–322.

Leńko-Szymańska, A. (2002) How to trace the growth in learners' active vocabulary? A corpus-based study. In B. Kettemann & G. Marko (eds.), *Teaching and Learning by Doing Corpus Analysis*, 217–230. Amsterdam: Rodopi.

Linnarud, M. (1986) *Lexis in Composition: A Performance Analysis of Swedish Learners' Written English*. Lund, Sweden: CWK Gleerup.

Lyons, J. (1995) *Linguistic Semantics: An Introduction*. Cambridge: Cambridge University Press.

MacArthur, F. & J. Littlemore (2008) A discovery approach to figurative language learning with the use of corpora. In F. Boers & S. Lindstromberg (eds.), *Cognitive Linguistic Approaches to Teaching Vocabulary and Phraseology*, 159–188. Berlin: Mouton de Gruyter.

McClelland J. L., D. E. Rumelhart & G. E. Hinton (1986) The appeal of parallel distributed processing. In D. E. Rumelhart & J. L. McClelland (eds.), *Parallel Distributed Processing: Explorations in the Microstructure of Cognition*, 3-44. Cambridge, MA: MIT Press.

Miller, G. & C. Fellbaum (1991) Semantic networks of English. *Cognition* 41 (1-3): 197-229.

Mondria, J. & M. Wit-de Boer (1991) The effect of contextual richness on the guessability and retention of word in a foreign language. *Applied Linguistics* 12 (3): 249-267.

Nation, P. (1990) *Learning Vocabulary in Another Language*. Cambridge: Cambridge University Press.

Nerlich, B., Z. Todd, V. Herman & D. D. Clarke (2003) *Polysemy: Flexible Patterns of Meaning in Mind and Language*. Berlin/New York: Mouton de Gruyter.

Ortega, L. & H. Byrnes (2008) *The Longitudinal Study of Advanced L2 Capacities*. New York: Routledge.

Ortega, L. & G. Iberri-Shea (2005) Longitudinal research in second language acquisition: Recent trends and future directions. *Annual Review of Applied Linguistics* 25: 26-45.

Raukko, J. (1999) An intersubjective method for cognitive-semantic research on polysemy: The case of *get*. In M. K. Hiraga, C. Sinha & S. Wilcox (eds.), *Cultural, Psychological and Typological Issues in Cognitive Linguistics*, 87-106. Amsterdam: John Benjamins.

Raukko, J. (2003) Polysemy as flexible meaning: Experiments with English *get* and Finnish *pitää*. In B. Nerlich, Z. Todd, V. Herman & D. D. Clarke (eds.), *Polysemy: Flexible Patterns of Meaning in Mind and Language*, 161-193. Berlin/New York: Mouton de Gruyter.

Read, John (2000) *Assessing Vocabulary*. Cambridge: Cambridge University Press.

Rijpma, M. T. (1999) The effectiveness of the learning strategy of core meaning on guessing and retention of second language polysemous words. Unpublished master's thesis, University of Groningen.

Spoelman, M. & M. Verspoor (2010) Dynamic patterns in development of accuracy and complexity: A longitudinal case study in the acquisition of Finnish. *Applied Linguistics* 31 (4): 532-553.

Ullman, S. (1957) *The Principles of Semantics*. Oxford: Basil Blackwell.

van Geert, P. & M. van Dijk (2002) Focus on variability: New tools to study intraindividual variability in developmental data. *Infant Behavior and Development* 25 (4): 340–374.

Verspoor, M., K. de Bot & W. Lowie (2011) *A Dynamic Approach to Second Language Development: Methods and Techniques.* Amsterdam/Philadelphia: John Benjamins.

Verspoor, M. & W. Lowie (2003) Making sense of polysemous words. *Language Learning* 53 (3): 547–586.

Verspoor, M., W. Lowie & M. van Dijk (2008) Variability in second language development from a dynamic systems perspective. *The Modern Language Journal* 92 (2): 214–231.

Wiese, H. (2003) *Numbers, Language and the Human Mind.* Cambridge: Cambridge University Press.

Williams, J. (1976) Synaesthetic adjectives: A possible law of semantic change. *Language* 52 (2): 461–478.

Zheng, Yongyan (2011) Exploring Chinese EFL learners' vocabulary depth knowledge: The role of L1 influence. *Journal of Asia TEFL* 8 (3): 207–235.

Zheng, Yongyan (2012) Exploring long-term productive vocabulary development in an EFL context: The role of motivation. *System* 40 (1): 104-119.

第四章　汉语语块及其教学实证研究

本章主要对汉语语块进行教学实证研究，内容分为两部分：一是研究不同类型语块的习得及其影响因素，二是汉语语块教学实证研究。

本章第一至三节主要研究语块加工及其影响因素，采用词汇判断、自控步速阅读、在线语法判断任务、短语可接受性判断等方法，选取了不同类型的语块作为实验材料，主要研究了语境、频率、水平、词语搭配结构类型等因素的影响。通过对实验数据的分析发现：（1）频率效应显著，频率在汉语学习者语块和限制性词语搭配的加工中效应显著；（2）语块加工的水平效应显著；（3）语境在汉语学习者语块的加工中也是一个显著的影响因素。第四节基于汉语中介语语料库，主要以"做"为例，从不同的维度考察不同水平汉语学习者动宾搭配能力的发展规律。

语块习得研究显示，学习者对语块的加工反应时明显高于非语块，因此在教学中，以语块为单位进行教学是一个值得尝试的教学方法。本章第五节采取教学实验的方法，对语块教学中的"直接法"和"间接法"进行了比较及分析。虽然语块教学法有助于学习者词汇的习得，但是每种教学法都有一定的适用范围。本章最后一节对目前学界较为关注的"语素法"和"语块法"进行了统观性研究，对这两种教学法的适用性及互补关系进行分析概括，强调二者在词汇教学中并存并用的必要性，为汉语第二语言词汇教学提供了具有可行性的教学指导。

一、语境中语块的加工及其影响因素 *

1.1　引言

在语言运用中，有一类多词结构，由于其构成成分常以连续或非连续的固定序列形式出现而被视作一个整体结构，通称为"语块"（formulaic sequence）（Schmitt，2010）。在对外汉语教学中，语块也常常作为一个整体被列入二语教材的词汇表中，其类型多种多样（参见李慧，2012）：有惯用语类（idiomatic phrases），如"一路顺风""您慢走"；也有非惯用语类（non-idiomatic phrases），如"不一定""不得不""越来越"。Wray（2002a）从语言认知加工的角度提出假设，认为语块是整体提取和使用的语言单位。这一假设引发了心理语言学家关于母语者和二语者对语块加工方式的广泛讨论，问题主要集中在语块的加工方式是整体加工（holistic processing）还是解析加工（analytic processing）。整体加工说以 Swinney & Cutler（1979）提出的"词汇表征假说"（lexical representation hypothesis）和 Gibbs & Gonzales（1985）提出的"直接通达模式"（direct access model）为代表，基本观点为语块是被整体储存和加工的。一些针对母语者、二语者的实证研究显示，语块的加工速度快于低频自由词组（Krashen & Scarcella，1978；Schmitt & Carter，2004；Ellis，2003；Ellis & Simpson-Vlach，2009；Jiang & Nekrasova，2007；Tremblay & Baayen，2010 等），这些发现为整体加工假说提供了支持。解析加工说则通过实验发现，语块加工速度快不能简单归因于整体提取，有时加工过程不可避免地涉及对内部成分进行语义和句法解析。相关研究包括 Gibbs et al.（1989）提出的"惯用语分解模型"（idiom decomposition model），Glucksberg（1993）提出的"词组诱发式

　　* 本节作者郑航、李慧、王一一。本节内容曾以"语境中语块的加工及其影响因素——以中级汉语学习者为例"为题发表于《世界汉语教学》2016 年第 3 期。本节曾在《世界汉语教学》第三届青年学者论坛（2015 年 9 月 19 日，北京）宣读，承蒙点评专家江新教授和与会师生不吝赐教，论文写作过程中得到张博教授的悉心指导，美国伊利诺伊大学香槟分校 Jerome Packard（裴吉瑞）、Misumi Sadler、Chilin Shih（石基琳）在阅读初稿后提出了具体的修改方向，Justin Rhodes 对主实验设计的统计方法进行了具体指导，《世界汉语教学》匿名审稿专家也对论文提出了宝贵的修改意见，在此一并谨致谢意。本研究得到教育部人文社会科学重点研究基地重大项目（项目批准号：15JJD740006）和北京语言大学校级科研项目（中央高校基本科研业务专项资金）（项目编号：13YBG23）资助，特此致谢。

多义词"（phrase-induced polysemy）模型等。还有一种观点倾向于支持解析加工，但提出了介于两者之间的混合式加工假说（hybrid model）（Titone & Connine，1999），认为一个语块的形式—语义映射可以同时具有任意性和组合性：任意性体现在语块的习惯用法和自动化提取，组合性体现在构成成分的可拆解性及语义透明度高。这一观点得到了语块加工和产出实验的支持（Tabossi et al.，2005；Sprenger et al.，2006）。Schmitt & Meara（1997）也通过对母语为日语的英语学习者长达一年的跟踪研究提出，学习者目的语心理词库内部的不稳定性会导致语块的加工方式有所不同。值得关注的是，除了以上列举的多词结构加工实验外，一些独词加工实验也提供了与"整体加工说"相反的证据。Marslen-Wilson & Tyler（2007）在汇报英语派生词形态加工（morphological processing）的影响因素时发现：当表层频率（surface frequency）即结构整体频率相同时，词干频率（stem frequency）即一个词的核心成分频率是影响加工该词的决定因素。这一发现说明，即使证明语块具有跟词一样的整体获得、整体储存的性质，也未必一定发生整体加工。

　　上述研究多集中在英语作为母语和二语的研究上，国外文献还少见对汉语语块加工的研究。国内对汉语语块的研究在理论方面也取得了一定的成果。易维、鹿士义（2013）提出汉语语块跟词一样是整体存储加工的，具有心理现实性。在实证方面，对汉语语块加工的研究尚处于探索阶段，研究成果也主要集中在对比二语者和母语者对语块的识别和运用的差异上。丁洁（2006）以口语习用语为测验材料，利用调查问卷、被动输出测试与主动输出调查等方法，调查了二语者对口语习用语含义的理解和使用情况；孔令跃、史静儿（2013）使用限制性语境下的自由作答任务，考察了高级汉语学习者的汉语口语语块的运用情况。上述研究都证实了二语者和母语者对汉语语块的识别运用呈现出显著差异，但并未在心理语言学加工实验的研究范式下对自然语言运用中的语块进行考察。

　　此外，无论对英语还是汉语，关于语块心理现实性的结论大多是通过对孤立呈现语块的识别和加工实验得来的。孤立呈现语块将考察对象严格限制在实验室条件下，得出的对比性结论（如"与匹配的松散词组相比，语块具有加工优势"）也有很强的说服力，但能否将这一结论直接推论到自然语言的加工中还有待商榷。原因在于该实验方法屏蔽了语块在自然使用中不可避免的干扰因素——语境因素。将非惯用语语块，如英文的"as soon as"、中文的"不得不",孤立呈现与在语境中呈现,语言使用者的反应或有不同。但无论相同还是不同,都有待进一步的实验去验证,这也是本研究试图探索的问题和要弥补的空缺之一。

本研究首先选取非惯用语类语块,采用 Jiang & Nekrasova(2007)实验 I 的词汇判断任务(lexical decision task;详见 1.2.1),将其作为前测先后在母语者和中级二语学习者中进行测试,以确认所选语块在无语境条件下具有加工优势。前测成功后,将所选语块植入语境,通过自控步速阅读任务(self-paced reading task),考察 L1 和 L2 两组被试对有语境条件下语块的加工情况,探讨语境以及其他可能因素对语境中语块加工的影响。本研究在实验材料和实验方法上与前人研究有以下两点不同:

第一,将非惯用语类语块植入语境,还原语块在自然语言中的使用情况。前人对自然语言的识别研究早已发现"语境效应"(contextual effects),即,对句中的词语的识别与加工依赖于词语所在语境所提供的语法和语义信息(参见 Cervera & Rosell,2015 的综述)。对于语境中词语的加工与识别,McDonald & Shillcock(2001)的研究发现,一个词若被植入典型语境句则会被更快地识别,若被植入不典型语境句中,读者的反应速度则会变慢。Baayen et al.(2011)的研究发现,当名词出现在不常与其共现的介词或副词之后时,其识别速度要远远慢于该名词出现在与其共现频率高的介词或副词之后的速度。那么,语境效应是否也存在于句中多词结构的加工?若存在,在语境效应干扰下语块是否还具有加工优势?这些正是本研究要探讨的问题。

第二,选取同一批语块作为词汇判断任务和自控步速任务两个实验的实验材料,对比无语境和有语境条件下这些语块的加工情况,其结果或能呈现一些单纯的词汇判断任务或自控步速阅读任务观察不到的现象。两个测试任务中语块的不同呈现方式(孤立呈现 vs 语境中呈现)也间接对应两种不同的语块教学方式,测试结果可以直接为二语教师提供教学法上的参考。

1.2 词汇判断实验(前测)

1.2.1 实验目标和设计

我们的主要研究问题是考察母语者和中级二语学习者在加工语境中语

块时，语块是否仍然呈现加工优势。这一研究问题的前提是：在无语境条件下，语块具有加工优势。本实验的词汇判断任务作为自控步速任务的前测，其主要目标就是确认在无语境条件下，所选汉语语块在两个被试组都呈现加工优势。这一目标将通过三个步骤实现。

第一步是确保研究在规范的心理语言学范式下进行。为此，实验设计复制 Jiang & Nekrasova（2007）考察英语语块的词汇判断实验的设计，让被试判断孤立呈现的多词结构的合法性，并通过对被试反应时和判断准确率的对比来探讨语块加工方式。用汉语复制英语实验的关键是找到适合汉语的实验材料。由于中级汉语学习者的词汇知识有限，实验根据研究限制和需要自行选取和编写了测试材料（详见 1.2.2）。

第二步是确认母语者的语块加工优势。实验首先需在母语者中进行测试的理由是：根据 Wray（2002a）的定义，语块是在语言使用者心理词库中预制（prefabricated）的语言单位；而一种语言的使用者主体是母语者，所以确认所选语块在母语者心理词库中的现实性是考察二语者心理现实性的前提。为此，词汇判断实验首先对比母语组对两类结构（语块和非语块）的反应时（RT）：若母语组语块反应时明显快于匹配非语块，即语块呈现加工优势，那么再用相同的实验材料在二语者中进行测试；若母语组未见语块加工优势，则对所选材料进行替换和调整，并在另一组母语者中进行再测试，直到母语组呈现语块加工优势为止。

第三步是确认中级汉语学习者的语块加工优势——只有确认了在无语境条件下，母语组和二语组均呈现语块加工优势后，进一步对比有语境条件下的语块加工才有意义。在这一步骤中，若二语组未呈现语块加工优势，则对所选语块进行替换和调整，然后重复第二步和第三步，直到两组均呈现语块加工优势为止。

按照以上步骤来遴选实验材料需要不止一轮前测，由于篇幅限制，本研究仅汇报成功的前测 [①]。如无特殊说明，实验数据均通过 SPSS 23 数据包使用一般线性模型进行分析。

---

① 本次前测之前的一轮前测选用《汉语国际教育用音节汉字词汇等级划分》(本节简称《等级划分》) 普及化等级中所收录的未标注词性的 24 组多词成分。在母语组测试中，语块/非语块 RT 的项目分析未见显著差异，$t(23) = -0.832$，$p = 0.414$，其中很多非语块的平均 RT 要快于语块，如"买电话"（317.1 ms）和"打电话"（350.72 ms），这些慢速语块均被排除。根据匿名评审的建议，为提高前测成功率，研究从二语被试所用汉语教材中补充实验材料。

1.2.2　实验材料

本次前测选取二语被试所使用过的汉语教材 ① 词汇表和《等级划分》普及化等级中收录的 16 个非惯用语类多词结构作为目标语块 ②，并通过词语测试，以确保中级学习者已经习得所有目标语块。与语块成对匹配的非语块 ③ 是通过替换语块中的 1 个成分词，并匹配替换词的笔画数、句法性质和频次 ④ 而得来，如"开玩笑"和"开窗户"，玩笑 [频次] = 2523，窗户 [频次] = 2218；玩笑 [笔画] = 18，窗户 [笔画] = 16。由于替换词也须从二语被试所用初、中级教材中选取，这就缩小了备选范围，从而限制了匹配度。因此，我们在尽量实现替换词的频次和笔画数匹配的情况下，保证 15 对 ⑤ 语块 / 非语块替换词的笔画和频次实现组间无显著差异，$F_{频次}$（1, 28）= 0.044，p = 0.836；$F_{笔画}$（1, 28）= 0.022，p = 0.883（全部替换词匹配情况详见附录 1）。此外，实验材料还包括 30 个不相关的词组作为干扰项。

由于语块和匹配非语块最大程度上达到用词一致，被试会对在短时间内复现的相似结构有清晰的记忆，这一记忆产生的启动效应（priming effect）会提高加工速度，导致测试结果受到干扰。为避免重复，15 对测试词语被分配在 A、B 两个抵消型测试表（counterbalanced lists）中。表 A 包含 7 个语块、8 个非语块和 30 个干扰项，表 B 包括 8 个语块、7 个非语块和 30 个干扰项。语块和匹配非语块不出现在同一表中。随机的一半被试使用表 A 测试，另一半使用表 B 测试。

---

① 汉语教材只包括二语被试学习过的汉语综合课教材，分别为《尔雅中文——初级汉语综合教程》(上、下) 各两册及《尔雅中文——中级汉语综合教程》(上)。

② 所选语块不包括框式语块，如"越……越……"，原因在于框式语块不是连续的词串，难以收集其反应时。但是在匹配语块"越来越"时，我们选取"越……越……"与插入成分"上"组成的"越上越"作为匹配的非语块。

③ 本研究的"非语块"以汉语教材词汇表未收录的自由词组为准。即使有的非语块使用频率也很高，如"没问题"，但由于没被词汇表收录，故假设其并未进行整体教学，因此也被归为"非语块"。前测排除了反应时异常快的非语块。

④ 频次指特定语料库中目标单位的观测次数。本研究涉及不同语料库，如无特殊说明，"语料库"或"母语者语料库"均指"中国传媒大学有声媒体文本语料库"。

⑤ 语块"看上去"，笔者未能找到与其频次、笔画均匹配的非语块，故将其排除，剩余 15 个语块作为实验材料。

1.2.3 被试和程序

实验母语组被试是美国伊利诺伊大学东亚系的中国研究生共 10 人（5 男 5 女），年龄在 25 ～ 29 岁之间，在母语国生活时间平均为 24.6 年。二语组被试是北京语言大学汉语学院 2015 秋季学期二年级上的 10 名汉语学习者（5 男 5 女），年龄在 18 ～ 26 岁之间，分别来自 4 个不同的母语国：韩国、日本、泰国、白俄罗斯。10 名被试的汉语综合课期中考试成绩都在 90 分以上。实验首先于 2015 年 11 月在美国伊利诺伊大学对中国研究生进行测试。在得到有效的结果（语块呈现加工优势）后，又于 2015 年 12 月在北京语言大学对中级学习者进行测试。

词汇判断任务要求被试在看到所呈现的词语后迅速判断它的合法性，具体操作步骤如下：被试按空格键开始实验，电脑屏幕上将呈现一个多词结构；被试被要求在尽可能短的时间内判断所见结构是否合法；在被试做出判断后间隔 300 ms，屏幕上出现下一个多词结构；在测试过程中，被试不会知道自己的判断正确与否。实验编程由软件 Paradigm 2.4 设计而成。被试单独在 Dell 个人电脑上进行实验。实验开始前，二语被试均通过了汉字小测试，确保了被试对测试项汉字的识解没有障碍。在完全了解实验流程后，被试先进行了含有 5 个短语的练习实验。实验全长不超过 30 分钟。

1.2.4 结果与分析

如无特殊说明，本研究对所收集的数据均做如下处理：剔除所有错误判断的无效数据，反应时若超出该被试平均反应时 3 个标准差的数据也被剔除（干扰项不参与计算）。

实验首先收集 10 位中国研究生的反应时数据，剔除 8% 的错误数据和 1 名异常被试数据后，用反应时的平均值和正确率进行单因素重复测量方差分析（one-way repeated measures ANOVA）。结果显示，母语者对语块的反应时平均值比非语块短 160 ms：被试分析和项目分析结果均显示了成对语块 / 非语块的显著差异，F_1（1，8）= 6.349，p = 0.036；F_2（1，14）= 6.919，p = 0.02。此外，母语者对语块的判断正确率也明显高于对非语块的判断：被试分析和项目分析结果也都反映了这一显著差异，F_1（1，8）= 160.479，p < 0.000；F_2（1，14）= 246.724，p < 0.000。尽管有两对语块 / 非语块的反应时平均值出现了非语块大于语块的情况（不耐烦 vs 不顺心，有意思 vs 有经验），但我们认为在不影响所选材料总体表现的情

况下出现个别差异在所难免，因此决定 15 个语块和非语块全部保留，继续对二语组进行测试。

在剔除 19.3% 的数据之后，对二语组数据进行单因素重复测量方差分析。结果显示，二语者语块的反应时平均值比非语块短 406 ms，被试分析和项目分析均呈现了这一显著差异，$F_1（1，9）= 6.735，p = 0.029；F_2（1，14）= 8.395，p = 0.012$。在判断正确率上，二语者对语块的判断也具有明显的优势，$F_1（1，9）= 76.867，p < 0.000；F_2（1，14）= 398.216，p < 0.000$。此外，组间对比也显示了母语组和二语组的显著差异，$F_1（1，18）= 22.841，p < 0.000；F_2（1，28）= 73.182，p < 0.000$。图 4-1 综合反映了词汇判断实验两组被中级汉语学习者试的反应时、正确率对比。

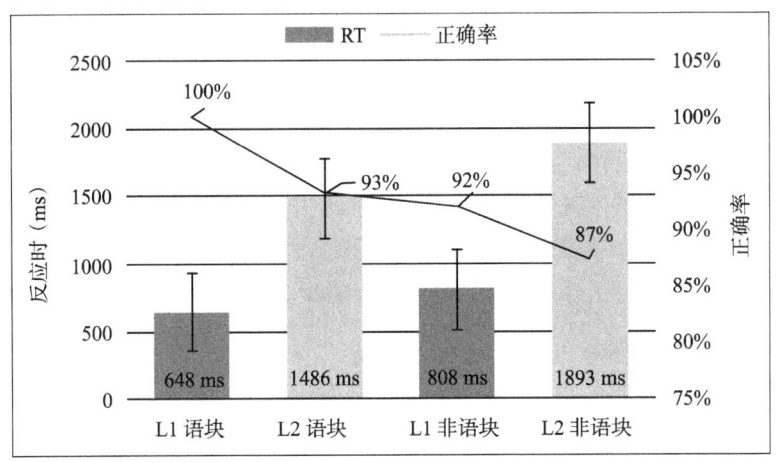

图 4-1　词汇判断任务反应时平均值（RT）、正确率对比

综上所述，汉语词汇判断实验显示了与英语实验一致的结果：母语者和中级汉语学习者都对所选语块做出了更快的反应；对合法性判断，语块的正确率也明显高于非语块。根据"整体加工说"的假设，这一结果可以被诠释为母语者和中级学习者都对语块进行整体存储、整体提取。词汇判断任务作为前测，确认了所选语块在无语境条件下加工的绝对优势，下一步我们将 15 对语块 / 非语块植入完全相同的语境，对比在语境干扰下母语者和中级二语者对语块的加工情况，然后再对两实验结果进行综合对比分析。

1.3　自控步速实验（主实验）

1.3.1　研究目标

　　本实验旨在考察在词汇判断任务中呈现加工优势的 15 个语块，当被植入句子中时，其加工优势是否仍然存在。在这一研究目标下，我们提出四个具体研究问题：（1）相同语境中成对语块/非语块的反应时有无显著差异？（2）语块/非语块所处的语境对其加工速度有无影响？（3）影响语境中多词结构（语块/非语块）加工的主要因素是什么？（4）影响母语者和二语者语境中多词结构加工的主要因素有何异同？

　　下文将逐步介绍实验的设计、统计方法，并根据统计结果尝试回答以上四个问题。

1.3.2　实验材料与设计

1.3.2.1　语境句的编写

　　研究问题（1）要对比的是相同语境中成对语块/非语块的反应时，因此实验首先要选取或编写在语法上（合法性、植入位置）和语义上同时适合成对语块/非语块植入的语境句（context sentence）。语境句除了满足上述要求外，还要尽可能使目标单位（语块/非语块）植入靠近句尾的位置，确保出现在目标单位之前的语段（下文简称"前位语段"）不至于太短，从而能提供一定的语境信息（在线性展开的自控步速阅读任务中，后位语段不会影响到目标单位的加工）。此外，由于中级二语被试的汉语知识储备有限，语境句所用词汇、语法也须保证二语者在阅读时没有障碍[①]。在上述三个条件的制约下，从母语语料库中直接提取到适合的语境句可能性不大。因此，笔者以二语被试的汉语教材为材料，编写了 15 个语境句。对于同一个语境句，植入语块的句子叫作"语块句"，植入非语块的句子叫作"非语块句"（见表 4-1 举例，15 组语境句详见附录 2）。

---

① Schmitt，Jiang & Grabe（2011）认为在阅读中只有实现 98% 的词汇覆盖率才能实现无障碍阅读。

表 4-1　语境句举例

	例 1	例 2
语境句	朋友一定要坐火车回去，我＿＿＿＿跟她一起。	她觉得不结婚也＿＿＿＿，一个人挺好的。
语块句	朋友一定要坐火车回去，我<u>不得不</u>跟她一起。	她觉得不结婚也<u>没关系</u>，一个人挺好的。
非语块句	朋友一定要坐火车回去，我<u>不好</u>跟她一起。	她觉得不结婚也<u>没孩子</u>，一个人挺好的。

由表 4-1 例句可知，语块句和非语块句在用词上实现完全一致，如果被试在短时间内同时读到两个相同语境的句子，前句就会对后句产生启动作用，从而影响读者的反应速度。为避免启动效应，15 个语境句和 15 个非语境句被分配在 A、B 两个抵消型测试表中。表 A 包含 7 个语块句、8 个非语块句和 15 个干扰句，表 B 包含 8 个语块句、7 个非语块句和 15 个干扰句。成对的语块和非语块句不出现在同一测试表中。随机的一半被试使用表 A 测试，另一半使用表 B 测试。

1.3.2.2　语境效应的量化

研究问题（2）要考察语境对两类目标单位的加工有无显著影响。尽管语境句为成对语块 / 非语块提供了字面上完全一致的语境，但却不能保证该语境对语块和非语块来说是同样典型的语境，即具有同等的语境可能性（context probability）。Kalikow et al.（1977）通过语音识别实验发现，语境效应尤其明显地体现在前位语段累计叠加形成的语境信息对句尾词语的预测上。Spehar et al.（2015）的例子"I saw elephants at the zoo"（我在动物园看了大象）很好地诠释了这一现象。句首短语"I saw"（我看了）后面可以有无数种词语选择，但当其后出现了名词"elephants"（大象），句尾的地点名词的选择就相当受限，而"zoo"（动物园）的出现就很容易被预测到了。换言之，"zoo"很可能出现在"I saw elephants at the ＿＿＿＿"这一语境中，即，对"zoo"而言，"I saw elephants at the ＿＿＿＿"的语境可能性大。而同一语境"I saw elephants at the ＿＿＿＿"，对另一个地点名词"pool"（游泳池）而言就不是典型语境，即，语境可能性小。总之，语境可能性是前位语境对后位词语而言的相对典型性。

　　在阅读任务中，读者会根据前位语段的语境预测后面将要出现的词语。当出现的词语符合读者之前的预测时（语境可能性大），他们对词语的反应就会变快；反之，若出现的词语不符合读者预测时（语境可能性小），读者的反应就会减慢。在编写语境句时，成对语块句/非语块句虽然实现了字面完全匹配，但其语境可能性对语块/非语块来说却有大小之分。在语境可能性不匹配的情况下，即使观察到语块/非语块的反应时差异，也无法说清楚到底是什么原因造成了差异。理想的情况是找到一个与语块/非语块具有同等语境可能性的句子。然而根据上文（1.3.2.1）可知，语境句的编写极其受限，要实现语境可能性的对等几乎是不可能的。通常的解决办法是将无法控制的变量（语境可能性）作为协变量（covariate），与固定因素（fixed factor；目标单位类型："语块"或"非语块"）做重复样本协方差分析（repeated measures ANOVA）。把语境可能性作为协变量的前提是将其量化成一个连续变量。

　　传统的量化方法是通过问卷的方式请母语者为每个目标单位所处语境的典型性打分，依靠母语者的语感来量化跟语义有关的信息。母语者打分虽具有一定的说服力，但也具有一定的主观性。本研究采用数据库语言学的量化方法，根据马尔可夫条件概率（Markovian conditional probability）运算，通过"中文互联网 5-gram 数据库"[①]对语境句进行编程检索和量化分析。Lieberman（1963）的实验发现，语言使用者对语言串中某个语言单位的认知加工并不是在看到目标单位的瞬间才开始的，而是一个马尔可夫决策过程（Markovian process），即听话人对第 n 个语言单位（gram）的感知依靠前 n-1 个语言单位之间的链式条件概率来推测，即计算语言学中的 n-gram 运算。下面转引 Lieberman 图解（1963，有调整）来说明这一链式加工过程，见图 4-2。

---

　　① 该数据库由 Google 研究所研制，"gram"指一个可以是任意大小的语言单位。数据产生于 Google 截至 2008 年在互联网所有可公开访问的文档，总共大约包括 8830 亿词。该数据库是不可通过网络检索型语料库，而需购买原始数据文本（有标注），根据个人研究需要通过自主编程进行检索。

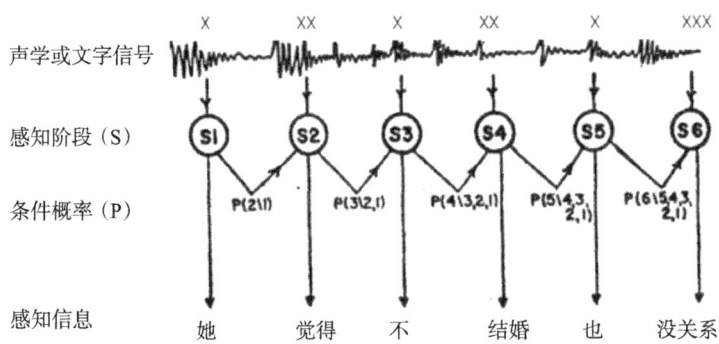

图 4-2 马尔可夫链式条件概率图示

如图 4-2 所示，Lieberman 认为听话人首先通过对声波或图文的处理来感知所听到的第一个语言单位，但对第二个语言单位的感知则不单依靠声波 / 文字信号，还依靠第一个语言单位与第二个语言单位共现的条件概率 P（2/1）来预测接下来可能听到的语言信号。以此类推，对第六个单位的感知则需要根据前五个单位（5-gram）与第六个单位之间的条件概率进行预测，以图 4-2 例句的语块句为例，即需要运算在 5-gram "她觉得不结婚也"的条件下出现"没关系"这个单位的概率是多少，运算公式如下（P 表示概率 probability；C 表示频次 count）。

公式 1：

$$P（没关系 \mid 她觉得不结婚也）= \frac{P（没关系 \cap 她觉得不结婚也）}{P（她觉得不结婚也）}$$

$$= \frac{C（她觉得不结婚也没关系）}{C（她觉得不结婚也）}$$

由公式 1 所计算出的"没关系"出现在"她觉得不结婚也"之后的可能性，就相当于语言使用者在阅读到该位置时预测到"没关系"出现的可能性有多大，也就是语境可能性。根据公式 1，计算语境可能性只需在数据库中找出语串"她觉得不结婚也没关系"和"她觉得不结婚也"的频次即可。然而由于本研究例句是笔者根据二语被试的词汇知识水平自造的句子，在现有数据库中找到完全相同的语串的可能性几乎为零。根据条件概率的链式法则（chain rule），我们通过计算语串中相邻两个单位条件概率的乘积，来逼近公式 1 中的运算。具体来说，先计算出"她觉得""觉得不""不结婚""结婚也"和"也没关系"的条件概率，再用 5 组条件概率的乘积来逼近"没关系"出现在"她觉得不结婚也"之后的概率[①]。具体运算如下：

公式 2：

$$\{没关系\}语境可能性 = P（没关系 | 她觉得不结婚也）$$

$$= \frac{C（她觉得不结婚也没关系）}{C（觉得不结婚也）}$$

$$\approx P（觉得 | 她）* P（不 | 觉得）* P（结婚 | 不）* P（也 | 结婚）* P（没关系 | 也）$$

$$= \frac{C（她觉得）}{C（她）} * \frac{C（觉得不）}{C（觉得）} * \frac{C（不结婚）}{C（不）} * \frac{C（结婚也）}{C（结婚）} * \frac{C（也没关系）}{（也）}$$

观察公式 2 可知，运算中的各分子都是两词共现频次，分母都是单词频次，由此可知，各分母的乘积很可能远远大于各分子的乘积，导致运算结果很小。因此我们对运算结果取 Log 值，用 Log（5-gram）来代表语境可能性。表 4-2 列举了"没关系"和"没孩子"的语境量化结果（语境句及语境可能性总表见附录 2）。

表 4-2　语境可能性举例

语境句	她觉得不结婚也_____，一个人挺好的。	**Log (5-gram)**
语块句	她觉得不结婚也［没关系］，一个人挺好的。	-12.27
非语块句	她觉得不结婚也［没孩子］，一个人挺好的。	-15.62

由表 4-2 可知，同一语境句对语块的语境可能性（-12.27）和对非语块的语境可能性（-15.62）并不对等，因此，将量化后的语境可能性作为协变量与语块 / 非语块反应时做单因变量多因素方差分析。

1.3.2.3　其他影响因素

研究问题（3）（4）是考察语境中多词结构加工速度的主要影响因素，实际上仍是要对比前人在无语境条件下所发现的影响因素——书写复杂

---

① 由公式 1、2 可知，本研究的运算无须一定选用"中文互联网 5-gram 数据库"，但仍选用该库的理由是：第一，它的数据庞大，更可能准确反映语言使用情况；第二，它可以通过编程批量检索原始数据，为研究节省了宝贵时间。实际上，本研究检索量比较大，在直接获取 5 词（语）语段失败后，我们分别尝试了通过 4 词（语）、3 词（语）和 2 词（语）概率去逼近 5 词（语）概率的方案，最终确定 2 词（语）是更可行的方案。在"5-gram 数据库"中观测不到的 2 词（语）语段（14个），我们改用 BCC 语料库（150 亿字 ≈ 60 亿词）进行检索，再把 BCC 频次乘以两语料库收词数量之比，以逼近同等大小数据库下可能的观测频次。对于两库中检索频次都为 0 的 3 个语段（"我不好马上""工作不为了""合适大多了"）直接赋值 0.1 进行近似运算（0.1 作为观测频次无意义，且赋非"0"值便于进行 Log 运算）。

度（字符数和汉字笔画数，Balota et al.，2006）、结构整体频次、结构成分搭配频率（t–值[①]，参见 Hunston，2002；互信息值，参见 Ellis & Simpson-Vlach，2009）——在语境的干扰下是否仍然是影响加工的主要因素。此外，由于受到二语教材中词语复现率的影响，二语者在读写时会表现出与母语者不同的用词习惯，因此在考察二语组多词结构的加工时，还应将多词结构在二语者语料库中出现的频次作为可能影响因素（Granger，2003）。本研究选择的二语者语料库是由北京语言大学研发的 "HSK 动态作文语料库1.1"[②]。然后，将量化后的语境因素与上述几个已知因素一起作为自变量，将 30 个多词结构的反应时作为因变量，进行两组多元线性回归分析，对比语境与其他因素在多词结构加工中的作用大小。

1.3.3　实验被试与程序

1.3.3.1　被试

实验母语组被试是北京语言大学研究生，共 20 人（9 男 11 女），年龄在 23 ~ 31 岁之间。二语组被试从北京语言大学汉语学院 2015 秋季学期二年级上两个平行班里召集的不同于词汇判断实验的 20 名汉语学习者（10男 10 女），年龄在 20 ~ 28 岁之间，分别来自 7 个不同的母语国：韩国、日本、马来西亚、印尼、美国、巴西、罗马尼亚。20 名被试的综合课期中考试成绩都在 85 分以上。两组实验都于 2015 年 12 月 ~ 2016 年 1 月在北京语言大学进行。

1.3.3.2　程序

实验主体是二语者和母语者独立完成自控步速阅读任务，实验采用软件 Paradigm 2.4 设计而成。被试单独在 Dell 个人电脑上进行实验。具体操作如下：按空格键开始实验后，屏幕中间会出现一串光标 "—"，覆盖一个句子；按空格键，第一个光标处出现句子的第一个词语，再按空格键，第二个光标处出现第二个词语，前一词语随之消失，以此类推直到全句逐词呈现完毕；全句不再回放。句子呈现方式模拟从左到右的线性阅读顺序。

---

　　① 语料库语言学中，t–值常被用来预测特定语料库中两个词共现可能性的大小。与另一常用搭配频率的运算值，互信息值（MI-score）相比，t–值被认为更适用于考察非惯用语词组的搭配（详见 Hunston, 2002: 73）。t–值计算公式，$t = (fAB - fAfB/N) / (\sqrt{fAB})$，其中，fA = A 词频率；fB = B 词频率；fAB = AB 两词共现频率；N = 语料库收词总数。

　　② HSK 动态作文语料库是母语为非汉语的外国人参加高等汉语水平考试（HSK 高等）作文考试的答卷语料库，收集了 1992—2005 年的部分外国考生的作文答卷。语料库 1.1 版语料总数达到11569 篇，共计 424 万字。

被试通过控制按键速度来控制阅读速度。全句播放完毕间隔 300 ms，屏幕上会出现一个针对测试句中的目标词语设计的双项选择题，被试根据对句子的理解答题，选 A 按鼠标左键，选 B 按右键。选择完毕后，根据屏幕提示，按空格键开始阅读第二个句子。同时，被试被简要地告知测试目的，即在理解句子的前提下尽可能快地阅读和答题。

测试前，二语被试均通过了汉字测试，以确保被试对测试项所含的汉字的识解没有障碍。在完全了解了实验步骤后，被试先进行了一个含有 10 个句子的练习。测试过程不超过 30 分钟。

1.4 结果与讨论

实验收集了母语组 20 名被试的共 300 个数据和二语组 20 名被试的共 300 个数据。剔除了所有错误判断的无效数据①，反应时若超出该被试平均反应时 3 个标准差的数据也被剔除，母语组剔除了 5.67% 的数据，二语组剔除了 19.33% 的数据。所有统计使用 SAS 数据包进行运算。在单因素重复测量方差分析中使用反应时的平均值运算；其他运算均使用原始数据进行，剔除数据在录入后自定义为缺失数据（user-defined missing data）。下文将汇报数据统计结果及对结果的对比分析。

1.4.1 语境效应的出现和语块加工优势的消失

首先提取两组被试语块 / 非语块反应时的平均值分别进行单因素方差分析，以单纯地对比组内语块 / 非语块差异。母语者语块的反应时平均值比非语块短 50 ms：被试分析和项目分析结果均反映了语块 / 非语块的显著差异，$F_1(1, 19) = 5.625$，$p = 0.028$；$F_2(1, 14) = 15.079$，$p = 0.002$。由此可见，单纯对比自控步速任务中母语者对语块 / 非语块的反应时差异，其结果与词汇判断任务结果一致。二语者语块反应时平均值比非语块短 222 ms：被试分析和项目分析结果也都反映了两类结构的显著差异，$F_1(1, 19) = 21.218$，$p < 0.000$；$F_2(1, 14) = 9.352$，$p = 0.009$。同样，单纯对比自控步速任务中二语组对语块 / 非语块的反应时差异，结果也与词汇判断任务结果一致。然而，单因素方差分析只是孤立地观察目标单位的反应时，没有把语境可能性不匹配对加工速度造成的影响考虑进去，得

---

① 自控步速阅读实验中的正确率依据被试对每个测试句后单选题的答案决定。单选题的设计是针对不同目标单位设计的，因此成对语块 / 非语块句未必有一样的问题，问题的难易就无法控制。因此，不对正确率进行成对的对比。

出的结论就有两种解释：一是语块具有加工优势；二是语块句恰好语境可能性大，语境可能性大促使加工速度快。

　　为了同时考察语境因素和语块因素的影响，将语境可能性作为协变量，将目标单位类型（"语块"或"非语块"）作为固定因素与反应时进行协方差分析。协方差分析相当于在控制协变量的条件下首先做固定因素（结构类型）与因变量（反应时）的单因素反差分析，然后再做协变量（语境可能性）与因变量的相关性分析。图 4-3 分别展示了两组协方差分析结果的分布情况。①

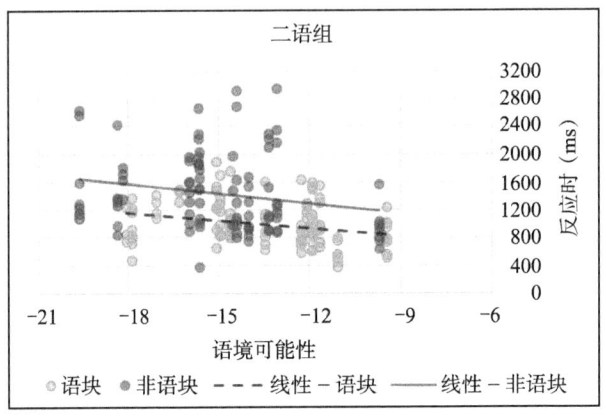

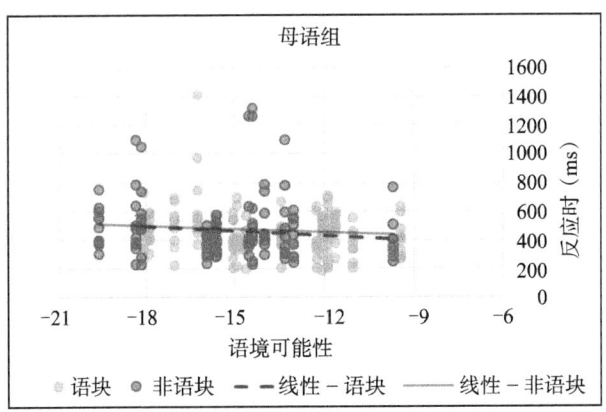

图 4-3　反应时、语境可能性与结构类型的相关性分布

---

　　①　语境可能性在 -35 ～ -40 之间的三个语段未在图 4-3 分布中展示，但这些数据悉数包含在统计分析的运算中。

（1）结构类型：当语境因素作为协变量得到控制后，语块和非语块的反应时只在二语组呈现显著差异，$F(1, 27) = 10.26$，$p = 0.0035$；图 4-3（二语组）两色圆点分布显示，语块（灰色，整体靠下）的加工比非语块（黑色，整体靠上）加工速度快。而两类结构间的差异在母语组则不显著，$F(1, 27) = 1.15$，$p = 0.293$，也就是说当成对语块 / 非语块的语境可能性差异被排除时，母语者对语块和非语块的加工速度也几近相同；图 4-3（母语组）中两色圆点的分布范围也几乎重合。

（2）语境可能性（协变量）：在语境可能性作为连续变量与反应时的相关性分析结果显示，语境效应同时出现在母语组（$F(1, 252) = 6.55$，$p = 0.011$）和二语组（$F(1, 206) = 10.87$，$p = 0.0012$）。由图 4-3 中两组的回归线倾斜方向可知，语境与反应时呈负相关，即语境可能性越大，反应时越小。其中，二语组回归线斜率更大，说明语境与二语者反应时的相关性更明显。

（3）语境与类型交互作用：二语组中，语境与两类结构的相关性呈显著差异，$F(1, 206) = 8.08$，$p = 0.005$，其中，语境对语块的促进作用（facilitatory effect）比对非语块的促进作用明显；图 4-3（二语组）的两条回归线间距离相对较大。而对母语组来说，语境与两类结构的相关性则未见明显差异，$F(1, 252) = 0.87$，$p = 0.353$，也就是说语境对于语块和非语块具有同等的促进作用；图 4-3（母语组）的两条回归线几乎重合。

由上述分析可知，语境可能性对母语者和二语者多词结构的加工都有显著影响。而母语组对两类结构加工的速度差异在语境的影响下则变得不再显著，下面通过对比两实验——语境中加工语块 / 非语块与孤立加工语块 / 非语块——来观察语境效应的显著作用。

1.4.2　语境效应的凸显

1.4.2.1　有 / 无语境条件对比

本研究前测是考察无语境语块的加工，主实验是考察有语境语块的加工，表 4-3 综合展示了两实验方法和结果上的主要差异。

表 4-3　有 / 无语境条件下语块加工优势对比

呈现方式	词汇判断任务		自控步速任务	
	无语境		有语境	
主效应	语块优势	语境效应	语块优势	语境效应
母语组	*	/	—	**
二语组	**	/	*	*

*: $p < 0.005$；**: $p < 0.05$；—: $p > 0.05$；/: 不适用。

先看词汇判断任务：在无语境的条件下，语块加工优势在两个被试组都有明显体现，这或可解释为语块是"整体存储、整体提取"的单位。再看自控步速任务：在有语境的条件下，母语组未见语块加工优势，而二语组仍呈现语块加工优势，但优势的显著度却有所下降。这一对比回答了研究问题（2）：植入语境后语块加工优势是否仍然存在。在有语境的条件下，语境因素呈现主效应，但语块加工优势却减弱或消失。不过值得注意的是，这一现象却不能推翻"整体加工说"。前文研究综述显示，单词的识别速度依赖语境可能性大小。若语块加工速度快也与语境直接相关，则只能说明语块与单词具有类似的性质。若单词在语境中被整体存储、整体提取，那么语块也应该被认为具有同样的性质。

其次，母语组语境效应出现的同时语块加工优势消失，这或可说明母语者的句子加工更依赖语境信息。相比之下，在语境的影响下，二语组的语块加工优势仍然显著。这一现象或与实验材料的选取有关。由于所选语块均取材于二语教材，并且都进行了整体教授，二语者对这些结构具有很高的熟悉度和敏感度。与其将二语组的现象诠释为语块"具有加工优势"，不如说语块实现了"整体教授、整体获得"。但同时也不能忽视，当这些整体获得的语块出现在语境中时，语境是否典型对二语者还是有很大影响的。尽管语境效应对二语组的影响不如对母语组的影响大，但也可以说明中级汉语学习者已经建立了一定的汉语语感。

1.4.2.2　有语境条件下的多因素对比

语境效应的凸显还体现在多元回归分析的结果上。上文总结了诸多可能影响句中多词结构加工的内部因素：笔画数、字符数、母语库频次（表 4-4 简称"母语库"）、多词结构在 HSK 动态作文语料库中的出现频次

（表 4-4 简称"HSK"）、t-值、互信息值（表 4-4 简称"MI 值"）。将语境可能性与这些因素放在一起做多元回归分析发现，语境仍然是影响两组被试加工速度的突出因素。

表 4-4　多元回归分析相关系数

母语组						二语组 [①]					
$F(6, 276) = 4.786$, $p < 0.000$, $(R = 0.307, R^2 = 0.094)$						$F(7, 229) = 4.348$, $p < 0.000$, $(R = 0.342, R^2 = 0.117)$					
	B	SD	Beta	t	p		B	SD	Beta	t	p
语境	-4.28	1.86	-0.16	-2.3	0.02	HSK	-0.36	0.12	-0.28	-3.03	0.00
笔画	-5.42	2.82	-0.15	-1.92	0.05	语境	-17.15	6.74	-0.21	-2.54	0.01
t-值	0.65	0.38	0.19	1.71	0.09	母语库	-0.04	0.02	-0.22	-2.45	0.02
母语库	-0.01	0.00	-0.13	-1.66	0.10	t-值	3.04	1.52	0.31	2.00	0.05
MI 值	-7.79	6.31	-0.14	-1.24	0.22	字符	-180.34	115.13	-0.1	-1.57	0.12
字符	39.63	34.17	0.07	1.16	0.25	笔画	-11.46	9.52	-0.11	-1.20	0.23
HSK	/	/	/	/	/	MI 值	-15.49	20.02	-0.09	-0.77	0.44

由表 4-4 中的 p 值可知，对母语者反应时贡献最显著的因素是语境可能性。对二语者反应时最显著相关的是多词结构在 HSK 动态作文语料库中的频次，其次就是语境可能性。两组结果说明，影响母语者和中级汉语学习者多词结构加工的因素具有很高的一致性，共同的最显著因素是语境可能性。这就是说在有语境条件下，词语所处环境的语义信息对多词结构加工有很大的影响。本研究中语境可能性的凸显至少可以说明，汉语使用者在阅读中识别或读取一个多词结构时，很大程度上依赖于该结构所处语境是否是该结构的典型语境，且语感越好的读者（如母语者），前位语境对后位词语的促进作用越大。二语组也呈现对语境的高度依赖，这反映出在目的语环境中学习的二语者已经具备了与母语者相似的渐进性的

---

① 与二语组 RT 相关性最显著的因素是多词结构在 HSK 动态作文语料库中的出现频次，说明中级学习者的语言加工和产出之间具有显著关联。此外，二语者 RT 也与母语库频次显著相关，母语者 RT 反而与母语库频次不相关。这一有趣的现象提示我们，二语者的词语加工更依赖心理词库中存储项的提取，而母语者的词语加工则可依靠更多的信息来源。

（incremental）（参见 Kamide et al.，2003）阅读加工模式，即对语言信息接收和处理过程都是随着句子的展开、从开始到最后的累积性整合。而二语组多词结构加工呈现语境效应说明，在这一整合过程中，二语者成功地通过前位语段提供的信息预测了随后出现的词语，从而提高了阅读理解速度。

1.5　余论

本研究通过无语境和有语境两种呈现方式考察了母语者和中级二语学习者对语块 / 非语块的加工情况。首先，词汇判断实验复制英语语块加工实验，证实了汉语语块加工优势的假设；此外，不同于前人选用高级汉语学习者为研究对象，本研究考察对象为中级汉语学习者，结果显示中级汉语学习者也具有与母语者类似的语块意识。其次，自控步速阅读实验发现了语块加工的新现象：（1）当语块在语境中出现时，其加工速度受到所处语境的影响，且这一影响对母语者和中级二语学习者都很显著；（2）在语境效应的作用下，语块的加工优势有所减弱或消失，且母语者和二语者对句中多词结构的加工很大程度上受到其前位语段所提供的语境信息的影响。这一研究发现为二语教学中的词语教学提出了更多的参考依据。

Erman（2009）从学习者的角度研究语块时提出，保证二语学习者运用目的语产出顺畅篇章的几个条件分别是：语法正确性、逻辑连贯性以及多词结构的相互关联和相互作用。本研究从语言加工角度得出的结论与 Erman 从语言产出角度得出的结论相吻合。无论是单词还是语块，它们的使用都不能脱离语境①。二者对于语境的依赖程度也不同：单词结构相对自由；语块虽然被认为具有与单词结构一样的整体存储提取性质，但对语境的选择相对受限。对于语境最受限的惯用语语块，二语教材或者二语教师常会直接展示其最典型的使用环境。而对于语境比较受限的非惯用语语块，当二语教材给出的典型语境不足时，就需要教师将语料库和教材结合起来，为学生提供丰富切当的语境信息。Breyer（2011：177）的研究发现，运用语料库提取大量相似例句直接展示给学生，学生可通过阅读这些含相同词语的句子自行抽象归纳出该词语的典型语境。这一方法对语块教学来说有一个特殊的优势，即当语块具有超越字面的语用义时，归纳典型语境可以帮助学生感知语用信息，往往比显性教学更能使学生准确掌握语块的意义

---

① 对于可以独立使用的惯用语类语块，如"您慢走"，语境可以是更大的篇章。

和用法。由于篇幅所限，有关二语者语块的产出和面向中级学习者的汉语语块教学等问题，笔者将另文详述。

自控步速阅读实验所发现的不同于前人的研究结果提示我们：在研究真实语言加工时，将研究材料提纯到"实验室"环境所得出的结论，往往需要进一步在"自然环境"中进行检验。

附录1　替换词匹配表

频次：　Mean- 语块＝ 281088；Mean- 非语块＝ 250425

笔画数：Mean- 语块＝ 11.5；Mean- 非语块＝ 11.3

语块	替换词	频次	笔画数	非语块	替换词	频次	笔画数
开玩笑	玩笑	2523	18	开窗户	窗户	2218	16
怎么办	办	164886	4	怎么做	做	235460	11
没关系	关系	97957	13	没孩子	孩子	76300	12
有意思	意思	18682	22	有经验	经验	18639	18
没什么	什么	231637	7	没问题	问题	238349	21
不好意思	意思	18682	22	不好马上	马上	18867	6
不得不	得	492295	11	不好不	好	450927	6
接下来	下	564322	3	接过来	过	563601	6
越来越	来	1052923	7	越上越	上	1027769	3
不一定	一定	61394	9	不为了	为了	65759	6
事实上	事实	21184	16	报纸上	报纸	18474	14
不一会儿	不	1467834	4	就一会儿	就	1021797	12
不耐烦	耐烦	173	19	不顺心	顺心	104	13
大不了	不了	19779	6	大多了	多了	15674	8
不景气	景气	2057	16	不可靠	可靠	2445	20

附录 2　语境句及语境可能性表

a 为语块句；b 为非语块句；Log（5-gram）为语境可能性

语境句	Log（5-gram）
1　a. 已经上课了，你别［开玩笑］，老师会不高兴的！	−11.881
b. 已经上课了，你别［开窗户］，老师会不高兴的！	−13.316
2　a. 今天的作业我们都不会，不知道［怎么办］，只好给老师打电话。	−9.454
b. 今天的作业我们都不会，不知道［怎么做］，只好给老师打电话。	−9.704
3　a. 她觉得不结婚也［没关系］，一个人挺好的。	−12.271
b. 她觉得不结婚也［没孩子］，一个人挺好的。	−15.615
4　a. 听说这位老师上课很［有意思］，我们都选了她的课。	−11.057
b. 听说这位老师上课很［有经验］，我们都选了她的课。	−13.038
5　a. 这篇课文老师没讲大家也觉得［没什么］，因为很简单。	−12.071
b. 这篇课文老师没讲大家也觉得［没问题］，因为很简单。	−13.998
6　a. 他的病刚好，我［不好意思］去找他帮忙。	−13.455
b. 他的病刚好，我［不好马上］去找他帮忙。	−36.169
7　a. 朋友一定要坐火车回去，我［不得不］跟她一起。	−11.639
b. 朋友一定要坐火车回去，我［不好不］跟她一起。	−14.529
8　a. 她把作业给了老师，老师［接下来］就要改。	−14.942
b. 她把作业给了老师，老师［接过来］就要改。	−15.641
9　a. 进入高年级以后，汉语课［越来越］难。	−17.887
b. 进入高年级以后，汉语课［越上越］难。	−18.364
10　a. 他在这个公司工作［不一定］赚很多钱，只为了能开心。	−17.053
b. 他在这个公司工作［不为了］赚很多钱，只为了能开心。	−38.433
11　a. 听说油价要上涨，可［事实上］并没有这样的新闻。	−15.062

续表

语境句	Log（5-gram）
b. 听说油价要上涨，可［报纸上］并没有这样的新闻。	−18.173
12　a. 他等了［不一会儿］车就来了。	−11.879
b. 他等了［就一会儿］车就来了。	−14.407
13　a. 他跟女朋友约会总是［不耐烦］，想早点儿回家。	−14.614
b. 他跟女朋友约会总是［不顺心］，想早点儿回家。	−15.964
14　a. 你试试这件衣服合不合适，［大不了］就退回去。	−16.279
b. 你试试这件衣服合不合适，［大多了］就退回去。	−37.525
15　a. 他觉得汽车行业现在［不景气］，不适合投资。	−18.069
b. 他觉得汽车行业现在［不可靠］，不适合投资。	−19.639

二、频率、语义透明度对汉语母语者与中高水平学习者语块加工的影响 *

2.1　引言

　　语块（formulaic sequence）是指"由词或其他有意义的成分组成的、具有预制性与整存整取性的连续或非连续的序列"（Wray，1999：214）。语块范畴成员多样，包括成语、惯用语、歇后语、习用词组、搭配语块等短语语块，谚语和套语等固定语句，句子框架和短语框架等框架语块。对语块这种多词结构的提出打破了以往词汇研究以语素和词占主导地位的局面，语块的特殊性和重要性受到了越来越多心理语言学者的重视。伴随着语块

　　* 本节作者张妍。本节内容曾发表于《解放军外国语学院学报》2020 年第 4 期。本研究得到教育部人文社会科学重点研究基地重大项目（项目批准号：15JJD740006）和北京语言大学校级科研项目（中央高校基本科研业务专项资金）（项目编号：13YBG23）资助，特此致谢。衷心感谢张博教授、诸位同门师友和《解放军外国语学院学报》匿审专家及编辑部提出的宝贵修改意见与建议。

加工方式研究的发展，研究者们越来越注意到语块在加工过程会受到多种因素的影响。

相关实验研究主要是围绕语块的频率效应展开的，语块频率效应是指高频语块比低频语块的反应速度更快，判断更准确。频率对语言学习的作用历来是联结主义、基于使用的语言习得观等理论所提倡的，R. Ellis（1994）、Gass & Mackey（2002）更是强调频率对第二语言学习有重要作用。但是，N. C. Ellis（2006：110）认为频率对母语者和二语学习者的影响有所不同，过多其他因素会"过滤并影响学习者对二语的感知"，使频率作用大打折扣。这种频率效应具有主体差异性的观点在 Valsecchi et al.（2008）的眼动实验中得到了证实，实验发现母语者具备语块频率效应，其阅读高频语块的表现优于阅读低频语块的表现，但是低水平学习者阅读高频语块与低频语块的各项数据不存在显著差异，不具备语块加工频率效应。相反，Ellis et al.（2008）发现英语学习者的语块加工会受到语块频率的影响，母语者却不会受频率的影响，而是对 MI 值（Mutual Information Score）更为敏感。然而，Arnon & Snider（2010），詹宏伟、宋慧娜（2012），许莹莹、王同顺（2015）的实验显示，语块频率效应没有因作用对象的不同而产生不同，母语者和二语学习者的语块加工同样都受到频率的影响。此外，研究汉语语块频率效应的易维（2014）和高珊（2016）也没发现母语者和汉语学习者的差异性，他们加工语块时都受到了频率因素的显著影响。在此基础上，高珊（2016）还考察了不同水平汉语学习者的频率效应是否具有差异性，发现中、高水平学习者都具备频率效应，其语块加工受频率的影响显著，但该文并未考察语言水平和频率的交互作用，因此学习者的语言水平是否会对语块频率效应产生影响我们不得而知。由此可知，语块频率效应的主体差异性尚存在争论，母语者是否存在语块频率效应，不同水平二语学习者的语块频率效应是否存在差异性等问题仍有待进一步研究。

另一方面，我们注意到语块范畴内部成员不仅具有频率上的差异，还存在语义透明度上的差异。例如"登堂入室""拍马屁"等成语或惯用语的语义具有双层性（马国凡、高东歌，1982），从构词成分不能推知其真正含义，语义透明度低。与之相比，构成成分和组合次序稳定的习用词组（符淮青，1985）的语义透明度较高，但因为其部分组合成分的语义虚化、泛化，对语块整体义的示意作用不大，如"看不起""看上去"中的"起"和"上去"，所以其透明度比"一年四季""想办法"等搭配类语块的透明度低。那么，语块在语义透明度上的差异是否会体现在其加工过程中呢？以往相关讨论集中于成语和惯用语语块，周丽（2009）、余莉莉（2014）发现语义透明度并不影响两类语块的加工，魏梅、王立非（2012），周榕、李丽娟（2013）发现语义透明度对这些语块的学习和加工存在显著影响。这两种结论的对立可能是由于汉语和英语在成语和惯用语上存在整体性差异。汉语中的成语和惯用语整体性强，因此其在语义透明度上的相对差异不足以引起统计上的显著区别，所以语义透明度的影响作用不显著。那么整体性较弱、对二语流利度和准确度的提高起到关键作用的搭配语块（高航，2017）和习用词组，其语义透明度上的差异是否会造成加工上的显著差异，语义透明度效应是否会受到频率的影响呢？本研究拟采用在线语法判断任务，以习用词组和搭配语块为研究对象，考察频率、语义透明度对汉语母语者和不同水平汉语学习者语块加工的影响。

2.2　实验设计

2.2.1　实验设计

实验为 $2 \times 2 \times 3$ 三因素混合实验设计，三个自变量为语块频率（高频语块、低频语块）、语块语义透明度（高语义透明度语块、低语义透明度语块）、语言水平（汉语母语者、高级水平汉语学习者、中级水平汉语学习者）。因变量是反应时和正确率。

2.2.2　被试

被试共计 95 人，包括汉语母语者 30 人和汉语学习者 65 人。母语者是北京多所高校的研究生，男性 18 人，女性 12 人。学习者都是北京多所高校的留学生，来自韩国、日本、泰国、比利时、法国、巴西、瑞典等国，男性 30 人，女性 35 人，年龄在 20 ～ 35 岁之间。

依据自编识字量测试划分学习者的汉语水平等级。其中，3 名男性和 2 名女性学习者的识字量测试成绩低于 60 分，不能参加本实验，剩余有效被试 60 人。经统计，60 名学习者识字量成绩的平均分为 81.56，且中位数是 82，因此将识字量得分在 82 分以下的定义为中级水平学习者，得分在 82 分及以上的学习者定义为高级水平学习者。中级学习者的识字量均值为 73.87，高级学习者的识字量均值为 89.27。独立样本 t 检验结果显示，两组被试的汉语水平差异显著（$t(58) = -9.961$, $p < 0.01$）。

2.2.3 实验材料

实验材料包括 60 个语块和 30 个填充材料。

2.2.3.1 实验语块的选取

实验语块以初级汉语教材为主要选取来源。选取的教材包括《成功之路》初级汉语系列教材（共 7 册）、《尔雅中文·初级汉语综合教程》（共 4 册）、《发展汉语·初级综合》（共 2 册）、《新实用汉语课本》（共 2 册）、《博雅汉语》（共 4 册），共计 19 本。从这些课本的课文中将具有整体性的线性序列和生词表中大于词的非词成分提取出来。此外，还补充了《汉语国际教育用音节汉字词汇等级划分》中普及化等级中的 30 个三音节或四音节非词成分。将其中的成语、专名、框架语块剔除，保留具有潜在语块性质的线性序列，共计 335 个。

在此基础上，展开筛选工作。首先，依照《现代汉语词典》（第 6 版）进行筛选，词典收录为词的，一律剔除，如"请假""出差"等。其次，为了尽可能减少个人语感的不足，保障实验语块的典型性，邀请 5 名语言学专业研究生对上述语块的典型性进行评判。评判采用七度量表方式，评判结束之后，计算每个语块的典型性平均值。为了保证实验效度，剔除平均值在 5 以下的词语，如"罚钱""赶飞机"等。然后，将 MI 值[①] 低于 3 的搭配语块剔除并尽量避免带有同一语素的语块，如若无法避免，便将带有同一语素的语块安排在不同的测试表内，或在其之间插入 3 个或 3 个以上实验材料。最终，将实验语块确定为 60 个。

2.2.3.2 实验语块的分类

依据频率和语义透明度两个因素对 60 个实验语块进行分类。

就频率而言，本研究关心的是汉语学习者的语块频率，而非基于语料库的母语者的语块频率。因此，我们邀请被试在实验结束之后填写频率调查问卷。问卷采用七度量表方式。本调查共收集到可用问卷 65 份，对问卷结果进行赋值并分析，取得分低的 30 个为低频语块，得分高的 30 个为高频语块。运用 SPSS 21.0 对两组语块的频率差异性进行独立样本 t 检验，结果显示，低频语块的平均值和标准差是 4.33（0.57），高频语块的平均值

---

① MI 值也称互信息值，指互相共现的两个词语的搭配强度。显著搭配的 MI 值应当等于或大于 3（卫乃兴，2002a）。MI 值的计算公式为：MI $(x, y) = \log_2 (F_{(x, y)} *W) / (F_{(x)} *F_{(y)})$。其中，W 代表语料库的总词容量，$F_{(x)}$、$F_{(y)}$ 分别代表两个词语在语料库中出现的频数，$F_{(x, y)}$ 代表该短语在语料库中出现的频数。本研究中 MI 值的计算数据来自北京语言大学 BCC 汉语语料库。

和标准差是 6.10（0.52），低频语块与高频语块具有显著差异（ t（58）= -12.464，p < 0.01）。

语块透明度的评定工作同样也以问卷方式进行。为此我们邀请了 20 名非语言学专业研究生对实验语块的语义透明度进行评定。语块透明度的操作性定义是语块的各个组成成分与语块整体语义的相关程度，以"下象棋"为例，要求评判者对"下"与"下象棋"、"象棋"与"下象棋"的语义相关度分别进行打分。为了避免评判者的中立倾向，问卷采用六点量表方式，最后取两个成分与语块语义相关度的平均分为该语块的语义透明度分值。本调查共收集到可用问卷 20 份，取得分低的 30 个为低透明度语块，得分高的 30 个为高透明度语块。运用 SPSS 21.0 对两组语块的语义透明度差异性进行独立样本 t 检验，结果显示，低透明度语块的平均值和标准差是 2.97（0.32），高透明度语块的平均值和标准差是 3.96（0.53），低透明度语块与高透明度语块具有显著差异（ t（58）= -8.662，p < 0.01）。

基于以上结果将实验语块分为四类，分别为：低频低透明度语块，如"爱面子""上年纪"；低频高透明度语块，如"下象棋""出主意"；高频低透明度语块，如"拉肚子""开玩笑"；高频高透明度语块，如"写作业""打电话"。每类语块各 15 个。四类语块的频率均值和标准差、语义透明度均值与标准差如表 4-5 所示。

表 4-5　四类语块的频率均值（标准差）和语义透明度均值（标准差）

频率 / 语义透明度	低 / 低	低 / 高	高 / 低	高 / 高
频率 M（SD）	4.26（0.52）	4.40（0.63）	6.03（0.56）	6.17（0.49）
语义透明度 M（SD）	3.00（0.28）	4.11（0.58）	2.96（0.34）	3.81（0.46）

对四类语块的频率和语义透明度进行独立样本 t 检验，结果显示，低频低透明度语块与低频高透明度语块在频率上无显著差异（ t（28）= -0.659，p = 0.516），高频低透明度语块与高频高透明度语块在频率上无显著差异（ t（28）= -0.714，p = 0.481）；低频低透明度语块与高频低透明度语块在语义透明度上无显著差异（ t（28）= 0.384，p = 0.704），低频高透明度语块与高频高透明度语块在语义透明度上无显著差异（ t（28）= 1.558，p = 0.130）。此外，方差分析显示四组语块在笔画数上无显著差异（均为 p > 0.05）。

2.2.3.3 填充材料的确定

为了更好地保证实验结果，实验将加入 30 个填充材料，填充材料是由研究者随机选取《汉语国际教育用音节汉字词汇等级划分》中的普及化等级汉字，进而构拟出来的不符合语法规范的词语序列。

2.2.4 实验程序

本实验在一台装有 Windows 10 系统的笔记本电脑上进行。被试需要在 30 分钟内完成任务，E-Prime 软件会自动记录并保存实验结果。正式开始之前，被试会详细了解到实验的操作方法，并进行 10 个项目的热身测试。掌握操作方法之后，按空格键开始正式实验，此时电脑屏幕上将逐个呈现实验材料。被试需要判断所见是否正确，如果认为正确，则快速按下键盘上的 F 键，如认为错误，则快速按下 J 键。做出判断后，屏幕中间出现红色 " + " 注视点，300 ms 之后将出现下一个实验材料，重复上述步骤直至实验结束。

2.3 实验结果

在数据统计之前，首先删除所有错误反应，再将超出某一被试平均值加减三个标准差范围之外的极端数据剔除，两种无效数据分别占总数据的 18.73% 和 1.21%。就中级水平学习者而言，剔除的数据占总数据的 22.80%；就高级水平学习者而言，剔除的数据占总数据的 17.09%。三组被试加工四类语块的反应时和正确率数据如表 4–6（见下页）所示。

对三组被试的反应时进行重复测量方差分析，结果显示：（1）频率的主效应显著，$F(2, 87) = 121.36$，$p < 0.01$，偏 $\eta^2 = 0.582$。高频语块的反应时显著短于低频语块的反应时。（2）语义透明度的主效应不显著，$F(2, 87) = 1.609$，$p = 0.209$，偏 $\eta^2 = 0.018$。低透明度语块和高透明度语块的反应时没有显著差异。（3）语言水平的主效应显著，$F(2, 87) = 88.531$，$p < 0.01$，偏 $\eta^2 = 0.671$。事后多重比较结果显示，三组被试的反应时两两之间均存在显著差异（$p < 0.01$）。（4）频率与语言水平的交互作用显著，$F(2, 87) = 35.24$，$p < 0.01$，偏 $\eta^2 = 0.448$，进行简单效应检验，结果发现，汉语水平影响下，中级学习者加工低频语块和高频语块的反应时存在显著差异（$F = 155.475$，$p < 0.01$，偏 $\eta^2 = 0.641$）；高级学习者加工低频语块和高频语块的反应时存在显著差异（$F = 35.975$，$p < 0.01$，偏

$\eta^2 = 0.293$）；母语者加工低频语块和高频语块的反应时差异不显著（$p = 0.541$）。这说明语块频率对三组被试语块加工速度的影响不同，语块频率对汉语学习者的语块加工速度有显著影响，但对母语者的语块加工速度影响不明显。（5）频率与语义透明度的交互作用不显著，$F(2,87) = 0.07$，$p = 0.788$，偏 $\eta^2 = 0.001$。（6）语义透明度与语言水平的交互作用不显著，$F(2, 87) = 0.54$，$p = 0.584$，偏 $\eta^2 = 0.012$。（7）语言水平、频率和语义透明度三个因素的三重交互作用不显著，$F(2, 87) = 0.06$，$p = 0.945$，偏 $\eta^2 = 0.001$。

表 4-6　三组被试加工四类语块的反应时均值（标准差）和正确率均值（标准差）

频率 / 语义透明度		低 / 低	低 / 高	高 / 低	高 / 高
		$M(SD)$	$M(SD)$	$M(SD)$	$M(SD)$
反应时（ms）	中级学习者	2614.94（882.81）	2695.03（760.07）	1676.83（491.43）	1774.33（485.91）
	高级学习者	1640.83（531.67）	1625.59（479.42）	1176.12（457.50）	1196.15（374.12）
	母语者	812.70（205.66）	855.37（249.07）	771.49（227.26）	805.11（319.15）
正确率（%）	中级学习者	73.52（0.13）	79.70（0.19）	95.48（0.08）	96.52（0.10）
	高级学习者	90.74（0.13）	91.60（0.16）	99.63（0.02）	99.70（0.02）
	母语者	98.52（0.05）	99.05（0.04）	100（0）	100（0）

对三组被试加工四类语块的正确率进行重复测量方差分析，结果显示：（1）频率的主效应显著，$F(2, 87) = 84.907$，$p < 0.01$，偏 $\eta^2 = 0.494$。高频语块的判断正确率显著高于低频语块的判断正确率。（2）语义透明度的主效应不显著，$F(2, 87) = 2.003$，$p = 0.161$，偏 $\eta^2 = 0.023$。低语义透明度语块与高透明度语块的判断正确率不存在显著差异。（3）汉语水平的主效应显著，$F(2, 87) = 41.512$，$p < 0.01$，偏 $\eta^2 =$

0.488。事后多重比较结果显示，三组被试的正确率两两之间存在显著差异（$p < 0.05$）。（4）频率与汉语水平的交互作用显著，$F（2，87）= 25.170$，$p < 0.01$，偏 $\eta^2 = 0.367$，进一步进行简单效应检验，结果显示，汉语水平影响下，中级学习者判断低频语块和高频语块的正确率存在显著差异（$F = 113.113$，$p < 0.01$，偏 $\eta^2 = 0.565$）；高级学习者判断低频语块和高频语块的正确率存在显著差异（$F = 21.687$，$p < 0.01$，偏 $\eta^2 = 0.200$）；母语者判断低频语块和高频语块的正确率的差异不显著（$p = 0.506$）。这说明语块频率对三组被试语块判断准确性的影响不同，语块频率对汉语学习者语块判断的准确性有显著影响，但对母语者语块判断的准确性没有影响。（5）频率与语义透明度的交互作用不显著，$F（2，87）= 1.520$，$p = 0.221$，偏 $\eta^2 = .017$。（6）语义透明度与汉语水平的交互作用不显著，$F（2，87）= 1.122$，$p = 0.330$，偏 $\eta^2 = 0.025$。（7）三个因素之间的三重交互作用不显著，$F（2，87）= 0.731$，$p = 0.485$，偏 $\eta^2 = 0.017$。

2.4   讨论

2.4.1   语块频率效应

实验发现汉语学习者的语块频率主效应显著。无论是中级还是高级学习者，对高频语块的反应时比低频语块的反应时短，高频语块的正确率比低频语块的正确率高。这与以往实验发现的二语学习者高频语块加工优势的结论是一致的（Jiang & Nekrasova，2007；钟志英、何安平，2012；许莹莹、王同顺，2015；高珊，2016）。

语块频率效应验证了基于使用的语言习得理论（usage-based theory）。与词汇—规则加工理论（words-rules processing theory）不同，基于使用的语言习得理论认为语言单位会随着语言使用者的频繁使用而留下痕迹甚至达到一定程度的固化，不论语言单位是大是小、是长是短。它们出现的频率越高，在语言使用者记忆系统中的地位越牢固，语言使用者提取和加工它们的速度越快。所以，高频语块的加工速度和正确率要显著优于低频语块。值得注意的是，基于使用的语言观认为高频语块与低频语块的显著差异只代表量的差异而非质的区别（许莹莹、王同顺，2015）。也就是说，语块频率效应并不意味着 Jiang & Nekrasova（2007）等所说的高频语块就是以词条的整体方式存储于语言使用者的心理词库中的。

实验发现母语者的语块频率主效应不显著，其加工高频语块的反应时和正确率与低频语块的反应时和正确率不存在显著差异，母语者的语块加工不受频率因素的影响。这与以往实验中所发现的母语者语块频率效应的结论不一致（Sosa & MacFarlane，2002；Siyanova & Schmitt，2008），但却验证了 Ellis & Simpson-Vlach（2009）所提出的母语者语块加工不受频率影响的说法。母语者之所以不受频率影响，是因为母语者的低频语块和高频语块的输入或输出频率都非常高，母语者对它们都非常熟悉。也就是说，即使是相对低频的语块也是母语者早已熟知的，如我们母语者都很熟悉"下象棋"（频率 = 2.71）、"尽可能"（频率 = 3.46）等低频语块。

2.4.2　语言水平效应

实验发现了语块加工的水平效应，语言水平对语块加工具有显著影响，中、高级学习者和母语者三组被试的语块加工速度依次加快，正确率依次增高，这与以往研究（詹宏伟，2013；吴华佳、刘绍龙，2013；桑紫林、张少林，2013；周榕、李丽娟，2013；高珊，2016）的实验结果是一致的。

语块加工程度上的差异是造成中、高水平二语学习者语块加工具有显著差异的重要原因。因为语块的学习不是一个"要么全有要么全无"的过程（Schmitt & Carter，2004），而是一个渐进的过程。随着输入和练习频次的增加，学习者对语块知识的掌握会不断加深和巩固。具体到中、高级学习者身上，就是说虽然这些语块已经在中级学习者的词库中存在，但与高级学习者相比，中级学习者的学习时间相对较短，语块的加工深度和使用频率有限。因此，中级学习者的语块存储牢固度及快速提取能力相对较弱，语块加工优势尚不稳固。从另一方面来说，虽然中级学习者与高级学习者的语块加工优势存在差异，但他们都已经具备了语块整体存取的能力。这也启示我们，语块存储不需要以丰富的词汇量为前提，词汇量较少的学习者也具备形成语块整体表征的能力。这种能力随着语言水平的提高而提高，语言水平越高，识别和记忆语块的能力越强。

此外，实验还发现汉语学习者的语言水平与语块频率效应的交互作用显著。在语块反应时上，中级学习者的频率效应量（偏 η^2 = 0.641）比高级学习者的频率效应量（偏 η^2 = 0.293）大；在语块判断正确率上，中级学习者的频率效应量（偏 $\eta^2 = 0.565$）比高级学习者的频率效应量（偏 $\eta^2 = 0.200$）大。也就是说，无论是反应时还是正确率，中级学习者的频率效应量都大于高级学习者。这说明，与高级学习者相比，中级学习者语块加工的频率效应更显著，中级学习者的语块加工更容易受到语块频率的影响。我们认为这同样与学习者的语块加工程度有关。与高级学习者相比，中级学习者的汉语学习时间大多较短，其语块存储稳固度较低，尤其是那些不常接触或使用的低频语块。因此，在判断低频语块的时候，中级学习者需要花费比高级学习者更长的时间来识别和提取。而且低频语块的心理表征程度较差，使得中级学习者需要调动更多认知资源对其进行分析，其判断错误的几率也随之增加。这就使得中级学习者加工高频语块和加工低频语块的差异会比高级学习者大。

2.4.3 语义透明度效应

实验发现语义透明度主效应不显著。无论是学习者还是母语者，低透明度语块与高透明度语块的反应时和正确率都没有显著差异，这与以往研究发现的语义透明度对复合词加工有显著影响的结论不一致（王春茂、彭聃龄，1999；高兵、高峰强，2005），与以往研究发现的语义透明度高对惯用语语块的理解有促进作用的结论不一致（佘贤君、吴建民，2000；李传燕，2005）。

虽然语块透明度的影响没有达到统计学上的显著性，但是我们仍发现了一个具有规律性的现象：在语块反应时间上，三组被试的反应时间均呈现出高透明度语块＞低透明度语块的特点，即语块的透明度低，加工时间短，语块的透明度高，加工时间却更长。

我们猜测这可能是由语块透明度与语块整体性之间的反向关系导致的。通过调查问卷，我们发现低透明度语块的整体性较高，大多是习用词组，如"不要紧""别提了""看起来"等，这类具有整体意义关联的语块的整体性最强（李慧，2013a），语言使用者要么将其整体记忆，要么就不会记住它。因此，在有时间压力的合法性判断任务情境中，被试可能主要依据直觉印象去判断这类透明度低整体性高的语块，尤其是那些"有可能只知道它的整体意义，而不明白整体意义与构成成分的关系"的学习者（张博，2015）。而高透明度语块则不然，它们大多是有限搭配和高频搭配，如"写作业""想办法""下象棋"等，这类因搭配关联或频率关联而形成的语块的整体性较低（李慧，2013a），因此汉语学习者在这类语块上出错最多（江新、李嫒聪，2017）。面对这种分解性较强的语块，被试在合法性判断任务情境中可能倾向于在搭配节点将其切分开以分析其是否合法，所以这类语块的加工时间会较长，呈现出高透明度语块加工时间＞低透明度语块加工时间的特点。但这些分解性强的语块又是那些使用频率较高的搭配语块，所以分解带来的加工负担在一定程度上被频率抑制了，最终使得透明度高整体性低的语块的加工既没严重受到整体性低带来的加工阻碍，也没完全享受到高频带来的加工便利，从而使语义透明度的影响没达到统计学上的显著性。这个实验结果告诉我们语言学意义上的差异并非一定意味着加工上的差异。虽然我们承认语块具备原型范畴性质，有典型语块和非典型语块之分，但是这种差异不代表加工差异。

2.5 结论和启示

本实验考察了频率、语义透明度对汉语母语者与中、高级水平学习者语块加工的影响，主要得出以下结论：（1）汉语学习者语块加工的频率效应显著，母语者语块加工的频率主效应不显著。（2）语块加工的水平效应显著。中级学习者、高级学习者和母语者两两之间的语块加工均存在显著差异。（3）频率与汉语水平的交互作用显著。中级学习者与高级学习者语块加工的频率效应更显著，中级学习者的语块加工更容易受到语块频率的影响。（4）汉语学习者和母语者语块加工的语义透明度效应不显著。

本实验中选取的语块不再是以往研究所重视的惯用语等习语语块，而是搭配语块和习用语块，实验结果证实这类语块的加工会受到频率和语言水平的影响。这提示我们，搭配语块和习用语块的学习是一个渐进的过程，输入输出频率的增加会加深或巩固其在心理词库中的表征程度。因此，在进行语块教学的过程中，汉语教师，尤其是面向中级汉语学习者的教师，应当注重频率效应，通过增加输入频率的方式加深学习者对该语块的理解和记忆深度，提供更多的练习机会，增加学习者的输出频率进一步强化记忆效果。

三、搭配强度与结构类型对泰国汉语学习者限制性搭配加工的影响 *

3.1 引言

英国语言学家弗思（Firth）于 1957 年最早提出"搭配"（collocation）概念，其著名论断是"由词之结伴可知其词"（卫乃兴，2002a：2）。以 Halliday 和 Sinclair 为代表的新弗思学派继承并发展了搭配概念，主张基于语料库（corpus-based）进行词语搭配研究，认为搭配就是词语的线性共现，节点词[①]对搭配词具有较强吸引力，其共现概率大于随机概率。一个合格的搭配受制于语义、语法、语用等多种因素，对于不同的节点词，其搭配词的可选择范围大小不一，选择受限程度不尽一致。学界通常用搭配强度（collocational strength）来检验节点词对搭配词吸引力的大小，并用互信息（mutual information，MI）值予以量化（Church & Hanks，1990）。搭配词的可选择范围越小，选择受限程度越大，节点词对搭配词的吸引力越大，MI 值越高，搭配强度越高，词语搭配的典型性和惯例化程度越高，反之则反。根据搭配强度可将搭配分为自由搭配（free collocation）、限制性搭配（restricted collocation）和固定搭配（fixed collocation）三种类型。当然，这三类并非截然分开，而是处于一个搭配词由多到少、搭配强度由低到高的连续统（continuum）之中。自由搭配是较为松散的词语组合，搭配词的可选范围具有开放性，选择受限程度最小；固定搭配形义凝固，习语化程度较高，其搭配词几乎是唯一的，选择受限程度最大；限制性搭配的搭配词选择范围既不如自由搭配那么广泛，也没有固定搭配那么单一，而是有

＊ 本节作者常新茹。本节内容曾以"搭配强度与结构类型对中高级泰国汉语学习者限制性搭配加工的影响"为题发表于《语言教学与研究》2020 年第 3 期。本研究获国家社会科学基金重大项目（项目编号：17ZDA305）、教育部人文社会科学重点研究基地重大项目"基于汉语词汇特征的二语词汇教学实证研究"（项目编号：15JJD740006）、北京语言大学梧桐创新项目"汉语第二语言词汇教学的实证研究创新平台"（中央高校基本科研业务专项资金）（项目编号：17PT02）、北京语言大学"菁英计划"博士研究生国际交流专项资助。论文写作过程中得到张博教授的悉心指导，郑航、李加玺、张妍、赵凤娇等同门学友提供了诸多帮助，论文发表时《语言教学与研究》匿名审稿专家提出了宝贵的修改意见，谨此一并致谢。

① 要观察和研究其搭配行为的关键词称"节点词"（node word），和节点词搭配的词称"搭配词"。

一定的替换自由度，比如"宝贵"可以和"生命、机会、资源"等多个词语搭配，但是搭配词的选择必须限制在"表示抽象的事物和不能用金钱衡量的物品"这一范畴内。限制性搭配因其常用性和典型性，以至于有些学者只承认这类搭配才属于搭配（卫乃兴，2002a）。限制性搭配历来备受搭配研究者的关注，只不过对其命名各不相同，比如"特定搭配"（刘叔新，1990：365）、"常规性搭配"（朱永生，1996）、"一般搭配"（卫乃兴，2002a：66）、"有限组合"（钱旭菁，2008b）等。本研究聚焦于搭配词选择受限这一特征，故统一采用"限制性搭配"这一术语。

　　词语搭配在词汇学本体研究和二语词汇教学中均占有重要地位，词语搭配的认知加工研究在英语学界已经引起关注，比如王启（2015）验证了高频普通二语搭配在中低水平二语学习者心理词库中的心理现实性，方南、张萍（2019）考察了中国英语学习者双实词搭配的加工。然而，在汉语学界，专门聚焦于限制性搭配的认知加工研究尚未展开，限制性搭配是否比自由搭配具有加工优势还需进一步验证。

　　词语搭配的认知加工研究还存在以下空缺：（1）已有的二语学习者词语搭配加工研究或只关注动宾式搭配（姜上，2016），或者混合了多种结构类型的搭配（Yamashita & Jiang，2010），目前尚未见到探讨词语搭配的结构关系类型对汉语学习者词语搭配加工影响的研究。此外，"现有确凿证据表明，母语是影响第二语言习得的一个主要因素"（Ellis，1994：343；转引自张博，2008）。泰语的动宾结构与汉语一样，但偏正结构与汉语正好相反，修饰语需放在被修饰语之后，这种汉泰不一致语序会对泰国汉语学习者的汉语输出产生干扰（潘依娜，2019），但它是否会影响泰国汉语学习者对汉语偏正式搭配的加工还不得而知。（2）语言水平是影响语言加工的一个重要因素（吴继峰，2016；高珊，2016；李健睿，2017；张妍，2017），但中级和高级汉语学习者会对词语搭配的加工产生何种差异还有待进一步考察。

　　根据以上所提及的研究空缺，本研究拟探讨以下问题：（1）搭配强度是否会对汉语学习者加工词语搭配产生影响，限制性搭配是否比自由搭配具有加工优势？（2）搭配的结构关系类型是否会影响泰国汉语学习者对词语搭配的加工，学习者母语搭配知识对汉语词语搭配的加工会有怎样的影响？（3）词语搭配的加工是否受语言水平的影响，高级和中级水平学习者是否存在显著的加工差异？本研究拟采用心理语言学中短语判断的实验范式对以上问题予以考察，以期探明汉语学习者加工词语搭配的心理机制，从而为汉语二语教学提供些许有针对性的建议。

3.2   研究方法

3.2.1   实验设计

本实验采用 Yamashita & Jiang（2010）的短语可接受性判断任务（phrase-acceptability judgment task）研究范式，要求被试判断两个词语是否可以组成有意义的短语，根据学习者判断一个词语搭配的反应时和正确率来考察汉语学习者对限制性、自由搭配的加工情况。Yamashita & Jiang（2010）采用可接受性判断任务考察了日语背景的英语二语者和英语外语者对英日一致搭配（即日语与英语可直译的搭配，例如 *kill animals*）与英日不一致搭配（即日语与英语不可直译的搭配，例如 *kill time*）的加工情况。本研究要探讨的问题与 Yamashita & Jiang（2010）有所不同，研究聚焦于母语为泰语的中级和高级汉语学习者对词语搭配的加工情况，研究目的在于考察搭配强度、搭配结构类型和语言水平等级三个因素对搭配加工的影响。

因此，本实验采用 2（搭配强度：限制 vs 自由）×2（结构类型：动宾 vs 偏正）×2（语言水平：中级 vs 高级）的三因素混合设计。词语搭配的强度和结构类型为组内自变量，汉语水平（高、中）为组间自变量；被试的反应时和正确率为因变量；控制变量详见实验材料选取部分入选搭配词所需满足的条件。

3.2.2   被试

共有 47 名泰国留学生参加了本实验，他们分别来自北京语言大学、北京大学和对外经济贸易大学，其中男生 21 名、女生 26 名，平均年龄 22岁，所有被试的视力或矫正视力正常。

江新等（2019）的研究结果表明，汉字识字量对于学习者的汉语水平有较好的预测作用，识字量测试可以作为研究者快速有效地界定学习者汉语水平的一种测试方法。因此，我们依据识字量测试成绩来划分泰国学习者的汉语水平等级。识字量测试用字[①] 参考高珊（2016）的选取方法。先

---

① 在选取测试用字时我们规避多音字和声旁与本字读音相同的形声字，规避多音字是因为每个音所表示汉字的等级可能不同，不好评分，规避声旁与本字读音相同的形声字是因为学习者可能已经意识到多数形声字可以"读半边"的规律，不好判断学习者是否真正认识该字。

从《现代汉语语料库字频表》前 3000 个高频汉字中随机选取 100 个，然后按照频率从高到低纵向排列，打印在一张 A4 纸上。测试任务是要求被试朗读汉字，每读对一个汉字计 1 分，只要声韵正确即可得分，声调错误不扣分，满分为 100 分。有 3 名被试（1 名男生和 2 名女生）识字量测试成绩低于 60 分，没有达到本实验的语言水平要求，不能参加本次实验。44 名被试的平均识字量成绩为 78.91 分，我们将识字量成绩在［60，79］分区间内的定义为中级汉语水平组，在［80，100］分区间内的定义为高级汉语水平组，两组被试各 22 名。将两组被试的识字量测试成绩进行独立样本 t 检验，结果显示：两组被试的汉语水平差异显著，$t（42）= 13.256$，$p < 0.01$。

3.2.3　实验材料

搭配研究只有建立在真实语料使用的基础之上才能保证研究的效度和信度，因此我们采用语料库的方法选取实验材料。为了避免词长及搭配的语义透明度对被试的影响，我们选取的限制性搭配和自由搭配的节点词和搭配词均为双音节词语，即所选语料均为 2+2 式双实词搭配。

我们首先从《汉语国际教育用音节汉字词汇等级划分》(本节简称《等级划分》）的普及化等级词汇中选取 60 个双音节词语作为节点词，然后根据可以量化搭配强度的 MI 值在 BCC[①] 语料库中筛选搭配词。MI 值的计算公式如下：

$$MI_{(X,Y)}{}^{②} = \log_2 \frac{F_{(X,Y)} * W}{F_{(X)} * F_{(Y)}}$$

"以往研究结果表明就英语而言，将跨距界定为 −4/+4 或 −5/+5 是较为合适的"（邓耀臣、王同顺，2005），就汉语而言，−4/+4 或 −5/+5 这个范围也能覆盖大多数词语搭配，所以我们将跨距设定为 5。在共现频数的确定上，我们对动宾式搭配和偏正式搭配采用两种不同的检索方式。动宾式搭配一般有两种情况：（1）动词既可以和光杆名词搭配，也可以和带限定语

---

① 本研究所使用的语料库是北京语言大学大数据与语言教学研究所开发的 BCC 现代汉语语料库，该语料库是一个能比较全面反映现代汉语语言生活的大型语料库，全库共计约 150 亿字，涵盖了文学、报刊、微博、科技和古汉语等多个领域。

② 其中，W 代表语料库的总词容量，$F_{(X)}$、$F_{(Y)}$ 分别代表两个词语在语料库中出现的频数（frequency），$F_{(X,Y)}$ 代表 X、Y 这两个词语在语料库中共现的频数。

的名词搭配，比如"利用"和"资源"搭配使用时，既可以说"利用资源"，也可以说"利用宝贵的资源"；（2）动词必须与带限定语的名词搭配，比如"发生"和"事件"搭配使用时，通常会在"事件"前带上"暴力、抢劫、意外"等限定语（辛平，2008）。由于我们将实验材料控制为 2+2 式的双实词搭配，像"发生……事件"这类搭配，如果动词和名词不带限定语直接放在一起，可能不容易被语言使用者所接受，甚至被判断为错误。鉴于此，我们在筛选语料时排除必须带限定语的动宾式搭配，而选用那些动词既可以接光杆名词也可以接带限定语名词所构成的搭配，将动宾式搭配的紧邻共现频数和离合共现频数相加，作为节点词和搭配词的总共现频数。由于偏正结构的搭配存在加"的 / 地"和不加"的 / 地"两种情况，我们把这两种情况下的频数之和作为节点词和搭配词的总共现频数。基于语料库的词语搭配研究通常认为两词语在语料库中的 MI 值大于等于 3 才算搭配（Stubbs，1995；Hunston，2002：71），然而，我们通过在 BCC 语料库检索发现，"组织（+…）方法""需要（+…）条件""人类（+…）问题"的 MI 值分别是 2.14、1.21、0.23，尽管这些词语组合的 MI 值低于 3，但均是合法组合，可以判定为自由搭配。因此，我们在判定自由搭配时，以 MI 值为主，兼以人工判定，将自由搭配的 MI 值区间定为（0.3，5）。成语的 MI 值一般都在 20 以上，比如"欢声笑语""拾金不昧""七嘴八舌"的 MI 值分别为 21.21、25.33、27.47。这样看来，[5，20] 这个区间内的搭配都可以算作是限制性的，比如"回复（+…）邮件""就业（+…）形势""工薪（+…）阶层"的 MI 值分别是 5.52、9.83、18.06。因此，在本研究中，我们将自由搭配的 MI 值区间定为（0.3，5），限制性搭配的 MI 值范围为 [5，20]。为了使本研究遴选出来的所有限制性搭配的 MI 值没有显著差异，又能与连续统两端的自由搭配、固定搭配拉开差距，我们将限制性搭配的 MI 值的最低阈值上调至 6，最高阈值下降至 12，最终得到限制性搭配 MI 值的取值区间为 [6，12]。

我们首先在 BCC 多领域库中检索节点词，然后利用统计功能提取两个搭配词分别与节点词组成限制性搭配和自由搭配。入选的两个搭配词必须同时满足以下 5 点：a. 两个搭配词在语料库中出现的频数没有显著差异；b. 两个搭配词与节点词的共现频数有显著差异；c. 两个搭配词与节点词所组成的限制性搭配和自由搭配的 MI 值具有显著差异；d. 在给限制性搭配匹配相应的自由搭配时，保证结构关系一致，并且不会出现歧义，比如

"处理情况"既可以理解为动宾结构、也可以理解为偏正结构，这样有歧义的搭配不会入选；e.两搭配词的词汇等级在《等级划分》中属于中级及以下。实验材料用例如表 4-7 所示。

表 4-7　实验材料用例

搭配类型	搭配强度	词语搭配	共现频数	搭配词频数	节点词频数	MI 值
动宾式	限制性搭配	参加（+…）比赛	11648	324269	183567	7.94
	自由搭配	支持（+…）比赛	94	348238	183567	0.89
偏正式	限制性搭配	公共（+…）场所	7118	86359	41165	11.29
	自由搭配	各类（+…）场所	28	71162	41165	3.58

　　根据以上步骤，我们一共筛选出 60 个限制性搭配和 60 个自由搭配，它们分别包括 30 个动宾式搭配和 30 个偏正式搭配。为了避免被试的反应策略，我们加入 60 个不符合汉语语法规则且无意义的表达即非法搭配作为填充材料（filler）。对限制性搭配与自由搭配的 MI 值、搭配词频数以及动宾式搭配与偏正式搭配的 MI 值、搭配词频数都进行了匹配。t 检验结果显示：限制性搭配与自由搭配的 MI 值差异显著，$t(59)=30.96$，$p<0.05$；搭配词频数没有显著差异，$t(59)=-1.55$，$p>0.05$。动宾式搭配和偏正式搭配的共现频数差异不显著，$t(59)=1.943$，$p>0.05$；MI 值差异也不显著，$t(59)=1.930$，$p>0.05$。另外，由于自由动宾式搭配和自由偏正式搭配的搭配强度较低，共现概率也特别小，为了保证动宾和偏正两种结构类型的自由搭配具有相同的自然度，我们请 30 名非语言学专业的汉语母语者使用 5 点量表对 60 个自由搭配进行可接受度评判，对于可接受度平均小于 3 的材料进行重新匹配，对最终的实验材料进行 t 检验，结果显示：动宾式搭配和偏正式搭配的可接受度没有显著差异，$t(29)=-1.52$，$p>0.05$。

　　由于限制性搭配和自由搭配共用一个节点词，为了避免重复效应，我们将 60 个限制性搭配、60 个自由搭配和 60 个非法搭配放在 A、B 两个抵消型测试表（counterbalanced lists）中。表 A 和表 B 各包括 30 个限制性搭配、30 个自由搭配和 60 个非法搭配，30 个限制性搭配和 30 个自由搭配中各包含 15 个动宾式搭配和 15 个偏正式搭配。

3.2.4　实验设备及程序

　　被试在北京语言大学对外汉语研究中心语言习得与深度学习实验室单独完成实验，周围环境安静。所用设备为个人 Lenovo 电脑，屏幕分辨率为 1366＊768。刺激以视觉形式通过软件 E-Prime 2.0 呈现，实验材料出现在屏幕中央，黑底白字，字号为宋体 26 号。实验开始前，屏幕上呈现指导语，被试在阅读指导语期间如果有疑问可以向主试询问，然后按空格键进入实验。屏幕上首先呈现注视点"+"，持续时间为 500 ms；注视点消失之后，空屏 300 ms，随后在屏幕中央呈现实验材料，被试通过按"F"和"J"键进行可接受与否的判断；被试做出判断后，实验材料消失，空屏 1000 ms，随后呈现下一组实验材料。为了让被试熟悉实验要求和反应方式，在正式实验开始之前，被试先进行 10 个试次的练习，限制性搭配和自由搭配各 5 个，确保被试完全明白实验操作过程之后进入正式实验。软件自动记录被试的反应时和正确率。

3.3　结果与讨论

　　在进入正式数据分析前，我们首先剔除正确率低于 60% 的 4 个被试的数据，剩余 40 个被试的数据中，再剔除所有判断错误的无效数据，然后计算平均值，以平均值加减三个标准差作为临界值，在临界值之外的数据由临界值代替。高、中级两组被试的反应时数据均为 1200 个，其中，高级组剔除判断错误的无效数据 129 个，占总数据的 10.75%，所剩有效数据均在临界值之内，中级组剔除判断错误的无效数据 336 个，占总数据的 28%，由临界值代替的数据有 2 个，占有效数据的 0.23%。我们运用 SPSS 21.0 对两组被试加工限制性动宾 / 偏正式搭配和自由动宾 / 偏正式搭配的反应时和正确率进行重复测量方差分析，下面对分析结果依次进行报告。

3.3.1　四类搭配反应时统计分析结果

　　中高级水平汉语学习者对限制性动宾、自由动宾、限制性偏正、自由偏正判断的反应时均值和标准差如表 4-8 所示。

表 4-8　两组被试对四类搭配判断的反应时均值　　　单位：ms

结构类型	动宾		偏正	
搭配强度	高	低	高	低
搭配类型	限制性动宾	自由动宾	限制性偏正	自由偏正
	$M(SD)$	$M(SD)$	$M(SD)$	$M(SD)$
汉语水平　高级	1587 (529)	2252 (867)	1615 (596)	2190 (711)
汉语水平　中级	2057 (707)	2260 (890)	2064 (549)	2674 (918)

反应时数据的方差分析结果显示：

搭配强度主效应显著，$F(1, 38) = 59.72$，$p < 0.01$，偏 $\eta^2 = 0.611$，限制性搭配的反应时显著短于自由搭配的反应时，学习者对限制性搭配判断的反应时均值比自由搭配快了 588 ms；结构类型的主效应不显著，$F(1, 38) = 0.156$，$p = 0.695$，偏 $\eta^2 = 0.004$，动宾式搭配和偏正式搭配的反应时没有显著差异；汉语水平的主效应显著，$F(1, 38) = 4.274$，$p = 0.046$，偏 $\eta^2 = 0.101$，高级汉语水平学习者的反应时均值比中级汉语水平学习者快了 427 ms；搭配强度、结构类型和汉语水平三因素两两之间、三者之间的交互作用均不显著，$F = 0.998$，$p = 0.324$，偏 $\eta^2 = 0.026$。

3.3.2　四类搭配正确率统计分析结果

中高级水平汉语学习者对限制性动宾、自由动宾、限制性偏正、自由偏正判断的正确率均值和标准差如表 4-9 所示。

表 4-9 两组被试对四类搭配判断的正确率均值

结构类型	动宾		偏正	
搭配强度	高	低	高	低
搭配类型	限制性动宾	自由动宾	限制性偏正	自由偏正
	$M(SD)$	$M(SD)$	$M(SD)$	$M(SD)$
汉语水平　高级	0.94 (0.06)	0.83 (0.16)	0.93 (0.07)	0.87 (0.09)
汉语水平　中级	0.87 (0.10)	0.55 (0.12)	0.85 (0.13)	0.62 (0.12)

正确率数据的方差分析结果显示：

搭配强度主效应显著，$F(1, 38) = 78.054$，$p < 0.01$，偏 $\eta^2 = 0.673$，限制性搭配的正确率显著高于自由搭配的正确率。结构类型的主效应不显著，$F(1, 38) = 1.158$，$p = 0.289$，偏 $\eta^2 = 0.030$，动宾式搭配和偏正式搭配的正确率没有显著差异。搭配强度和结构类型的交互作用显著，$F(1, 38) = 4.656$，$p < 0.05$，偏 $\eta^2 = 0.109$。进一步简单效应检验结果显示，对于动宾式搭配而言，学习者判断限制性搭配和自由搭配的正确率差异显著，$F(1, 39) = 40.23$，$p < 0.01$；对于偏正式搭配而言，学习者判断限制性搭配和自由搭配的正确率差异也显著，$F(1, 39) = 34.04$，$p < 0.01$。这说明搭配强度对动宾和偏正式搭配判断的正确率均存在显著影响。将搭配强度固定，考察结构类型效应，结果显示：对限制性搭配而言，结构类型效应不显著，$F(1, 39) = 0.56$，$p > 0.05$；对自由搭配而言，结构类型效应也不显著，$F(1, 39) = 3.57$，$p > 0.05$。这说明无论是限制性搭配还是自由搭配，学习者判断动宾式搭配和偏正式搭配的正确率都没有显著差异。

汉语水平的主效应显著，$F(1, 38) = 83.831$，$p < 0.01$，高级汉语水平学习者对各类搭配判断的正确率显著高于中级汉语水平学习者。搭配强度与汉语水平的交互作用显著，$F(1, 38) = 22.963$，$p < 0.01$，偏 $\eta^2 = 0.377$。进一步进行简单效应检验，结果显示，对于高级水平学习者，搭配强度效应显著，$F(1, 38) = 8.172$，$p < 0.01$，偏 $\eta^2 = 0.177$；对于中级水平学习者，搭配强度效应也显著，$F(1, 38) = 92.845$，$p < 0.01$，偏 $\eta^2 = 0.710$。尽管中级和高级水平汉语学习者对限制性搭配和自由搭配的加工的正确率方面均存在显著差异，但是从效应量可以看出，搭配强度对中级水平学习者比对高级水平学习者的影响更为显著（$0.710 > 0.177$）。结构类型与汉语水平的交互作用不显著，$F(1, 38) = 0.056$，$p = 0.815$，偏 $\eta^2 = 0.001$；搭配强度、结构类型和汉语水平三因素之间的三重交互作用也不显著，$F = 0.509$，$p = 0.480$，偏 $\eta^2 = 0.013$。

3.4 结论与讨论

3.4.1 搭配强度影响词语搭配的加工

在本研究当中，我们对限制性搭配和自由搭配的搭配词频数都进行了控制，二者之间唯一的区别就是搭配强度不同，通过以上数据分析可知，限制性搭配在反应时和正确率方面均优于自由搭配，实验结果证明了限制性搭配的加工优势，说明搭配强度是影响汉语学习者搭配加工的重要因素。

本实验结果与以往词语搭配加工的研究结论相一致（Millar，2011；王启，2015；Sonbul，2015），支持基于用法的语言理论（usage-based linguistics）。汉语学习者最初接触到的词语搭配可能是具体词语运用语法规则的临时组合，随着语言使用体验逐渐丰富，限制性搭配的节点词与搭配词之间的联系不断被强化，在大脑中留下的痕迹越来越深，等累计频率达到一定阈限以后，搭配强度特征开始浮现，原本基于语法规则的自由搭配就会在学习者的心理词库中逐渐固化为限制性搭配，最终达到提取的自动化。

尽管限制性搭配带有明显的组合性和可分析性，其整体性没有固定搭配那么强，但是本研究仍然证明了其加工优势，这一结论与构式语法理论的发展相一致。构式语法（Goldberg，1995）早期认为构式的整体语义须大于部分之和，后来 Goldberg（2006：5）修正了这一观点，认为只要语言结构有足够高的使用频率，就可具有心理表征而成为构式。限制性搭配是语言社团约定俗成的形义结合体，具有心理表征，所以也可看作一种构式，即搭配构式（王启，2019），本研究结果符合王启（2019）提出的"搭配构式优先，兼顾语法构式"的语言使用模式，即"在交际意图驱动下，搭配构式因加工优势率先用出，直接实现规约性表达，只有在缺乏合适搭配构式时语法构式才被调用，并通过类比填入具体词语，完成交际意图"。

限制性搭配的加工优势也可以用扩散激活模型（spreading activation model）（Collins & Loftus，1975）理论来解释。该理论认为，在语义系统中，概念作为网络节点存储语义信息，各概念的表征通过各种联系与其他概念整合而成，某个节点的概念被激活之后，其激活向与其联结的节点扩散，对其他概念的识别也就产生了促进作用。限制性搭配由于其节点词对搭配词具有较强吸引力和预见力，当学习者看到节点词时就会附带激活其搭配词，也就是说，前词对后词的启动作用使得整个搭配具有较强的通达性；而自由搭配，由于其节点词和搭配词的语义联系比较弱，前词对后词没有启动效应，整个搭配的识别通达性较弱，所以在限时的短语可接受性判断任务中，学习者判断自由搭配时需要消耗更多的认知资源，识别的速度较慢，出错的概率也更大。

3.4.2　动宾和偏正两种结构类型对词语搭配加工没有显著影响

词语搭配的结构类型主效应不显著，这与我们的预期不同。已有研究证明汉语复合词的结构类型影响第二语言的词汇加工和词义猜测效果，并且偏正式复合词的猜测效果好于动宾式复合词（江新、房艳霞，2012）。那么，词语搭配加工的结构类型效应也应像复合词那样显著，且偏正式搭配比动宾式搭配具有加工优势。而且，张博（1999）从句法功能和中间是否可以插入其他词语两个角度分析了偏正、述宾、述补和并列四种结构类型的亲密度，指出并列式和偏正式组合中的两要素间的亲密度较高，述宾式和述补式两要素间的亲密度则较低。类比复合词，偏正式搭配要比动宾式搭配的亲密度高。虽然我们以 MI 值为标准尽量平衡两种结构类型的搭配强度，但是偏正式搭配的整体性要强于动宾式搭配，因为偏正式搭配内部一般仅限于插入助词"地／的"，而动宾式搭配具有一定的离散性，可插入成分限制较少，因此偏正式搭配应比动宾式搭配具有一定加工优势。然而本研究结果表明词语搭配的结构类型主效应不显著，这可能与学习者的母语背景有关。泰语中偏正结构的语序（前正后偏）与汉语（前偏后正）正好相反（如表 4–10 所示）。潘依娜（2019）在泰国汉语学习者的作文中发现，偏正短语的语序偏误占据汉语语序总偏误率的 78.44%，而汉泰语序一致的动宾短语只占语序偏误率的 1.96%，可见，不一致语序会对偏正结构学习产生干扰。Yamashita & Jiang（2010）的研究证明，与学习者一语不一致的搭配即使在二语中的出现频率很高，对较高水平学习者来说仍有习得难度。本研究可能正是因为汉泰偏正结构语序差异的干扰牵制了学习者偏正式搭配的加工效率，使得偏正式搭配表现出和动宾式搭配相似的加工难度。

表 4–10　汉泰[①] 偏正式搭配语序对比

偏正式搭配 类型	汉语	泰语
限制性搭配	心理（+…）压力	ความกดดัน（压力）（+…）ทาง จิตใจ（心理）
	公平（+…）竞争	การแข่งขัน（竞争）（+…）ด้วยความ เป็นธรรม（公平）
自由搭配	部分（+…）成绩	ผลคะแนน（成绩）（+…）บางส่วน（部分）
	语言（+…）现象	ปรากฏการณ์（现象）（+…）ทาง ภาษา（语言）

---

① 对应泰语由泰国清迈大学陈卿卿老师提供，谨致谢忱。

由于前文已经证明了限制性搭配的加工优势，没有出现结构类型效应，我们认为另一种可能的解释是，既然限制性搭配具有心理表征，那么学习者在对其进行可接受性判断时不需要经过语法分析，而且我们又都对动宾搭配和偏正搭配的搭配词频数和共现频数进行了匹配，所以学习者对两种结构类型的限制性搭配没有出现加工差异。而对于自由搭配，由于它们是临时的词语组合，并不具有心理表征，所以学习者在对两类自由搭配进行判断时均需要进行语法分析，耗时较长，所以亦未出现结构类型效应。

3.4.3　语言水平影响词语搭配的加工

从整体上看，与中级水平学习者相比，高级水平学习者对四类搭配的加工在反应时和正确率上均呈现出了语言水平的加工优势，这与以往的汉语二语加工研究的实验结果相一致（高珊，2016；吴继峰，2016；李健睿，2017；张妍，2017）。实验结果体现了汉语学习者对词语搭配加工的发展特征：随着语言水平的提高，学习者加工词语搭配的能力也随之提高。

然而，对实验材料分而析之，我们发现：对于限制性搭配，高级水平学习者判断的正确率和反应时都显著优于中级水平学习者；对于自由搭配，高级水平学习者只是在正确率上显示出了语言水平的加工优势，在反应时方面与中级水平学习者相差不大。而且，在正确率方面，中级水平学习者对限制性搭配的加工优势比高级水平学习者体现得更为明显，中级水平学习者对自由搭配判断的正确率远低于限制性搭配，而高级水平学习者对限制性搭配和自由搭配判断的正确率相差不大。

高级水平学习者比中级水平学习者具有加工优势，同样支持了基于用法的语言理论。高级水平学习者比中级水平学习者的汉语体验更丰富，对限制性搭配接触得更频繁，随着使用次数的增多，节点词和搭配词在其心理词库中的固化程度越来越高，所以对限制性搭配加工的速度更快、正确率更高。

在线性质的反应时研究可以对语言加工过程进行真正意义上的考察，反应时数据是在语言处理的过程中收集来的，它揭示了语言加工的心理过程（Jiang，2012：8）。在反应时方面，高级水平学习者没有比中级水平学习者体现出加工优势，我们认为这是由于自由搭配的节点词与搭配词的搭配强度较小，所以两组汉语学习者对它们都比较陌生，需要先经过语法分析才能做出判断，耗费的认知资源较多。高级水平学习者通过语法分析来判断两个词语是否可以组成搭配，耗费较多的时间来提高正确率；而中级学习者迫于限时任务的压力则可能只依靠搭配强度信息来判断，他们可能会因为没有见过自由搭配中的两个词在一起使用的情况，不知道这些搭配在一定语境中也可以组合，更容易将自由搭配判断为错误，以致对自由搭配判断的正确率非常低。所以，中级水平学习者比高级水平学习者表现出了更为显著的搭配强度效应。另外，认知心理学认为，语言系统中并存着两个系统——基于语法规则的系统和基于范例的系统，二者共同构成了双表征模型（Skehan，1998）。汉语学习者对自由搭配的判断多是基于语法规则的，对限制性搭配多是基于范例的。从整体上看，与中级水平学习者相比，高级水平学习者对四类词语搭配的加工表现出了语言水平优势，我们认为可能是中级水平学习者还不能像高级水平学习者那样较为自如地完成基于规则和基于范例这两种加工形式之间的转换。

综上，本研究得出以下结论：

（1）词语搭配强度效应显著。与自由搭配相比，中级和高级水平汉语学习者对限制性搭配均具有加工优势。

（2）词语搭配的结构类型效应不显著。中、高级水平学习者对动宾式搭配和偏正式搭配的加工在反应时和正确率方面均没有显著差异。

（3）整体而言，汉语水平主效应显著。与中级水平学习者相比，高级水平学习者对四类搭配均表现出了语言水平的加工优势；对于限制性搭配，高级水平学习者判断的正确率和反应时都显著优于中级水平学习者；对于自由搭配，高级水平学习者只在正确率上显示出了语言水平的加工优势，在反应时方面没有表现出加工优势。

3.5　结语

Ellis & Shintani（2014：22）指出："精通第二语言要求学习者掌握丰富的惯用表达，惯用表达可以满足流利性和学习者直接的功能性需求，为他们'创造性地'使用第二语言提供有关基础规则的知识。"（转引自张博，2018）限制性搭配虽然是基于规则的，但它是语言中的惯用组合，本研究证明了它的加工优势，研究结果对词语搭配教学具有指导意义。我们据此建议汉语教师提醒学生注意限制性搭配中搭配词的选择限制，强化限制性搭配的训练，让学生明白限制性搭配在语用上的惯常组合性和语义上的整体性。此外，汉语教师还要格外注意和学习者母语不一致的搭配，增加其输入频率或复现频率，以加强二语词汇与概念在学习者心理表征中的联系，从而抑制其母语语义的负迁移，帮助他们促成语义重组和概念调试。总之，"第二语言课堂教学应当在拓展词语组合关系上下功夫，强化词语搭配的训练，使学习者尽快掌握词语的高频共现关系"（张博，2017）。在教学资源方面，我们建议在编写教材和编纂学习词典的过程中，编写者在词语搭配的配例方面注重使用限制性搭配。

目前本研究还存在一些不足之处，希望在今后的研究中能够有所深进。本研究所采用的判断任务没有给出词语搭配的语境，这种孤立呈现实验材料的方式毕竟与语言使用的真实情境不大相符，这可能会对被试的加工过程产生一定影响。因此，在未来的研究中可以考虑将搭配植入语境，采用眼动跟踪技术考察学习者对不同类型搭配的加工情况，以便深入了解学习者对词语搭配的加工机制。

四、不同水平汉语学习者动宾搭配能力发展规律研究 *

4.1 引言

二语词汇习得研究中，衡量词汇知识的维度有两个：词汇广度和词汇深度。广度是指学习者习得的词汇量多少，深度是指学习者对每个所学单词的语义、语法和语用功能的掌握程度。前人研究表明，与广度相比，深度更能反映学习者二语词汇知识的真实水平。衡量词汇知识深度的一个重要指标就是词语搭配。

搭配（collocation）这一概念最早由英国语言学家弗思（J. R. Firth）于 20 世纪 50 年代提出，在此后半个多世纪的时间里被语言教学界广泛采纳。二语教学领域的学者普遍认同，掌握充足的词语搭配知识有助于提高学习者目的语输出的流利度和自然度（Lewis，1997；Schmitt，2000）。但同时也有学者注意到，由于词语搭配受组合、聚合关系的局限，且数量庞大，因此搭配的学习比语法更加困难（Wolter，2006），对二语学习者来说尤其如此。

尽管学界普遍认同词语搭配是二语习得中的重点和难点，但对于词

---

* 本中作者李慧、郑航。本节内容曾发表于《国际汉语教学研究》2020 年第 4 期。收入本书时，内容有所增改。

语搭配的实证研究还不多见。在汉语作为第二语言的习得研究中，词语搭配的成果多集中于对词语搭配偏误的考察，如齐春红（2005）、申旼京（2008）、周新玲（2007）、虞佳（2014）等，但这些研究大多不区分学习者的汉语水平。肖贤彬、陈梅双（2008）对学生的汉语水平做了区分，以动宾搭配为研究对象，着眼于考察留学生对不同类型宾语的接受与产出能力，同时，横向对比了不同水平学生对动宾搭配的习得顺序。本研究借鉴该研究，并在此基础上对不同水平汉语二语者搭配知识发展情况进行纵向考察。

　　学习者词语搭配能力是一个纵向的发展过程。测查不同水平学习者词语搭配能力的表现有何不同，首先要确定词语搭配能力的测查参项，即哪些参项可以作为测量学习者词语搭配能力的标准。以往的词语搭配研究也涉及了词语搭配的测查参项。邢红兵（2013）研究了基于语料库的词汇搭配知识，特别针对搭配知识在二语词汇习得中的应用进行了探讨。

　　本研究借鉴邢红兵（2013）使用的测查参项，在词汇习得的框架下，结合考察词汇知识的两个常用参项——词汇频率与词汇多样性，拟从搭配词词种分布、搭配词词频分布、搭配偏误分布三个维度上测量学习者词语搭配能力。具体而言，本研究将考察不同水平学习者搭配知识在上述三个维度上有无差异，并探讨随着汉语水平的提高，学习者的词语搭配能力发展有何规律。我们拟选取泛义动词"做"的搭配为研究对象，利用汉语学习者作文语料库，通过定量统计和定性分析相结合的研究方法，尝试回答上述问题。

4.2　研究方法

4.2.1　测查参项与理论预测

　　本研究所采用的测查参项主要是在邢红兵（2013）基础上进行的调整。邢红兵（2013）提出搭配知识测查的四个参项：错误率、丰富度、匹配度和搭配率。错误率是指"中介语使用的错误搭配数量和总搭配数的比值"，搭配知识的丰富度是指"一个词在中介语语料库中搭配的词语数量占目的语语料库中全部搭配词语数量的比例"，搭配知识的匹配度是指"一个词语在中介语语料库中搭配的词语在目的语语料库中出现的搭配词语的重合程度"，搭配率是指"词语在中介语语料库或目的语语料库中和另外一个词语搭配的次数与该词语总搭配次数的比例"。这些考察参项基本涵盖了搭配知识的范围，为以后的搭配研究提供了很好的理论框架。但是我们的研究主旨不同，有些参项还需做进一步的深化与整合。比如：错误率统计了错误数量，但是更需关注错误类型、错误倾向；搭配知识的丰富度可以通过对搭配词词种多层面分析实现，搭配率主要用于观察目标词语与某个单一词语搭配情况的考察，在搭配词繁多的情况下不易操作，我们可以通过对常用搭配词词次或者不同等级词语词次的统计实现这一研究目的。

综上，本研究拟从搭配词词种分布、搭配词词频分布、搭配偏误分布这三个维度对不同水平学习者的搭配能力进行测查。

4.2.1.1　搭配词词种分布

搭配词的词种可以反映学习者在目标词搭配运用中的词汇范围。词种与词次是两个不同的概念，词次是指搭配出现的频次，包括重复出现的词语搭配的次数，词次多并不代表词种数量多。而词种是指词语的类型，即搭配词种类的多少。从理论上讲，词种越多，说明学习者在使用该目标词语时，搭配的词语更为丰富多样，搭配能力更强。

在文本分析中，词种也经常作为一个参项进行考察。如有学者提出用词汇多样性（lexical diversity）的概念，即学习者在语言使用中所展现出的词汇范围（Lu，2011），其中测查的就是词种数量，用来测查学习者产出性文本的质量。因此，搭配词词种分布也应当作为词语搭配知识考查的一个参项。同时，也要结合搭配词的词次，观测汉语学习者对搭配词的使用情况，比如是否存在过度使用某些搭配词的情况。

理论上讲，随着汉语水平的提高，学习者习得的词语数量增多，那么在汉语使用中，搭配词词种数量应当呈现递增的趋势。

4.2.1.2　搭配词词频分布

搭配词词频分布是指与目标词搭配的词语在各词汇等级中的分布。通过考察不同水平学习者所用搭配词的词频分布及其差异性，判断学习者搭配能力是否有所发展。

在理论上讲，随着学习水平的提高，二语者所掌握的词汇越来越多，掌握的词汇等级也越来越高。相比于低水平学习者，高级水平学习者在运用搭配时，可能会使用一些等级水平较高的搭配词语。学习者所掌握的词汇量为词汇广度，而搭配知识属于词汇深度，那么伴随着词汇广度的扩展，学习者词汇深度是否得到了同步提升是我们需要考察的问题。

4.2.1.3　搭配偏误分布

不同水平的学习者在使用词语时，都存在错误搭配的情况。搭配偏误分布是考察不同水平学习者在使用词语搭配时表现出的偏误情况，这些偏误是否会表现出不同的倾向性？这种倾向性是否可以说明学习者搭配知识发展的规律？

在关于不同水平学习者的词语偏误研究中，很多研究结果都表明，不同水平学习者的偏误会具有一定的倾向性。萧频、李慧（2006）对印尼学生离合词习得的研究显示，二年级学生在使用离合词时经常出现"该分不分"的错误，而三年级学生在使用离合词时则经常出现"该合不合"的错误，表现出一定的错误倾向。因此，在观察不同水平学习者词语搭配表现时，我们也应当关注词语搭配中所呈现出来的偏误倾向。对这些偏误进行研究不仅有助于我们对不同水平学习者进行有针对性的教学，而且也将有助于我们了解学习者词语搭配知识的发展轨迹。

理论上，偏误的数量会随着语言水平的提高而越来越少，但也有可能，随着高级学习者所使用的词语搭配越来越复杂，搭配错误出现的概率也会有所上升。在观察搭配偏误分布时，偏误数量是量的考察，而对偏误的质性分析也具有同样重要的价值，它可以反映出学习者搭配习得的发展轨迹。

4.2.2 研究对象

选取"做"为研究对象，主要是考虑到"做"在汉语中是一个常用动词（在《现代汉语常用词词表（草案）》中排第 77 位），而且搭配丰富，具有教学及研究的价值和意义。

本研究主要基于汉语中介语语料库，首先构建词语搭配能力测查参项，然后根据参项标准，以目标词"做"为例，考察不同水平汉语二语者词语搭配能力发展规律。希望本研究能为汉语作为第二语言词语搭配的教学与学习提供参考。

4.2.3 研究材料

4.2.3.1 语料来源

本研究所使用的语料库为北京语言大学 HSK 动态作文语料库，按学生作文分数，选取了三个级别[①]：≤ 60 分的为低分作文语料，70 ≤作文分数< 80 分的为中分作文语料，≥ 80 分的为高分作文语料，作文分数处于三个分数段的学习者分别为初级水平学习者、中级水平学习者和高级水平学习者。

---

① 为了让三个级别的语料在数量上进行匹配，本研究在选取语料时，将作文分数为 61 ～ 69 分的语料排除在统计范围之外。

4.2.3.2 语料的处理与搭配词的确定

目标语料为"做"与宾语的搭配，包括自由搭配，如"做贡献"，也包括一些较为固定搭配，如"做生意""做买卖"等。

在语料库检索语料①后，首先对语料进行了筛选。主要排除两类语例：（1）含有"做"的复合词的语例，（2）语义不明的语例。经统计，低分语料有 1232 条，中分语料有 1240 条，高分语料有 1179 条。

其次，确定"做"的搭配词。搭配词的确定原则上以《现代汉语词典》（第 7 版，本节简称《现汉》）为准，《现汉》收录且标注词性的为词。有的搭配成分《现汉》未收录，例如："劳动者""启蒙者""设计师"等，根据邓盾（2020）"词"的界定标准，这些搭配成分属于"具有句法完整性的最小语言片段"，因而也将其视为词，进行统计。

有的语例中，"做"没有出现搭配词，处理为零搭配语例。经统计，含有搭配词的正确语例（不含错误搭配语例），低分语料有 584 条，中分语料有 639 条，高分语料有 691 条。

为了更好地分析不同水平学习者词语搭配的发展规律，本研究也将汉语母语者词语搭配情况作为对比参考，我们取低分语料（1232 条）、中分语料（1240 条）和高分语料（1179 条）的平均数，在 BCC 语料库中随机选取了 1217 条语料，经筛查统计，含有搭配词的语例共有 620 条。

4.3 研究结果

4.3.1 搭配词词种分布

对不同水平学习者及汉语母语者语料中"做"的搭配词进行统计，具体结果如表 4-11 所示：

表 4-11 "做"搭配词的词种统计

语料类型	初级水平	中级水平	高级水平	母语者
词种数	106	122	162	279
有搭配词的正确语例	584	639	691	620
TTR（词种与词次之比）	18%	19%	23%	45%

① 汉语中介语语料库中检索出的语例很多是将"做"误写作"作"，本研究忽略该书写偏误，仍将该类语例看作"做"的使用语例。

从绝对数量看，从初级水平到高级水平再到母语者，"做"的搭配词词种数量呈现递增的趋势。从词种数与搭配词次的比重看，高级学习者中词种数的比重在学习者语料中最高，初级学习者和中级学习者比重趋同，差距不大。这说明，高级学习者使用的搭配词种类比初级、中级学习者更多。而在汉语母语者语料中，这一比重达到了45%。由此可见，随着水平的提高，汉语学习者搭配词的使用范围在扩大，但是高水平学习者仍与汉语母语者存在一定的差距。

为了对搭配词做进一步的观察，我们考察了位于前十位的搭配词。初级学习者语料中位于前十的搭配词为"事、事情、什么、工作、父母、家务、导游、饭、菜、作业"，中级学习者语料中的前十搭配词为"事、事情、什么、工作、家务、父母、饭、朋友、作业、人"，高级学习者语料中前十搭配词为"事、事情、人、什么、工作、父母、朋友、家务、榜样、作业"，母语者语料中前十位搭配词为"人、事、事情、丈夫、工作、女人、梦、菜、一切、朋友"。统计前十位搭配词的使用词次，具体如表4-12：

表4-12   前十位搭配词词次分布

语料类型	初级水平	中级水平	高级水平	母语者
前十词语搭配词次	399	401	407	235
搭配总词次	584	639	691	620
前十词次与总词次之比	68%	63%	59%	38%

从表4-12可以看出，初级学习者68%的词次都集中在前十位的搭配词中，中级学习者的这一比重达到63%，高级学习者是59%，而到了母语者，这一比重仅为38%。由此可见，随着水平的提高，高频搭配词所占的比重呈现依次递减的趋势。这表明随着水平的提高，汉语学习者逐渐不再过度使用简单、常见的搭配词，也从侧面说明搭配词语的多样性在逐渐提升，尤其是从中级到高级，出现了较显著的提升。但在与母语者的对比中仍可看到，高级二语者仍有过半的搭配使用的是前十位的高频搭配词，与母语者还有很大差距。

4.3.2   搭配词的词频分布

根据《汉语国际教育用音节汉字词汇等级划分》，词汇可分为普及化词汇、中级词汇和高级词汇，超出大纲的词语称为超纲词汇，我们对三个水平二语学习者和母语者的语料中出现的搭配词进行了标注，统计结果如表 4-13 所示：

表 4-13　"做"搭配词词频分布

词汇等级		初级水平	中级水平	高级水平	母语者
普及化词汇	词数（比重）	57（54%）	63（52%）	80（49%）	108（39%）
	词次（比重）	468（80%）	494（77%）	527（76%）	385（62%）
中级词汇	词数（比重）	27（25%）	23（19%）	32（20%）	60（22%）
	词次（比重）	79（14%）	89（14%）	80（12%）	102（16%）
高级词汇	词数（比重）	14（13%）	17（14%）	18（11%）	38（14%）
	词次（比重）	22（4%）	29（5%）	46（7%）	48（8%）
超纲词汇	词数（比重）	8（8%）	19（16%）	32（20%）	73（26%）
	词次（比重）	15（3%）	27（4%）	38（5%）	85（14%）
总计	词数（比重）	106（100%）	122（100%）	162（100%）	279（100%）
	词次（比重）	584（100%）	639（100%）	691（100%）	620（100%）

注：表中的比重是指各词汇等级的搭配词词数／词次与相应语料中搭配词总词数／总词次的比值。

从表 4-13 可以看出：

（1）总体来看，"做"的搭配词中，普及化等级词汇最多，其词次比重也占有绝对优势，其次为中级词汇。

（2）普及化词汇数量在初级、中级、高级学习者及母语者语料中呈现递减的趋势，词次也呈现递减趋势，但是在中级和高级学习者语料中，词次比重趋同。

（3）与普及化词汇相反，超纲词汇词数比重与词次比重从初级学习者到母语者语料中呈现递增趋势。高级水平学习者语料中，超纲词汇词数比重达到 20%，用到的超纲词语有"佳肴""好好先生""靠山""家用""媒人"等。在母语者语料中的超纲词汇比重则高达 26%。

（4）高级词汇比较特殊，其词数比重在中级学习者语料中占比最高，但是从词次看，从初级学习者语料到母语者语料，比重一直呈现增长的趋势。这说明，随着水平的提高，高级词汇的使用也在增多。中级词汇的增减则呈现不规律的趋势。

总体来看，普及化词汇使用减少，超纲词汇使用增多是从初级学习者语料到母语者语料中最明显的一个表现。

4.3.3　搭配词偏误分布

搭配词偏误的分析只针对二语学习者语料进行。通过对三个水平学习者"做"的搭配误例的逐条观察，我们发现了以下四种典型的搭配偏误：冗余，遗漏，状中搭配误为动宾搭配，动词误用。下面首先对四种偏误类型进行解释和举例，然后进行分布统计。

第一种偏误类型是冗余。即"做"在搭配中属于多余，应当去掉。如：

（1）大多数长辈固执，思想比较封建，不愿意【做】冒险；反而我们这一辈人思想开放，愿意做一些刺激的，有挑战性的活动。

"冒险"本身就是一个动词，不需与"做"搭配使用即可，"做"在句中冗余。

第二种偏误类型是遗漏。即应当使用"做"与他词搭配，但是学习者没有使用，属于遗漏。如：

（2）不要仅仅跟孩子说，而自己给孩子不好的榜样。

句中的"榜样"需要添加动词"做"与之搭配使用，此处为遗漏动词"做"。

第三种偏误类型是状中搭配误为动宾搭配。这类错误中，"做"与搭配词应当为状中搭配，但是学习者错误地使用了动宾搭配，主要是"做"与"这样""那样"等词的搭配。如：

（3）但是在现在的生活当中，【做】这样的年轻人很少。

在汉语中，"这样"与"做"可以搭配使用，但是一般"这样"作为状语出现，而不是作为宾语出现。

第四种偏误类型是动词误用。如：

（4）不只是在中国，世界上很多国家或地区也已经【做】了这种措施。

"措施"一般与"采取"搭配使用，不能与"做"搭配使用。

各类偏误的数量具体见表4-14：

表4-14　各类搭配偏误数据分析表

学生水平	冗余	遗漏	状中误为动宾	动词误用	总计
初级水平	19	4	3	91	117
中级水平	8	5	3	70	86
高级水平	8	9	0	46	63

整体来看，从初级到高级，偏误数量呈递减趋势。具体来看，"冗余"类错误在中级和高级语料中有所减少，"状中误为动宾"在高级语料中没有出现，"动词误用"类则呈减少趋势，但是"遗漏"类错误则在高级语料中有增长的趋势。

"动词误用"类偏误是数量最多的一类偏误，因此，本研究对该类偏误做进一步分析，以此测查汉语学习者动宾搭配使用中出现的偏误特点。借鉴申旼京（2008）的研究，我们将该类错误搭配分为显性搭配偏误和隐性搭配偏误两类：前者是指不论是在句中还是脱离句子，搭配本身是不合法的，如"做错误""做环境"；后者是指"搭配本身是合法的，但放在句中则语义不合"，如"做"可以和"朋友"搭配使用，但是在"虽然年龄不同，但我们都做好朋友。"中，这里的"做"与"朋友"搭配不当，根据句义，"做"应当改为"是"。据此分类，对三类语料的搭配偏误进行统计，结果如表4-15：

表4-15　显性搭配偏误与隐性搭配偏误统计

语料类型	初级水平	中级水平	高级水平
显性搭配偏误（比重）	37（76%）	28（64%）	20（58%）
隐性搭配偏误（比重）	12（24%）	16（36%）	14（42%）
总计	49（100%）	44（100%）	34（100%）

从上表可以看到两类偏误在三类语料中的错误倾向，初级学习者语料中，显性搭配偏误占比76%，在中级学习者语料中，显性搭配偏误比例有所下降，在高级学习者语料中，显性搭配偏误下降到58%。总体来看，从低分语料到高分语料，显性搭配偏误比例呈递减趋势，而隐性搭配偏误则呈递增趋势。相比于初级、中级学习者，高级学习者出现的显性搭配偏误

的数量有所减少，但是仍然超过半数。

4.4 综合讨论

上文从搭配词种分布、词频分布以及搭配偏误分布等三个方面分析了不同水平学习者语料中"做"的搭配情况。下面具体讨论汉语学习者搭配能力发展的规律及其主要表现。

4.4.1 搭配词词种范围扩大

从上文统计结果可知，首先，从初级到高级，学习者使用搭配的词种数量逐步递增，词种数与语例数的比重也呈递增趋势，即一定范围内所出现的搭配词词种数量增多。其次，随着水平的提高，学习者所使用的搭配词中，普及化词汇减少，超纲词汇增多，搭配词从初级词汇向高级词汇扩展。以上两点可以说明，随着水平的提高，学习者所使用搭配词的范围在扩大。

搭配词词种范围扩大主要与词汇宽度有关。肖贤彬、陈梅双（2008）的研究显示，学习者词汇深度随着词汇宽度的增加而增加，即随着学习者所学词汇的增多，搭配词也会随之增加，搭配的产出能力也随之增强。

但值得关注的是，高级水平学习者与母语者仍然存在很大差距。高级水平学习者所使用搭配词的词种数与语例数的比值为23%，而母语者语料中，该比值为45%，接近高级水平学习者语料的两倍，这说明高级水平汉语学习者在使用"做"时，搭配词的种类仍然不够丰富。

4.4.2 搭配准确度提高

在搭配偏误的分析中，我们发现，显性搭配偏误比重呈现递减趋势，不合法搭配的数量在减少，随着知识的积累和汉语水平的提高，汉语学习者对目标词语与哪些词语可以搭配使用的判断更为准确，有了一定的提高。

相比于初级水平学习者与中级水平学习者，高级水平学习者显性搭配偏误比重已经有所降低，但是仍然高达58%。我们推测，当学习者学习了新的名词，需要动词与之搭配使用时，学习者不知道该用什么动词，或者与之搭配的动词还未习得，因而，学习者只好找一个已经学习过的、语义差不多的词语代替使用，"做"是一个泛义动词，使用范围较广，因此成为学习者的选择对象。比如学习者在使用"做"时，出现了很多与"环境"

"措施""农作物"等的错误搭配，学习者认为"做"有"制作"义，故而用其与这些名词搭配使用。

另外一个原因可能是受到母语搭配知识的影响。比如"犯错误"，英语中为"make a mistake"，学习者采用直译的方式，将"make"直接翻译为"做"，从而产生了"做错误"这样的不当搭配。

4.4.3 过度使用某些搭配词

过度使用某些搭配词主要表现在两方面：一是前十位搭配词的使用比重较高，即使是高级水平学习者也高达 59%，而母语者则仅为 38%；二是普及化词汇使用比重较高，高级水平学习者的语料中，普及化词汇的使用词次达到了 76%，占据绝对优势，而母语者的比重为 62%。两项统计说明学习者对一些常见的搭配有过度使用的现象。初级学习者的过度使用，原因可能是词汇知识储备还较贫乏，无法选择更多样的词语与"做"搭配，而中、高级学习者的过度使用，则可能并非是由于词汇量贫乏，而更可能是由于学习者对于哪些词能够进入"做+X"搭配不确定，因此倾向于保守地使用那些高频搭配。Hargreaves（2000）研究发现，随着语言水平的提高，学习者所缺乏的搭配知识是一些介于"限制性搭配"（如，眨眼睛）和"自由搭配"（如，保护眼睛）之间的"中度搭配"（medium-strength collocation）（如，揉眼睛）。"中度搭配"的掌握，则正是涉及把已经掌握的词从单词运用阶段转移到搭配运用阶段，这也是中、高级二语搭配教学的重点与难点。Hargreaves 提出，增加"中度搭配"知识的方法就是引导学习者自主地注意到（notice）这些搭配的存在。

值得注意的是，在解决"过度使用"问题的同时，研究者们（Conzett，2000）也提出，不能要求学习者记住所有看到、听到的搭配，而应该引导学生将注意力放在日常生活中的高频搭配中。这样做的好处是：短期里可以有效提高学生的语言能力，长远来看也有利于培养学生将被动输入内化为主动知识的意识。

4.4.4 动宾搭配能力的发展阶段并不均衡

动宾搭配能力发展不均衡是指学习者动宾搭配能力从初级到中级，从中级到高级，并不是均衡发展的。比如词种数量的增多在初级到中级的表现不是很明显，而在中级到高级的阶段则发展迅速。普及化词汇的减少，在初级到中级阶段比较明显，而在中级到高级阶段则基本持平。因此，汉语学习者搭配能力的发展并不是在每一个阶段都是均衡的。

很多研究表明，学习者二语学习能力发展的阶段存在不均衡性现象。肖贤彬、陈梅双（2008）的研究表明，学习者搭配产出能力在一定水平上会有停滞或回跌。张江丽（2017）对不同水平学习者的接受性词汇进行了测量，结果显示，中、高级水平学习者在不同难度等级上的接受性词汇量测量的正确率变化曲线相似，而初级水平的变化曲线与之迥异。由此可见，学习者学习能力的发展具有不均衡特征，动宾搭配能力的发展也不例外。

4.5　结语

本研究选取"做"这一高频泛义单音节动词为研究对象，分析了不同水平学习者在使用"做"来组构动宾搭配时的发展规律。研究发现，汉语学习者搭配能力发展的主要表现有：搭配词词种范围扩大，普及化词汇递减，超纲词语递增，从偏误来看，随着水平的提高，学习者显性错误搭配有所降低。与汉语母语者相比，汉语学习者在使用动宾搭配时仍然存在过度使用某些词语的现象。我们只是对学习者词语搭配发展能力做一尝试性研究，这方面还有很多值得研究的问题，比如：对不同类型的搭配，学习者能力发展表现有何不同？希望日后再做进一步的深入探讨。

五、"直接法"和"间接法"汉语语块教学效果的对比研究 *

5.1　引言

语块直接教学法和语块间接教学法（以下简称"直接法"和"间接法"）是二语语块教学中两种重要的教学方法。直接法是指教师通过在课堂上讲解语块的意义和用法，帮助二语者学习语块的方法（刘颂浩，1999；罗文凤等，2002；Taguchi，2008；马晓娜，2014等）。间接法则是通过在文本中加下划线、字体加粗、倾斜等方式增加学习者对语块的关注程度，或要求二语者画出文中语块、使用词典查阅以及通过背诵篇章附带习得语块的教学方式

＊　本节作者王艺璇。

（Boers et al.，2006；肖武云，2011；Boers & Lindstromberg，2012；房艳霞，2018 等）。

在英语和汉语作为第二语言的语块教学中，已证实了直接法的有效性。Taguchi（2008）在为期 5 周的教学活动中，共教授了 40 个语法性语块（grammatical chunk），测试结果显示，语块的教学有助于二语者口语复杂度的发展，但无助于表达的流利性；罗文凤等（2002）通过为期 5 个月的英语语块教学，证明了语块的直接教学有助于减少作文中的错误，提高二语者的英文写作水平；马晓娜（2014）以中级水平汉语学习者为被试，通过为期 16 周的语块直接教学，验证了语块的学习有助于二语者写作能力的提高。

还有一些研究证明了间接法的有效性。Boers et al.（2006）通过 22 个学时的语块意识教学，发现学习者对语块的关注（noticing）可以增加其口语中语块的产出并促进口语水平的提升；肖武云（2011）采用"识别和记忆语块""语块的运用学习"等方法，以间接的方式引导英语学习者关注和使用语块，实验结果表明，语块的学习有助于英语二语者口语水平的提高；房艳霞（2018）探究提高语块意识的教学活动对汉语二语者口语产出的影响，结果显示，该方法不仅有助于提高学习者口语的流利度、准确度，而且可以促进学习者对已学语块的再认和产出。

在相同课型中对比直接法和间接法教学效果的实验研究极少，如 Yu（2009）分别采用直接法（直接教授语块意义和用法）和间接法（背诵包含该语块的课文）教授"despite the fact (that)"这一语块。实验结果显示，直接法有助于陈述性知识的习得，而间接法有利于二语者掌握程序性知识。但该研究存在的问题是：其一，实验组背诵课文是在课下完成的，并非课堂教学，因此，两组的教学时长不同；其二，仅以一个英语语块的教学效果作为判断两种教学法有效性的依据，尚缺乏足够的说服力，其结论还需进一步讨论和验证。

另外，已有研究中的被试主要集中在中高级阶段，较少涉及初级水平的二语者。张博（2019）指出，语块的学习有助于"弥补第二语言学习者语法规则知识的不足和缺乏语感的局限"，这种"不足"和"局限"在初级阶段的二语者身上尤为凸显。因此，有必要探究适用于初级水平汉语学习者的语块教学方法。

那么，初级阶段的语块教学应该采用直接法还是间接法？两种教学方式哪一种更有效？目前为止，尚未见到有学者通过实证研究对此进行比较。鉴于此，本节将采用教学实验的方法对这些问题进行深入研究，期望能为汉语第二语言语块教学提供有益的参考。

5.2　实验设计

5.2.1　研究问题

以往研究主要在单一类型的课程中进行语块教学实验，如阅读课等输入型课程或写作、口语等输出型课程。但在第二语言学习中，输入和输出都必不可少。因此，本研究采用双类型并进式教学，兼顾语言的输入和输出，在阅读课、写作课和汉字课中同时开展语块教学活动。

本研究参考 Nation（2001：26）对词汇知识的分类，细化语块知识的类别，将其分为产出性语块知识和接受性语块知识：前者主要是指知音、可认，后者主要是指能读、能用。本研究重点考察直接法和间接法的教学效果，以语块的接受性和产出性知识为观测点，考察两种方法的教学效果。通过比较测试结果并结合访谈及被试的课堂笔记，综合量化数据和质性材料对两种教学方法加以比较和分析。

5.2.2　实验方法

本研究在一个初级汉语水平班的阅读课、写作课和汉字课上开展了为期 2 周的教学实验。每周完成一个教学单元，每单元的课程及课时安排为：阅读课 5 课时，写作课 2 课时，汉字课 1 课时。

5.2.2.1　被试

我们选择初级水平汉语学习者作为被试。在实验开始前，被试已通过分班测试确定了其汉语水平。因此，被试间不存在差异。初级汉语水平大致为：学过 800 个汉字和 1600 个词，掌握汉语基本的语法点和主要句式，可以完成简单的成段表达。为保障语块教学的有效性以及实验数据的准确性，所有被试的出勤率皆需达到 100%，最终，共有 17 名被试的数据进入到统计中。

5.2.2.2　实验语块

（1）语块的界定和分类

本研究参考薛小芳、施春宏（2013），张博（2018）和王艺璇（2019）中关于语块的界定，将语块定义为"由若干个连续或不连续的成分构成，在形式和功能上具有固定性，在意义上具有整合性；是无须经过分析而整体存储、提取和使用的预制性语言成分"。

本研究采用王艺璇（2019）中对汉语语块的分类（见图4-4）。囿于被试所学内容有限，不同类型的语块在数量上并不均衡，过于细致的分类不利于统计分析以及评估教学效果。因此，我们仅使用此分类中的一级分类，将实验中的目标语块分为整件式语块和框架式语块。前者如"好不容易、风和日丽、骑自行车、生日聚会"，后者如"在……看来、一边……一边……"。

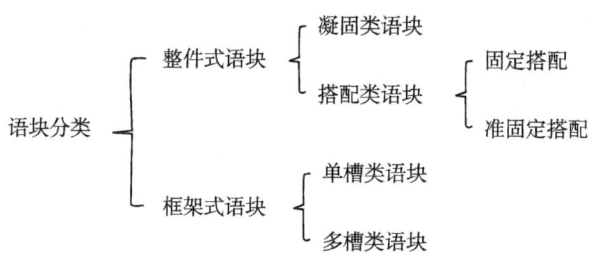

图4-4　汉语语块类别

（2）语块的择取

为保证正常的教学进度以及所涉课程教学目标的实现，实验语块首先择取自课内[①]，并在教学时间相对充裕的情况下，补充一定的课外语块。

本研究采用"词典+母语者判定"的语块择取原则，具体操作为：首先，以词典所收语块为重要底本和参照。我们从汉语母语者使用的语文词典（《现代汉语词典》）和面向汉语二语者的外向型词典（《商务馆学汉语词典》《汉语教与学词典》）两类辞书中提取了14648个语块，以此为基础筛查教材中的语块；其次，辅之以母语者的判定，即母语者根据语块的界定和分类，结合自身语感在教材中提取语块。实验邀请三位语言学专业博士生根据要求画出课文中的语块，当出现所画语块不一致时，三人讨论，确定最终择取结果。

使用该方法的原因是：其一，高水平辞书对语言事实的描述较为准确，本研究所用词典由中国社会科学院语言研究所等权威机构编纂，具有重要参考价值；其二，语块是母语者经常使用的语言成分，因此，母语者对语

---

① 　实验中所用教材为北京语言大学预科教育学院自编教材，编写者为翟艳教授、韩玉国教授和别红樱副教授，特此致谢！

块的感知和判定一般较为准确，为避免语感受到个体差异的影响，本研究在母语者提取语块时辅之以客观标准，保证提取的准确性。

两种操作同时进行，最终由研究者对以上所得语块加以整合，即在词典语块的基础上，补充母语者语感判定的语块。实验选择 80 个语块作为目标语块，其中，直接法和间接法各 40 个语块。

5.2.2.3 教学方法

实验期间，为了保证实验的连续性，减少不必要的干扰，阅读、写作和汉字三门课程的主试（授课教师）为同一人。

直接法的主要教学方法为：（1）阅读课上，用 PPT 展示语块，学生猜测语块含义，教师给出语块的正确含义并操练。（2）写作课上，教师给出学习者在写作中需要使用的词语和语块，要求学习者根据图片使用这些词和语块完成看图作文。（3）汉字课上，听写阅读课学习过的语块以及写作课中已经使用过的语块。

间接法的主要教学方法为：（1）阅读课上，在课文中标注出语块（语块部分字体加粗、改变颜色），教师不做解释；要求学生朗读课文时如遇到语块，需提高音量以区别非语块成分。如果是整件式语块，读的时候需要将语块作为一个整体，即中间不能出现停顿；如果是框架式语块，在相关成分出现时提高音量即可。（2）写作课上，教师引导学生根据所给提示词及图片尽可能多地说出包含提示词的短语及与图片相关的语块，教师将学习者所说的正确语块写在黑板上，要求二语者使用这些语块完成写作练习。（3）汉字课上，目标语块为阅读课中标注出的语块以及写作课中使用过的语块。具体方式为汉字填空练习，即题目以句子的形式出现，每句中包含一个语块（语块用其他颜色在句中标出），被试需填写的汉字是语块中的一个字。

下面分别展示直接法和间接法在三种课型中的应用。

1）阅读课

（1）直接法

老师：（PPT 呈现"格外小心"）"小心"是什么意思？

学生：take care，嗯，"注意"的意思。

老师："格外"的意思是？

学生：特别、非常。

老师："格外小心"的意思是?

学生：特别注意、非常注意。

老师：（在 PPT 上呈现语块的标准含义）爬山的时候，比较危险，所以，我们应该?

学生：应该格外小心。

老师：还有什么时候，我们应该格外小心?

学生：骑自行车的时候应该格外小心。／出去玩的时候应该格外小心。

（2）间接法：

老师：请 XX 读一下短文，在读到画线部分的时候声音要大一些。

学生：……报道还说，为了防止在韩国旅行时误买中国商品，中国人在韩国购物时格外……嗯……小心，常常需要店员使用中文进行介绍。

老师：（纠正错误停顿）格外小心，中间不要停顿。

学生：中国人在韩国购物时格外小心，常常需要店员使用中文进行介绍。

老师：好，请全班同学一起读课文。

学生（全体）：……常常需要店员使用中文进行介绍。

2）写作课

（1）直接法

老师：（PPT 展示图片、提示词和语块）"生日、过生日、生日蛋糕、唱生日歌、生日聚会、一边……一边……"请大家根据图片上的内容，用这些词和语块说一句话，让我们一起完成这个作文。

学生 1：今天是小明的生日，我们一起给他过生日。

学生 2：我们一起吃生日蛋糕。

学生 3：大家一起给小明唱生日歌。

学生 4：家人们都来参加生日聚会了。

学生 5：我们一边吃生日蛋糕，一边唱生日歌。

老师："一边……一边……"是指在做一个动作的同时还做另外一个动作，吃生日蛋糕和唱生日歌都是动作，但是一个人的嘴巴不可能同时做这两件事，对不对? 所以，你刚刚这句话可以怎么改?

学生 5：小明一边吃生日蛋糕，一边听我唱生日歌。

老师：很好! 现在请同学们根据大家刚刚说过的句子完成这篇作文。

（2）间接法

老师：（PPT 呈现提示词和图片）看到"生日"这个词还有这幅图，能想起哪些语块？

学生们：过生日、生日蛋糕、生日歌、唱生日歌、生日聚会、吃蛋糕……

老师：（将学生所说的语块写在黑板上）请以小组为单位，试着根据刚刚说的语块，描述这幅图片。（5 分钟后）XX，请你们小组选一位同学来试一试！

学生：今天是小明的生日，大家都来参加生日聚会，他们买了生日蛋糕，准备给小明过生日。生日聚会开始了，我们一边吃生日蛋糕，一边唱生日歌，小明很开心。

教师："一边……一边……"是什么意思？

学生：就是这个人做这件事的时候还做另一件事。

教师：一个人吃东西的同时还可以唱歌吗？这两件事可以一起做吗？（教师做出吃东西和唱歌的动作）

学生：哎，不行，嘴太忙了！

教师：所以，可以怎么说呢？

学生：小明一边吃蛋糕，一边听生日歌。

教师：很好！现在请同学们根据小组讨论的结果完成这篇作文。

3）汉字课

（1）直接法：

教师：请同学们拿出汉字本，现在开始听写，第一个"打扫卫生"。
学生在汉字本上写出语块。

（2）间接法

教师：请同学们在规定时间内完成汉字填空练习。
如，小美每天早上＿＿＿扫卫生（扌 dǎ）。

5.2.2.4　测试方法

由于直接法和间接法分别在第 1 个和第 2 个教学周展开教学活动，为避免交互作用，测试在当周的最后一个教学日完成，测试类型包括语块的接受性测试和产出性测试。另外，为了避免重复效应，两个测试中所涉及的语块不同。

接受性测试旨在探究两种教学方法对二语者语块识别和记忆的影响，即在面对新的文本时，二语者是否能准确地识别出其中已学的语块，并正确地画出来。例如，在阅读下面这句话时画出"打扫卫生"：

今天是周末，妈妈和姐姐要一起 打扫卫生。

产出性测试旨在考察不同教学方法对学习者语块产出情况的影响。测试采用看图作文的形式，两篇作文皆为课堂练习过的作文，一篇使用直接法（第 1 周），一篇采用间接法（第 2 周）教学。

5.3　实验结果

5.3.1　成绩计算方法

5.3.1.1　接受性语块测试

在语块的接受性测试中，我们同时对被试所画的准确语块、不准确语块和错误语块加以统计。

以往研究主要关注准确语块和错误语块，但是，对于二语者来说，语块的习得并非一蹴而就，由于缺乏语感和丰富的语言输入，语块的记忆可能会经历"注意—记忆—校正—再记忆"的过程，即从"不准确"到"准确记忆"，因此，"不准确语块"不等于"错误语块"，其产生原因是二语者对语块的记忆尚未完成，从而不能在新文本中准确提取出已学语块。因此，"不准确语块"不是简单意义上的习得失败，而是二语者对于某一语块的记忆活动已经开启但尚未完成，正处于记忆的中间状态。对这种中间状态的考察，有助于我们探究不同教学方法对于促进语块记忆的效率的作用。

在接受性语块测试中，共有 60 个目标语块。直接法和间接法各 30 个语块，每 30 个语块中，包含 20 个整件式语块和 10 个框架式语块。

5.3.1.2　产出性语块测试

产出性测试主要考察不同教学方法对语块产出的影响，旨在观测语块产出情况而非写作质量。因此，本研究主要从"语块种数"（type）、"语块数"（token）和语块的准确性三方面进行观察。语块种数的计算方法是，同一个语块无论在该题目下出现了多少次，都计为 1；语块数的计算方法为，在文本中出现的每一个语块都被计入统计；语块准确性的测量方法是，统计正确语块的数量及准确率。

我们邀请前文中实验语块的提取者（三位语言学博士）作为产出性语块测验中的语块提取员，被试产出的文本被复印成三份，分别交由三位提取员进行语块的判定和提取。若两人（含两人）以上将被试语言产出中的某一成分判定为语块，则计入统计中。

5.3.2　结果分析

5.3.2.1　接受性语块测试结果分析

表 4-16 为接受性语块测试的后测结果。其中，"准确语块"是指被试所画语块与答案完全一致的语块；"不准确语块"是指被试所画语块与答案不完全一致，即被试画出的内容中包含测试中的目标语块；"错误语块"是指被试所画为非语块或语块存在残缺。例如，对于"在老师看来，爱玛……"这个句子来说，如果被试画出"在……看来"计为"准确"，若画出"在老师看来"计为"不准确"，画出"看来，……"则为"错误"。"准确均值"和"不准确均值"的计算方法是"准确语块数或不准确语块数 / 被试人数"。

表 4-16　接受性语块后测结果

组别	准确均值	不准确均值	准确语块数	不准确语块数	错误语块数	准确率
直接法	10.06	2.53	171	43	11	76%
间接法	3.88	5.24	66	89	5	41.25%

测试结果表明，直接法在准确语块数量和准确率上高于间接法（171 ＞ 66，76% ＞ 41.25%），间接法被试在接受性语块测试中的准确率较低，仅为 41.25%。在不准确语块方面，间接法比直接法多 46 个语块。

我们使用 SPSS 21.0 参数统计检验，进一步确认两种方法对接受性语块（语块记忆及识别）的影响。独立样本 t 检验显示，无论是准确语块数（$t = 3.991$，$Sig._{(双侧)} = 0.000$），还是不准确语块数（$t = -2.870$，$Sig._{(双侧)} = 0.006$），在统计上皆存在显著差异，说明直接法中接受性语块的教学效果和效率皆显著优于间接法。

目标语块可分为整件式和框架式两类，本实验还探究了不同类型语块的教学效果是否存在差异，并对数据做出进一步细化统计和分析，具体见表 4-17。

表 4-17　不同类型接受性语块后测结果

组别	语块的准确度	整件式语块	框架式语块	语块总数
直接法	准确	84	87	225
	不准确	17	26	
	错误	5	6	
间接法	准确	60	6	160
	不准确	61	28	
	错误	1	4	

表 4-17 显示：（1）对于整件式语块来说，直接法被试共画出 106 个语块，准确率为 79.24%；间接法被试共画出 122 个，准确率为 49.18%。另外，对不准确语块的统计显示，直接法被试所画不准确语块数量占到总数的 16.03%，间接法则为 50%。（2）对于框架式语块来说，直接法被试共画出 119 个，准确率为 73.1%；间接法被试共画出 38 个，准确率为 15.78%。在不准确语块上，前者占总数的 21.84%，后者则占到了 73.68%。这表明，在学习者记忆语块的过程中，不同的教学方法对于框架式语块的影响大于整件式语块，直接法更为有效。

我们对以上数据进行独立样本 t 检验，统计结果显示：（1）整件式语块中，在所画准确语块数量上，直接法和间接法没有显著差异（$t = 1.366$，$Sig._{(双侧)} = 0.180$）；在所画不准确语块的数量上，二者存在显著差异（$t = -3.798$，$Sig._{(双侧)} = 0.001$）；（2）框架式语块中，在所画准确语块数量上，两种方法存在显著差异（$t = 5.400$，$Sig._{(双侧)} = 0.000$）；在所画不准确语块的数量上，二者无显著差异（$t = -0.190$，$Sig._{(双侧)} = 0.852$）。

综合上述数据分析，直接法在接受性语块的教学效果和效率上显著优于间接法，可以有效提升初级水平二语者语块记忆和再认的准确性。另外，相比于间接法，直接法可以显著提升框架式语块记忆的准确性，以及缩短整件式语块从"注意"到"记忆"的过程，提高教学效率。

5.3.2.2　产出性语块测试结果分析

表 4-18 为产出性语块测试结果，无论是从语块使用的总体情况，还是从各类型语块的产出上来看，间接法都优于直接法。

表4-18   产出性语块测试结果

组别	语块类型	语块种数	正确语块数	错误语块数	正确率	语块总数		语块总正确率
直接法	整件式	17	9	12	42.85%	21	70	68.57%
	框架式	12	39	10	79.59%	49		
间接法	整件式	19	36	2	94.64%	38	99	90.9%
	框架式	19	54	7	88.52%	61		

在所用语块的总数和正确语块的数量上，间接法分别比直接法多29和42个。在语块使用的总正确率上，直接法为68.57%，而间接法为90.9%，后者比前者高22.33%。另外，通过对学习者所用语块种数的统计可以发现，间接法比直接法高31.03%。

从各类型语块的产出情况来看，在整件式语块中，间接法在语块种数、正确语块数、语块总数和正确率上都比直接法要高（19＞17，36＞9，38＞21，94.64%＞42.85%）；在错误语块数上，间接法远低于直接法。在框架式语块中，间接法的产出情况亦优于直接法，在语块种数、正确语块数、语块总数和正确率上，前者均高于后者（19＞12，54＞39，61＞49，88.52%＞79.59%）；在错误语块的产出上，前者低于后者。这说明，在语块产出中，整件式语块受教学方法的影响较为显著，框架式语块的使用受教学方法的影响略小，间接法更为有效。

我们使用SPSS 21.0进一步考察两者在产出性语块上的差异，t检验结果显示：直接法和间接法在正确语块数（$t = -4.358$，$Sig._{(双侧)} = 0.000$）、错误语块数（$t = 2.151$，$Sig._{(双侧)} = 0.039$）及被试使用的语块总量（$t = -2.962$，$Sig._{(双侧)} = 0.006$）上，皆呈现出显著差异。

综上所述，间接法不仅有助于提高二语者产出性语块的数量和质量，而且可以帮助学习者增加所用语块的种数，提升语块产出的丰富性。

5.4 讨论

5.4.1 直接法有助于接受性语块的习得

实验结果表明，在接受性语块的教学中，直接法的教学效果优于间接法，即直接法比间接法更有助于初级水平二语学习者记忆、再认和提取语块。

　　江新（2007：42）指出，记忆的信息加工模型是由感觉记忆、短时记忆和长时记忆构成的。当信息被"注意"后，由感觉记忆进入短时记忆，再经历过"复述"后，短时记忆的信息进入到长时记忆中。直接法在阅读课上教授语块的意义、用法并对其加以操练，使二语者将注意力集中到语块的形式上。同时，在汉字课上，采用听写的方式，要求被试写出所听到的语块，进而强化学习者对语块形式的记忆，使语块的形式特征由短时记忆存储到了长期记忆中。通过对比两种方法在准确语块数和不准确语块数量上的差异，可以发现，直接法产生的准确语块的数量远高于间接法，说明前者的教学效果优于后者，课堂上直接讲授语块的意义、用法以及相应的听写训练能够使学习者准确记忆并识别语块；在不准确语块方面，间接法的数量多于直接法，说明通过在课文中画线、变化字体等方式引起学习者关注的语块教学方式需要更长的周期才能完成语块的记忆，效率低于直接法。

　　通过对被试课堂笔记的检查发现：接受直接法后，有近 95% 的被试将课堂上讲授的语块以列表的形式在笔记中单独列出并予以注释；而在接受间接法后，只有不到 30% 的被试将语块整理到笔记中，大部分的学生只是将语块在课文中用荧光笔标出。Nation（2001：64）指出，当词语从语境中脱离后，学习者才会将之视为一个独立的语言项目（language item）。另外，"资源限制假说"（limited capacity hypothesis）认为，心理认知资源在总量上是有限的，当人们的大脑同时进行多项认知任务时，各项任务就会对有限的认知资源展开竞争，因此，在进行某一项任务时，其他任务必然受到妨碍（Kahneman，1973）。直接法被试将课文中的语块提取出来并整理成"语块表"，每一个语块都是一个独立的语言项目。当对语块进行加工时，直接法被试可以将认知资源全部投入到对语块的记忆中，不会受到课文中其他信息的占用或阻碍，对语块的学习更加集中，从而有助于语块的记忆和再认。由此，我们发现，教学方法的差异会对二语者的学习习惯和学习策略产生一定影响，进而影响习得效果。在语块的记忆阶段，直接法有助于培养二语者形成良好的学习习惯和学习策略，促进语块的习得。

　　综上，实验结果、理论分析、被试的课堂笔记都说明，直接法对于记忆和识别语块的效率优于间接法，可以有效帮助二语者习得接受性语块。

5.4.2   间接法有利于产出性语块的习得

有关产出性语块的测试结果表明，间接法更有助于初级水平的汉语学习者产出正确语块。通过接受间接教学的方法，被试的语块产出数量和准确性都得到了显著提升。

Wolter（2006）认为，词与词之间存在两种连接（connection）方式：一种是聚合连接，一种是组合连接。前者可以基于人类的普遍认知能力和一语知识，在学习二语时习得；而后者则是基于表达习惯、语义和句法知识等，将不同类别的词以共现、搭配的方式连接。对于学习者来说，构建组合连接的难度较大，因为二语中的组合连接需要摆脱原有认知方式及一语影响，形成一套符合二语表达习惯和要求的连接。另外，在教学过程中，教师重视二语者语法规则的学习和词语的记忆，忽视了词语间的组合连接，导致其发展缓慢，因此，即便是到了二语学习的中高级阶段依然相对滞后（Bahns & Eldaw，1993；Gitsaki，1999：147；Wray，2002a：199–213）。本节实验结果表明，间接法可以促进组合连接的发展，即在教学中注重引导学生关注词与词之间的组合连接，以及根据不同情景或话题有意识地使用某类语块。在写作中，通过给出提示词和图片，教师可以鼓励学生说出与提示词搭配的其他词语以及在描述图片时使用语块，从而建立和强化了二语词语之间的组合连接，培养了学习者在不同情境下自主产出语块的能力。因此，无论是词与词之间紧邻的整件式还是中间出现空位（slot）的框架式，间接法被试在产出数量和质量上都优于直接法。

我们通过访谈对结果进行进一步确认：被试认为间接法可以帮助他们通过提示词回忆起与该词共现的词语，并且经由写作练习掌握了语块的用法；当出现相同／相似的语境时，被试从单个词语联想到了与该词搭配使用的词或与之相关的语块。也就是说，间接法可以帮助学习者逐步建立词语间的组合连接，从而引导学习者在表达中使用语块；而直接法给出被试需要使用的语块并要求其据此完成写作，没有建立起词与词之间的连接，因此，当失去提示之后，被试常常想不起来使用语块或不确定应该使用哪个语块。

5.4.3   教学方式对两类语块的习得有不同的影响

通过对比整件式语块与框架式语块在测验中的结果，我们发现：虽然两类语块在记忆和产出测试结果上存在一定的共性，但是，从教学效率和效果上来看，不同的教学方式对整件式和框架式语块在记忆和产出上的影响程度有所不同。

整件式语块：（1）直接法和间接法都有助于整件式语块的记忆。在绝对数量上直接法优于间接法，但在统计上，两者不存在显著性差异。这是由于整件式语块在形式上的完整性和连续性使其较易辨认，因此，无论是采用直接法（将语块从文本中提取出来进行讲授和操练），还是使用间接法（通过画线和朗读引起二语者的注意进而帮助其记忆），语块都是以完整、清晰、明显的方式呈现，都可以在一定程度上引起学习者的关注。（2）在产出方面，间接法对整件式语块的正确使用更为有效。这是因为间接法可以帮助学习者建立词与词之间的组合连接，二语者在组织表达时，不再仅仅依靠"词+语法"产出句子，而是逐渐形成"（词+语块）+语法"的加工模式，即学习者根据所要表达的意义在心理词库中提取出相关词语，通过组合连接形成语块，再依据语法规则对已有词和语块进行排列和加工，最后产出句子。由此，增加了表达中语块使用的数量、质量以及种数，提升了学习者使用语块的意识。

框架式语块：（1）在记忆框架式语块方面，直接法的教学效果更显著。框架式语块在形式上呈非连续性，中间存在空位，相比于在文本中画出框架式语块引起学习者关注的教学方法，直接法将语块从文本中脱离出来，以独立、明确的形式呈现，更有助于学习者注意并记忆。（2）间接法有助于促进框架式语块的产出数量、质量以及语块的丰富性。框架式语块的主要作用在于连接句子或段落以及提升表达的逻辑，因此，二语者是否有意识在表达中加入框架式语块主要受表达习惯的影响。在教学中，使用间接法引导学生在描述多幅图片时，应注意图片之间的联系和过渡，使二语者形成使用框架式语块的习惯，增加语块使用数量，让语言表达更有逻辑，上下文的衔接更为顺畅。

综上所述，对于整件式语块来说，间接法的效果更好，可有效促进整件式语块产出的数量和质量。对于框架式语块来说，直接法对于记忆框架式语块更有效，可以显著提升其记忆的准确性；在框架式语块的产出方面，间接法对提高框架式语块产出的数量、质量以及种量成效显著。

5.5　结论和启示

本研究通过对初级水平二语者进行为期 2 周的语块教学实验，从接受性和产出性词汇知识的习得情况探究直接法和间接法的教学效果，得出以下结论及启示。

第一，根据语块知识的类型选择教学方法。

实验表明，直接法可以有效帮助学生记忆语块。根据信息加工模型，直接法可以帮助二语者关注并准确记忆语块。因此，在侧重接受性语块知识的教学中，教师可将语块从文本中提取出来进行单独的讲解和操练，把学生的注意力集中在语块上，不受文本中其他言语性成分的影响，提高记忆的效率。间接法有助于提升二语者语块产出的数量、质量和种数，故而在产出性语块知识的教学中，可以采用间接法。即根据二语者的言语加工特点，引导其建立和加强词语的组合连接，从而发展学习者的惯用表达技能。

第二，基于语块的类别特征，遵循语块的习得规律，提高二语语块教学效率。

不同类别的语块对于两种语块教学方法的契合程度不同。张博（2018）指出："提高词汇教学效率必须具备两个前提，一是基于汉语词汇的主要特征，二是遵循二语词汇习得规律。"那么，如何在这一原则指导下，将两个前提条件在初级汉语语块教学中合理匹配？实验结果显示，间接法对于提升整件式语块的产出有显著影响，直接法对于框架式语块的记忆有明显帮助。虽然以往研究通过对比常规教学和提升语块意识的教学，发现通过画线、标斜体等间接方式增加二语者对语块的关注程度可以帮助其记忆语块（房艳霞，2018），但是，本研究通过对比发现，相比于间接法，直接法在有关语块记忆的教学中效率更高。这说明，二语教师在选择具体的教学方法时，不仅需要考虑语块知识的类型，还需要关注语块的类别。即基于语块的类别特征，遵循该类别语块的习得规律，选择适切的教学方式，从而提高汉语语块的教学效率。

第三，调整语块的教学重心，侧重发展二语者的惯用表达技能。

"语块教学的主要目标是帮助学习者发展惯用表达的技能。"（张博，2020）在当前的二语教学中，有经验的教师已意识到语块的重要作用，因此，在课堂上会教授语块的意义、用法并加以操练，以期学习者由此发展出惯用表达技能。但遗憾的是，二语者在组织表达（constructing meaning）的过程中，很少使用或不主动使用语块，而是依旧倾向于使用开放选择原则，而非习语原则（Sinclair，1991：109-110）。也就是说，学习者虽然完成了语块的记忆，但是没有主动使用语块的意识。接受性语块知识和产出性语块知识虽然是语块知识的两个方面，但二者并不能自动过渡或转化，记忆语块不等于可以主动且正确地产出。实验结果表明，在有关语块记忆的接受性测试中，直接法优于间接法，说明被试接受直接法教学后记住了更多的语块，但是在语块产出测试中，却没有这种优势。因此，教师在课堂上，需调整语块的教学重心，在语块释义和机械性操练后，提供一定的语块产出机会，增加表达类训练，发展二语者的惯用表达技能。

六、"语素法""语块法"的要义及应用 *

6.1 引言

语言单位由小到大依次是语素、词、词组、句子、句群等，其中，"词"是词汇教学的基本单位，这是不言而喻的。然而，近二三十年来，汉语第二语言词汇教学领域却先后出现"语素法"和"语块法"①，分别注重小于词的语素和大于词的语块的教学。力倡语素法和语块法的学者，"主要是申明和阐述自己所主张的本位观的长处，却很少检视各种本位观'天生'的不足之处"；"基本上都是采取证实的方式，常常通过举出一些实例，以此说明采取某个教学本位就能得到较好的解决，而采取其他教学本位则费时低效"（施春宏，2012）。特别值得注意的是，有关语素法和语块法的研究通常都以词本位教学为对比项，在与词本位教学进行对比的基础上凸显自身的优长；也就是说，语素法和语块法在教学基本单位倚小倚大上更具分歧，可迄今尚无对这两种教学法适用性与局限性的统观性研究。

汉语第二语言词汇教学为什么会在教学基本单位上出现倚小倚大的语素法和语块法？我们认为，其分别侧重的是汉语第二语言学习者两种语言能力的发展。Ellis & Shintani（2014：22-27）基于第二语言习得研究概括出 11 条语言教学原则，其中第一条原则是，"教学要确保学习者既发展丰富的惯用表达，也要发展基于规则的语言能力"。语素法侧重的就是发展

---

* 本节作者张博。本节内容曾发表于《语言教学与研究》2020 年第 4 期。

① "语素法"又称"语素教学法"或"字本位教学法""语素本位教学法"，其异同之处，可参见杜凤娇（2019）；"语块法"又称"语块教学法"或"词汇法"（lexical approach）。为行文方便，本节将这两类教学法分别统称为"语素法"和"语块法"。

基于规则的词汇能力，语块法侧重的则是发展惯用表达的技能。从心理语言学角度说，基于规则的语言能力和惯用表达技能分别取决于二语学习者语言表征两大系统的发展，一是基于规则的系统（rule-based system），一是基于范例的系统（exemplar-based system）。单独来看，基于规则的系统和基于范例的系统都不是理想的，第二语言教学需要探索这两个系统如何才能和谐地合作并协调发展（Skehan，1998/1999：88-92）。从这个意义上讲，语素法和语块法都是汉语第二语言词汇教学所需要的方法。因此，本节着眼于语素法和语块法对于促进学习者语言双模系统（dual-mode system）发展的独特作用，分别阐释各自的核心要义；紧扣其核心要义，从应用的角度提出语素法和语块法的基本原则、具体策略以及需要注意的问题；进而从词语类型、学习者的汉语水平和母语背景、语言课课型等方面对语素法和语块法的适用性及互补关系进行分析概括，强调二者在词汇教学中并存并用的必要性，希望能为汉语第二语言词汇教学提供一些参考。

6.2 语素法的要义及应用

6.2.1 语素法的核心要义

词汇学习既是第二语言学习的首要任务，又是没有止境的长期任务，因为词的数量实在太大。学习者需要掌握的最低词汇量是多少呢？ Lewis（1997）介绍说，没有谁估算的单词量低于20000（大部分估算比这高得多）。Lewis据此算了一笔账，"如果每个词项都正式教，即便只用2分钟的课堂时间，而且学习效率达到100%，那么，仅这一项课程内容就需要将近700个小时"。显然，第二语言课堂教学不可能分配给直接词汇教学这么巨大的时间资源。为了在时间资源有限的课堂教学中提高词汇教学效率，研究者和二语教师创造并使用了很多词汇教学的方法、技巧和策略，其中之一就是利用构词成分和构词规则进行词汇教学。

利用构词成分和构词规则进行词汇教学的理据是，语言中的词虽然数量巨大，却是由相对有限的成分和规则构成的，优先选择常用构词成分和构词规则进行教学，可以取得以简驭繁之功效，是帮助学习者发展词汇能力的重要途径。然而，不同语言具有不同的词汇类型特征，选择哪些构词成分和构词规则作为词汇教学重点，却是要因语言而异的。

以英语来说，英语是派生构词法相对发达的语言，Sinclair 主编的收有约300个词缀的详解词典，竟名之曰《构词法》(*Word Formation*)(2000)，足见派生法在英语构词法系统中的主流地位。与派生法主流地位相关的是，英语中存在大量构词力强的前缀和后缀[①]，因此，英语词汇教学通常在初级阶段后期或中级阶段开始就引入词缀教学。例如，《剑桥英语词汇》(准中级和中级)(Redman, 1997)首先安排的词汇学知识就是"构词法"，而构词法中排在最前面的，又是构词力最强的前缀(un-, in-, dis-, im-, re-)、名词后缀(-tion, -ity, -ness, -ment)和形容词后缀(-ive, -y, -able, -ful, -less)。

与英语相比，汉语的派生构词法能产性弱，词缀数量有限。据张美霞(2013)统计，《现代汉语词典》(第6版)收录的词缀只有29个，包括前缀7个，后缀22个。其中，有不少词缀的构词力很低，例如，由"生[4]"构成的派生词只有"好生、怎生"2个，且都是不太常用的词。因此，在汉语词汇教学中，词缀教学从未获得在英语词汇教学中那样重要的地位。

现代汉语的主流构词法是复合法[②]。不少语素参与构造的复合词很多，构词规律也较强，虽是词根语素，但在构词力和构词规则上体现出与派生词缀相似的特征，这是汉语词汇教学语素法的语言学基础。

不过最早关注语素教学的一些学者并没有清醒地认识到语素的构词力和构词规则对于词汇教学的意义，他们之所以重视语素，主要是受学习者学过"鸡蛋"而不知"鸡"(用"鸡蛋的妈妈"来表示"鸡")这类问题的触发，开始注意合成词的"可解性"，即语素义与词义的关系，并将"东西"(dōngxi)、"春秋"(表示历史)、"领袖"之类"难于理解的"词语视为"有教学价值的合成词"，力求"分析语素，探明词源"，以帮助学习者明了词语的构词理据(详见胡炳忠，1987)。然而，单个词语特殊的构词理据缺乏可类推性，并不能用于理解其他合成词，无助于学习者发展基于规则的词汇能力。

帮助汉语第二语言学习者发展基于规则的词汇能力应是语素教学法的核心要义。其具体内涵是，在解释词义、扩展词语及猜测词义等词汇教学环节中，通过汉语强构词力语素及其所构词语的规则化结构关系的教学，

---

① 《构词法》所收300个英语词缀中，有"强构词力用法"(Productive Use)标记的词缀多达140个。

② 有学者利用《现代汉语词典》(第5版)进行抽样统计，发现复合词占词语总数的77.3%，远远高于复合词在现代英语词汇中的比重(25%)(详见于海阔、李如龙，2011)。

促使学习者发展基于语素义和词法模式理解合成词词义的能力以及生成汉语合成词的能力，从而使合成词的学习能够逐步摆脱"教一个会一个"或"学一个会一个"的零散式习得，尽快过渡到具有类推性的高效习得。

6.2.2　语素法的基本原则

基于规则的、具有类推性的词汇能力从何而来？其客观基础是构词成分和构词模式的能产性，只有能产的构词成分和构词模式才能规则化构词，才具有可类推的空间。因此，从词汇学的角度来说，语素法词汇教学首先应当把握两条基本原则，一是侧重强构词力语素项，二是侧重基于特定语素的能产性词法模式。

6.2.2.1　侧重强构词力语素项

"字本位教学法"的倡导者已认识到常用构词成分对于汉语词汇教学的重要意义（张朋朋，1992 等），吕文华先生的语素教学构想更是把"语素的选择"放在首位，明确提出"能纳入语素教学的应该是常用构词成分"（吕文华，2000）。这些观点和主张是颇有见地的。然而，语素法词汇教学存在的问题使我们认识到，只考量构词成分是否常用而忽略其在构词上是否具有可类推性，仍属未能参透语素法之真谛。例如，有一项运用"字本位"方法进行词汇教学的实验研究，在教"风景"时，围绕核心字"风"扩展系联"风光、风俗、风格、风险、风度、风暴、风味、风趣、风车"甚至"风水"等词语（王骏，2005）。从扩展的一系列复合词来看，"风"作为单"字"或"语素"确实具备较高的能产性，然而从词语扩展的基词"风景"来论，"风"表"景象"义，实际上只能类推出"风光"这一个词。而其他复合词中的"风"或表本义（"风暴""风车""风水"），或指风气、习俗（"风俗"），或指态度、风范（"风格""风度"），或指风波（"风险"），怎么可能由表"景象"义的"风"类推而来？某些字本位教材也存在同样的问题，在以字带词时没有特别注意语素是否在同一个义项上构词。例如，在生字表中，"行"（xíng）后用两个英语词来对译，一个是 to walk，一个是 to go，后面列举的词语是"行不行？行人，行李，行书，五行"（白乐桑、张明明，1997：121）。其中只有"行人"跟 walk 和 go 有关，"行不行"的"行"跟 walk 和 go 都没关系，是"可以"的意思；"行李""行书""五行"的词义不透明，现实语感跟 to walk 和 to go 都没有清晰的联系。这类案例使我们看到，构词成分能产，并不意味着一定具有构词上的可类推性。如果在教学中把多义语素甚至同音形语素构成的多个词语一股脑儿地教给学生，学生并不能由语素义推知词义，也不能由词义分析出语素义，更不可能发展出基于语素类推性地理解词义或生成词语的能力。

为了帮助学习者发展基于语素类推性地理解词义或生成词语的能力，本研究特别提示，在语素法词汇教学中，应当将"侧重强构词力语素"进一步明确为"侧重强构词力语素项"，语素项指承载特定义项的语素。也就是说，在考量语素构词力强弱时，不以语素在多个义项上的综合构词力强弱为准，而是注重语素在特定义项上的构词力强弱；在进行词语扩展时，以语素项为单位系联同素词，避免牵混多义语素在不同义项上组构的词语。例如，据《现代汉语词典》(第 7 版，本节简称《现汉》)，"文"有 15 个义项（除用于姓氏），其在不同义项上的构词力非常悬殊。"文❷"(语言的书面形式) 构词力最强，"X 语"的书面形式都可称"X 文"(如"汉文、英文、日文")，"X＋文"是一种周遍性词法模式，因此，"文❷"这类在构词上可类推性最强的语素项是语素法教学的首选。另外，"文❸"(文章) 也有较强的构词力，所构常用复合词如"记叙文、议论文、说明文、散文、论文、应用文、古文、本文、作文；文稿、文集、文选、文摘、文笔"等，这类强构词力语素项也应是语素法教学的重点。而"文"在其他义项上，或无构词力，如"文❺"(文言)，或构词力很弱，如"文❿"(柔和；不猛烈)，这些语素项就不宜作为语素法教学的重点。

6.2.2.2　侧重基于特定语素的能产性词法模式

语素法除了重视语素教学，还非常重视汉语构词法教学。有学者提出，初级阶段的语素教学就可以"介绍附加法，复合法中的定中式、联合式和述宾式和名量组合法等构词法"(吕文华，2000)。后来的研究发现，"在汉语二语教学中，复合词的定中、联合和述宾等语法结构因其过于概括和抽象，往往无助于学习者理解复合词的构词理据及词义"；认为"在利用语素法进行词汇教学时，有关复合词结构知识的教学不宜停留在抽象的语法结构层面，而应向下延伸，着眼于较为具体的语义结构，将复合词凸显性语义结构列为词汇教学内容"(张博，2018)。本研究仍坚持这一主张，而且，考虑到语素法教学应将复合词凸显性语义结构与强构词力语素密切关联起来，进一步提出，在用语素法进行复合词语义结构分析、词语扩展或词法模式归纳时应侧重基于特定语素的能产性词法模式。

基于特定语素的能产性词法模式有两种类型：

1）基于同一语素项的能产性词法模式。如：

"名" + 人或事物（出名的、有名声的人或事物）
可扩展词语①：名人、名师、名医、名将、名角、名模、名厨、名嘴、
　　　　　　　名士、名牌、名产、名句、名篇、名言、名著、名品、
　　　　　　　名山、名胜

动作行为 + "室"（从事某种活动的房间）
可扩展词语：办公室、自习室、阅览室、候车室、休息室、会客室、
　　　　　　活动室、更衣室、画室、浴室、寝室、卧室

2）基于同类语素的能产性词法模式。如：

事物 + 颜色（像某物的颜色）
可扩展词语：雪白、枣红、草绿、金黄、天蓝、墨黑、铁灰、葡萄紫、
　　　　　　象牙白

事物 + 量词（事物的总称）
可扩展词语：车辆、纸张、花朵、马匹、书本、船只、枪支、诗篇、
　　　　　　人口、事件

与定中、联合、述宾等抽象的语法结构相比，由特定语素按照同一词法模式构成的复合词，其内部语义结构规整分明，词法模式的结构义清晰显豁，易于为第二语言学习者所理解和把握，有助于其形成基于汉语构词规则的词义理解及词语生成能力。尤其是，同一语素项的构词模式比同类语素的构词模式更为直观，规则性更凸显，因此，教学中同一语素项的构词模式与同类语素的构词模式可以前后相继，在学习者已经习得若干同一语素项构词模式的基础上进一步引出同类语素的构词模式。例如，在学过"上车、上船、上山、上楼""回家、回国、回校、回宿舍"等词语，并归纳过"'上' + 处所""'回' + 处所"等构词模式后，在适当的时候，可利用扩展词语、猜测词义或归纳复合词结构义等方式，通过"进校、下海、插队、返校、入场、送站、来京、靠岸"等词语，使学习者进一步掌握具有"达至某处"义的"动作 + 处所"词法模式。

_____

① 邓盾（2020）将"词"重新界定为"在以语素为起点生成句子的过程中产生的，具有句法完整性的最小语言片段"。本节在确定词单位时依此标准，不再计较语素组合在语义上是否具有特异性、是否为规范性词典（如《现代汉语词典》）所收录等。

以上两条基本原则与发展学习者基于规则的词汇能力最相关，最能体现语素法的核心要义。此外，从词汇学角度来说，语素法教学还应考量语素义与词义的关系以及词语意义的具体性等因素，赵玮（2016）的实证研究可以帮助我们认识这些问题，此处不再赘述。

6.2.3　应用语素法需要注意的问题

上文立足于语素法的核心要义，着眼于汉语词汇特征讨论了语素法教学的基本原则。然而任何一种教学方法的有效使用，都需同时兼顾"教什么""怎样教""如何学"三个方面。因此，下面结合有关研究及其存在的问题，侧重从"怎样教""如何学"的角度提出应用语素法需要注意的几个问题。

6.2.3.1　不宜将语素（或汉字）作为教学本位

汉语第二语言教学从重视语素，到把语素教学的意义绝对化，形成了"字本位教学法"。这种教学法主张"从汉字入手教汉语"，"把汉字看作汉语教学的基本单位"（张朋朋，1992）。如果"将一个双音节或多音节词作为一个整体处理"，在"字本位教学法"看来是不科学的。例如，白乐桑（2018）以某教材词汇表中的"工程师"一词为例，批评"该教材对'工''程''师'这三个表意单位不进行释义，也没有解释为何如此组合"。"这一路子反映了人们对汉语的一种认识，会使学习者产生种种认知和记忆障碍。"本研究并不认同字本位教学法对整词教学的批评，也不认为所有的合成词都适合使用由字到词的教学策略。以"工程师"为例，如果真要先对三个构词成分进行释义并解释其为何如此组合也是不现实的，因为"程"是一个不成词语素，《现汉》共收 5 个义项（除姓氏义）：❶规矩；法则。❷程序。❸（旅行的）道路；一段路。❹路程；距离。❺衡量；估量。不难看到，用哪个义项解释"工程"的"程"都是不合适的。像"工程"这类语义不透明、理据难考的词，如果硬要使用拆词为字、由字及词的教学策略，恐怕反而会使学习者产生认知和记忆障碍。因此，重视语素并不等于要把语素拔擢为教学本位，语素法也不是汉语词汇教学的必用之法。语素（或汉字）为什么不能作为汉语教学的基本单位，什么情况适合用语素法，什么情况不适合用语素法，已有研究（彭小川、马煜逵，2010；赵玮，2016；赵金铭，2017；杜凤娇，2019 等）提出诸多有价值的见解和参考。这里只是再次强调，是否使用语素法，如何使用语素法，最重要的决策依据是，是否有助于学习者发展基于规则的词汇能力。

6.2.3.2 发展词语理解能力是语素法教学的着力点

基于规则的词汇能力包括运用语素知识、词法知识理解词语和生成词语的能力。但对于汉语第二语言教学来说，语素法不能在发展词语生成能力上有过高的希冀。原因在于：首先，词法规则不像句法规则那样硬性（rigid）。词法规则是有弹性的，允许空缺（gap）和特异性的存在（董秀芳，2004：15）。例如，"长"可以指团体、组织或机构的领导人；"员"可以指团体、组织或机构中的成员，二者虽可对称构词（队长：队员、组长：组员、科长：科员、会长：会员、店长：店员、船长：船员），但也存在有"－长"无"－员"（处长：＊处员、厂长：＊厂员）或有"－员"无"－长"（［民盟］＊盟长：盟员、＊党长：党员）的情况，甚至还有个别词形对称而语义不对应的情况（如"营长"通常指军队营一级的军事长官，而"营员"通常指夏令营的成员）。其次，同样的事物或现象，汉语与学习者母语为之命名的理据可能不同，因而构词成分及（或）构词规则并不对应。以汉英对应词为例，口红：lipstick，"口红"以功能命名，"lipstick"以形状命名；隔壁：next door，分别以墙和门为视点命名；求职：job-hunt，构词理据大体对应，但构词规则不同，前者 VO 结构，后者 OV 结构。再次，表示某事物或现象的概念，在汉语与学习者母语中是否被词化，或者同一概念范畴如何被切分，也都存在一定程度的不对应性，如，尽力：do one's best；penalty-taker：罚点球的人；同学：schoolmate、classmate；red meat：牛肉、羊肉。由于这些原因，学习者在利用词法知识类推构词时，可能出现目的语语内词法知识过度类推，如学过"发言人、读书人、接班人、证婚人、有心人"等，类比其"VO ＋ 人"结构，造出"＊吸烟人、＊抽烟人、＊做事人"等[①]；或者出现母语词法知识或词义结构的误推，如英语学习者自造词"骗人（cheater）、卖人（seller）、买人（buyer）、政治人（politician）"等（李华，2005）。有些教材和教师对上述问题缺乏考虑，在词汇教学中训练学生用特定语素造词，这不仅会引发学习者出现具体的造词错误，还有可能导致学习者忽视词法规则的有限性、目的语与母语合成词结构的不对应性。鉴于此，建议语素法教学慎用或不用旨在提升词语生成能力的练习方式，而把教学重点放在发展词语理解能力上，多采用词义猜测、词语扩展、

---

① 学习者自造词取自北京语言大学"HSK 动态作文语料库（2.0）"。

同类合成词词法模式或语义结构的归纳分析等训练方式。

6.2.3.3　关注学习者词义猜测中的假性透明词

运用语素法进行词汇教学会增强学习者的语素意识，提高其基于语素义猜测词义的自觉性。然而，掌握了语素义并不一定能准确推知词义，因为语素之间的语义关系复杂多样，语素义与词义的关系又有加合、补充、组合扩展等多种类型（张博，2018），这使得复合词内部语义的透明度不同，加合型词语（如"求助"）语义透明度最高，最容易从各个语素义推知整词的词义；补充型词语（如"插话"）、组合扩展型词语（如"落网"）语义透明度依次降低，从语素义推知词义的难度依次加大。

通常情况下，研究者以整词与构词成分的语义相关度为客观标准来衡量复合词的语义透明度，但对语言学习者或使用者来说，语义是否透明往往是因人而异的，具有相当程度的主观性。Laufer（1997）指出，有一些词，学习者意识不到自己对它们不熟悉。例如，shortcomings（缺点，毛病）看上去由 short 和 comings 组成，有学习者以为它的意思是"短暂的访问"。Laufer 将这种被学习者误以为认识的词称为假性透明词（deceptively transparent words）。有些在汉语母语者看来语义非常透明的词，从二语者的词义猜测结果看，却是假性透明词，例如：完事＞做完的事情，弹指＞弹手指，碰壁＞人走在路上看不见墙（赵玮，2016）；骨肉＞带骨头的肉、时空＞空的时间、得失＞得到和失去（赵凤娇，2017）。Laufer（1989）发现，阅读理解与假性透明词显著相关，Laufer（1997）基于这一研究结果，进一步论证了假性透明词语的识别与阅读之间具有因果关系，她指出："学习者以为自己认识这些词，并赋予其错误的意义，由此曲解了临近的上下文。然而对文本的错误理解并非就此终止，被误解的词语有时还会被学习者作为猜测未知词语的线索，这可能会导致更大范围的曲解。"有鉴于此，在将语素法引入阅读理解训练时，应特别关注学习者的假性透明词，适时进行词语猜测策略或技巧的培训指导，还要帮助学习者养成词义猜测辅以语境核验和词典核验的良好习惯，尽可能地抑制语义假性透明对阅读理解造成的不利影响。

6.3　语块法的要义及应用

6.3.1　语块法的核心要义

第二语言学习者基于规则的语言理解和语言生成至少要有两个前提，

从语言本体的角度说，语言成分要有可分析性，这样才可能按照语法规则来理解或组合；从语言使用的角度来说，要掌握一定的语法规则和语言成分，在交际时还要有较为充裕的时间支持语言成分按规则组构的过程。然而，并不是所有的语言成分都有可分析性，都能按字面义和语法规则去理解，例如，"你负责这个案子，一定要尽快把它<u>拿下来</u>"中，"拿下来"不指把东西从上面拿到下面，而是表示用强力解决或攻克；也不是所有的第二语言学习者都掌握了基本的语法规则，况且，即时交流总是要求尽快地遣词造句，不允许用太多时间字斟句酌。

如何应对基于规则的语言理解和语言生成所面临的困难？研究者逐渐发现，"语块"才是第二语言记忆和生成的理想单位。这种语言单位是"由词或其他成分组成的连续或非连续的序列。这种序列像是已经预制好的，作为一个整体储存在记忆中，在使用时作为一个整体从记忆中提取，而不是由语法规则生成和分析的"（Wray，2002b：9）。[①]掌握具有预制性和整体性的常用语块，有利于弥补第二语言初学者语法知识有限、语言输出能力不足的局限，提升其语言表达的流利性。因此，在 Nattinger & DeCarrico（1992）、Lewis（1993，1997）等的大力倡导下，语块法（lexical approach，或译作"词汇法"）日益受到重视，逐渐成为一种较有影响的教学法流派。

语块法的核心要义是帮助第二语言学习者发展惯用表达的技能。其具体内涵是，以"满足流利性和直接的功能性需求"（Ellis & Shintani，2014：22）为教学目标，选择日常交际中常用的、整体性强的语块为教学重点，整体输入，强化操练，使学习者（尤其是初学者）形成良好的语块意识，掌握丰富的具有特定功能的语块，在不同的表达情境中恰当地提取应用，提高语言表达的流利性和准确性。

6.3.2　语块法的基本原则

从语言学的角度考虑，旨在帮助学习者发展惯用表达技能的语块教学应当把握两条基本原则。一是侧重语块的习用性，二是侧重语言成分的关联性。

---

① Wray（2002b）使用的术语不是语块（chunk），而是"程式语 / 程式化序列"（formulaic sequence）。

6.3.2.1　侧重语块的习用性

第二语言学习者惯用表达技能快速发展的前提是，要在二语学习的过程中大量接触典型语境中的习用性语块。因此，在汉语教学中要大量输入日常交际常用的、尤其是有特定表达功能的语块，如在自我介绍、询问、请求、允诺、赞同、不认可、安慰、建议等日常表达中常用的语块。目前语块教学在很大程度上更注重成语、四字格或典型的惯用语等，词汇大纲和教材对这些语块较多列入词表，教师通常也会在课堂上重点讲解和操练；而口语中功能性强的习用语块在教材中却出现得不够，即便出现了，也未必会列入词汇大纲，作为重点教学的词语。以《新汉语水平考试大纲》（国家汉办/孔子学院总部编制，2010）来说，所收5000个词语中，就有大约120个成语和四字格，其中有不少并不常用，在《现代汉语常用词表》（2008）中，频序位于20000之后，例如"爱不释手、饱经沧桑、锦绣前程、空前绝后、苦尽甘来、深情厚谊、天伦之乐、无精打采、无可奉告、无理取闹、知足常乐"等；有的甚至没有出现于该词表，如"飞禽走兽、锲而不舍、悬崖峭壁"，这意味着其频序可能在56008之后[①]。而《新汉语水平考试真题集》二、三级试题中，出现过一些日常交际中经常使用的语块，如，说明情况趋稳变好的"没事了"、用来安慰对方的"慢慢来"、询问原因的"怎么回事"、谢绝别人帮助的"不用了"等（例见张博，2015），可《新汉语水平考试大纲》却未予收录，这反映出汉语第二语言教学对口语习用语块关注不够。这类语块汉语母语者可以不教自会，对二语学习者来说却未必如此，因为二语者不可能有母语者那样丰富的语境化输入，而这类语块在语义上又具有特异性，很难从构成成分的字面义推知整体意义；使用时不能依据语法规则生成，必须整存整取。因此，教学中应当充分重视这类常用语块，重视其在结构上的整体性和在日常交际中的功能价值，给学习者提供更多的机会接触并使用这些语块，为发展学习者的惯用表达技能提供条件。

6.3.2.2　侧重语言成分的关联性

语块法教学除了要满足学习者"直接的功能性需求"，还要满足其语言表达"流利性"的需求，发展学习者基于范例的语言表征系统。基于范例的系统益处是语言加工的速度加快，因为在这个系统中，语言表达单

---

① 因为《现代汉语常用词表》收录词语共56008个。

位变长，数量减少了，这样的语言单位可以作为一个完整的整体发挥作用，不需要过多的内部计算，对于能力有限的外语学习者来说，可以有更多的注意力资源投入到其他方面，包括信息的表达方式、说话内容的安排等（Skehan，1998/1999：89）。这就要求在选择教学语块时，除了要考量语块整体的习用性，还要格外重视语言成分的关联性。两个及以上的语言成分，只要经常作为"连续或非连续的序列"在语境中出现，有较强的关联性，则可以不必过多考虑其组合是否可类推、是否有语义上的特异性等等，即便是可类推的规则性组合，语义较为透明，只要共现频度高，关联性强，同样可以处理为教学语块。例如，"进""出""上""下""来""去"等作为趋向动词，可以普遍地用于诸多动词后（如"跑进/出/上/下/来/去""拿进/出/上/下/来/去"），但显现义动词后只能用"出"，而且几乎离不开"出"；即便有时用了表示出现新情况的"了"，也大多可以替换为"出"（发展中也暴露了/出许多问题）。因此，尽管"V + 出 + N"是一种句法结构，可鉴于显现义动词与"出"的强关联性，可以将"V$_{显现}$出"由语法项目改为词汇项目处理，也就是说，当课文中出现与"出"组合的"表现、呈现、显现、显露、暴露"等生词时，在词语教学环节可将其与"出"进行捆绑，整体输入并操练"V$_{显现}$出"语块。对第二语言学习者来说，这样的语块教学策略有助于弥补其语法规则知识不足和缺乏语感的局限，"提高认知处理效率，使得语言流利度及复杂度向更高程度发展"（靳洪刚，2017）。

6.3.3 应用语块法需要注意的问题

6.3.3.1 注重语块的典型功能和语境，防止过度操练引发错误

语块法教学可能会面临一种危险，即，"基于范例的系统只能通过对整体的积累来学习，而且它很可能过于依赖上下文，因为这样的整体不能很容易地适应更复杂的意义的表达"（Skehan，1998/1999：89）。这就是说，语块作为语言成分的组合范例，是一个整体性语言单位，在使用上往往更为受限。因此，在教学中要特别注意凸显语块的典型功能和语境，不能过度操练，以防学生过度地不恰当地使用语块。

James（1998/2001：199）在讨论教学重点诱发的错误（errors induced by pedagogical priorities）时，就曾援引一名学英语 6 年的新加坡学生过度使用习语的例子：

Ann is a pupil who is unpopular with the other pupils... Once Fatty was reckless and stepped her shoes. She scolded Fatty was [as blind as a bat]. And other pupils said that she was [as proud as a peacock]. ... I tried to be friendly to her. Firstly I assisted her in her Chinese, because she was [as poor as a church mouse] at it... At first she remained [as cool as a cucumber] and later she became [as good as gold]...

在不足百词的语篇中，学生竟使用了 5 次"as ... as"。James 推测，这些当然不是自发的错误，学生之所以这样生硬地使用"as ... as"，应当是为了迎合教师对教学重点的期望。

在汉语二语学习者的言语表达中，也能发现某些语块多有使用不当的情形。例如①：

（1）用化肥或农药对坏境产生不好的影响，可是先解决不挨饿，以后追求健康，"绿色食品"也没关系。

（2）中心是自己，自己满意那么，别人都没关系。

（3）现在世界上的经济不太好，学多语言也没关系，反正对我们有好处。

（4）我们总是关注自己，自己好的话，别人害怕饥饿的疾病也没关系。

（5）我的汉语水平很低、不过他们没关系。

（6）这时，服务员没有注意，旁边的人正在吃饭没关系，把大桌布摇开，那么飞灰去什么地方？

汉语学习者使用不当的"没关系"，既在不同程度上偏离了"不要紧；不用顾虑"义，也违反了"没关系"的句法结构、功能及语境限制。这种普遍性的语块错误或许与课堂教学未能把握语块的典型用法且过度操练有关。

如何在重视语块的同时又能准确把握语块教学的"法"与"度"？我们认为，冯胜利、施春宏（2011）创建的"三一语法"体系对语块教学具有重要的借鉴价值。"三一语法"虽然主要针对的是句法教学，但"结构是

---

① 例（1）～（4）取自北京语言大学"HSK 动态作文语料库（2.0）"，例（5）（6）取自北京语言大学"汉语中介语语料库系统"。限于篇幅，并未穷举全部误例。

什么？用途是什么？典型的语境是什么？"的问题同样适用于语块教学。如果能清晰地概括出"没关系"句的形式结构、功能作用和典型语境，相信一定可以有效地预防或消解其使用错误。

6.3.3.2　注重提高学习者的语块意识

语块数量巨大，而课堂时间却很有限，教师不可能把课堂时间都用于教授语块。因此，有学者认为，要把有限的课堂时间投入到提高学习者语块意识的活动上，使学习者在课堂之外注意到更多的语块，从而促进语块的习得。提高语块意识的活动包括在文本中凸显语块、让学习者标出文本中的语块、提高输入频率等。（参房艳霞，2018；王艺璇，2019 等）例如，在下面这段文字的阅读训练时，我们可以通过加下划线和着重号的方式[①]，标示具有整体性和习用性的语言成分，引导学生将较多的注意力分配到这些语块上。

哥伦布发现美洲后，许多人认为哥伦布只不过是凑巧看到，其他任何人只要有运气，都可以做到。/于是，在一个盛大宴会上，一位贵族向他发难道："哥伦布先生，我们谁都知道，美洲就在那儿，你不过是凑巧先上去了呗！如果是我们去也会发现的。"/面对责难，哥伦布不慌不忙，他灵机一动，拿起了桌上一个鸡蛋，对大家说："诸位女士先生们，你们谁能够把鸡蛋立在桌子上？请问你们谁能做到呢？"/大家跃跃欲试，却一个个败下阵来。哥伦布微微一笑，拿起鸡蛋，在桌上轻轻一磕，就把鸡蛋立在那儿。/哥伦布随后说："是的，就这么简单。发现美洲确实不难，就像立起这个鸡蛋一样容易。但是，诸位，在我没有立起它之前，你们谁又做到了呢？"

这类做法的目的不仅仅是让学生注意到当前文本中的语块，其长远功效在于，提示学习者注意到，汉语中有些词语经常连用，构成一个语块，而且有些语块的意义未必是连用词语意义的简单加合。这样的长期训练可以帮助学习者提高语块意识，逐渐克服机械地加合词语字面义进行语言理解的惯性，养成整体理解、整体记忆、整体使用语块的习惯。

6.3.3.3　语块选择应注意针对学习者的语言错误

语块教学在确定教学重点时，除了从语言本体的角度考量语块的习

---

① 下划线标示词串型语块，着重号标示框架型语块。

用性和语言成分的关联性之外，还要注意针对汉语第二语言学习者与语块有关的普遍性错误，包括搭配不当、成分遗漏和成分冗余等。例如，英语背景的汉语学习者在学过"打篮球"（play basketball）、"打排球"（play volleyball）等短语后，可能会将英语"play"与汉语"打"对应起来，从而产出"打足球"（play football）、"打钢琴"（play the piano）之类的不当搭配。针对学习者将母语短语逐词对译产生的普遍性搭配错误，生词教学中可以改变将"踢""足球"或"弹""钢琴"作为两个项目的惯常做法，直接将"踢足球""弹钢琴"处理为一个词语单位，以语块为基点进行操练。再如，李慧（2013b）在学生作业及中介语语料库中发现，学生在使用"意味"时或者遗漏了其后的"着"，如例（7）（8），或者其后误用"了"，如例（9）：

（7）这［意味］在此制度下有人远比别人富有，从而使资本继续循环、经济发展永恒。

（8）这并不［意味］历史只在简单的重复自己并是在我们的控制之外。

（9）然而，全球化得紧密国际关系［意味了］有可能随时恶化经济危险。

该文指出："汉语学习者并不是对'意味'一词的语义理解有误，而是对'意味'的用法欠缺了解。'意味'一词做动词使用时一般与'着'搭配，其搭配具有唯一性，从而构成'意味着'这一限制性搭配。因此，我们认为'意味着'可以作为一个整体呈现给学习者，但是教材一般在生词表中只呈现'意味'一词，'意味着'未作为一个整体呈现，学习者很难感知这一整体性单位。"该文的分析和建议颇有见地，使我们进一步认识到，第二语言教学中选择哪些语块作为教学内容或重点，学习者的语言错误是重要的参考依据。针对学习者的语言错误选择教学语块，不仅有利于"满足流利性和直接的功能性需求"，还能有效地消解学习者的语言错误，提升学习者语言表达的准确度。

6.4　语素法和语块法适用性的多维分析

综合上文讨论及相关研究可以看到，语素法和语块法作为词汇教学的两种重要方法或策略，在多个维度上各有侧重，形成互补。其适用性及互补关系可概括如表4-19：

表 4-19   语素法和语块法适用性的多维对比

对比维度	语素法	语块法
侧重培养的语言能力	基于规则的词汇能力	惯用表达的技能
确定教学重点的主要标准	能产性、规则性	习用性、整体性
语言单位的可分析性	强	弱
语言单位的语义透明度	较高	(不限)
学习者的水平等级	准中级及以上水平	初中级
学习者的母语及文字背景	汉字文化圈	(不限)
适用的语言课型	阅读课	口语课、写作课、阅读课

从教学的根本目标或主旨来看，语素法侧重的是发展基于规则的词汇能力，语块法侧重的是发展惯用表达的技能。

语素法确定教学重点的主要标准是构词成分和构词模式的能产性、规则性，语块法确定教学重点的主要标准是语块的习用性和语块内部成分的关联性。此外，语素法和语块法在确定教学重点方面还有两个次级标准，即语言单位的可分析性和语义透明度。语素法偏向于选择可分析性强的复合词，因为复合词内部的语义结构越清晰显豁，越有利于学习者由语素义通达词义，习得构词规则；语块法偏向于选择内部成分的语义关系不可分析（如"来不及""爱 V$_单$不 V$_单$"）或不便分析（如"慢慢来""灵机一动"）的语言单位。语素法偏向于选择语义透明度高的复合词；而语块法对语义透明度则没有特别的限制，有些语块内部结构不具有可分析性，因而语义透明度较低，但也有一些语块，语义完全透明，只是因其内部成分的强关联性而被选择为教学语块（如"V$_显$现出"）。

从学习者汉语水平等级的角度考量，语素法可以较多用于准中级及以上阶段的汉语教学，因为那时学生掌握了一定数量的语素和构词规则，为由已知（语素）到未知（复合词）的教学打下了基础。语块法从汉语教学的起始阶段就可以使用，像"你好""请问""[我 / 他 / 班长] 的名字叫……"等都应作为语块整体输入和操练；直到中级阶段，语块教学都应是汉语教学的重要内容。进入高级阶段，学习者已形成较强的语块意识，加之篇章理解、成段表达等已是课堂操练的主要内容，语块教学不必（也不能）再占用过多的课堂教学资源。

　　语素法词汇教学比较适用于汉字文化圈的学习者，原因是，在他们的语感中，"1个字·1个音节·1个概念"（徐通锵，1997：126）的对应关系较为清晰，有较强的语素意识；而非汉字文化圈的学习者语素意识较弱，特别是当母语单纯词对应汉语复合词时，他们通常会忽略构词语素是有意义的语言单位，因而才会出现学过"鸡蛋"而不知"鸡"的问题。

　　语素法词汇教学的主要目标是帮助学习者发展运用语素知识、词法知识理解词语的能力，因而适用于旨在培养汉语理解能力且生词量较大的阅读课；语块教学的主要目标是帮助学习者发展惯用表达的技能，因而更适用于旨在培养语言产出能力的口语课和写作课；同时也适用于阅读课，因为阅读文本中存在大量语块，在培养学习者语块意识和语块识解策略方面有较大空间。

　　赵金铭（2014）指出："任何一种语言教学法都是依据一定的语言观而设计，都是为了学习某种特定的语言而创建。任何一种语言教学法都有严格的限定，都要严格控制可变因素。故任何一种语言教学法都有其可取之处，都有其优势，也总有其不适应性，当其走向极端，就会显现其短板。"在汉语第二语言词汇教学领域，语素法和语块法就是优势和短板兼备的两种教学法，各有适用的方面，也各有不适用的方面，在词汇教学中具有一定的互补性。因此，不宜偏执一法，而应并存并用，充分发挥各自的优势，清醒地认识其局限性，以便最大限度地提高汉语词汇教学效率。

参考文献

白乐桑（2018）汉语教学的根本选择，《国际汉语教学研究》第4期。

白乐桑、张朋朋（1997）《汉语语言文字启蒙》(1)，北京：华语教学出版社。

邓　盾（2020）"词"为何物：对现代汉语"词"的一种重新界定，《世界汉语教学》第2期。

邓耀臣、王同顺（2005）词语搭配抽取的统计方法及计算机实现，《外语电化教学》第105期。

丁　洁（2006）留学生汉语习用语块习得研究，暨南大学硕士学位论文。

董秀芳（2004）《汉语的词库与词法》，北京：北京大学出版社。

杜凤娇（2019）面向语素教学法的复合词两个维度的语义关系分析——以偏正式双音复合词为例，北京语言大学硕士学位论文。

方　南、张　萍（2019）同译性与二语词频对英语搭配加工的影响，《现代外语》第 1 期。

房艳霞（2018）提高语块意识的教学对汉语第二语言学习者口语产出的影响，《世界汉语教学》第 1 期。

冯胜利、施春宏（2011）论汉语教学中的"三一语法"，《语言科学》第 5 期。

符淮青（2004）《现代汉语词汇》，北京：北京大学出版社。

高　兵、高峰强（2005）汉语字词识别中词频和语义透明度的交互作用，《心理学报》第 6 期。

高　航（2017）从构式语法视角看语块在二语习得中的作用，《解放军外国语学院学报》第 2 期。

高　珊（2016）母语者和第二语言学习者汉语阅读中语块加工的眼动研究，北京语言大学博士学位论文。

桂诗春（2000）《新编心理语言学》，上海：上海外语教育出版社。

国家汉办等编（2010）《汉语国际教育用音节汉字词汇等级划分》（国家标准·应用解决读本），北京：北京语言大学出版社。

国家汉办 / 孔子学院总部编制（2010）《新汉语水平考试大纲》，北京：商务印书馆。

胡炳忠（1987）基础汉语的词汇教学，《语言教学与研究》第 4 期。

江　新（2007）《对外汉语教学的心理学探索》，北京：教育科学出版社。

江　新、李嫛聪（2017）不同语言水平和母语背景的汉语二语者语块使用研究，《解放军外国语学院学报》第 6 期。

江　新、徐晶晶、赵伟琦、高　珊（2019）第二语言学习者汉字识字量与汉语水平的相关研究，新时代汉语国际教育学术研讨会。

姜　上（2016）基于眼动技术的汉语儿童和第二语言学习者的语块加工优势研究：以动宾高频搭配为例，北京语言大学硕士学位论文。

姜自霞（2007）语素项的构词力概况及制约因素分析，《语文研究》第 2 期。

靳洪刚（2017）有效输出在第二语言习得与教学中的作用，《世界汉语教学》第 4 期。

孔令跃、史静儿（2013）高级汉语学习者汉语口语语块提取运用研究，《云南师范大学学报》（对外汉语教学与研究版）第 3 期。

李传燕（2005）透明度对中高级水平韩国学习者理解汉语惯用语的影响，北京语言大学硕士学位论文。

李　华（2005）对汉语中介语表人名词"～人"的偏误分析，《云南师范大学学报》（对外汉语教学与研究版）第3期。

李　慧（2012）"V单+NP"语块的衍生途径及其制约因素，《语言教学与研究》第4期。

李　慧（2013a）基于关联类型的汉语语块分类体系探讨，《西华师范大学学报》（哲学社会科学版）第2期。

李　慧（2013b）对外汉语教材中语块的呈现方式及其改进建议，《云南师范大学学报》（对外汉语教学与研究版）第2期。

李健睿（2017）母语者和第二语言学习者汉语搭配类语块的加工方式研究，北京语言大学硕士学位论文。

刘叔新（2005）《汉语描写词汇学》（重排本），北京：商务印书馆。

刘颂浩（1999）阅读课上的词汇训练，《世界汉语教学》第4期。

刘苏乔主编（2013）《尔雅中文——中级汉语综合教程》（上），北京：北京语言大学出版社。

罗凤文、梁兴莉、陆效用（2002）词块教学与外语学习者语言输出，《山东外语教学》第6期。

吕文华（2000）建立语素教学的构想，《第六届国际汉语教学讨论会论文选》，北京：北京大学出版社。

马国凡、高东歌（1980）《惯用语》，呼和浩特：内蒙古人民出版社。

马晓娜（2014）基于语块理论的对外汉语写作教学模式试验研究，《对外汉语研究》第1期。

潘依娜（2019）泰国大学生习得汉语语序偏误研究——以泰国尖竹汶府兰帕潘尼皇家大学为例，河北大学硕士学位论文。

彭小川、马煜逡（2010）汉语作为第二语言词汇教学应有的意识与策略，《语言文字应用》第1期。

齐春红（2005）对外汉语教学中的词语搭配研究，《云南师范大学学报》（对外汉语教学与研究版）第2期。

钱旭菁（2008a）汉语语块研究初探，《北京大学学报》（哲学社会科学版）第5期。

钱旭菁（2008b）有限组合选择限制的方向性和制约因素——兼论外向型搭配词典的体例设计，《世界汉语教学》第4期。

桑紫林、张少林（2013）中国英语学习者语块认知加工优势研究，《外语教学理论与实践》第 2 期。

佘贤君、吴建民（2000）惯用语比喻意义理解的影响因素，《宁波大学学报》（教育科学版）第 1 期。

申旼京（2008）韩国学生汉语中介语"做"的搭配及其偏误分析，北京语言大学硕士学位论文。

施春宏（2012）对外汉语教学本位观的理论蕴涵及其现实问题，《世界汉语教学》第 3 期。

王春茂、彭聃龄（1999）合成词加工中的词频、词素频率及语义透明度，《心理学报》第 3 期。

王　骏（2005）在对外汉语词汇教学中实施"字本位"方法的实验报告，《暨南大学华文学院学报》第 3 期。

王　启（2015）中低水平二语学习者高频普通二语搭配的心理现实性，《现代外语》第 2 期。

王　启（2019）规约优先，兼顾能产 ——语言使用的搭配优先模式，《现代外语》第 1 期。

王艺璇（2017）汉语二语者词汇丰富性与写作成绩的相关性——兼论测量写作质量的多元线性回归模型及方程，《语言文字应用》第 2 期。

王艺璇（2019）汉语语块教学法及其有效性的多维检验，北京语言大学博士学位论文。

卫乃兴（2002a）《词语搭配的界定与研究体系》，上海：上海交通大学出版社。

卫乃兴（2002b）基于语料库和语料库驱动的词语搭配研究，《当代语言学》第 2 期。

魏　行、董燕萍、袁　芳（2017）偏正／述宾歧义短语 VN1 de N2 的表征：来自结构启动的证据，《解放军外国语学院学报》第 1 期。

魏　梅、王立非（2012）透明度与英语水平对大学生英语惯用短语学习的影响，《解放军外国语学院学报》第 4 期。

魏新红主编（2013a）《尔雅中文——初级汉语综合教程》上（1、2），北京：北京语言大学出版社。

魏新红主编（2013b）《尔雅中文——初级汉语综合教程》下（1、2），北京：北京语言大学出版社。

吴华佳、刘绍龙（2013）基于不同二语水平的预制语块心理表征实证研究，《中国外语》第 5 期。

吴继峰（2016）频率和汉语水平对汉语二语者非习语语块加工的影响，《第二语言学习研究》第 2 期。

《现代汉语常用词表》课题组（2008）《现代汉语常用词表（草案）》，北京：商务印书馆。

肖武云（2011）基于语块的以写促说的教学模式实证研究，《外语教学》第 5 期。

肖贤彬、陈梅双（2008）留学生汉语动宾搭配能力的习得，《汉语学报》第 1 期。

萧　频、李　慧（2006）印尼学生汉语离合词使用偏误及原因分析，《暨南大学华文学院学报》第 3 期。

辛　平（2008）面向对外汉语教学的动名搭配研究——基于学习者动名搭配常用度标注结果的分析，《云南师范大学学报》（对外汉语教学与研究版）第 5 期。

邢红兵（2013）词语搭配知识与二语词汇习得研究，《语言文字应用》第 4 期。

徐通锵（1997）《语言论》，长春：东北师范大学出版社。

许莹莹、王同顺（2015）语块频率、结构类型及英语水平对中国英语学习者语块加工的影响，《外语教学与研究》第 3 期。

薛小芳、施春宏（2013）语块的性质及汉语语块系统的层级关系，《当代修辞学》第 3 期。

荀恩东、饶高琦、肖晓悦、臧娇娇（2016）大数据背景下 BCC 语料库的研制，《语料库语言学》第 1 期。

严维华（2003）语块对基本词汇习得的作用，《解放军外国语学院学报》第 6 期。

易　维（2014）基于眼动实验的汉语副词语块加工研究——基于眼动实验的观察，北京大学硕士学位论文。

易　维、鹿士义（2013）语块的心理现实性，《心理科学进展》第 12 期。

于海阔、李如龙（2011）从英汉词汇对比看对外汉语词汇教学，《山西大学学报》（哲学社会科学版）第 3 期。

余莉莉（2014）中文熟语认知中的整体加工与成分加工研究，天津师范大学博士学位论文。

虞　佳（2014）"一点儿"与各类词的搭配及留学生的偏误分析，湖南师范大学硕士学位论文。

詹宏伟（2013）《语块的认知加工与英语学习》，杭州：浙江大学出版社。

詹宏伟、宋慧娜（2012）L2 语块的心理现实性研究——基于中国 EFL 学习者对二项式短语的反应时实验，《北京第二外国语学院学报》第 1 期。

张　博（2008）第二语言学习者汉语中介语易混淆词及其研究方法，《语言教学与研究》第 6 期。

张　博（2015）关于词汇大纲语言单位取向问题的思考——兼议《新汉语水平考试大纲》"重大轻小"的收录取向，《语言教学与研究》第 1 期。

张　博（2017）汉语二语教学中词语混淆的预防与辨析策略，《华文教学与研究》第 1 期。

张　博（2018）提高汉语第二语言词汇教学效率的两个前提，《世界汉语教学》第 2 期。

张　博（2020）"语素法"和"语块法"的要义及应用，《语言教学与研究》第 4 期。

张江丽（2017）汉语第二语言学习者接受性词汇量实证研究，《语言文字应用》第 3 期。

张　凯主编（2013）《语言测试概论》，北京：商务印书馆。

张美霞（2013）《现代汉语词典》（第 6 版）词缀考察，《汉语学习》第 3 期。

张朋朋（1992）词本位教学法和字本位教学法的比较，《世界汉语教学》第 3 期。

张若莹（2000）从中高级阶段学生词汇习得的偏误看中高级阶段词汇教学的基本问题，《首都师范大学学报》（社会科学版）增刊。

张　妍（2017）汉语母语者和不同水平二语学习者语块加工优势及其影响因素研究，北京语言大学硕士学位论文。

赵凤娇（2017）并列式复合词词义识解影响因素实证研究，《海外华文教育》第 12 期。

赵金铭（2014）附丽于特定语言的语言教学法，《世界汉语教学》第 4 期。

赵金铭（2017）汉语作为第二语言教学的教学基本单位，《国际汉语教学研究》第 3 期。

赵　玮（2016）汉语作为第二语言词汇教学'语素法'适用性研究，《世界汉语教学》第 2 期。

中国社会科学院语言研究所词典编辑室（2012）《现代汉语词典》（第 6 版），北京：商务印书馆。

中国社会科学院语言研究所词典编辑室（2017）《现代汉语词典》（第 7 版），北京：商务印书馆。

钟志英、何安平（2012）中国英语学习者对高频非习语英语程式语的心理表征研究，《外语教学与研究》第 6 期。

周　健（2007）语块在对外汉语教学中的价值与应用，《暨南学报》（哲学社会科学版）第 1 期。

周　丽（2009）汉语惯用语加工的眼动研究，湖南师范大学硕士学位论文。

周　榕、李丽娟（2013）语块在二语认知加工中的优势及其影响因素研究,《华南师范大学学报》(社会科学版) 第 1 期。

周新玲（2007）词语搭配研究与对外汉语教学, 上海外国语大学博士学位论文。

朱金平、贾益民（2009）词块与华文词块教学,《暨南大学华文学院学报》第 4 期。

朱永生（1996）搭配的语义基础和搭配研究的实际意义,《外国语》第 1 期。

Arnon, I. & N. Snider (2010) More than words: Frequency effects for multi-word phrases. *Journal of Memory and Language* 62 (1): 67-82.

Baayen, R. Harald, Petar Milin, Dusica Filipović Đurđević, Peter Hendrix & Marco Marelli (2011) An amorphous model for morphological processing in visual comprehension based on naive discriminative learning. *Psychological Review* 118 (3): 438-481.

Bahns, Jens (1993) Lexical collocations: A contrastive view. *English Language Teachers Journal* 47 (1): 56-63.

Bahns, Jens & Moira Eldaw (1993) Should we teach EFL students collocations? *System* 21 (1): 101-114.

Balota, David A., Melvin J. Yap & Micheal J. Cortese (2006) Visual word recognition: The journey from features to meaning (a travel update). In Matthew J. Traxler & Morton A. Gernsbacher (eds.), *Handbook of Psycholinguistics*, 285-375. Amsterdam: Academic Press.

Bannard, Colin & Danielle Matthews (2008) Stored word sequences in language learning: The effect of familiarity on children's repetition of four-word combinations. *Psychological Science* 19 (3): 241-248.

Boers, Frank, June Eyckmans, Jenny Kappel, Helence Stengers & Murielle Demecheleer (2006) Formulaic sequences and perceived oral proficiency: Putting a lexical approach to the test. *Language Teaching Research* 10 (3): 245-261.

Boers, Frank & Seth Lindstromberg (2012) Experimental and intervention studies on formulaic sequences in a second language. *Annual Review of Applied Linguistics* 32 (1): 83-110.

Breyer, Yvonne A. (2011) *Corpora in Language Teaching and Learning: Potential, Evaluation, Challenges* [*English Corpus Linguistics*, Vol. 13]. Vienna: Peter Lang.

Cervera, Teresa & Vicente Rosell (2015) The effects of linguistic context on word recognition in noise by elderly listeners using Spanish sentence lists (SSL). *Journal of Psycholinguistic Research* 44 (6): 819−829.

Chaffin, Roger, Robin K. Morris & Rachel E. Seely (2001) Learning new word meanings from context: A study of eye movements. *Journal of Experimental Psychology: Learning, Memory, and Cognition* 27 (1): 225−235.

Church, K. W. & P. Hanks (1990) Word association norms, mutual information, and lexicography. *Computational Linguistics* 16 (1): 22−29.

Collins, A. M. & E. F. Loftus (1975) A spreading activation theory of semantic process. *Psychological Review* 82 (6): 407−428.

Conklin, Kathy & Norbert Schmitt (2008) Formulaic sequences: Are they processed more quickly than nonformulaic language by native and nonnative speakers? *Applied Linguistics* 29 (1): 72−89.

Conzett, J. (2000) Integrating collocation into a reading and writing course. In M. Lewis (ed.), *Teaching Collocation: Further Developments in the Lexical Approach*, 70−86. London: Language Teaching Publications.

de Almeida, Roberto G. & Gary Libben (2005) Changing morphological structures: The effect of sentence context on the interpretation of structurally ambiguous English trimorphemic words. *Language and Cognitive Processes* 20 (1−2): 373−394.

Duffy, Susan A., Robin K. Morris & Keith Rayner (1988) Lexical ambiguity and fixation times in reading. *Journal of Memory and Language* 27 (4): 429−446.

Ellis, N. C. (1993) Rules and instances in foreign language learning: Interactions of explicit and implicit knowledge. *European Journal of Cognitive Psychology* 5 (3): 289−318.

Ellis, N. C. (2003) Constructions, chunking, and connectionism: The emergence of second language structure. In Catherine J. Doughty & Michael H. Long (eds.), *Handbook of Second Language Acquisition*, 33−68. Oxford: Blackwell.

Ellis, N. C. (2006) Cognitive perspectives on SLA: The associative-cognitive CREED. *AILA Review* 19 (1): 100−121.

Ellis, N. C. (2012) Formulaic language and second language acquisition: Zipf and the phrasal teddy bear. *Annual Review of Applied Linguistics* 32 (1): 17−44.

Ellis, N. C. & R. Simpson-Vlach (2009) Formulaic language in native speakers: Triangulating psycholinguistics, corpus linguistics, and education. *Corpus Linguistics and Linguistic Theory* 5 (1): 61−78.

Ellis, N. C., R. Simpson-Vlach & C. Maynard (2008) Formulaic language in native and second language speakers: Psycholinguistics, corpus linguistics and TESOL. *TESOL Quarterly* 42 (3): 375-396.

Ellis, R. (1994) *The Study of Second Language Acquisition*. London: Oxford University Press.

Ellis, R. & N. Shintani (2014) *Exploring Language Pedagogy through Second Language Acquisition Research*. London: Routledge.

Erman, Britt (2009) Formulaic language from a learner perspective. In Roberta Corrigan, Edith A. Moravcsik, Hamid Ouali & Kathleen Wheatley (eds.), *Formulaic Language* 2, 323-346. Philadelphia: John Benjamins.

Firth, J. R. (1957) *Papers in Linguistics 1934-1951*. London: Oxford University Press.

Frazier, Lyn (1987) Sentence processing: A tutorial review. In M. Coltheart (ed.), *Attention and Performance* XII, 559-586. Hillsdale, NJ: Lawrence Erlbaum Associates.

Gass, Susan M. & A. Mackey (2002) Frequency effects and second language acquisition: A complex picture? *Studies in Second Language Acquisition* 24 (2): 249-260.

Gibbs, Raymond W. Jr. & Gayle P. Gonzales (1985) Syntactic frozenness in processing and remembering idioms. *Cognition* 20 (3): 243-259.

Gibbs, Raymond W. Jr., Nandini P. Nayak & Cooper Cutting (1989) How to kick the bucket and not decompose: Analyzability and idiom processing. *Journal of Memory and Language* 28 (5): 576-593.

Gitsaki, Christina (1999) *Second Language Lexical Acquisition: A Study of the Development of Collocational Knowledge*. Bethesda: International Scholars Publications.

Glucksberg, Sam (1993) Idiom meanings and allusional content. In Cristina Cacciari & Patrizia Tabossi (eds.), *Idioms: Processing, Structure, and Interpretation*, 3-26. Hillsdale, NJ: Lawrence Erlbaum Associates.

Goldberg, Adele E. (1995) *Constructions: A Construction Grammar Approach to Argument Structure*. London: Chicago University Press.

Goldberg, Adele E. (2006) *Constructions at Work: The Nature of Generalization in Language*. Oxford: Oxford University Press.

Google Inc. (2008) Chinese Web 5-gram Corpus Version 1.

Granger, Sylviane (2003) The international corpus of learner English: A new resource for foreign language learning and teaching and second language acquisition research. *TESOL Quarterly* 37 (3): 538‒546.

Hargreaves, P. (2000) Collocation and testing. In M. Lewis (ed.), *Teaching Collocation: Further Developments in the Lexical Approach*, 205‒223. Hove: Language Teaching Publications.

Hunston, Susan (2002) *Corpora in Applied Linguistics*. Cambridge: Cambridge University Press.

James, C. (1998) *Errors in Language Learning and Use: Exploring Error Analysis*. New York: Routledge. (《语言学习和语言使用中的错误：错误分析探讨》，北京：外语教学与研究出版社，2001 年)

Jiang, Nan (2000) Lexical representation and development in a second language. *Applied Linguistics* 21 (1): 47‒77.

Jiang, Nan (2012) *Conducting Reaction Time Research in Second Language Studies*. New York: Routledge.

Jiang, Nan & Tatiana M. Nekrasova (2007) The processing of formulaic sequences by second language speakers. *The Modern Language Journal* 91 (3): 433‒445.

Kahneman, Daniel (1973) *Attention and Effort*. Englewood Cliffs, NJ: Prentice-Hall.

Kalikow, Daniel N., Kenneth N. Stevens & Lois L. Elliott (1977) Development of a test of speech intelligibility in noise using sentence materials with controlled word predictability. *The Journal of the Acoustical Society of America* 61 (5): 1337‒1351.

Kamide, Yuki, Gerry T. M. Altmann & Sarah L. Haywood (2003) The time-course of prediction in incremental sentence processing: Evidence from anticipatory eye movements. *Journal of Memory and Language* 49 (1): 133‒156.

Krashen, Stephen & Robin Scarcella (1978) On routines and patterns in language acquisition and performance. *Language Learning* 28 (2): 283‒300.

Laufer, B. (1997) The lexical plight in second language reading: Words you don't know, words you think you know, and words you can't guess. In James Coady & Thomas Huckin (eds.), *Second Language Vocabulary Acquisition: A Rationale for Pedagogy*, 20‒34. New York: Cambridge University Press. (《第二语言词汇习得》，上海：上海外语教育出版社，2001 年)

Lewis, M. (1993) *The Lexical Approach*. Hove: Language Teaching Publications.

Lewis, M. (1997) Pedagogical implications of the lexical approach. In James Coady &

Thomas Huckin (eds.), *Second Language Vocabulary Acquisition: A Rationale for Pedagogy*, 255–270. New York: Cambridge University Press. (《第二语言词汇习得》, 上海: 上海外语教育出版社, 2001 年)

Lieberman, Philip (1963) Some effects of semantic and grammatical context on the production and perception of speech. *Language and Speech* 6 (3): 172–187.

Lu, X. (2011) A corpus-based evaluation of syntactic complexity measures as indices of college-level ESL writers' language development. *TESOL Quarterly* 45 (1): 36–62.

Marinis, Theodoros, Elma Blom & Sharon Unsworth (2010) Using on-line processing methods in language acquisition research. In Elma Blom & Sharon Unsworth (eds.), *Experimental Methods in Language Acquisition Research*, 139–162. Philadelphia: John Benjamins.

Marslen-Wilson, William D. & Lorraine K. Tyler (2007) Morphology, language and the brain: The decompositional substrate for language comprehension. *Philosophical Transactions of the Royal Society of London, Series B: Biological Sciences* 362: 823–836.

Martin-Chang, Sandra & Kyle Levesque (2013) Taken out of context: Differential processing in contextual and isolated word reading. *Journal of Research in Reading* 36 (3): 330–349.

Martin-Chang, Sandra & Kyle Levesque (2015) Reading words in and out of connected text: The impact of context on semantic and orthographic processing. *Scientific Studies of Reading* 19 (5): 392–408.

McDonald, Scott A. & Richard C. Shillcock (2001) Rethinking the word frequency effect: The neglected role of distributional information in lexical processing. *Language and Speech* 44: 295–323.

Millar, N. (2011) The processing of malformed formulaic language. *Applied Linguistics* 32 (2): 129–148.

Nation, Paul (2001) *Learning Vocabulary in Another Language*. Cambridge: Cambridge University Press.

Nattinger, J. R. & J. DeCarrico (1992) *Lexical Phrases and Language Teaching*. Oxford: Oxford University Press.

Pickering, Martin J. & Matthew J. Traxler (1998) Plausibility and recovery from garden paths: An eye-tracking study. *Journal of Experimental Psychology: Learning,*

Memory and Cognition 24 (4): 940–961.

Redman, Stuart (1997) *English Vocabulary in Use (Pre-intermediate & Intermediate)*. Cambridge: Cambridge University Press.

Samson, Dana & Agnesa Pillon (2004) Orthographic neighborhood and concreteness effects in the lexical decision task. *Brain and Language* 91 (2): 252–264.

Schmitt, N. (2000) *Vocabulary in Language Teaching*. Cambridge: Cambridge University Press.

Schmitt, N. (2010) *Researching Vocabulary: A Vocabulary Research Manual*. Hampshire: Palgrave Macmillan.

Schmitt, N. & R. Carter (2004) Formulaic sequences in action: An introduction. In N. Schmitt (ed.), *Formulaic Sequences: Acquisition, Processing, and Use*, 1–22. Amsterdam: John Benjamins.

Schmitt, N., Xiangying Jiang & William Grabe (2011) The percentage of words known in a text and reading comprehension. *The Modern Language Journal* 95 (1): 26–43.

Schmitt, N. & P. Meara (1997) Researching vocabulary through a word knowledge framework. *Studies in Second Language Acquisition* 19 (1): 17–36.

Sinclair, J. (1990) *Collins Cobuild English Guides (Book 2): Word Formation*. London: HarperCollins. (中译本《构词法》, 刘万存译, 北京：外文出版社, 2000 年)

Sinclair, J. (1991) *Corpus, Concordance, Collocation*. Oxford: Oxford University Press.

Siyanova, A. & N. Schmitt (2008) L2 learner production and processing of collocation: A multi-study perspective. *Canadian Modern Language Review* 64 (3): 429–458.

Skehan, P. (1998) *A Cognitive Approach to Language Learning*. Oxford: Oxford University Press. (《语言学习认知法》, 上海：上海外语教育出版社, 1999 年)

Sonbul, S. (2015) Fatal mistake, awful mistake, or extreme mistake? Frequency effects on off-line/on-line collocational processing. *Bilingualism: Language and Cognition* 18 (3): 419–437.

Sosa, A. V. & J. MacFarlane (2002) Evidence for frequency-based constituents in the mental lexicon: Collocations involving the word *of*. *Brain and Language* 83 (2): 227–236.

Spehar, Brent, Stacey Goebel & Nancy Tye-Murray (2015) Effects of context type on lipreading and listening performance and implications for sentence processing. *Journal of Speech, Language, and Hearing Research* 58 (3): 1093–1102.

Sprenger, Simone A., Willem J. M. Levelt & Gerard Kempen (2006) Lexical access during the production of idiomatic phrases. *Journal of Memory and Language* 54 (2): 161–184.

Stubbs, M. (1995) Collocations and semantic profiles: On the cause of the trouble with quantitative studies. *Functions of Languages* 2 (1): 23–55.

Swinney, David A. & Anne Cutler (1979) The access and processing of idiomatic expressions. *Journal of Verbal Learning and Verbal Behavior* 18 (5): 523–534.

Tabossi, Patrizia, Rachele Fanari & Kinou Wolf (2005) Spoken idiom recognition: Meaning retrieval and word expectancy. *Journal of Psycholinguistic Research* 34 (5): 465–495.

Taguchi, Naoko (2008) Building language blocks in L2 Japanese: Chunk learning and the development of learning and development of complexity and fluency in spoken production. *Foreign Language Annals* 41 (1): 132–156.

Taguchi, Naoko, Shuai Li & Feng Xiao (2013) Production of formulaic expression in L2 Chinese: A developmental investigation in a study abroad context. *Chinese as a Second Language Research* 2 (1): 23–58.

Titone, Debra A. & Cynthia M. Connine (1999) On the compositional and noncompositional nature of idiomatic expressions. *Journal of Pragmatics* 31 (12): 1655–1674.

Tremblay, Antoine & Harald Baayen (2010) Holistic processing of regular four-word sequences: A behavioral and ERP study of the effects of structure, frequency, and probability on immediate free recall. In David Wood (ed.), *Perspectives on Formulaic Language: Acquisition and Communication*, 151–173. London: Continuum.

Tremblay, Antoine, Bruce Derwing, Gary Libben & Chris Westbury (2011) Processing advantages of lexical bundles: Evidence from self-paced reading and sentence recall tasks. *Language Learning* 61 (2): 569–613.

Valsecchi, M., V. Künstler, B. J. White, S. Saage, J. Mukherjee & K. R. Gegenfurtner (2008) Advantage in reading lexical bundles is reduced in non-native speakers. *Journal of Eye Movement Research* 6 (5): 1–15.

Wolter, B. (2006) Lexical network structures and L2 vocabulary acquisition: The role of L1 lexical/conceptual knowledge. *Applied Linguistics* 27 (4): 741–747.

Wolter, B. & H. Gyllstad (2011) Collocational links in the L2 mental lexicon and the influence of L1 intralexical knowledge. *Applied Linguistics* 32 (4): 430–449.

Wray, A. (1999) Formulaic language in learners and native speakers. *Language Teaching* 32 (4): 213–231.

Wray, A. (2002a) Formulaic language in computer-supported communication: Theory meets reality. *Language Awareness* 11 (2): 114–131.

Wray, A. (2002b) *Formulaic Language and the Lexicon*. Cambridge: Cambridge University Press.

Yamashita, J. & N. Jiang (2010) L1 Influence on the acquisition of L2 collocations: Japanese ESL users and EFL learners acquiring English collocations. *TESOL Quarterly* 44 (4): 647–668.

Yu, Xia (2009) A Formal criterion for identifying lexical phrases: Implication from a classroom experiment. *System* 37 (4): 689–699.

第五章　汉语语素及其教学实证研究

汉语以词根语素复合为主要构词方法，语素对复合词的识解与学习有重要影响，因此汉语语素特征及语素在教学中的应用问题一直受到学者们的普遍关注。但现阶段有关语素的词汇本体研究、习得研究与教学研究仍存在隔阂，体现在：（1）基于汉语词汇特点的习得与教学研究较少（莫丹，2017）；（2）教学指导意见与二语习得理论尚存不一致之处（Ellis & Shintani，2014：2）；（3）理论研究成果较难直接应用于课堂之上，而很多基于教学一线的建议出自教师的直观感受或经验总结，缺少实证研究的检验。汉语二语词汇教学研究需结合汉语本体属性及二语习得规律，并依托真实课堂展开教学实验，验证教学设计的有效性与受限性，以加强教学法选择的针对性，提高词汇教学效率（张博，2017、2018）。

本章内容力图勾连本体研究、习得研究与教学研究。第一节为面向语素法的词汇本体研究，文章从语素间的语义关系及语素义与词义的关系两个维度，对汉语二语课堂可使用语素法讲授的常用复合词的语义关系进行了详尽梳理。第二、三节为词汇习得研究，分别着眼于学习者和构词语素属性，通过精心设计的实验材料和测量工具，考察了同形语素意识、语素义项频率及构词力对词义推测的影响。第三至六节为教学实验研究，文章从词语属性和学习者两个角度提取了语素法教学效果的可能影响因素，通过严格的变量控制、多元的测试手段探明了语素法对词义记忆和二语词汇能力发展的作用及该法所适用的词语类型与学习群体。六节内容均采用实证研究方法，或结合复合词语义特点，或基于学习者利用语素识解词义的方式，或根据课堂教学实验结果，为语素教学及语素法的使用提供了诸多可供参考的建议。

一、面向语素教学法的复合词两个维度的语义关系分析 *

1.1　引言

"语素教学法"简称"语素法",指利用语素和构词规律进行词语教学的策略或方法(胡炳忠,1987;盛炎,1990;吕文华,1999;赵玮,2015等)。以往研究大都依据汉语复合词理据性较高的特点强调语素法的可行性,并认为对复合词的语素义以及定中、联合等语法结构知识进行教学,学习者就能利用语素义通达词义(胡炳忠,1987;吕文华,1999;肖贤彬,2002;李如龙、吴茗,2005等)。然而,一方面张博(2018)发现"在汉语二语教学中,复合词的定中、联合和述宾等语法结构因其过于概括和抽象,往往无助于学习者理解复合词的构词理据及词义";另一方面研究发现学习者倾向于采用语素义直接加合的方式错误地理解非加合型复合词①(干红梅,2008;张江丽,2010;赵玮,2016等)。也就是说,仅仅对语素义以及定中、联合等语法结构知识进行教学,并没有像以往设想的那样能有效地帮助学习者正确理解复合词的词义。这启示我们思考:究竟将什么样的复合词结构知识融入语素法中才能真正有效地帮助学习者利用语素理解复合词的词义?换言之,语素法的有效实施需要哪些复合词结构知识作为条件?

汉语复合词的语素义与词义关系密切,可是词义往往不等于语素义的直接加合,因此语素法的实施面临一大难题:语素义和词义的关系如何处理(肖贤彬,2002;李如龙、吴茗,2005;彭小川、马煜逵,2010等)。具体而言,非加合型复合词(如"布鞋、铁窗")的词义不是语素义的直接加合,如何利用语素义帮助学习者有效理解此类复合词的词义是一个难题。

张博(2018)提出"在利用语素法进行词汇教学时,有关复合词结构知识的教学不宜停留在抽象的语法结构层面,而应向下延伸,着眼于较为具体的语义结构,将复合词凸显性语义结构列为词汇教学内容"。复合词

---

　　* 本节作者杜凤娇。本节内容是在其硕士学位论文《面向语素教学法的复合词两个维度的语义关系分析——以偏正式双音复合词为例》(北京语言大学,2019 年)部分内容的基础上修改而成。
　　① 非加合型复合词包括补充型复合词和喻指类复合词,其定义在 1.3 中详细说明。

的语义结构是表示语素间语义关系的结构式，表示补充型复合词"布鞋"语素间语义关系的结构式为"材料＋事物"。此类语义结构可形式化为"用A做成的B"，"布鞋"即"用布做成的鞋"（张博，2018）。然而，表示喻指类复合词"铁窗"语素间语义关系的结构式同样为"材料＋事物"，利用该语义结构形式化的表达式可得到"铁窗"的字面义"用铁做成的窗子"。若要利用"铁窗"的语素义理解词义，还需进一步分析语素义和词义之间的"语义关联模式"（张博，2009、2018），"铁窗"的语素组合义（即该复合词的字面义）和词义之间的语义关联模式为"部分→整体"。鉴于此，我们认为，若想利用语素义帮助学习者有效理解非加合型复合词的词义，除了借助语素义，还需借助"语素间的语义关系"和"语素义与词义之间关系"的分析。本研究将复合词"语素间的语义关系"和"语素义与词义的关系"称为"复合词两个维度的语义关系"，拟以《汉语水平考试词典》（简称《HSK词典》）中甲、乙、丙级的名、动、形定中式双音复合词（共731个①）为例探讨复合词两个维度的语义关系分析在语素法中的作用。

以《HSK词典》中的名、动、形定中式双音复合词为例的原因如下：（1）《HSK词典》收词以《（汉语水平）词汇等级大纲》（本节简称《大纲》）所收词语为唯一对象，而《大纲》曾作为对外汉语词汇教学的指导性文件，是HSK的主要命题依据，也是很多教材选词的重要依据。（2）现代汉语词汇系统以名、动、形双音复合词为主（苑春法、黄昌宁，1998）。同时，语素法的适用对象主要是实词。（3）汉语复合词以偏正式和联合式为主，《大纲》中偏正式和联合式复合词约占所收复合词的78.38%②。联合式复合词语素间语义关系相对简单，而偏正式复合词语素间的语义关系相当复杂。偏正式复合词以定中式为主，定中式约占偏正式复合词的86%③。

复合词语素间的语义关系可以用语义结构来表示，利用"复合词语义结构形式化概括"（张博，2018）得到的表达式可以连通语素义进而得到相应复合词的词义，也就是说，语素间的语义关系分析服务于语素义与词义关系的分析。因此，复合词两个维度语义关系的分析步骤如下：第一步，判定复合词的语法结构类型，即判定语素间抽象的语义关系；第二步，分

---

① 排除了《HSK词典》错误标注为［偏正］的复合词、理据不明的复合词、外来词。
② 根据许敏（2003）研究数据计算得出。
③ 根据苏宝荣（2017）研究数据计算得出。

析复合词的语义结构，即抽绎出表示语素间具体语义关系的结构式；第三步，将复合词的语义结构进行形式化概括得到相应的表达式，用于建立语素义与词义的联系。喻指类复合词需进一步分析语素义与词义之间基于转喻／隐喻形成的语义关联模式。为了保证分析的正确性，根据复合词构词语素的入词义项和复合词的源义，分析两个维度的语义关系。

1.2　语素间语义关系分析

定中式复合词中，作为中心语的名语素（N_2）的语义类基本决定了整词所属的语义类，如"米糕"中"糕"属"食物"类，"米糕"也属"食物"类。以往复合词语义结构的分析，通常以"事物"来概括 N_2 的语义类，如"材料 + 事物、用途 + 事物"（谭景春，2010；马新英，2012；杨旭峰，2018 等）。倘若分析复合词语义结构的目的是为了服务于汉语二语教学，"事物"这一语义概括显然过于抽象，因为"事物"是对名词所表示的语义最上位的概括。将中心语语素的语义仅概括为"事物"，在教学中可能难以帮助学习者理解复合词的确切意思。如，将"米糕"解释为"用米做成的［食物］糕"，显然比"用米做成的［事物］糕"更有助于学习者把握"米糕"的意思。表名物词语常用"种差 + 类属"方式解释，如"技工：有专门技术_{种差}的人_{类属}"（符淮青，1986：55；2004：43、237），这种释义方式与定中式复合词非常契合，因为定中复合词的中心语是表名物的名语素，修饰语往往表示种差。当无法向学习者清楚地解释中心语语素的语义时，就可以采用"种差 + 类属"方式对定中式复合词进行解释，如"蚕箔"可解释为"（用来）养蚕_{种差}的器具_{类属}"。这是本研究将中心语名语素（N_2）的语义类进行细化的原因之一。另一个原因是：所属不同语义类的定中复合词的语义抽象程度有别。复合词语义抽象程度是影响复合词是否适用于以语素法进行教学的重要因素之一，因为"语素法适用于语义具体性较高的词语"（赵玮，2015）。若仅将 N_2 的语义概括为"事物"，分析结果就无法有效帮助区分哪些词表示具体物，哪些词表示抽象物，如"语法、棉衣、电灯"等词中 N_2 都属于"事物"，但有的 N_2 属于"抽象物"，如"法"，有的 N_2 属于"具体物"，如"衣、灯"。

为了使语素间语义关系的分析能为语素法的实施提供参考，参考周琳（2010）名语素项的语义分类体系，对中心语名语素（N_2）的语义类进行了细化。考虑到词义较为具体的复合词是语素法的优选对象，我们首先区分"抽象物"和"具体物"，然后只会对"具体物"这一义类进一步细分。例如，"领有者＋隶属物"中，将"具体物"进一步分为"自然物、建筑物、处所、机构、人"等。不同语义结构类型中，N_2 语义类划分的颗粒度存在差异。N_2 语义类划分的颗粒度的粗细主要取决于该类型下复合词数量的多寡。复合词数量较少时仅区分抽象物和具体物。复合词数量较多时，对"具体物"进行细化，并且使复合词数量相对较多的语义类独立成类。因为某一语义类中复合词数量较多时，可以抽绎出具体的词法模式，如名名复合词中的"用途＋器具"、动名复合词中的"内容＋人"、形名复合词中的"年龄值＋人"等。借助此类具体的词法模式"有利于学习者发展基于规则的能力（rule-based competence），从而触类旁通、举一反三地理解词义或使用词语"（张博，2018）。

1.2.1 名名定中复合词语素间的语义关系

本研究对甲、乙、丙级名名（N_1N_2）定中复合词语素间语义关系进行了分析，归纳出 9 大类（见下页表 5–1）。属于"领属关系"的两类语义结构包含一些次类，需要略做说明。吕叔湘（1984：43）指出："名名结构有两种类型，两名之间或是领属关系，或是修饰关系。当然，同一类型之内，语义关系还可以是多种多样的，但都不像上述区别那样带有根本性。"因"领属关系"是相对上位的语义关系类型，分类时发现有一些语义结构类型实际上属"领属关系"，所以"领有者＋隶属物"和"隶属物＋领有者"中都划分出了次类。下面以"领有者＋隶属物"为例进行说明。

对属于典型的"领有者＋隶属物"的复合词而言，"N_1 的领有义和 N_2 的隶属义都比较凸显"（杨旭峰，2018），因此从复合词构词语素义与词义关系来看，利用"N_1 领有／具有的 N_2"这一形式化表达式基本上可得到相应的词义，如"阳光"是"太阳具有的光"，"党委"是"党领有的委员会"，"牛奶"是"牛领有并生产的奶"。需要注意的是，"人群／机构＋负责人（班长）、事物＋方位（背后）、事物＋状貌（酱油）"这几类中，"人群"和"人群的负责人"、"事物"和"事物的方位"、"事物"和"事物的状貌"显然存在"领属关系"，因此可以归入"领有者＋隶属物"。然而，从语素义与词义关系来看，需要对"人群／机构＋负责人、事物＋方位、事物＋状貌"

等进行形式化概括才能得到相应的词义，如"班长"不是"班持有/具有的长"而是"对班级（负责）的负责人"，"背后"不是"背领有/具有的后面"而是"在背的后面"，"酱油"不是"酱持有/具有的油"而是"油状的酱"。可见，这三类语义结构虽然属"领属关系"，但凸显的是更具体的语义关系。

表5-1　名名定中复合词的语义结构及其形式化表达式

语义结构		N₂ 的语义	名名定中复合词（N₁N₂）	语义结构形式化表达式①
领有者 + 隶属物	典型领有者 + 隶属物	抽象物	汉语、汉字、工会、人情、名额、手艺、心情、友情、词汇、价格、事态、体制、王国、病情、党委、地势、地形、地质、产值、工龄、工钱、工序、国防、情节、人性、容积、面积、体积、容量、级别、外语、眼神、眼色、症状、中医、友谊、语法、事项、生命、眼光、目光、身材、脸色、面貌、面容、元宵、税收、体质、国籍、中文、资源、港币、美元、日元	N₁ 持有/具有（生产/使用）的 N₂
		自然物	鸡蛋、脾气、血压、地面、掌声、炮火、水源、骨干、茶叶、电压、橡胶、山冈、树干、蜂蜜、牛奶、伙食、气温、体温、人体、酒精、手指、眼泪、阳光、月光、火焰、煤气、园林、**山脚**、**山腰**、**山头**、**山脉**、**口气**	
		建筑物/处所	**家庭**、校园、公园、门口、**港口**、**路口**、台阶	
		其他具体物	国旗、车厢、军装、外资、国王、市民、窗台、**窗口**、海面、路面	

---

① 语素义与词义关系的分析需要借助复合词语义结构形式化概括得到的表达式。语义结构形式化表达式的呈现与相应的语义结构不能分开，为避免内容重复，本小节中呈现语义结构形式化的表达式，在 1.3.1 中详细说明语义结构形式化表达式的作用和实质。

续表

语义结构		N₂ 的语义	名名定中复合词（N₁N₂）	语义结构形式化表达式
领有者 + 隶属物	典型领有者 + 隶属物	属性	脑力、人力、物力、风力、水力、电力、眼力、火力、体力	N₁ 具有的能力
	人群 / 机构 + 负责人	人	班长、部长、省长、队长、军官、市长、院长、团长、组长、厂长、排长、校长、局长	N₁ 的负责人
	事物 + 方位	方位	背后、地下、心里、今后、面前、**跟前**、**目前**	在 N₁ 的 N₂ 面
			人间、民间、田间、国际、空中	在 N₁ 与 N₁ 之间 / 在 N₁ 中
	事物 + 状貌 / 功能	特形物	光线、面粉、气流、酱油、**威风**、**熊猫**、地球、**雪花**、**棉花**、冰棍、面条、胶并①卷、面条、冰雹	N₂ 状的 N₁
		特定功能物	**机床**、**脑袋**	功能如 N₂ 的 N₁
隶属物 + 领有者	典型隶属物 + 领有者	具体物	磁带、病菌、灯笼、地主、口袋、民族、山地、源泉、果树、麻雀、能源、养分	领有 / 带有 / 具有 N₁ 的 N₂
	方位 + 事物	抽象物	内行、外行	在 N₂ 的 N₁ 部
		处所	内地、外地、东部、西部、南部、北部、外部、内部、上游、下游	方位为 N₁ 的 N₂
		时间	**上旬**、**中旬**、**下旬**、**上午**、**中午**、**下午**、**前天**、**后天**、**前年**、**后年**	时间次序为 N₁ 的 N₂

① 有的复合词的构词语素是通过并合形成的，遇到此类复合词根据并合造词法的规则（张博，2017、2019）进行分析。

续表

语义结构	N₂ 的语义	名名定中复合词（N₁N₂）	语义结构形式化表达式
隶属物 ＋ 领有者	身份 ＋ 人	人	工人、文人、猿人、华人、客人、仙女、华侨、农户、军人、军队、婴儿	身份为 N₁ 的人
	状貌 ＋ 事物	具体物	**盆地、人参**	状貌如 N₁ 的 N₂
	存在物 ＋ 处所	处所	草地、草原、座位、岗位、流域	有 N₁ 的地方 / N₁ 所在的 N₂
	位置 ＋ 事物	具体物	海关、楼梯、陆军、水稻、项链、山沟、海军、空军、上衣	位置在 N₁ 处的 N₂ / 在 N₁ 处（产生）的 N₂
		抽象物	京剧	
用途 ＋ 事物		建筑物 / 处所 / 机构	花园、病房、客厅、水库、教堂、课堂、礼堂、车间、马路、**宾馆、餐厅、茶馆、饭馆**、会场、农村、海峡、车站、机场、农场、剧场、球场、饭店、书店、酒店、工厂、邮政、报社、邮局、剧院、政府、医院、法院	用来（V）N₁ 的地方 / 机构
		器具	木材、书架、书包、火柴、手绢、手套、手巾、词典、病床、床单、地毯、牙刷、字典、信封、乐器、假条并、窗帘	用来（V）N₁ 的 N₂
		特形物	牙膏、底片、血管、电线、地板、界线	用来（V）N₁ 的 N₂ 状物
		事物统称	礼品、油料、礼物、农具	用作 N₁ 的东西
		其他具体物	文凭、烟草、雨衣、乐队、农田、背景	用来（V）N₁ 的 N₂

续表

语义结构	N₂ 的语义	名名定中复合词（N₁N₂）	语义结构形式化表达式
小类名 + 大类名	抽象物	北方、南方、西方、东方、后方、前方、谜语	$N_1 \approx N_1N_2$
	具体物	血液、羽毛、植物、饼干、厕所、厨房、镰刀、榆树、鲸鱼、库房、矿石、钻石、柳树、梅花、眉毛、桑树、松树、隧道、	
小类名 + 大类名	具体物	菠菜、芹菜、窗口、市场、柏树、薪金、价钱、氧气、月球、父亲、母亲、牢房、阵地、衬衫、衬衣、	$N_1 \approx N_1N_2$
	时间	冬天、春天、夏天、秋天、冬季、春季、夏季、秋季、节日、今日、假期	
材料 + 事物	具体物	粉笔、铁路、蛋糕、毛衣、毛笔、毛线、棉衣、面包、铅笔、糖果、铁道、麻袋、米饭、蜡烛	用 N_1 做成的 N_2
	特形物	豆腐、皮带、奶粉、豆浆	用 N_1 制作成的 N_2 状物
内容 + 事物	抽象物	农业、林业、财政、画报、军事、神话、刑法、美术、爱情、科研、学派、地理、人事、歌剧、化工、医务、影片并、书法、地图、话剧、内科、外科	内容为 N_1 的 N_2／关于 N_1 的 N_2
凭借物 + 事物	器具	火车、火箭、汽车、汽船、电影、电脑、电梯、电铃、电炉、电器、电车、电灯、轮船、篮球、手枪、足球、网球	凭借 N_1（使用／运行等）的 N_2
时间 + 事物	具体物	**前人**、午饭、日报、早点、晚报、晚饭、古迹	N_1 时间（V）的 N_2
性质 + 事物统称	事物统称	人类、药物、矿物、药品、县城、景物	性质为 N_1 的 N_2

注：表格中加粗的复合词为喻指类复合词。

1.2.2　动名定中复合词语素间的语义关系

对动名定中复合词语素间语义关系的分析，以往有研究以"修饰语"为中心，看"中心语"充当"修饰语"的何种论元（顾阳、沈阳，2001；石定栩，2003 等)，也有研究以"中心语"为中心，看修饰语是如何修饰限定"中心语"的（郑崇仁，1992；熊金丰，1997 等)。马新英（2012）分析动名定中复合词语义结构时，先以"修饰语—动语素"为中心抽绎出 14 类语义结构，又以"中心语—名语素"为中心抽绎出 8 类语义结构。如该文以"动语素"为中心时，认为"提包"属于"动＋受事"；以"名语素"为中心时，指出"提包"属于"功能＋名"。同一个复合词怎会有两种完全不同的（具体的）语义结构呢？我们认为"动＋受事"是动宾短语"提着／了包"的语义结构。只有以"中心语—名语素"为中心时，抽绎出的语义结构才是动名定中复合词的语义结构。如"提包、背包"中"包"所属语义类为"用具"，"提、背"并非"包"的"功能"，而是限定或说明"包"这一用具的使用方式，用结构式表示为"使用方式＋用具"，可形式化概括为"以 V 的方式使用的 N"。鉴于此，动名定中复合词语素间语义关系分析的思路是以"名语素"为中心，看"动语素"是对"名语素"何种角度的修饰限定。通过对甲、乙、丙级动名（VN）定中复合词语素间语义关系的分析，得出 7 个类别，见表 5-2：

表 5-2　动名定中复合词的语义结构及其形式化表达式

语义结构	N_2 的语义	动名定中复合词（VN）	语义结构形式化表达式
用途 ＋ 事物	抽象物	办法、议程、议案、葬礼、誓言、做法、代价、生机、战略、论文、决战、结论、论点、激素、奖金	用于 V（n）[①] 的 N
	处所／建筑物	操场、教室、耕地、工地、刑场、卧室、浴室、住宅、出路、走廊、走道、宿舍、**学院**、**食堂**、**旅馆**、**牧场**	用于 V（n）的地方
	器具	**提纲**、报纸、抹布、导弹、炸弹	用于 V（n）的器具 N
	材料	试卷、习题、证书、教材、请柬、证据	用于 V（n）的材料 N

---

① n 是 V 的论元，如"办法"为"用于办ᵥ（事 n）的法ɴ"。

续表

语义结构	N₂ 的语义	动名定中复合词（VN）	语义结构形式化表达式
用途 + 事物	事物统称	食品、商品、饲料、食物、玩具、工具、容器、饮料	用于 V 的物品 / 器具
内容 + 事物	人	护士、教师、导师、战士、猎人、牧民、医生、渔民	从事 V 工作的人
	抽象物	牧业、食欲	关于 V 的 N
状态 + 事物	人	游人、病人、顾客、来宾、旅客、流寇、行人、居民、伤员、观众	处于 V 状态的人 / 正在 V（n）的人
	自然物	卫星、流水	以 V 状态活动的 N
使用方式 + 器具	器具	围棋、背包、提包、围巾	以 V 表示的方式 使用的器具 N
领有者 + 隶属物	抽象物	语调、视力、视野、疗效、旅途、视线、学制	V 领有 / 具有的 N
产生方式 + 产物	抽象物	看法、视觉、观点、感情、寓言、产量	通过 V 的方式产生 / 得到的 N
	具体物	刊物、溶液、蒸汽、合金、产品、产物、	
性能 / 性质 + 事物	事物统称	动物、飞机、炸药、用品、立体	具有 V 表示性质的 N
	抽象物	阻力、罪行、传统、信念、成语、含量	

注：表格中加粗的复合词为喻指类复合词。

1.2.3　形名定中复合词语素间的语义关系

关于形名定中复合词，董秀芳（2004：103-104）指出"不将不带'的'的形名组合看作词法模式"，同时指出"从语义上看，形容词与名词之间构成的是描写关系，不是分类关系，因而不太容易被认定为复合词"。朱德熙（1980：7-18）讨论了三种形名定中组合格式：

白纸（甲₁）   白的纸（甲₂）   雪白的纸（乙）

朱德熙（1980：7-18）指出甲₁里的定语是限制性的，在"白纸"里用"白"这种属性来限制"纸"这个类名，加上这个限制之后，就出现一个新的类名"白纸"，"白"是给"纸"分类的依据。跟甲₁一样，甲₂的定语也是限制性的，区别在于甲₁是比较稳固的结构，甲₂是一种临时组合。乙式里的定语是描写性质的，描写论及事物的状况或情态。该文同时指出，甲₁是相当稳定的结构，常常表现出一种"单词化"的倾向，这类结构具有强烈的凝固趋势，它的结构原则不是自由的造句原则。从朱德熙先生的论述来看，甲₁格式中应该存在一定的词法模式。在甲₁格式中，定语有什么样的要求呢？朱德熙（1980：7）指出甲₁里的定语是作为分类依据而存在的，分类的根据只能是一种用于分类的属性。同时，朱德熙先生自己也承认这样的分析存在例外，不适用于"黑墨、咸盐"这一类复合词。王洪君先生指出，如果形名组合中形语素反映的是名词所代表事物的本质的或原型的属性，则这样的组合有被理解为词的倾向。①

综上，我们认为可将"属性 + 事物"视为"形单名单"②定中复合词的词法模式。其中"属性"可以是作为事物分类依据的属性，也可以是事物的本质属性。分析"形单名单"定中复合词的语义结构就是将"形语素"所表示的"属性"和"名语素"所表示"事物"的义类进一步细化。分析的基本方法是先确定"名语素"所表示的事物，然后再看"形语素"表示的语义是对"名语素"何种属性的限制。根据周琳（2010）提出的"形单语素"的分类体系，对形语素表示的属性进行细化。如，"大队"中"大"表示的是"队"（人群）的数量属性，因此"大队"的语义结构为"数量值 + 具体物"；"大街"中"大"表示的是"街"（建筑物）的宽度属性值，因此"大街"的语义结构为"宽度值 + 事物"。"数量值 + 事物、宽度值 + 事物"属于"量化属性值 + 事物"。"大声、响声"中的"大"和"响"表示的都是"声音"的听感，因此"大声、响声"的语义结构为"听感 + 事物"。"白天"中"白"为"白❸形光亮，明亮"（《现代汉语词典》第 7 版），"天"为"一昼夜二十四小时的时间"，"白天、黑夜"是以光线带给人的视感的

---

①　王洪君先生的观点出自与董秀芳先生的私下交流（见董秀芳，2004：104）。

②　之所以将复合词限定为"形单名单"，是因为朱德熙（1980：17）指出双音形容词充任的定语是描写性的而非限制性的。再者吕叔湘（1965、1966）指出，人们倾向于把大部分单音形容词和单音名词的组合看作是词而不是词组。也就是说形名组合为短语还是词受音节数的限制。

不同对时间进行分类，因此"白天"的语义结构为"视感＋事物"。"听感
＋事物、视感＋事物"属于"模糊属性＋事物"。通过对甲、乙、丙级形名
（AN）定中复合词语素间的语义关系进行分析，得出 5 大类语义结构，详
见表 5-3：

表 5-3　形名定中复合词的语义结构及其形式化表达式

语义结构			N 的语义	形名复合词（AN）	语义结构形式化表达式
物性值＋事物	量化属性＋事物	数量＋事物	具体物	**大队**、**大会**、个人、零钱	数量为 A 的 N
			抽象物	舆论、个性、个体、整体、集体、少量、少数、全力、杂技、大型、单调	数量为 A 的 N
		大小＋事物	具体物	洪水、太阳、零件	体积大／小的 N
		顺序等级＋事物	具体物	初中、高中、大学、中学、首席、副食	顺序／等级为 A 的 N
			抽象物	初期、高级、基层、初步、初级、上等、中等、高等	
		温度＋事物	具体物	冷饮、暖气、热潮、凉水、**寒假**、**暑假**	温度为 A 的 N
		长度＋事物	建筑物	长途	距离为 A 的 N
		宽度＋事物	具体物	大地、大街、大陆、大道	横的距离大／范围广的 N
		高度＋事物	具体物	高原、高峰	高度为 A 的 N
		程度＋事物	抽象物	深情、毛病	程度高／低的 N
	模糊属性＋事物	内容＋事物	抽象物	空话、实话、文言、幸运、真理、正义、废话、杂文、杂志	内容为 A 的 N
		价值＋事物	具体物	宝石、废墟	价值为 A 的 N
		状态＋事物	具体物	暴雨、阴天、晴天、狂风	状态为 A 的 N
		视感＋事物	抽象物	白天、美观、鲜红、黑夜	视感为 A 的 N
		味道＋事物	具体物	辣椒、香蕉	吃起来 A 的 N

续表

语义结构			N 的语义	形名复合词（AN）	语义结构形式化表达式
物性值＋事物	模糊属性＋事物	听感＋事物	具体物	大声、响声、噪音	听感为 A 的声音
		性质＋事物 评价性质＋事物	具体物	便条、害虫、悬崖、名胜、名牌、瑞雪	认为 A 的 N
			抽象物	害处、好处、坏处、难关、难题、片面、全面、实惠、实力、优势、俗话、重点、特产、特色、缺点、特点、特征、大意	
		客观性质＋事物	具体物	中餐、中药、原料、原油、私人、野兽、公费、武器、同时、西餐、西服	性质为 A 的 N
			抽象物	实体、外国、天才、同等、同类、主权、固体、主力、全局、黄色、同等、高等、草案、常识、勇气、美德	
	颜色＋事物		具体物	苍蝇、黄瓜、黄油、黑板、黑夜、红茶、红旗、金鱼、乌鸦、青菜	颜色为 A 的 N
人性值＋事物	身份属性＋人		人	贵宾、平民、妇人、女人、女士	身份为 A 的人
	年龄＋人		人	大哥、大嫂、老人、少女、大人、小鬼	年龄为 A 的人
	关系＋人		人	亲人、敌人、生人、友人	关系为 A 的人
	心情＋事物		抽象物	悲观、乐观、喜讯	感到 A 的 N
	境况＋人		人	名人、穷人、贫民	处于 A 境况的人
	态度＋人体构件		心	粗心、热心、细心	对人/事态度为 A

续表

语义结构	N 的语义	形名复合词（AN）	语义结构形式化表达式
时间值＋事物	时间	古代、近代、老年、往年、往日、长期、历年、晚年、青年、少年	时间值为 A 的 N
	具体物	新郎、新生 [2]、鲜花、老家、故乡	
	抽象物	故事（shi）、往事、新闻、新式、经费	
命名式 [①]	具体物	大便、小便、大脑、小脑、小麦、大麦	—

注：表格中加粗的复合词为喻指类复合词。

1.3　语素义与词义关系分析

加合型复合词词义等于语素义之和，如"认错"＝"承认错误"（张博，2019）。非加合型复合词可分为两类：补充型复合词（如"布鞋"）和喻指类复合词（如"铁窗、山头"）。

1.3.1　补充型复合词语素义与词义的关系

张博（2019）指出补充型复合词语素义直接但部分地表示词义，需要在语素义的基础上补充一些内容才能得到相应的词义。该文将补充型复合词的词义结构形式化为：

$C = S_1 + S_2 + X$（词义结构式中，C 表示词义，S 表示语素义，X 表示补充的语义内容。）

通过语素间语义关系的分析，可以看出补充型复合词需要补充的内容大都是有规律可循的。具体而言，将表示语素间语义关系的语义结构进行形式化概括可得到需要补充的内容。表 5-4 中以语义结构不同的 7 个动名

---

① "命名式"指以"形＋实体"原型语义结构来给某种或某类事物命名，如"大鲵／小鲵、大豆／小豆"，此时"大"用作名称标记的性质强烈，多半有"小"的对应组合，意在提示区别而不在描述（赵倩，2016）。

定中复合词为例，说明了将语义结构进行形式化概括可得到词义结构（C = S_1 + S_2 + X）中除语素义（S_1、S_2）之外的补充内容（X）。

表5-4　补充型复合词语素义与词义的关系

补充型复合词	语义结构及其形式化表达式	词义结构（C = S_1 + S_2 + X）
抹布	用途 + 器具（用于 <u>V n</u> 的 N）	用于抹桌子的布$_C$ = 抹（桌子）$_{S1}$ + 布$_{S2}$ + 用于……的……$_X$
教师	内容 + 人（从事 V 工作的人）	从事教育工作的人$_C$ = 教育$_{S1}$ + 师$_{S2}$ + 从事……工作的……$_X$
病人	状态 + 人（处于 V 状态的人）	处于生病状态的人$_C$ = 生病$_{S1}$ + 人$_{S2}$ + 处于……状态的……$_X$
背包	使用方式 + 器具（以 V 表示的方式使用的 N）	以背的方式使用的包$_C$ = 背$_{S1}$ + 包$_{S2}$ + 以……的方式使用的……$_X$
疗效	领有者 + 隶属物（V 具有的 N）	治疗具有的效果$_C$ = 治疗$_{S1}$ + 效果$_{S2}$ + ……具有的……$_X$
蒸汽	产生方式 + 产物（通过 V 方式产生的 N）	通过蒸发产生的气体$_C$ = 蒸发$_{S1}$ + 气体$_{S2}$ + 通过……产生的……$_X$
阻力	性质 + 事物（具有 V 表示性质的 N）	具有阻碍性质的力$_C$ = 阻碍$_{S1}$ + 力$_{S2}$ + 具有……性质的……$_X$

为什么将复合词语义结构进行形式化概括能够得到补充型复合词需要补充的内容呢？因为复合词语义结构表示的是语素间的语义关系，将语义结构进行形式化概括，可以提取出因语素和语素的组合而产生的结构义。

吕叔湘（1998：64）指出，"布鞋"不光有"布"的意义、"鞋"的意义，这是字（语素）本身的意义；还有"是一种鞋而不是一种布"的意义，这是靠字序（语素序）这种语法手段来表示的意义；还有"用……做成的……"的意义。谭景春（2000）认为"布鞋"中"用……做成的……"的意义是结构义，并指出"结构义是由词和词/语素和语素的组合带来的，它表示的往往是各组成成分之间的关系"。该文区分了"抽象结构义"和"具体结构义"，认为"窗帘布"和"布窗帘"的"抽象结构义"都是"名₁

修饰名$_2$"[①]，具体结构义却分别是"做（窗帘）用的（布）"和"用（布）做成的（窗帘）"。谭景春（2000）讨论的"抽象结构义"，其实可通过对词组/复合词的语法结构进行形式化概括而得到，如将"修饰语（A）+中心语（B）"进行形式化概括得到"A的B"；"具体结构义"可通过对词组/复合词的语义结构进行形式化概括而得到，如"'用途+事物'可形式化为'做A用的B'，'材料+事物'可形式化为'用A做成的B'"（张博，2018）。可见，复合词语义结构形式化概括是提取因语素组合而产生的"结构义"的方式。

1.3.2　喻指类复合词语素义与词义的关系

喻指类复合词可以分为全喻指类复合词（铁窗）和半喻指类复合词（寒$_{喻}$假、山头$_{喻}$）。

全喻指类复合词语素的组合义与词义之间存在基于转喻/隐喻形成的语义关联模式。全喻指类复合词语素义与词义的关系可以表示为：C＝［S$_1$+S$_2$+（X）］$_{语义关联模式}$。如，"铁窗"的语素义与词义的关系可以表示为：［监狱］＝［铁+窗+（用……做成的……）］$_{部分→整体}$。

半喻指类复合词的某一语素通过喻指之后与另一语素组合形成词义。半喻指类复合词语素义与词义的关系可以表示为：C＝［S$_{1语义关联模式}$+S$_2$+（X）］/C＝［S$_1$+S$_{2语义关联模式}$+（X）］。如，"寒$_{喻}$假"的语素义与词义的关系可以表示为：［在寒冷季节的假期］＝［寒$_{属性→具有该属性的季节}$+假期+（在……的……）］，"山头$_{喻}$"的语素义与词义的关系可以表示为：［山的顶部］＝［山+头$_{人体的顶部→自然物的顶部}$+（……领有的……）］。

综上可见，喻指类复合词的语素义与词义之间存在基于转喻/隐喻形成的语义关联模式。具体而言，全喻指类复合词的语素组合义（即字面义）与词义之间存在语义关联，半喻指类复合词的语素义和语素在词中显示出的意义之间同样存在语义关联。下面我们对喻指类复合词语素义与词义之间存在的语义关联模式进行说明。

1.3.2.1　名名定中复合词语素义与词义之间的语义关联模式

（1）人体构件的相对位置→自然物构件的相对位置

"山头、山腰、山脚"中的N$_2$均属于人体构件，在人的身体系统中位置凸显，可以喻指自然物的相对位置，其中存在的语义关联为"人体构件

---

① "名$_1$修饰名$_2$"应该是语义关系的表达，实际上抽象的结构义是"名$_1$的名$_2$"中的"的"。

的相对位置→自然物构件的相对位置"。

（2）处所→在该处所活动的团体

"家庭"中"庭"指"厅堂或庭院"，"家庭"的字面义是"家里的厅堂或庭院"，词义是"以婚姻和血统关系为基础的社会单位"。北大"现代汉语语义词典"中给"家庭"标注的语义类为"团体"。因此"家庭"的字面义与词义之间的语义关联为"处所→在该处所活动的团体"。

（3）空间上的相对方位→时间上的早晚次序

"方位、时间"存在认知上的隐喻关系，二者之间的关联模式可以概括为"空间上的相对方位→时间上的早晚次序"。

在方位的表达中，以"中"为界，"前、先"与"后"相对。在时间的表达中以"今"为界，"前、先"指较早的时间，"后"指较晚的时间，如"前天—后天""前年—后年"。

在方位的表达中，以"中"为界，"上"与"下"相对。在时间的表达中，以"中午"为界，"上午"表示白天中较早的一段时间，"下午"表示白天中较晚的一段时间；以"中旬"为界，"上旬"表示一月之中较早的一段时间，"下旬"表示一月中较晚的一段时间。

"跟前、眼前"均能同时表示"空间的距离近"和"时间的距离近"。

（4）事物→事物的形貌 / 状态 / 功能

"山脉、熊猫"中的 N_2 喻指"形貌如 N_2 的事物"，其中存在的语义关联为"事物→事物的形貌"。"威风"中以 N_2 表现出来的状态喻指抽象物的势态，其中存在的语义关联为"事物→事物的状态→抽象物的态势"。"车床、脑袋"以 N_2 喻指"功能如 N_2 的事物"，其中存在的语义关联为"事物→事物的功能"。

（5）建筑物→处所 / 机构；处所→机构 / 建筑物[①]

"馆、厅"指房舍或房间，由这两个语素构成的复合词"宾馆、餐厅、茶馆、饭馆"等指提供服务的机构或场所，可以抽绎出的语义关联模式为

---

① "建筑物、处所、机构"在我们的认知中关联密切。如，现在专门用来表示"机构"的语素"厅"的源义为"房间"，"府"的源义为"藏书之处"，"院"的源义为"围墙里房屋四周的空地"，可以抽绎出语义关联模式为"建筑物 / 处所→机构"。"建筑物 / 机构→处所"（建筑物→建筑物所在的地方 / 机构→提供一定服务的地方）同样是容易被激活的语义关联，如我们会把"花园"理解为"种花的地方"，把"书店"理解为"买书的地方"。因此语义结构为"用途 + 建筑物 / 处所 / 机构"的定中复合词，可以直接解释为"用来做什么的地方"。

"建筑物→处所 / 机构"。

"场"指"平坦的空地或面积较大的地方"。"场、地"均表"处所"义，但是由这两个语素构成的复合词有表示机构的，如"机场"，也有表示建筑物的，如"剧场、球场"，可以抽绎出的语义关联模式为"处所→机构 / 建筑物"。

（6）功能相似关联

"门口、路口、港口"中人体构件"口"的功能与特定"处所"的功能相似，因此"用于食物进出的人体构件"喻指"人 / 物等出入通过的地方 / 处所"。

（7）凭借物→动作

"口气"指"说话的气势"。"口"是用来"说话"凭借物，转指凭借"口"进行的动作。

1.3.2.2 动名定中复合词语素义与词义之间的语义关联模式

（1）建筑物 / 处所→机构

动名定中复合词中，一些复合词的语素义与词义之间同样存在"建筑物→机构"语义关联或"处所→机构"语义关联，前者如"食堂、旅馆"，后者如"牧场"。

（2）功能相似关联

"提纲"字面义为"提举网的总绳"，因"提举网的总绳"是重要的工具，因功能特征相似，所以以"提纲"喻指起重要或主要作用的内容。

1.3.2.3 形名定中复合词语素义与词义之间的语义关联模式

（1）实体面积、体积的大小→数量的多少 / 声音的高低；实体面积、体积的大小→顺序等级；实体面积、体积的大小→重要程度的高低

在我们分析的形名复合词中，表示"大小属性值"的形语素是"洪、太、细、零"，而"大"在一些复合词中则表示其他属性值。"大会"中"大"表示数量值，"大声"中"大"表示声音高，存在的语义关联模式为"实体面积、体积大小→数量的多少 / 声音的高低"。"大学"中"大"表示等级高，存在的语义关联模式为"实体面积、体积大小→顺序等级"。"大意"中"大"表示一种评价属性，存在的语义关联模式为"实体面积、体积大小→重要程度的高低"。

（2）属性→具有该属性的事物

"寒假、暑假"中，由表示属性义的"寒、暑"转指具有该属性的季

节，"寒假"即在寒冷季节的假期；"暑假"即在炎热季节的假期。

（3）物性值→人性值

"粗、细、热"本为"物性值"当中的"量化属性值"，在"粗心、细心、热心"中用"物性值"来表示"人性值"中的"态度"。

1.4　从两个维度的语义关系看语素法实施的条件

以往研究就语素义与词义关系说明了语素法实施的可行性和面临的困难。语素法实施的可行性在于：汉语中合成词占绝对优势，其中复合词约占词语总数的 77.3%（于海阔、李如龙，2011），且复合词的词义大都与其构词语素义有一定联系（肖贤彬，2002；李如龙、杨吉春，2004；李如龙、吴茗，2005 等）。语素法实施的困难在于：复合词的词义往往不是语素义的直接加合（彭小川、马煜逵，2010；肖贤彬，2002 等）。赵玮（2016）教学实验研究发现，对于直接加合型词语 ①，语素可以促进整词的加工；对于补充型、引申型词语，语素的激活可能会干扰甚至抑制整词的加工。直接加合型的复合词通常被认为适用于以语素法进行教学，非加合型复合词（包括补充型、引申型复合词）是否适用于以语素法进行教学、如何通过语素法进行教学尚存在争议。从本研究对定中复合词两个维度的语义关系分析来看，我们所分析的复合词大部分是非加合型复合词，极少是直接加合型复合词 ②。这说明语素法的实施必须要解决的问题是如何通过语素义帮助学习者有效地学习非加合型复合词的词义，否则只有极少数的复合词是自然地适用于以语素法进行教学的。

非加合型复合词包括补充型复合词（"布鞋"）和喻指类复合词（"铁窗、山头"）。我们所分析的 731 个定中复合词中，绝大多数复合词属于补充型复合词。此类复合词需要补充的内容大都是有规律可循的，即将表示语素间语义关系的语义结构进行形式化概括基本上可得到需要补充的内容。如，在语素义的基础上，语义结构为"用途＋器具"的名名（N_1N_2）定中补充型复合词都可以借助"用来（V）N_1 的［器具］N_2"得到相应的词义；语义结构为"使用方式＋器具"的动名（VN）定中补充型复合词都可以借助"以 V 表示的方式使用的［器具］N"得到相应的词义。补充型复合词

---

① 直接加合型复合词的词义等于语素义直接加合，包括两类词语，一类为"AB ＝ A ＋ B"，另一类为"AB ＝ A ＝ B"（赵玮，2016）。

② 仅"小类名＋大类名"的名名复合词，词义约等于前位语素义"$N_1N_2 \approx N_1$"

利用语素扩展释义时，教师要有意识地利用复合词语义结构形式化概括得到的表达式，对同一语义结构的复合词采用同一释义模式，注意培养学习者"基于复合词语义结构及其形式化表达式的理解策略"（张博，2018）。

喻指类复合词通常被认为不适用于语素法教学，因为研究显示学习者倾向于采用语素义直接加合策略理解喻指类复合词。如，学习者会将"死活"理解为"死了以后"或"活着的时候"（干红梅，2008），将"铁窗"解释为"用钢材做的窗户"（张江丽，2010），将"眉睫"解释为"眉毛和睫毛很近"（赵玮，2016）。喻指类复合词的语素义与词义之间存在基于转喻/隐喻形成的语义关联模式。若要利用喻指类复合词的语素义及语义结构形式化的表达式通达词义，还需借助语素义与词义之间存在的基于转喻/隐喻形成的语义关联模式。

张博（2009）提出强化学习者对汉语词义相应衍化呈现出的语义关联模式的理解，有助于化解词汇学习难点，如学习者通过激活"头—首领"这一语义关联，能够正确地猜出"头儿"的意思。张博（2018）进一步阐释了"基于转喻的语义关联模式"在词汇教学中的作用，强调培养学习者基于语义关联模式的词义理解能力。学习者之所以"倾向于通过直接加合语素义推断喻指类复合词的词义"（干红梅，2008；张江丽，2010；赵玮，2016；赵凤娇，2017等），是因为学习者并不知道喻指类复合词的语素义与词义之间的"语义关联"是什么。如，赵玮（2016）指出，"学习者将'眉睫'解释为'眉毛和睫毛很近'说明学习者知道'眉'和'睫'的意思，但对于词义，理解为空间距离近，而不是时间近"。教学时，教师若对"空间→时间"这一语义关联稍加提点，学习者马上就能明白"眉睫"的意思。因为时间的表达一般都用空间概念的投射（蒋绍愚，2015：457），"空间→时间"这一语义关联模式在汉语中是相当普遍的。鉴于此，我们认为若将语素义与词义之间存在的基于转喻/隐喻而形成的"语义关联模式"（张博，2009、2018）引入语素法中，喻指类复合词同样可以利用语素法进行教学。

本研究分析出的喻指类复合词语素义与词义之间的语义关联模式，基本上是汉语中比较普遍的语义关联模式，如"建筑物—处所—机构""空间上的相对方位→时间上的早晚次序""事物→事物的形貌/状态/功能""属性→具有该属性的事物"等。我们建议在对喻指类复合词利用语素义猜测词义时，教师要注意提示语素义与词义之间的语义关联模式，培养学习者

"基于隐喻、转喻形成的语义关联模式的理解策略"（张博，2009、2018），同时可连类而及地教授具有相同语义关联模式的复合词。如"眼前"语素组合义与词义之间的语义关联为"空间的距离近→时间的距离近"，教授"眼前"一词时，学习者很容易理解其字面义，教师需要提示学习者"事物近在眼前"之义也可以表示"离现在近的时间"的意思。"眼下、目下、目前、跟前"等都可以表示"现在"或"距离现在比较近的时间"。

1.5　结语

张博（2009、2018）提出两个重要的词汇教学理念：（1）语素法应重视复合词的语义结构及其形式化的表达式在教学中的作用；（2）词义衍化呈现出的语义关联模式的分析，有助于化解词汇学习难点。基于这两个理念，我们重新审视语素法中"语素义与词义关系如何处理"这一难题，认为复合词有两个维度的语义关系：一是语素间的语义关系，二是语素义与词义的关系，分析这两个维度的语义关系能够为语素法的实施提供必备条件。利用语素进行词汇教学时，对于加合型复合词，教师仅通过分析其构词语素义就能帮助学习者理解词义，对于非加合型复合词，除了分析语素义，教师还需要分析语素间的语义关系和语素义与词义的关系，才能帮助学习者理解词义。

二、初级汉语学习者同形语素意识与词义推测、阅读理解的关系 *

2.1　引言

阅读理解本质上是学习者对文本进行意义的建构，因此如何更为有效

　　* 本节作者朱文文、程璐璐、陈天序。本节内容曾以"初级汉语学习者同形语素意识与词义推测、阅读理解的关系研究"为题发表于《世界汉语教学》2018 年第 2 期。本研究得到北京语言大学青年英才培养计划、教育部人文社会科学重点研究基地重大项目"基于汉语词汇特征的二语词汇教学实证研究"（15JJD740006）和北京语言大学梧桐创新项目"汉语第二语言词汇教学的实证研究创新平台"（中央高校基本科研业务专项资金）(项目编号：17PT02）经费支持。感谢北京语言大学苏英霞教授的指导。本节曾在《世界汉语教学》编辑部主办的"第五届青年学者论坛"（2017 年 9 月）上宣读，感谢冯丽萍教授对文章的点评。感谢《世界汉语教学》匿名审稿专家提出的宝贵修改意见。

地帮助学习者提取文本信息一直是研究者关注的焦点。阅读成分理论（a componential view of reading）认为，学习者的阅读能力是由不同层次的分技能构成的（Carr & Levy，1990：3；Koda，2005：19），包括元语言意识（metalinguistic awareness）、词汇知识和词义推测能力（lexical inference）等。其中，词义推测能力被认为是阅读理解能力的一个重要指标（proxy），指学习者综合语境信息和词内信息，利用已有语言知识推测未知词语的能力（Haastrup，1991：13；Wesche & Paribakht，2010：3-5）。而"元语言意识"是一种识别、分析及处理抽象语言结构的能力。这种能力使得语言学习者能够切分词语的语音和语素成分（Koda，2007），主要包括语音意识和语素意识。其中，语素意识被定义为学习者为了理解词语意义对词内语素结构进行有意识剖析的能力（Carlisle，1995）。

国外阅读研究领域对学习者语素意识在词义推测及阅读理解中的影响一直较为关注。目前以英语作为目标语言的研究结果显示，无论对第一语言还是第二语言学习者，语素意识在阅读理解中都发挥着重要作用，如Nagy，Berninger & Abbott（2006）、Kieffer & Lesaux（2012）。同样，语素意识对词义推测也有着重要的积极影响，如Carlisle（2000）、Zhang & Koda（2012）。近年来，汉语作为第一语言的研究也进一步证实了语素意识对儿童词义推测及阅读理解发展的重要性，如Ku & Anderson（2003）、Zhang（2016b）。

需要说明的是，与字母语言不同，作为语素音节语言的汉语，其语素意识可以细化为三个方面（Li et al.，2002）：（1）同形语素（homographs）意识。所谓"同形语素"，指两个语素字形相同，但在词中意义不同。我们认为，这其中又包含"同形同音语素"和"同形不同音语素"。前者如双音词"口水"和"口袋"中都包含语素"口"，两个"口"发音相同，但语素义并不相同，因此"口"在这两个词中属"同形同音语素"。"同形不同音语素"指字形相同但读音和意义均不相同，如"和面"的"和huó"与"和平"的"和hé"。（2）同音语素（homophones）意识。"同音语素"即两个语素发音相同，但字形和意义均不相同。如"蓝天"和"篮球"中，词首语素读音均为"lán"，但二者字形与意义均不同；（3）汉字的形旁

（semantic radical）意识[①]，主要涉及学习者对形声字中表意形旁的理解，比如是否可以认识到"氵"在"江"字中的表意作用。总的来说，同形语素意识和同音语素意识指学习者对于相应类别语素的敏感性。

对外汉语学界很早就针对词汇教学提出了语素教学法，并进行了与语素知识相关的习得研究。但多数研究关注语素自身的属性，及其与词汇教学、习得效果之间的关系，如语义透明度（谭秋瑜，2011）、语素自由度（邢红兵，2006；王娟、邢红兵，2010；许晓华，2016）、语素义与词义推测的关系（张和生，2006；张江丽，2010）及语素义与词汇意义的关系对词汇教学法的影响（赵玮，2016）等。这些研究虽然从不同角度说明了汉语语素及学习者语素知识对汉语作为第二语言词汇、阅读学习的积极意义，但需要指出的是，上述研究均未把学习者的语素意识作为一种阅读分项能力进行直接测量。

尽管目前从学习者汉语语素意识角度出发，探讨汉语第二语言阅读的研究仍比较有限，但值得关注的是，已有研究者开始使用实证研究方法直接考察汉语语素与词汇学习、词义推测及阅读理解的关系。郝美玲、张伟（2006）以41名初级阶段汉语学习者（学习时间为半年到一年）为样本，进行了语音意识测试、汉字快速命名测试、语素意识测试和汉字测试。通过多元回归分析，她们发现语素意识对留学生的汉字学习成绩具有独特的预测作用。Zhang（2016a）重点考察在海外项目学习的中高级汉语水平留学生汉语语素意识在词汇学习中的重要贡献。171名被试参加了4项语素意识测试和2项词汇知识测试。结构方程模型显示，语素意识对于汉语作为第二语言的词汇知识有很好的预测作用。同时，回归分析也证实了语素意识作为一个多方面能力对词汇知识的重要性。张琦、江新（2015）以88名具有不同语言背景的中、高级汉语学习者为样本，重点探讨第二语言学习者汉语语素意识与阅读理解的关系。通过对被试同音语素意识、同形语素意识和阅读理解水平的测试，她们发现同形语素意识对阅读理解的预测作用要大于同音语素意识，且语素意识对阅读理解的预测作用受到学习者汉语水平的影响。高级学习者的同音语素和同形语素意识对阅读理解均有显著的预测作用，而中级学习者的同音语素及同形语素意识对阅读理解都

[①]　形声字的义符（semantic radical）是否可被看作语素（morpheme）在海外阅读研究中争议较大。由于篇幅限制，本节不涉及汉语语素概念的讨论。本节中的语素仅限于词汇层面，即是最小的音义结合体（朱德熙，1982）。

没有预测作用。吴思娜（2017）以中级汉语水平的学生为研究对象，采用结构方程模型方法，考察了泰国汉语学习者词汇知识、语素意识、词汇知识推理与汉语阅读理解的关系。研究发现，语素意识对阅读理解的间接效应大于其直接效应。

上述实证性研究帮助我们进一步理解了语素意识在汉语作为第二语言的词汇、阅读中的重要性。然而令人遗憾的是，现有研究少有将语素意识分层次直接测量，对语素意识与词义推测、阅读理解之间关系的研究也尚有进一步挖掘的空间。许多关于汉语学习者语素意识的问题目前尚不清楚。例如，作为一项分层次（multilayer）技能，语素意识应该如何测量？不同层次的语素意识是否对词语猜测、阅读理解有不同影响？对于缺少足够语言知识的初级阶段学习者，语素意识是否对于他们进行词语猜测以及阅读理解有所帮助？考虑到语素意识在汉语阅读能力发展中的重要性，本研究将围绕上述问题进行展开。

鉴于篇幅所限，本研究重点探讨汉语语素意识中的一个方面，即同形语素中的同形同音语素意识。为叙述方便，以下简称同形语素意识。我们将通过两个语素意识测试、一个词义推测测试和一个阅读理解测试，进一步考察：初级水平汉语学习者的同形语素意识与词义推测能力及阅读理解能力之间存在何种联系。具体来说，同形语素意识强的学习者是否在词义推测及阅读理解方面存在明显的优势。若答案为肯定，我们将考察同形语素意识在多大程度上可以预测初级汉语学习者的词义推测及阅读理解能力。在此基础上，我们将探讨初级汉语教学中学习者语素意识培养的问题。

2.2　研究方法

本研究对被试进行了四项不同的书面（纸笔）测试，所有测试均在课堂上完成。在全部测试结束后，我们统计被试在各项测试中的相应得分，使用 SPSS 21.0 作为统计分析工具，对获取的数据进行描述性统计、聚类分析、独立样本 t 检验、相关性分析及回归分析等统计分析，从而考察同形语素意识与初级阶段汉语学习者词义推测能力、阅读理解能力的关系。

2.2.1　被试

本研究以北京语言大学初级阶段来华留学生为研究对象，共有 40 名学生完成了全部四项测试，他们年龄在 18 至 20 岁之间，女生 18 人，男生 22 人。所有被试均为零起点学生，即来华前无汉语学习经验。他们在学习汉语至第二学期期中阶段参加测试。被试均为非华裔，分别来自阿尔巴尼亚（1 人）、阿富汗（1 人）、安提瓜和巴布达（2 人）、巴布亚新几内亚（1 人）、白俄罗斯（1 人）、贝宁（2 人）、赤道几内亚（2 人）、东帝汶（3 人）、俄罗斯（1 人）、佛得角（1 人）、格林纳达（1 人）、海地（1 人）、吉尔吉斯斯坦（2 人）、几内亚比绍（4 人）、津巴布韦（1 人）、马达加斯加（1 人）、马拉维（1 人）、马来西亚（1 人）、马里（1 人）、秘鲁（1 人）、缅甸（2 人）、墨西哥（1 人）、尼泊尔（1 人）、萨摩亚（1 人）、塔吉克斯坦（2 人）、土库曼斯坦（1 人）、瓦努阿图（1 人）、委内瑞拉（1 人）、乌兹别克斯坦（1 人）等 29 个国家，不包括日本、韩国等汉字文化圈国家。

2.2.2　测量工具

本研究包含四项测试：语素测试-1、语素测试-2、词义推测测试和阅读理解测试。其中语素测试-1 和语素测试-2 改编自 Ku & Anderson（2003）以及 Zhang（2016a）使用的测量工具，分别从两个角度考察学习者的"同形语素意识"。词义推测测试和阅读理解测试均改编自"中国政府奖学金本科来华留学生预科教育结业考试汉语综合统一考试试卷"。需要说明的是，本研究对汉字和词汇等测试材料的选择主要来自《中国政府奖学金本科来华留学生预科教育教学大纲（基础汉语、专业汉语）》（2015 版），在判断语素或词为已学还是未学时主要依据被试授课教师的判断，即教师依据对被试整体学习情况的了解，判断被试整体对于目标词的熟悉程度。下面我们对这四项测试分别做简要介绍。

（1）语素测试-1 主要考察学习者是否有能力辨别同形的个体语素与词内语素意义是否相同。如果着眼于双音节词语来说，该测试可被视为考察学习者在心理层面对双音节词语进行切分（segmentation）的能力。为避免因对词义或语素义不了解而影响学生的判断，语素测试-1 中所有的单字语素和双字词均为学生已经学过的内容。在测试中，我们要求被试判断单字语素与双字词中同形的字是否具有相同意义，相同画√，不同画 ×。例如：

1.（　　）鸡　　鸡蛋

2.（　　）小　　小心

第 1 题中，单字语素"鸡"与"鸡蛋"中的"鸡"意义一致，因此答案应为√。而第 2 题中，单字语素"小"与"小心"中的"小"意义显然不同，因此应画 ×。本测试共 20 个项目，总分值 20 分，每题答对得 1 分，答错或不答计 0 分。

（2）语素测试-2 主要考察学习者对同形语素意义的区分（discrimination）能力，即是否有能力识别相同字形的语素在不同词语中所表达的不同意义。与语素测试-1 中直接对比个体语素与词内语素相比，语素测试-2 要求学习者首先对多个词语中的语素分别进行切分和提取，然后进行意义的辨识和对比，其难度相对更大。理论上，切分能力与意义识别能力既相互关联又相对独立，需要学习者不同的认知能力。意义辨识能力需要更多的具体语言知识的支持。该测试中，我们要求被试从三个词语中选取一个语素意义不同的词，例如：

1. 口红　　口水　　口袋
2. 学者　　读者　　或者

第 1 题中，"口红、口水、口袋"三个词都包含同形语素"口"，但"口红"和"口水"中的"口"显然都表示"嘴"，而"口袋"中"口"的意义与"嘴"的意义并不直接相关。故此题正确答案应为"口袋"。本测试共包含 16 个项目，总分值 16 分，每题答对得 1 分，答错或不答计 0 分。

（3）词义推测测试主要考察学习者利用词内及句内信息猜测新词意义的能力。在该测试中，每题题干的句子中都有一个画线词语，要求学生从四个选项中找出一个跟该词意义相同或相近的选项。画线词语为未学过的词语，选项中词语则均由已学过的汉字组成。如：

1. 请你给我家人带个口信，说我今天晚点儿回家。

　　A. 口语　　　B. 消息　　　C. 信封　　　D. 邮件

2. 医院里像他这样的病号很多。

　　A. 病人　　　B. 衣服　　　C. 时间　　　D. 数字

本测试共 20 个项目，总分值 20 分，每题答对得 1 分，答错或不答计 0 分。

（4）阅读理解测试主要考察学习者综合阅读能力以及对篇章的理解能力，包括 10 篇从 50 字到 200 字不等的短文。学生根据短文内容对问题

（针对段落大意和文章细节）进行回答。本测试共 21 个项目，总分值 21 分。每题 4 个选项，答对得 1 分，答错或不答计 0 分。

2.3 统计结果

我们对 40 名被试的四项测试结果分别进行了统计，结果显示初级阶段汉语学习者的同形语素意识与他们的词义推测和阅读理解能力均有显著关联，具体如下：

2.3.1 描述性统计和相关性分析

表 5-5　各项测试的描述性统计

测试	平均数（M）	标准差（SD）	最小值	最大值
语素意识-1	0.77	0.13	0.50	0.95
语素意识-2	0.61	0.16	0.19	0.88
词义推测	0.67	0.17	0.25	1.00
阅读理解	0.75	0.17	0.43	1.00

注：平均数、标准差、最小值和最大值均为该测试中学生得分与总分的比值

表 5-6　各项测试的相关性统计

	1. 语素意识-1	2. 语素意识-2	3. 词义推测	4. 阅读理解
1. 语素意识-1	—	0.362*	0.428**	0.315*
2. 语素意识-2		—	$0.286\,(p=0.07)$	0.336*
3. 词义推测			—	0.624**
4. 阅读理解				—

注：$*p < 0.05$，$**p < 0.01$。

首先，从表 5-5 中语素测试-1 和语素测试-2 的数据（即平均数、标准差、最小值和最大值）我们可以看到，初级汉语水平学习者的同形语素意识存在一定的个体差异。其次，综合表 5-5 和表 5-6 的数据我们发现，除语素测试-2 与词义推测之间存在接近相关（$r(38) = 0.286$，$p = 0.07$）外，其他各项测试之间都存在显著相关（$p < 0.05$）。即初级汉语学习者同形语素意识、词义推测能力和阅读理解水平这三者之间彼此紧密关联。以

此为基础，我们将进一步分析这三种阅读能力之间的关系。

2.3.2　聚类分析和独立样本 *t* 检验

我们根据 40 位被试的语素意识测试–1 和测试–2 的成绩，使用两步聚类分析（two-step cluster analysis）将其分为两组：同形语素意识较高组（下文简称"高组"）和同形语素意识较低组（下文简称"低组"）。轮廓系数（Silhouette Coefficient）为 0.6，显示聚类效果良好。其中"高组"包括 22 名被试，语素意识测试–1 平均成绩 0.86（$SD = 0.05$），语素意识测试–2 平均成绩 0.67（$SD = 0.12$）；"低组"包括 18 名被试，语素意识测试–1 平均成绩 0.65（$SD = 0.09$），语素意识测试–2 平均成绩 0.54（$SD = 0.17$）。

随后，我们又分别统计了"高组"和"低组"的词义推测测试成绩，结果显示："高组"（n = 22）的平均分为 0.76（$SD = 0.14$），而"低组"（n = 18）的平均分为 0.56（$SD = 0.15$）。独立样本 *t* 检验显示：$t(38) = 4.43, p < 0.001$，说明两组学生的词义推测能力在统计上差异显著，"高组"学生的词义推测能力显著高于"低组"学生。换句话说，同形语素意识强的学生，其词义推测能力也显著优于同形语素意识相对较弱的学生。

同样，我们又分别统计了"高组"和"低组"的阅读理解测试成绩，结果显示："高组"（n = 22）的平均分为 0.87（$SD = 0.16$），而"低组"（n = 18）的平均分为 0.69（$SD = 0.15$）。独立样本 *t* 检验显示：$t(38) = 3.53, p < 0.05$，说明两组学生的阅读理解能力在统计上差异显著，"高组"学生的阅读理解能力显著高于"低组"学生。也就是说，相对于同形语素意识相对较弱的学生，同形语素意识强的学生在阅读理解方面也有明显优势。

2.3.3　单因素回归分析

以上统计分析显示，同形语素意识强的学习者在词义推测能力和阅读理解能力上存在显著优势。为进一步分析语素意识与词义推测能力、阅读理解能力之间的关系，我们分别以词义推测和阅读理解作为因变量，以语素意识–1 作为预测变量进行了单因素回归分析。词义推测的回归分析结果显示：$F(1, 38) = 8.52, p < 0.01$，同形语素意识是词义推测能力的显著预测变量，变异性为 18.3%（$R^2 = 0.183$）。根据 Cohen（1988：413）对单因素回归分析中 R^2 值大小的度量（0.01，0.09 和 0.25 分别表示小、中和大的效应量），说明同形语素意识对于词义推测的解释度接近大效应。同

样，阅读理解的回归分析结果显示：$F(1, 38) = 4.20$，$p < 0.05$，同形语素意识是汉语阅读理解水平的显著预测变量，变异性为 10.0%（$R^2 = 0.100$），略大于中效应。这进一步证实了学习者的同形语素意识能够在很大程度上预测学习者词义推测能力和阅读理解水平的高低。我们还以阅读理解测试为因变量，以词义推测为预测变量进行了单因素回归分析，结果显示：$F(1, 38) = 24.22$，$p < 0.001$，即词义推测能力是阅读理解的显著变量，变异性高达 38.9%（$R^2 = 0.389$），效应量很大。

2.4 讨论

本节的主要研究问题是：同形语素意识强的初级汉语学习者是否在词义推测及阅读理解方面存在明显的优势？如果是，同形语素意识在多大程度上可以预测学习者的词义推测及阅读理解能力？通过上文的数据分析我们看到，初级阶段的汉语学习者同形语素意识存在一定的差异，而这种语素意识上的差异又反映在他们词义推测及阅读理解的表现上。这一结果与我们的预测比较一致。

在词义猜测中，语素意识可以帮助学习者充分利用词内信息和已有知识对陌生词语进行意义的推测。毕竟，语素意识代表着一种能力，即有意识地切分词内结构及识别语素信息。特别是对于语义透明度较高的词语，具备这种词内分析能力对于汉语学习者特别重要。例如面对"险地"这样的完全透明词语，学生甚至无须语境的帮助，即可推测出该词意思为"危险"+"地方"。而汉语中语义完全透明或半透明的词占常用词的 93.53%（李晋霞，2011）。具体来说，李晋霞（2011）根据《现代汉语词典》(第 5 版)的释义，发现在 33095 个常用双音节、三音节词语中，9488 个（28.67%）词语为语义完全透明词，21467 个（64.86%）为语义半透明词，而只有 2140 个（6.47%）为语义完全不透明词。因此，这也就不难理解为何具备较强同形语素意识的学习者在词义推测上表现更好。

而在阅读理解中，虽然语素意识强的学习者依然表现出明显的优势，但其贡献度似乎没有在词义推测中明显。本研究中语素意识对阅读理解的贡献度为 10%，效应量为中等。张琦、江新（2015）甚至没有发现中级水平汉语学习者的同形语素意识对阅读理解有预测作用。然而我们认为，这样的结果并不能降低语素意识在阅读理解的重要性。参考阅读成分理论的观点，学习者的阅读能力（reading ability）可被进一步细分为各项分技能

（sub-skills）。这些分项技能又分为低层级能力（lower-level processing）和高层级能力（higher-level processing）。其中低层级能力取决于学习者使用语素（morphological）、语音（phonological）和正字法（orthographic）信息来识别词语（word recognition）的能力（Nassaji，2014）。高层级能力是学习者使用句法（syntactic）和语义（semantic）信息理解词、句的能力（Landi，2010）。不同层级的分技能之间彼此独立但相互关联。低层级技能的获得可以对高层级技能有所贡献。具体到汉语来说，我们认为，语素意识、词义推测能力和阅读理解能力属于层层递进的三个层级的能力，低层级的能力对相邻的高层级能力有直接贡献。因此，语素意识作为一种低层级技能，可直接用于词义的推测，故而对词义推测贡献度较大。但由于语素意识与高层级的理解能力不属于相邻层级，而是间隔着词义推测能力，因此我们推测，它无法直接作用于更高层级的阅读理解能力，而是更多地以间接方式促进学习者的阅读理解能力。故而其对阅读理解能力的贡献度虽相对较小但不容忽视。这一点也可以从语素意识对词义猜测的重要贡献，以及词义猜测与阅读理解之间的强相关关系（$r(38) = 0.624, p < 0.01$）得到证实。同时，词义推测能力是阅读理解的显著变量这一结果再次佐证了阅读成分理论中各分技能间的层级性关系。

　　需要承认的是，学习者的语素意识与其词汇知识水平存在显著关联（Zhang，2016a），即词汇水平（包括词汇量和词义理解的深度）高的学习者通常也具有较高的语素意识。而本研究并未讨论在语素意识对词义猜测及阅读理解的预测作用中，词汇知识对它们关系的影响。词汇知识水平是否会改变语素意识在词义推测及阅读理解中发挥的作用，将是我们今后进一步研究的重点。

2.5　教学建议

　　同形语素意识作为一种元语言能力，在多个层面都有利于学习者的汉语学习。由于汉语在词、短语、句子不同层面上的基本构造规律较为相似，学习者元语言能力的提高不但可以加强对词语层面的理解，而且可以进一步影响他们对于更高层面的短语、句子乃至篇章的理解。首先，同形语素意识有助于减轻学习者的词汇记忆负担，提高学习效率，有助于他们长期的、可持续性的学习。其次，同形语素意识的培养有助于学生变被动地接受知识为主动地内化知识。如在学到"售货员"时，同形语素意识高的学生更易于将其与之前学过的"服务员、营业员"联系起来，从而总结出语素"员"表示"（工作或学习的）人"的意义。又如在学到"打电话"时，同形语素意识高的学习者更易于将其中的"打"与"打篮球"中的"打"进行联系和对比，自主归纳出同形语素"打"的不同意义。第三，同形语素意识可在一定程度上帮助学习者完成课堂学习的延伸，提高课外自主学习的效率。在课外学习中，学习者不可避免地会遇到大量没有学过的生词，如何合理、有效地处理这些生词对他们的课外学习效果至关重要。如果学习者具有较强的同形语素意识，能够在语境的帮助下，根据词内语素的组合自主分析、合理推测词义，降低理解障碍，那么就能够大大提高学习效率，从而实现有效的自主学习。

　　培养和提高学生的同形语素意识可以从多个角度入手。一方面，教师需要有意识地、系统地训练学生的语素意识。特别是在遇到构词能力强的语素时，可以采用多种方法训练学生，培养他们的语素意识。比如，可以让学生根据老师的提示，围绕某个语素扩展词语，如在学到"好吃"时，老师可以通过练习扩展出"好听、好看"等词。再如，当学到"同学"这个词时，我们可以围绕"同"这一语素，让学生猜测"同屋"和"同事"的意思。总之，这种有意识地以语素为核心，不断激活相关词语的训练方式，在帮助学生获得新词、扩充词汇量的同时，还有利于强化他们的语素意识。

　　另外，教材编写者们也应当有意识地在初级阶段汉语教材的课后练习中增加同形语素意识训练的内容，提供多种练习模式帮助这一阶段的学习者提高汉语同形语素意识。比如可在课后设计如下练习：

　　比一比：请用给出的汉字和方框里的汉字组词，比一比，看谁组的词多。

电

话	梯	船	刷
灯	视	影	车
脑	楼	听	洗

　　总之，虽然关于汉语语素意识训练的相关研究在第二语言的研究中还不多见，但参考汉语作为第一语言的相关研究（如 Packard et al., 2006），我们有理由相信，虽然学习者的同形语素意识发展存在个体差异，但通过教师主动的语素意识培养及合理训练，我们可以引导语素意识较弱的学生去理解词语的内部结构，让模糊的语素意识变得清晰。同时，也可以让语

素意识较强的学生能够更主动地应用这种能力对于词语进行学习、分析。

2.6 结语

本研究通过四项阅读能力测试，主要讨论了初级阶段汉语学习者同形语素意识对词义推测、阅读理解的影响。我们发现，同形语素意识强的学习者在汉语词义推测及阅读理解方面都表现出明显优势。同形语素意识对学习者的词义推测及阅读理解能力均有独立的显著贡献。但是，还有很多问题值得我们进一步思考，如语素意识是一种多层级的能力，如何更加有效地测试汉语语素意识及其不同的下位能力？另外，由于语素通过汉字得以表征，所以关联同形语素的线索是意义，但是把握同形语素的前提是汉字的认知。所以汉字认知与学习者同形语素意识的关系也值得我们进一步思考。最后，本研究在实验材料的选择上还需要进一步细化，今后除了依靠学生使用的教材及任课教师的判断外，还应增加实验材料选择测试环节。最后，由于样本数量有限，也使得我们无法使用更为有效的统计方法进一步分析各阅读分技能之间的关系。今后的研究中需要扩大样本数量、纯化被试的母语背景，通过诸如多因素回归分析、路径分析等方法，得到更为有力的实验证据。

三、语素义项频率及构词力对复合词词义猜测的影响 *

3.1 引言

语素多义现象是汉语中普遍存在的现象。研究表明，现代汉语中的常用语素大部分为多义语素（谭永康，1995；邢红兵，2006）。同时，多义语素也是对外汉语教学中的重点和难点。对于汉语二语学习者来说，母语者自然习得的一词多义或非常用义，到学习者那里就成了问题（张博，2018）。

———————

　　* 本节作者李琪。本节内容曾发表于《海外华文教育》2019 年第 3 期。本研究得到教育部人文社会科学重点研究基地重大项目（15JJD740006）和北京语言大学梧桐创新项目"汉语第二语言词汇教学的实证研究创新平台"（中央高校基本科研业务专项资金）(项目编号：17PT02) 资助。论文写作过程中得到了导师张博教授的悉心指导，江新教授、程娟教授、孟凯副教授和钱旭菁副教授的宝贵建议和同门师友的帮助，谨致谢忱。

　　近年来的汉语词汇习得研究证明了多义语素会影响学习者对复合词词义的猜测效果。刘颂浩（2001）调查了中级水平留学生对"发愁""即兴""正视"三个词的猜测情况。结果显示，留学生除利用语境线索外，还会利用语素知识推测词义，但即使他们使用了正确的策略，进行了合理的猜测，其猜测结果也仍可能不正确。其中确定多义语素的意义便是一大难点。郭胜春（2004）从词语结构、语素义与词义的关系、语素的显义程度考察了汉语语素义在留学生词义获得中的作用，认为"一字多素"与"一素多义"的现象会影响被试的词义猜测成绩。陈萍（2005）从词汇结构、语素义与词义的关系考察了汉语语素义对留学生词义获得的影响，发现语素的多义性与"一字多素"现象会影响留学生正确地推知词义。干红梅（2009）通过实验考察了词语结构对汉语阅读中词汇学习的影响，发现词语结构影响学习者的词汇学习效果，但其影响力远远小于语素因素的影响力。其中语素因素主要针对多义语素而言。

　　下面是上述实验中体现多义语素影响词义猜测结果的部分误例①：

（1）公事：公司的事情／公平的事情（公：公司／公平）
（2）平地：平等的土地／公平的地方（平：平等／公平）
（3）改天：改变天气／改变天意（天：天气／天意）
（4）国情：国家的感情（情：感情）

　　尽管通过词义猜测实验，不少学者已经注意到了多义语素对复合词词义猜测的影响，但尚未有人专门探讨多义语素本身的特性对复合词词义猜测的影响。

　　以往学者多采用词汇判断的实验方法考察学习者习得多义语素的情况。冯丽萍、宋志明（2004）考察了词素性质、构词能力对不同母语背景留学生识别中文词素的影响。王娟、邢红兵（2010）考察了单音节多义语素义项类型、构词能力和义项间的语义相关性对留学生判断多义语素的影响。从目前的研究来看，鲜有学者采用词义猜测的实验方法对多义语素的习得情况进行考察。此外，以往研究多关注多义语素的习得情况，较少关注多义语素在复合词内的习得情况。这些问题都值得进一步探究。

---

　　①　误例中，所有多义语素的入词义项都出现在《汉语国际教育用音节汉字词汇等级划分》（本节简称《等级划分》）的"普及化词汇"和"中级词汇"中。上述实验的被试都是中级水平以上的学习者，基本上可排除对多义语素释义错误是受陌生义项的影响。

分析以上误例后我们发现，学习者对多义语素释义错误，大多不是因为该多义语素的入词义项对学习者来说是陌生义项，而是因为混淆了已经学过的义项。混淆的主要表现是学习者倾向于用已知的高频义项来解释复合词中多义语素的意义。如误例（2）中学习者的错误释义"公平"相对于正确释义"平坦的"是使用频率较高的语素义项。这表明，"频率效应"对于第二语言学习者多义语素义项提取或语义识别起着至关重要的作用。

"频率效应"（Frequency Effects）理论认为，人对事物的认识是一种复杂的意识状态，在生理层面表现为存在于大脑里的感官刺激和反应之间的一种联系（association）。正因为这种联系的存在，人才会在受到相同刺激时产生同样的反应；而随着这种联系不断加强，刺激与反应之间的关系也趋于自动化。（Ellis & Schmitt，1998；Ellis，2002）"频率效应"在语言学习中的表现，从 20 世纪 70 年代开始就已被国内外众多的研究所证实。那么，多义语素的入词义项频率较高时，学习者对复合词词义的猜测成绩会不会更好？除了义项频率以外，频率效应是否还与多义语素的构词力有关（构词力意味着语素在复合词中的出现频率，故我们也将其视为一种频率）？哪种类型的频率影响程度更大？这两种类型的频率是否会产生叠加效应？

从以往词义猜测研究中我们发现，影响复合词猜测的多义语素多为形容词性多义语素。因此，为了回答以上问题，我们尝试以形容词性多义语素为例，展开实证研究，从多义语素的义项频率和构词力两个角度尝试探究频率效应对学习者猜测含有多义语素的复合词词义的影响。

3.2　研究方法

本研究采用 2×2 两因素被试内实验设计，包括两个自变量：多义语素的义项频率（义项频率高和义项频率低）和多义语素的构词力（构词力强和构词力弱），因变量为被试在词义猜测过程中所得的分数，控制变量为多义语素的笔画数、构词位置（前位）、复合词的语义透明度、词语结构（偏正式）和句子的语境支持度。

3.2.1　被试

被试为北京语言大学预科学院 C 班的 40 名中级水平[①]的留学生。为避

---

① 为保证被试水平为中级，我们在实验正式施测前对被试进行了识字量测试。识字量测试中的汉字均选自《等级划分》，并根据等级进行排列，共 100 个汉字，认读出 65 个以上即为合格。

免被试的母语背景对实验结果造成影响，我们平衡了不同母语背景的被试人数，最后分别选取来自汉字文化圈的留学生与非汉字文化圈的留学生各20人。被试的母语背景分别为韩语（20人）、乌尔都语（6人）、俄语（3人）、蒙古语（2人）、马来语（2人）、英语（1人）、德语（1人）、土库曼语（1人）、印尼语（1人）、柬埔寨语（1人）、土耳其语（1人）、塔吉克语（1人）。

3.2.2　实验材料

本研究选取的实验材料是含有一个形容词性多义语素的偏正式双音节复合词，且该词为单义词。具体的筛选步骤如下：

首先，确定复合词中的多义语素是被试认识的"熟字"。考虑到被试的语言水平，我们从《等级划分》的"普及化""中级"词汇表中筛选出可用于构词的单音节形容词162个，再通过查阅《现代汉语词典》(第7版，本节简称《现汉》) 筛选出具有多义性的119个词作为本研究所考察的"多义语素"。排除在《等级划分》中只在单一义项上构词的72个语素，剩余形容词性多义语素47个。

其次，根据多义语素的构词力强弱进行进一步筛选。我们以《等级划分》为参考文本，将上一步筛选出的47个语素在《等级划分》中的所有复合词中进行检索，并将其按照构词数由多到少的顺序进行排列。为平衡所选语素的数量，并使所选词语在语素构词数量上的差异更加明显，我们将空出构词数量为8个和9个的语素不选，将构词数大于或等于10个的语素认定为构词力强的语素（21个），构词数在0到7个之间的则确定为构词力弱的语素（19个），得到语素40个。

再次，根据义项频率确定复合词。为了保证实验词语对于被试来说是"生词"，我们在《等级划分》"高级""高级'附录'"词汇表中查找这40个语素构成的双音节复合词。然后，再将这些复合词对应在40个语素的各个义项下，最终根据各义项的频率选取高频义项、低频义项下的复合词。对语素义项频率的界定主要参考张博、邢红兵主持的"现代汉语多义词义项频率统计"(国家汉办重点项目)① 的数据，将筛选出的语素在该数据库中进行查找，通过各语素在不同义项上的使用频次确定高频和低频义项。值

---

① 该项目在选择语料时特别注重时间上的当代性（20世纪90年代后）、语体上的口语性和题材的生活化，建立了一个计有2093076字、1491266词的语料库（张博、邢红兵，2006）。

得注意的是，本实验中所选取的高、低频义项皆为被试的已知义项，即在《等级划分》"普及化""中级"词汇表中参与构词的多义语素义项，而频率高低是相对的。

最后，控制所选复合词的语义透明度、词语频率、笔画数、构词位置和词语结构。其中对语义透明度的控制采用利克特五度量表，请60名评定人进行评定，选取语义透明度较高的词语。对词语频率的控制主要参考《现代汉语常用词表（草案）》（《现代汉语常用词表》课题组，2008），使各组词语的频率达到基本平衡。然后对词语的笔画数进行了平衡，又确定了多义语素的构词位置为前位，复合词结构为偏正式。最终选出实验词语36个。

3.2.3　测试问卷的设计及句子语境的控制

实验主要以问卷方式进行。问卷样例如下：

请写出下列句子中画线词语的意思，可以用汉语、英语或您的母语。请不要查词典或询问他人，谢谢合作！（Please try to guess and write down the meaning of the words underlined in the sentence. You can use Chinese, English or your native language. Please don't use the dictionary or ask others. Thank you!）

1. 我是这家咖啡厅的<u>常客</u>。

常客：＿＿＿＿＿＿＿＿＿＿＿＿　　　　　　　客：客人

问卷中给每一个实验词语配一个简单句，句子取自北京语言大学 BCC 语料库，笔者根据被试水平对句子进行适当改编。Beck et al.（1983）按照语境线索的多少将语境分为无指示语境、误导语境、一般语境和指示语境四种类型。一般语境指的是将目标词词义局限在某一语义范围内，语境能够为读者提供某些目标词的意义线索。为了保证语境对目标词所提供的线索保持在中等水平，本测试采用一般语境类型。我们邀请了10位语言学专业的研究生作为评判人，请他们根据五度量表对句子的语境支持度进行评判。共有0分、1分、2分、3分、4分五个等级，0分表示语境支持度最低，4分表示语境支持度最高，即能给猜测词义提供最多的信息。评判结果显示，36个句子的语境支持度分值区间为［2，3.44］，平均分为2.25。我们将语境支持度得分在［2，3］区间内的句子选作实验句子，且对其他不符合要求的句子进行修改，再请评判人进行语境支持度评判，直至句子的语境支持度进入该分值区间内。

此外，为了避免目标词中除我们所考察的多义语素外另一个构词语素的多义性影响实验结果，我们会在问卷上给出另一个语素的意思。

3.2.4　成绩计算

对释义的评分，我们主要以《现汉》为参照标准，并根据释义的准确程度，再次使用五度量表，将成绩分为 5 个等级，最高分为 4 分，最低分为 0 分。具体评分标准如下：

0 分：未进行释义或释义完全错误。主要有以下两种情况：

（1）被试未进行释义，问卷上为空白；或没有解释多义语素的意思，直接将题目中给出的另一个构词语素的意思照搬过来。

（2）释义与目标词词义没有任何关联。如将目标词中的汉字错误看成另一个形近字，将"惨案"中的"惨"看成了形近的"参"，由此将词义释为"参加的一种事情"；或回答出多义语素的另一个义项，将"重兵"的"重"释为"重要的"。

1 分：释义模糊。具体表现为：

（1）释义与目标词词义同属某一语义范围，但与目标词的核心语义特征或意义完全相反。如一些被试将"深秋"释为"秋天的开始"或"秋天的中间"，虽与"秋天的末期"同属"秋季"这一语义范围，但指称的时间却是不正确的。

（2）释义与目标词词义有共同的语义特征，但二者分属不同的语义范围。如将"轻型"释为"小的种类"，"轻"和"小"分别代表"重量小"和"体积小"，都含有［不及一般的或比较的对象］的语义特征，但是语义范围不同，前者描述"重量"，后者描述"体积"。

（3）只从褒贬的语义层面解释了目标词，并未释出其核心语义特征。如将"清泉"释为"好的水"。

2 分：释义部分准确。具体表现为：

（1）释义与目标词词义同属一个语义范围，且与目标词共有一个相关语义特征。如将"宽待"释为"不对待他""让他走"。虽然没有完整答出"宽"的"宽大；不严厉"这一意思，但有"宽大；不严厉"中［不予处理］

的语义特征。

（2）释义与目标词的核心语义特征接近但不完全相同，且对词语结构理解错误。如将"高额"释为"提高一个东西的数量"，将偏正结构误认为动宾结构，导致释义不准确。

3分：释义基本准确。具体表现为：

（1）释义与目标词的核心义接近但不完全相同或与目标词互为近义词。如将"深谈"释为"认真地谈话"。

（2）被试没有从字面解释目标词词义，而是用表现目标词语核心语义特征的对象或例子来解释目标词语。如对"惨案"进行释义时，有被试写出的答案是"死了很多人、房子都破坏了"。虽然没有直接解释"惨案"，但所描述的场景已经体现了"惨案"的意思。

4分：释义完全准确。

释义内容与目标词词义完全相同或互为同义词。如将"常客"释为"经常来的客人"；或使用目标词的反义词来反向解释，如将"暗室"释为"不太亮的房间"。

3.3　实验结果

根据上文的评分标准，我们统计出40名被试在不同变量控制下的平均成绩，统计结果如表5-7所示。

表5-7　含有不同义项频率、构词力多义语素的复合词的整体猜测情况

义项频率	构词力	均值（M）	标准差（SD）
义项频率高	构词力强	3.09	0.61
	构词力弱	2.95	0.44
义项频率低	构词力强	2.50	0.65
	构词力弱	1.39	0.45

我们利用SPSS 21.0对评分结果进行重复测量方差分析（repeated measures ANOVA），得到的结果如下：

（1）义项频率主效应非常显著（$F(1, 8) = 10.86$，$p < 0.001$），这说明多义语素的义项频率影响学习者对复合词的猜测。语素在高频义项上构成的复合词明显比在低频义项上构成的复合词词义猜测的效果好。

（2）构词力主效应显著（$F(1, 8) = 3.26$，$p < 0.05$），这说明多义语素的构词力影响学习者对复合词的猜测。强构词力语素构成的复合词明显比弱构词力语素构成的复合词词义猜测的效果好。

（3）义项频率与构词力间交互作用边缘显著（$F(1, 8) = 4.636$，$p = 0.063$）。简单效应检验结果显示，构词力效应受义项频率的影响。在高义项频率水平上，构词力的简单效应不显著（$F(1, 8) = 0.20$，$p > 0.05$）；在低义项频率水平上，构词力的简单效应非常显著（$F(1, 8) = 12.02$，$p < 0.01$）。

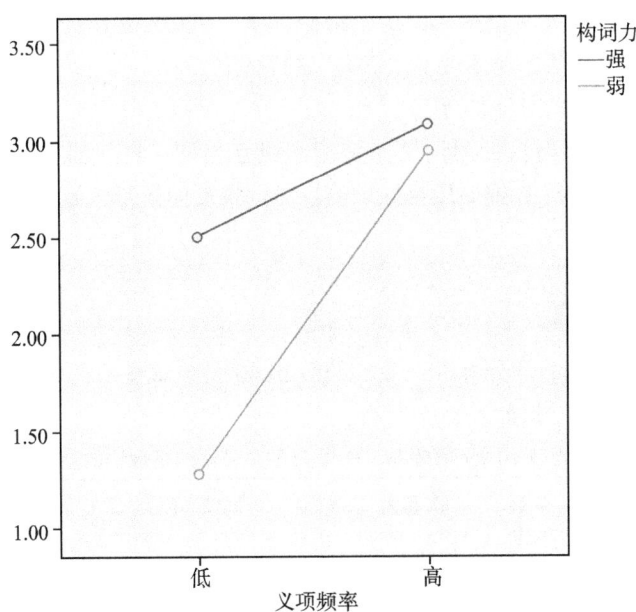

图 5-1　多义语素不同条件下的复合词词义猜测成绩

3.4　讨论

由于本研究采用的实验方法为纸笔释义测试，相应地，学习者对词义的猜测过程就始于其对汉字字形的识别。只有当学习者正确识别了汉字字形后，才能进一步猜测复合词的词义。我们对学习者的释义进行分析后发现，学习者容易混淆与多义语素字形相近的汉字，造成词语的误认和误解，从而影响其对该词词义的猜测效果。如被试在猜测"暗室"的词义时，将多义语素"暗"误认为形近字"音"，释义为"音乐教室"或者"有音乐的房间"；在猜测"惨案"的词义时，将多义语素"惨"误认为"参"，释义为"一起参加的事情"。

　　值得注意的是，这些容易让被试混淆字形的多义语素，都是构词力弱的多义语素。由于其构词力弱，出现在复合词中的频率较低，较难在被试大脑中形成深刻的印象，因此易出现混淆字形的情况。

　　除了学习者对汉字字形的混淆，本研究所考察的语素的义项频率和构词力仍然是影响学习者猜测复合词词义的重要因素，具体讨论如下文所示。

3.4.1　多义语素的义项频率影响复合词词义的猜测

　　相关研究证明，汉语多义语素的义项频率影响学习者对多义语素的习得，学习者更倾向于输出使用频率高的义项（王娟，2007；吴婷婷，2015）。那么，多义语素的义项频率是否会影响学习者对多义语素构成的复合词词义的猜测呢？目前还未有相关研究对此进行讨论。本研究发现，义项频率确实影响学习者对多义语素构成的复合词词义的猜测效果。多义语素入词义项为高频义项时，含有该语素的复合词词义猜测的平均成绩（3.02）显著高于入词义项为低频义项时的平均成绩（1.95）。

　　语言项目的频率效应一直以来都被研究者们广泛接受。Lado（1964）认为语言项目的反复接触会加强其在大脑中的联系。联结主义认为语言使用者会无意识地去寻求并建立事物之间的联系，联系的激活会加强信息节点之间的联结，如果该联系久不被激活，它们之间的信息联结强度会弱化。语言学习的过程就是改变这种信息联结程度的过程。学习者在不断地越来越深入地学习汉语的过程中，会接触到多义语素、多义词的多个义项，但对其接触的频次必然不同，使用频率更高的义项在学习者大脑中建立了更强的联系，其表征更加凸显，故学习者提取该义项时更加容易，猜测结果更好。

　　原型理论（Prototype Theory）也能为二语者多义词词义猜测结果提供理论依据。原型理论认为，范畴内的各个成员之间都有这样或那样的相似之处，原型是范畴的典型成员，比其他范畴成员享有更多的属性（Wittgenstein，1953）。有的研究者将高频义视为"核心义"（core sense），相对于其他义项来说，核心义更为典型，比其他义项享有更多的语义特征，学习者可以通过核心义去猜测其他义项（张江丽，2013）。这里的"核心义"

就是"原型义"。在词义猜测研究中，多义语素的高频义项作为原型义，在学习者心理词典中比较凸显，学习者在遇到该多义语素时，首先想到的就是其高频义项，使得词义猜测过程更加顺利，猜测效果更好。

此外，学习者的错误释义也能从侧面为义项频率效应提供辅证。经过对错误释义的分析，我们发现"语素义误推"最为凸显，在67个错误释义中多达58个，占错误释义的86.57%。

对"语素义误推"的观察来自张博（2011）的启发。张文认为，二语学习中存在"母语词义误推"的现象。"母语词义误推"可分为义位误推、义域误推和语义特征误推三种类型。通常是由非常用义向常用义推移，意义关系近、抽象度高则易发生词义误推。其中，"义位误推"是针对有多个义位的多义词来讲的，指"当母语多义词在一个义位上与目的语某词有同义关系时，学习者将母语多义词词义系统中的其他义位错误地推移到目的语的对应词上"。虽然该文主要论述的是二语学习者由于母语知识负迁移而导致的义位误推，但我们认为，在学习者心理词典中已经存在目的语多义词或多义语素的多个义项时，学习者同样也会因为两个意义间关系近而发生词义误推。而由于常用义使用频率最高，在学习者心理表征中最凸显，便会出现将非常用义误推为常用义的情况。由于我们的研究对象是拥有多个义项的多义语素，故将这种义项间误推的现象称为"语素义误推"。

我们还发现，义项间的语素义误推涉及义项联系的紧密度问题，义项紧密度的判定主要参考蒋绍愚（2005：72），将两个义项是否拥有共同的义素作为义项是否紧密的评判标准。书中指出，就引申这一词义发展的重要方式来看，词义引申过程中的每一意义和邻近的意义都有共同的义素，但隔得较远的意义，就很难拥有共同的义素了。如"要"的义项关系如下：① 腰（人体的中间部分）——② 中间（中间）——③ 拦截（迫使他人中途停止行进）——④ 要挟（迫使他人改变意向，满足自己的欲望）——⑤ 求得（请求他人满足自己的欲望）——⑥ 需要（期待某种欲望得到满足）。我们可以看到，相邻两义项间有共同义素，而相隔较远的 ① 和 ⑥ 之间就没有共同义素了。

在学习者的错误释义中，我们发现多义语素的语素义误推主要表现为将非常用义误推为常用义，而这种情况下又分为非常用义与常用义语义联系不紧密和联系紧密两种情况。

（1）将非常用义误推为常用义，且两个义项间联系不紧密。如"轻信"，《现汉》释义为"轻易相信"，多义语素"轻"的入词义项为"轻❼轻率"，而有被试选用了"轻❸形数量少；程度浅"，将其解释为"有点儿相信"，相对于轻❼来说，是常用义，在这里就发生了由"轻"的常用义"轻❸"到"轻❼"的语素义误推。又如"重兵"，《现汉》释义为"【重兵】名力量雄厚的军队"，"重"的入词义项为"重❷形重量大；比重大"，有的学习者选用了"重❹重要"，将其解释为"重要的军队"，发生了由"重"的常用义"重❹"到"重❷"的语素义误推。

（2）将非常用义误推为常用义，且两个义项间联系紧密。如"常情"，《现汉》释义为："【常情】名通常的心情或情理"，多义语素"常"的入词义项为"常❶一般；普通；平常"，而有被试选用了"常❸时常；常常"，将其解释为"经常有的感情"。出现这一错误的原因便是"常"的两个义项常❶和常❸之间的语义关联相对紧密，学习者在释义过程中，选择合适的多义语素义项的时候混淆了这两个义项，由此发生了语素义误推。还有"贵妇"，《现汉》释义为："【贵妇】名地位优越的女人"，多义语素"贵"的入词义项为"贵❹形地位优越"，而被试选用了"贵❶形价格高；价值大（跟"贱"相对）"，将其解释为"有很多钱的女人"。

经过统计，我们发现语素义误推又主要体现在将非常用义误推为常用义，其中"向语义联系紧密的义项误推"是这种误推的主要形式（语素义误推误例共58个，该项误例42个，占比72.41%），因为当词语的两个不同义项语义关系近时，更容易发生词义误推。在本研究中，不论复合词中多义语素的入词义项是否为义项频率高的常用义项，学习者都倾向于选择常用义项去解释目标词，以致产生释义错误。这一现象恰好证明了义项的频率效应在学习者词义猜测中的体现。

综上，被试在猜测多义语素构成的复合词时，多义语素的高频义项由于使用频率高，在学习者心理词典中更加凸显，故更易被激活；低频义项由于在学习者心理词典中不太凸显，故不易被激活。这与前人研究的结果一致。而正是由于高频义项在学习者心理词汇的凸显地位，导致即使复合词中多义语素的入词义项不是常用义，学习者也倾向于用常用义解释，造成释义错误。

3.4.2　多义语素的构词力影响复合词词义的猜测

一些研究证明，强构词力语素的意义更容易被学习者提取，这种趋势主要体现在黏着语素上（冯丽萍、宋志明，2004）。另一些研究则表明，让学习者选择义项匹配时，构词力强的多义语素的正确率反而不及构词力弱的多义语素（王娟、邢红兵，2010；王娟等，2014）。本研究发现，多义语素构词力的强弱对复合词词义猜测成绩有显著影响。强构词力语素构成的复合词词义猜测的平均成绩（2.80）高于弱构词力语素构成的复合词的平均成绩（2.17）。我们的研究对象是形容词性多义语素，且都为自由语素，那为何会出现与前人研究相反的结果呢？

首先，我们认为可能与采用的实验方法不同有关。前面提到的研究有的采用词汇判断任务的实验方法（冯丽萍、宋志明，2004），有的采用选择相同义项匹配的实验方法（王娟等，2014）。这两种实验中，被试只需要判断含有多义语素的词的真假，或者判断词中多义语素的义项是否和选项中词语的入词义项一致。而在本研究中，被试需要对含有多义语素的词进行释义，为解释型的语言任务。在被试的作答中有一些释义，虽然不完全与入词义项的词典释义一致，我们也判定为正确。主要原因是，在同一义项范围内，语素出现在不同的复合词中，会产生语素变义。因此，在进行释义时，被试有时并不会在心理词典的多个义项中进行选择以确定合适义项，他们可能都没意识到这是个多义语素，仅根据最先激活的义项，结合词语本身提供的信息（另一语素义、词语结构）进行联想，产出适配的词义。如"苦命"，被试释义为"不太好的命运"，虽然没有答出入词义项"苦❷ 难受；痛苦"，但整词释义与《现汉》释义"【苦命】图不好的命运"几乎完全一致，我们也算作释义正确。而被试对该词的释义正确，我们并不能确定这一作答就是从入词义项"苦❷"在被试心理词典中的变义得来的，有可能是从"苦"的任意一个义项变义得来的，如"苦❶ 像胆汁或黄连的味道（跟"甘、甜"相对）"也含有"不好"的语义特征。因此，在采用释义这一实验方法的前提下，多义语素各个义项都有可能成为被试猜测词义的"源头"。这时构词力强的多义语素，也并不会因为构词数量多而对学习者产生选择负担，所以构词力弱的多义语素在词义猜测实验中并没有显现出更易被猜测的趋势。

其次，McClelland et al.（1986）提出的联结主义理论下的平行分布加工模型（Parallel Distributed Processing Models，又称 PDP 模型）理论认为，语言的各个项目在大脑中并不是储存于单一的单元中，而是储存在单元的联结之中，单元间相互联结，形成网络结构。学习的过程就是逐渐改变网络联系权重（weights）的过程，而不是建立抽象的规则。语言的习得发生在各个单元间的联结之中，联结的强度决定语言习得的效果。联结强度因被反复激活而加强，或因不被激活而弱化。（Gass & Selinker，2001）

从语义角度来看，学习者已知的各个义项也处于大脑的联结之中，并通过共享的语义特征形成义项网络。一个义项被激活，其他的义项也会同时被激活。构词频率高的多义语素，因其在复合词中出现频率高，学习者接触到其各个义项构词的情况更多，从而加强了义项间的联结，义项之间更容易通达，有利于对多义语素语义的猜测，也就有利于对多义语素构成的复合词词义的猜测；构词频率低的多义语素，义项间联结强度较弱，猜测难度加大，其猜测效果也就较差。也就是说，除了被考察的高频义项、低频义项外，多义语素的其他义项参与构词也会形成义项联结，从而影响入词义项的猜测。如构词力强的多义语素"密"的几个义项"事物之间距离近""关系近；感情好"在构词中通过共享的语义特征［近］形成了互相连接的义项网络，学习者猜测"密友"的意思时，即使入词义项"关系近；感情好"不是最高频义项，仍然由于语义网络的高联结强度更容易通达，而词义猜测正确率较高（70.75%）。

从整体来看，多义语素作为一个语言单位，它的音、形、义这几种编码都是储存在网络结构之中且相互联结的。一旦一种编码被激活，其余编码都会被激活。学习者在猜测含有多义语素的复合词时，由于是不熟悉的"生词"，加之提供了另一语素的意思，学习者一般倾向于分解猜测。当猜测多义语素时，首先看到的是它的"形"，然后才会激活其"音"和"义"。构词力强的多义语素，由于其经常出现在复合词中，学习者对其熟悉程度高，它的音、形、义以及与其他构词语素的联结强度被不断激活，读者能够迅速见形而知义，从而进一步猜测复合词的词义。而构词力弱的多义语素，由于其形义之间的联结程度较弱，学习者不易见形而知义，因而影响复合词词义的猜测效果。

3.4.3　义项频率、构词力在复合词词义猜测中的交互作用

重复方差分析结果显示，多义语素的义项频率和构词力在复合词词义猜测过程中存在交互作用。我们对实验数据进行了简单效应检验，结果显示：多义语素的构词力效应受义项频率的影响显著。在高义项频率水平上，语素的构词力对复合词词义猜测成绩没有显著影响（$p > 0.05$）；在低义项频率水平上，语素的构词力对复合词词义猜测成绩有显著影响（$p < 0.01$）。

　　实验结果显示，多义语素的义项频率对复合词词义识解的影响显著，且其对构词力效应影响显著。我们认为，学习者猜测多义语素构成的复合词词义时，受义项频率影响更大。出现这一结果的原因与学习者的词义猜测过程相关。学习者猜测多义语素构成的复合词词义时，由于另一个语素意思已给出，学习者倾向于对该复合词进行分解加工，那么重点应该在猜测多义语素的意思上，这时多义语素的义项通达顺序便会影响猜测的过程。

　　我们认为，多义语素的义项通达顺序与义项频率相关。高频义项首先得到通达，其次才是频率相对较低的义项。频率较高的义项，在学习者心理词典中的表征更凸显，最先得到激活。此外，关于歧义词义项通达顺序的理论也认为，相对于语境，歧义词义项的相对频率（relative frequency）对歧义词词义通达的影响较大。在对歧义词词义进行猜测时，各义项的通达顺序是按照义项频率的高低进行排列的。只有当一个义项与语境相符合时，整个词义通达过程才会结束。（Hogaboam & Perfetti，1975；Forster & Bednall，1976）值得注意的是，关于义项通达顺序的理论虽然多是针对歧义词提出的，但本研究认为，不管是歧义词还是多义词、多义语素，都属于拥有多个义项的语言项目，都涉及各义项通达顺序、通达难易程度的区分，因此关于歧义词义项通达顺序的理论，在此可作为旁证。

　　综上，我们可以归纳出学习者猜测形容词性多义语素构成复合词词义的过程，如图5-2所示：

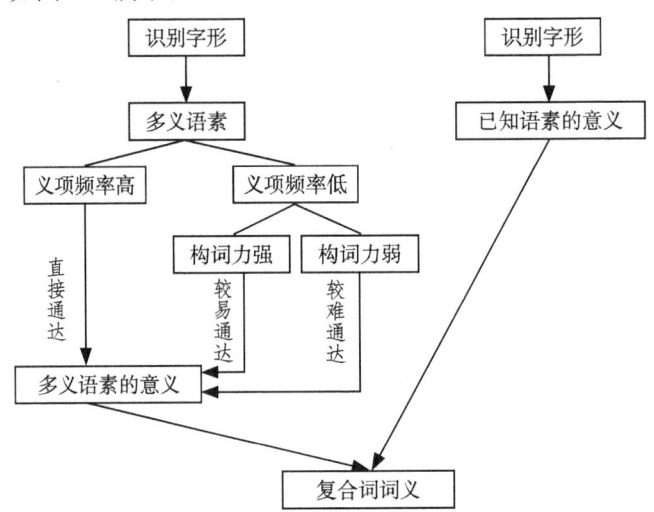

图 5-2　学习者猜测形容词性多义语素构成复合词词义的过程

我们在前文中已经提到，学习者在猜测含有多义语素的复合词时，由于是不熟悉的"生词"，学习者一般倾向于分解猜测。在给出了另一个语素意思的情况下，学习者首先会集中猜测词中多义语素的意思。即使中级汉语水平的学习者已经具有了多义语素意识，但他们见到复合词中的多义语素时，并不会马上反应出这个语素是多义的，从而搜寻心理词典里该语素的各个义项，而是倾向于直接激活最高频义项，因为高频义项在学习者心理词典中的表征比较凸显。在高义项频率水平下，无论语素的构词力强或弱，当高频义项进入复合词内，并符合词义时，就已经完成了通达过程，这时，多义语素构词力的强弱对复合词词义猜测结果就不会有显著影响了。

而在多义语素义项频率低的条件下，首先激活的高频义项进入复合词后并不符合词义，学习者便会倾向于搜寻多义语素的其他义项。由于都是较低频义项，心理表征都较为不凸显，此时构词力强的多义语素，相较于构词力弱的多义语素，其形义间、各义项间联结强度高，其意义更容易通达，从而能得到更好的词义猜测效果。

3.4.4　小结

多义语素的义项频率及构词力对学习者猜测复合词词义都有影响，而来自义项频率的频率效应比来自构词力的频率效应体现得更为显著。从重复测量方差分析结果来看，义项频率的主效应（$p < 0.001$）比构词力主效应（$p < 0.05$）更加显著。从简单效应检验结果来看，来自构词力的频率效应受到义项频率的影响，只有在义项频率高时，构词力效应才比较显著。

两种频率效应的叠加对词义猜测效果的影响也十分显著。从学习者的词义猜测成绩来看，当两种高频率（义项频率高且构词力强）叠加时，词义猜测成绩最好（平均分 3.09）；当两种低频率（义项频率低且构词力弱）叠加时，词义猜测成绩最差（平均分 1.39）。

3.5　结论与启示

本研究考察了中级水平汉语学习者对多义语素构成的复合词的词义猜测情况，得到的主要结论为：（1）来自多义语素的频率效应在复合词词义猜测中表现显著，这种频率效应主要来自以下两方面：多义语素的义项频率及构词力。其中义项频率效应更为显著且存在两种频率的叠加效应。（2）语素的构词力效应受义项频率的影响显著。在高义项频率水平上，语素的构词力对复合词词义猜测成绩没有显著的影响；在低义项频率水平上，语素的构词力对复合词词义猜测成绩有显著影响。构词力越强，词义猜测效果越好；构词力越弱，词义猜测效果越差。（3）除多义语素的义项频率和构词力外，对记录多义语素的汉字字形的混淆和语素义误推也是影响学习者猜测复合词词义效果的重要因素，其中多义语素的义位误推是最主要的影响因素，主要表现为将与常用义语义联系紧密的非常用义误推为常用义。

综上，我们建议在含多义语素的复合词教学过程中，教师应有意识地培养学习者的多义语素意识，并适当加强对相对低频义项的操练。同时，也要注意区分语素各义项间的不同之处。

我们的研究对象选取的是形容词性多义语素，仅为多义语素中的一类，研究范围较为有限，得出的实验结论尚需以后其他类别多义语素的相关研究进行验证。

四、"语素法""语境法"词汇教学效果对比研究 *

4.1　引言

语素教学法和语境教学法（以下简称语素法和语境法）是二语词汇教学中两种广泛使用的教学法。语素法是利用词的构成成分——语素进行词汇教学的方法，可用于解释词义，巩固已学词语和扩展词汇（吕文华，1999；李如龙、杨吉春，2004）。语境法则是利用上下文语境和情景语境进行词汇教学的方法（盛炎，1990：277）。

在英语作为第二语言教学中，Bellomo（1999）、Rivera Pacheco（2005）、Liu（2014）等研究证实了语素法的有效性。Bellomo（1999）通过前后三次实验，证实了无论对于何种语言背景的学习者来说，使用词语组成部分教学都能促进词汇学习；Rivera Pacheco（2005）针对 30 名西班牙语背景

　　* 本节作者赵玮。本节内容曾以"'语素法'和'语境法'汉语二语词汇教学效果的对比研究"为题发表于《语言教学与研究》2017 年第 4 期。本研究得到教育部人文社会科学青年基金项目（项目批准号：16YJC740052）、北京语言大学梧桐创新项目"汉语第二语言词汇教学的实证研究创新平台"（中央高校基本科研业务专项资金）（项目编号：17PT02）和云南大学人文社会科学青年研究基金项目（编号：16YNUHSS019）的资助，特此致谢。衷心感谢张博教授对论文的悉心指导及课题组老师、同学提供的帮助。论文曾在《世界汉语教学》青年学者论坛（第 4 届）上宣读，点评专家朱志平教授提出了极具价值的建议。感谢《语言教学与研究》匿名审稿专家提出的具体而宝贵的修改意见。

英语二语学习者进行了一项行动研究，研究结果显示前缀的直接教学有助于提高学生对前缀的识别和使用；Liu（2014）使用眼动仪对接受语素法和传统法教学的词汇学习效果进行了观察，后测成绩显示在语素班中学习者在词缀上注视时间更长，表明接受过语素教学的被试在词义推测过程中会更加重视语素的作用。还有一些研究考察了语境法的有效性，Brown & Perry（1991）比较了关键词法、语境法以及关键词与语境法结合的教学效果，研究结果显示三种方法的有效序列是关键词与语境结合教学法效果最好，其次是语境法，关键词法效果最差；Laufer & Shmueli（1997）的研究结果显示，即时测试中，在句子中呈现词语比孤立学习词语的效果更好，但在延时测试中，二者没有差异；Rodríguez & Sadoski（2000）综合比较了机械记忆法、语境法、关键词法和语境关键词混合法的教学效果，即时后测中，语境法的成绩优于机械记忆法和关键词法。以上研究虽分别证实了语素法和语境法的有效性，但语素法多集中于考察该法是否有利于学习者提高利用语素猜测词义的能力，而语境法的对照组通常采用的是词表法或关键词法，尚未见到有关语素法和语境法词汇教学效果的实验对比研究。

在汉语作为第二语言教学界，诸多文献曾分别就语素法或语境法的优势、重要性及操作方法进行探讨和举例，对教学中应注意的问题也多有总结和论述（常敬宇，1986；胡炳忠，1987；肖贤彬，2002；施正宇，2008；彭志平，2012 等）。但研究者往往重在讨论语素法或语境法在词汇教学中的优势，较少考察两种教学法的不足，且理论分析和经验总结居多，实证研究偏少。

近些年，只有字本位的提倡者针对语素法和整词法展开了一些实验对比研究（王骏，2005；陈俊羽，2007；左一飞，2014 等），研究结果均显示语素法的教学效果优于整词法。但这些研究中，语素法通常包括语素复习、语素讲解、词语扩展、造句、扩展词语复习等步骤，整词法一般仅包含讲解词义、造句两步骤，相比于语素法，整词法的教学步骤相对简化，教学时间也较少，且大部分实验中，实验组和对照组的实验词语并不一致，因此，语素法是否优于整词法，尚需进一步的研究。此外，以词为单位解释词义有多种方法，如以旧词释新词、形象释义、表演、利用语境释义、近义词比较、反义词对比、翻译等（崔永华、杨寄洲主编，1997：39-46）。从实际教学来看，除了较为简单、意义比较具体的名词和动词外，教师一般不会仅仅告诉学生词义，还会通过例句或对话帮助学生理解词义，感受词语使用的情境，可以说，以词为单位解释词义的多种方法中，语境法比其他方法更为常用，语素法和语境法的对比也因此更具应用价值。

那么，语素法和语境法的教学效果究竟如何？哪一种教学法更有效？目前为止，尚无研究者通过实证研究进行比较。鉴于此，本研究拟通过实验的方法对此问题进行探讨。

4.2　实验设计

4.2.1　研究问题

词汇知识包含三部分内容：形式、意义和运用（Nation，2001：50），相应地，词汇教学中，展示词语、解释词义后，通常还要进行词语输出练习。不过，本实验并未涉及词语输出练习，因为我们难以判断这类练习会在多大程度上帮助学生理解和记忆生词，也就无法厘清语素法或语境法的实际效果。本研究考察的重点在于接受性词汇知识，我们将以词义记忆为观测点考察教学效果，通过即时和延时测试成绩的比较，对语素法和语境法的教学效果进行对比和分析。

4.2.2　实验方法

本研究于2013—2014春季学期在初级和准中级汉语阅读课上开展了预实验。预实验的测试结果显示，语素法和语境法均可以帮助学生记忆生词，且总体效果差异不大。在预实验的基础上，笔者于2014—2015秋季学期在初级和准中级汉语阅读课上展开了正式实验。

4.2.2.1　被试

初级和准中级阅读课各安排两个教学班，分别采用语素法和语境法教授实验词语，我们称之为初级语素班、初级语境班、准中级语素班和准中级语境班。所有被试均接受了入学分班测试。初级班学生的大致水平为，学过汉语基本语法点，掌握主要句式，能对简单的话题进行连续对话，能就一般话题进行交谈，能进行简单的语段表达。准中级班学生的大致水平为，能对较长的短文进行复述，能就一般话题进行交谈，有一定的成段表达能力。初级班实际教学周8周，每周2课时。准中级班实际教学周12周，每周4课时。

筛选被试时，我们综合考虑了学生的母语背景、出勤情况及对实验词语的熟悉度，保证语素班和语境班日、韩语背景的被试数量基本一致，所有被试出勤率均高于 80%，且不认识的实验词语占实验词语总量的 90% 以上。筛选后，初级语素班 9 人、语境班 10 人，准中级语素班 8 人、语境班 9 人。其中母语为印尼语的 17 人，泰语 6 人，韩语 6 人，英语 2 人，芬兰语、法语、西班牙语、蒙古语、德语各 1 人。

受实验条件所限，初级语素班和语境班分班测试成绩差异显著（$t = -4.567, p < 0.001$），准中级班也是如此（$t = -2.570, p = 0.021 < 0.05$）。但同一级别的语素班和语境班被试的汉语水平总体上还是处于同一阶段，且 90% 以上的实验词语被试均不认识[①]，两班使用的教材和课时时长也一致。此外，在对比两班测试分数时，我们会将分班测试成绩作为协变量考察。[②]

4.2.2.2　实验词语

为了使实验材料融入学习者正常学习内容，不影响依托课程教学目标的实现，本研究的实验词语首先在课内选取，在教学时间相对宽裕的情况下，补充部分课外词语。实验词语的选择标准有六：（1）以实词为主，最好是低频词。本实验依托汉语阅读课实施，阅读课进行直接词汇教学时，词语的选择主要以词类和词频为标准，在课堂上重点处理实词和基本词汇（刘颂浩，1999）。实验词语以实词为主，就是出于上述原因。但是，在频率问题上，为了保证实验词语是学生没有学过的，且其他课型上这些生词的复现率差别不大，我们没有选择高频词。（2）词语了解情况测试中，认识实验词语的学生人数低于学生总人数的 10%。每次新课开始前，我们都会发下本课词表，其中包括一定数量的实验词语，教师请学生填写自己对生词的了解情况，"完全没有见过这个词"填 A，"见过这个词，但不知道它的意思"填 B，"知道这个词的意思，但不会用这个词"填 C，"知道这个词的意思，也能使用这个词"填 D。学生填写 A 或 B 时，判定该词为生词；填写 C 或 D 时，判定该词为学生认识的词语。认为自己对某词了解程

---

①　未处理为被试不认识所有实验词语的原因为：（1）实验周期较长，随着词汇量不断增长，在实验后期，个别实验词语个别学生已经认识或能猜出意思，为保证实验词语足量且绝大多数词语学生都不认识，最后我们将标准定为单个被试不认识的词语占实验词总量的 90% 以上；（2）本研究通过自我报告形式考查学生是否认识生词，考虑到学生可能会高估自己的词汇水平，我们推断学生实际不认识的生词比率应该高于测试结果。

②　匿名审稿专家指出，本研究要考察的是两种教学方法对词汇学习效果的影响，一般应将词汇前测成绩作为协变量。由于本研究前期未进行专门的词汇测试，语素班和语境班被试的词汇水平是否存在显著差异尚不得知。如果以词汇测试成绩作为协变量，实验结果是否会有所不同，仍需进一步的研究。

度为 A、B 级别的学生人数占到学生总人数的 90% 以上时，该词才可作为实验词语。（3）在共时层面上，大致可以分析出词语的构词理据。我们进行的是语素法和语境法的实验对比研究，目标词可以同时用两种方法教授才可能比较，而理据模糊的词语很难用语素法讲解。且据朱志平（2005：137）统计，理据模糊的词语约占《（汉语水平）词汇等级大纲》甲乙丙级词语的 5%，数量较少。因此，实验词语仅收录共时层面构词理据较为清晰的词语。（4）不包含课文主题词。主题词代表了文章的核心内容，出现次数较多，会引起学生的特别注意，进而影响测验结果。（5）不包含韩语汉字词。被试包括 6 名韩语背景学生，韩语汉字词会影响他们的测试成绩。（6）考虑到语素义和词义的关系、语素项[①]常用度和词义具体性可能对语素法和语境法的教学效果产生影响，我们从以上三个角度为备选实验词语分类，每一个分类角度下，依据不同的标准，将实验词语分为三小类，并通过删补词语，保证不同分类角度下，各类别的词语数量基本平衡。[②]按照上述六个标准选择目标词，我们共得到初级实验词语 31 个，准中级实验词语 80 个（详见附录）。

4.2.2.3 教学方法

实验期间，四个教学班的授课教师为同一人，每次课程 2 课时，约教授 3～4 个实验词语，每个词语教授 2～3 分钟。为避免引起学生对实验词语的特别关注，实验词语的教学掺杂在其他词语的教学中。语素法教学主要包括四步，分别为教授语素义、利用语素义猜测词义、展示词义和扩展词语。语境法也分为四步，分别是展示句子或情景、请学生齐读句子、引导学生猜测词义和展示词义。

需要说明的是，利用语素法或语境法教授词义的过程中，均包含猜测词义这一教学步骤。这样做出于两方面考虑。一方面，本实验在阅读课上实施，让学生掌握通过阅读学习生词的策略是阅读课生词教学的主要目标，而词义猜测策略是其中最为重要的一项。为了提高学生的词义猜测能力，

---

① 语素项指"一个义项单位的语素"（姜自霞，2005：9），本研究中，这个义项指语素参与构词时的意义。

② 实验词语分类标准及词语类别详见本章第五节"语汇教学'语素法'适用性研究"。准中级班不同类别实验词语数量基本相同。初级班由于课时较少，要完成阅读课教学任务，实验词只能选自课内，无法通过补充课外词语使不同分类角度下词语数量基本一致。因此初级班实验词语只保证语素项常用度和词义具体性不同词语数量基本一致，但语素义和词义关系不同的词语数量存在一定差异（直接加合型词语 19 个，补充型词语 8 个，引申型词语 4 个）。

我们先让学生尝试猜测词义，再讲解生词。另一方面，比起单纯听老师讲解，词义猜测需要付出更多的脑力劳动，这可以加大学习者的认知加工量。现有的研究表明，分析词语所需的认知加工量与词语的学习程度正相关（Laufer & Hulstijn，2001），陶凌寅（2010）的研究也证实先例句后释义的学习效果优于先释义后例句，表明词义猜测的过程有利于词汇学习。因此，语素法和语境法的教学过程中，我们都加入了词义猜测的步骤。

4.2.2.4　测试方法

测试包括即时后测和延时后测。为了避免学生给予实验词语特别关注，除实验词语外，测试词语还包括其他一些课堂上讲授过的生词。

即时后测旨在考察学习刚刚结束时，学习者对词义的记忆情况。每次课程临近结束时发下试卷。测试形式为用汉语解释词义或翻译，不会写的汉字可以写拼音。如：

"访谈"的意思是_____。

延时后测旨在考察有多少词语的意义可以进入学习者的长时记忆。测试在生词学完一周后，每次课程临近结束时进行。测试形式为单项选择，选项包括 4 个。其中 1 个是正确答案，1 个是"不知道"，该选项的设置是为了防止学生随意猜测答案。另两个错误选项，1 个是语素方面的错误，或是只有部分语素项的意思，或是多义语素的另外一个义项合成的词义，或是结构方式错误，或是几种错误的综合（如下例中的选项 B），1 个是该词在课文中或讲解词语提供的句子中，连同上下文共同表示的意思（如下例中的 A 选项，讲解时提供的例句是"她帮助妈妈照顾年迈的外婆"）。

"年迈"的意思是：（　　　）
A. 年纪大的老人　　　　B. 年纪　　　　C. 老　　　　D. 不知道

对即时和延时后测，我们采用了不同的测试方法：即时后测通过解释词义或翻译测试，延时后测通过单项选择测试。这样做，一是为了避免练习效应。如果均采用单项选择方式，相同的测试选项可能会降低后测难度，进而影响学生的后测成绩。二是为了诱导更多的语言样本。根据 Waring & Takaki（2003）的研究，与单项选择相比，翻译的难度更大，因为前者设置了提示项，而后者没有。如果仅用后一种方法测试词义记忆情况，学生可能会因为难度过大和时间紧张，而放弃作答部分词语。此外，选择不同的测试方式不会对我们的测试结果分析产生太大影响。本实验的研究目的是对比语素法和语境法，因此我们主要对比的是两个教学班的测试成绩是否存在差异，而不对同一个教学班即时和延时后测的结果进行对比。

4.3　实验结果

4.3.1　成绩计算方法

在即时后测成绩的评定方面，我们希望通过多级别的评分体系，将词语的部分习得情况也展示出来。因为词汇知识并不是"或有或无的两极现象"（孙晓明，2007），而是一个从无到有、从部分到整体的连续体。经过一次课堂学习，有的学生可能能够掌握词义的全部内容，而有的学生只能掌握部分内容，但部分知识的习得对于今后的词汇学习也是有益的。

考虑到词语部分习得的具体情况，我们将即时后测成绩分为5个级别，最低分0分，满分4分，每个级别相差1分。具体来看，未作答或回答完全错误记0分，如学生将"捐款"翻译为debt（债务）；不太正确记1分，这种情况下，学生的回答与词义稍有关联，但关联性很小，如将"完事"解释为"做完的事情"；部分正确记2分，此时学生能够回答出词义一半的内容，如将"睡眼"解释为"睡觉的眼睛"；基本正确记3分，此时学生的回答与词义已非常接近，但有些微错误，如将"蜗居"解释为"住在小地方"；完全正确记4分。

延时后测成绩的评定方法为：学习者未作答、答错或选择"不知道"，记0分；正确记1分。

4.3.2　结果分析

表5-8为初级班和准中级班即时后测结果。其中的"正确总数"指得到4分的答案数量，"正确率"指正确答案数量/答案总数，答案总数的计算方法是"实验词语数量 × 人数"。如初级语素班得到4分的答案数量为213个，答案总数为279（31×9）个，正确率为76.3%（213/279）。

表5-8　初级班、准中级班即时后测结果

组别	平均分	标准差	正确总数	正确率	人数
初级语素班	3.53	0.19	213	76.3%	9
初级语境班	3.52	0.51	243	78.4%	10
准中级语素班	2.98	0.53	375	58.6%	8
准中级语境班	3.44	0.23	538	74.7%	9

即时后测结果表明，初级语素班、语境班和准中级语境班的平均分都达到了 3 分以上，正确率都达到了 70% 以上。准中级语素班的平均分和正确率虽相对较低，但也基本达到 60% 的水平。初级语素班和语境班的平均分基本持平，准中级语素班的平均成绩略低于语境班。我们使用 SPSS 19.0 协方差分析考察了语素班和语境班即时后测成绩的差异是否显著，协变量为分班测试成绩。协方差分析显示，初级语素班和语境班即时后测成绩差异不显著，$F(1, 16) = 0.050$，$p = 0.826$，准中级语素班和语境班即时后测成绩差异也不显著，$F(1, 14) = 3.050$，$p = 0.103$。

表 5-9 为初级班和准中级班延时后测结果。由于时间原因，初级班仅对 31 个实验词语中的 23 个进行了延时后测。表 5-9 显示，不同水平语素班和语境班被试的延时测试平均分基本都达到 0.7 分，正确率也均为 60% 以上。协方差分析显示，初级语素班和语境班延时后测成绩差异显著，$F(1, 16) = 12.937$，$p = 0.002$，准中级语素班和语境班延时后测成绩差异不显著，$F(1, 14) = 0.052$，$p = 0.822$。

表 5-9　初级班、准中级班延时后测结果

组别	平均分	标准差	正确总数	正确率	人数
初级语素班	0.69	0.13	133	64.3%	9
初级语境班	0.82	0.11	179	77.8%	10
准中级语素班	0.75	0.16	454	70.9%	8
准中级语境班	0.81	0.08	575	79.9%	9

4.4　讨论

4.4.1　语素法和语境法的有效性

实验结果显示，初级班和准中级班被试在即时和延时后测中的准确率基本都达到了 60% 以上，这说明语素法和语境法均可以为词义记忆提供有效帮助。根据记忆的信息加工模型，记忆是由感觉记忆、短时记忆和长时记忆构成的系统。信息得到注意后，会由感觉记忆进入短时记忆，短时记忆中的信息经由复述进入长时记忆，复述分为保持性复述和精加工复述。保持性复述指简单重复信息，它有助于信息保存在短时记忆中；精加工复述则将记忆的信息与其他信息联系起来，这种复述方式有助于信息转入长

时记忆（江新，2007：42-56；王甦、汪安圣，1992：121-129）。

　　本研究所说的语素法和语境法都是直接词汇教学的方法，单独呈现、领读、带读等一系列教学活动，都有利于将学生的注意力集中到生词上来，确保所教授的生词得到学生的注意，进入短时记忆。同时两种教学法都可以帮助学生对生词进行精加工复述，使词义进入长时记忆。语素法把词拆分成语素，再将语素义加合推导出词义的教学过程，可以帮助学生将生词词义和语素义联系起来。语境法引导学生运用自己的词汇知识和对上下文的理解推测词义的过程，可以帮助学生将生词与该词前后的词语和自己已有的世界知识联系起来。

　　学生在即时后测中的回答和课堂上的反应，也证实了语素法和语境法对学生实现精加工复述的帮助。在即时后测中，一名语素班学生将"碰壁"解释为 to face "a wall" = difficult（面对"一堵墙"=困难）。学生的解释体现了其将词分解为语素，再对语素义进行引申的联想过程。语素班讲解"了如指掌"时，一位英语背景的学生说，英语中表示"了解"用"手背"（I know it like the back of my hand），汉语却用"手掌"，手背更容易看到，应该更了解。可见该生学习生词时不仅充分考虑了语素的意义，还主动对比了汉语和母语中语素义和词义关系的差异，这种将新信息和已有信息系联的复述方式，必然会对词义记忆提供较大帮助。

　　另外，即时后测中，一名语境班同学将"珍藏"解释为"很重要的东西→保存这东西"。这一回答反映了学生借助语境理解和记忆生词的过程。教学中，我们提供了三个例句：一是"这些名画现在都珍藏在博物馆"；二是"谢谢您送给我这么珍贵（precious）的礼物，我将永远珍藏它"；三是"他把初恋的回忆珍藏在心里"。学生读完句子后，猜测"珍藏"的意思是"保存"，教师继续引导学生回答"保存什么样的东西"这个问题，学生再次阅读例句后，回答"很重要""很贵""和别的不一样"。在这一教学过程中，语境起到了重要作用，学生首先利用语境主要信息得到最初的理解，之后在教师的引导下，根据语境中的其他信息修正和完善自己对词义的理解，最终获得正确解释。经过对例句的反复阅读和思考，学生将词义和语境信息紧密地联系在了一起，促进了词义的记忆。

　　总之，理论分析、测试结果和学生的课堂反应都说明，语素法和语境法能够有效帮助学生记忆生词词义。

4.4.2　语素法和语境法的教学效果基本一致

测试结果显示，初级语素班和语境班的即时后测成绩之间以及准中级语素班和语境班的即时、延时后测之间差异均不显著，只有初级语素班和语境班延时后测成绩差异显著，这显示大部分情况下，语素法和语境法的教学效果基本一致。这一结果可用加工水平理论进行解释。

加工水平理论认为，记忆的效果取决于加工的深度，加工程度越深，意味着所进行的语义或认知分析越多，记忆痕迹也就越精细、越持久、越强大。那什么样的活动属于深层加工活动呢？一些实验证实，语义水平的加工程度比结构和语音水平的加工程度更深（Craik & Tulving，1975）。

语素法和语境法教学过程中，都会让学生猜测词义，建立词义与语素义或语境的联系，也就是说都进行了语义层面的加工。那么同是语义层面的加工，加工程度有没有差异呢？ Stahl（1985）通过对以往实证研究的分析，提出了一个相对具体的加工深度衡量标准。Stahl 将不同词汇学习任务的加工水平分为联想加工、理解加工和生成加工三个等级。其中，联想加工指让学习者建立起词语与近义词、释义或特定语境的联系，需要注意的是，这里所说的建立词语与语境的联系的词汇活动，指伴随性词汇学习，这种情况下学生的注意力集中于对整个语境意义的理解而不是对特定词语意义的理解，这不同于本研究所说的应用于直接词汇教学的语境法；理解加工是让学生应用这一联系，如让学生连接词语及其反义词，用生词填空，找出正确使用词语的句子等；生成加工是让学生创造一个新的语境，如造句，用自己的话解释生词等。在 Stahl 对各种常见教学活动所处的加工水平等级的列表说明中，利用词语组成部分教学和利用句子语境教学所需的加工都是理解加工，也就是说，语素法和语境法所要求的加工水平都处于中等级别，根据加工水平理论，加工的深度决定了记忆的效果，这可以解释语素法和语境法的教学效果为何基本一致。

4.4.3　语素法不利于初级水平学习者词义记忆的保持

测试结果显示，初级语境班延时后测成绩显著高于语素班，我们推测这主要是受学习者水平的影响。根据 Jiang（2000）提出的二语词汇表征和发展模型，在二语词汇发展的第一阶段形式阶段（formal stage），二语词与概念之间尚没有建立直接联系，学习者主要通过一语对译词理解语义。而一语和二语是以词为单位而不是以语素为单位进行对译的，因此初级学习者主要通过一语对译词从整体上识解二语词的意义（张博，2015）。此时，学生将词分解为语素来理解的自觉意识还比较薄弱，对构词规则的认识也比较模糊，心理词典中语素和词之间的联系较少，因此，利用语素学习和记忆生词对于初级学生来说难度较大。尽管我们在课堂上刻意进行语素教学，帮助学生识别语素，力图使学生注意到语素义和词义的联系，但受到语言水平的制约，学生的心理词库中，语素义和词义的联系尚不稳固，不能得到很好的保持，因此语素班延时后测成绩相对较低。而语境法以整词为单位进行教学，这符合初级阶段学习者的词义识解方式，因此一周后的延时测试中，词义的记忆情况仍能保持较好水平。如此一来，初级语素班和语境班的延时后测成绩出现了显著差异。

随着学习者二语经验的增加，词汇学习进入到一语句法语义词调节阶段（L1 lemma mediation），此时一语句法语义信息已复制到二语词形中，二语词开始与概念建立直接的联系，一语词汇形式不再重要。学习者对一语词的依赖性逐渐减弱，对二语词本身有了更多的认识。冯丽萍（2011：191）的研究证实，中级水平学习者语素意识有了较大提高，学生不仅基本具备语素分辨和整合能力，还初步具备了构词法意识。此外，钱旭菁（2010：81）的研究显示，中级留学生同素联想词的数量是初级学生的3倍多，这说明相比于初级学生，中级学生心理词库中，语素和词之间建立了更多、更密切的联系。教师对语素的直接教学，可以进一步巩固学生已建立的语素和词之间的联系，并在此基础上扩展出新的联系。语素意识的增强，语义网络的逐步建立，使准中级阶段的学生对语素教学法的适应性更强，新的语素义和词义的联系也更易于建立和保持，而语素法和语境法对实验词语的加工程度又处于同一水平，因此接受这两种教学法的准中级被试的即时、延时后测成绩均不存在显著差异。

4.5　结论与启示

本研究通过对初级和准中级4个教学班、36名被试为期一个学期的教学实验，得出以下结论：（1）语素法和语境法都可以有效帮助学生记忆词义。根据记忆的信息加工模型，两种词汇教学法都可以帮助学生注意到生词，并建立生词词义和其他信息之间的联系，实现精加工复述。这带给教学的启示是，在教学中应尽量帮助学生建立并强化生词与语素或语境的联系，如利用生词语素系联已学词语和扩展新词语，通过输入增显和口头引导等方式使学生注意到生词使用的语境等。（2）语素法和语境法的教学效果基本一致。根据加工水平理论，加工的深度决定了记忆的效果，语素法和语境法所要求的加工水平一致，教学效果也基本一致。这提示我们，教学中应尽可能地增强加工深度，如不直接告诉学生词义，让学生尝试利用已知语素或上下文猜测词义；利用常用语素系联已学词语时，先引导学生回忆包含相同语素的词语，与教师直接提供同素词相比，学生自己检索的过程付出的脑力劳动更多，加工程度更深。（3）初级语素班和语境班的延时后测成绩差异显著，语素法不利于初级水平学习者词义记忆的保持。这说明，在初级阶段的教学中，应谨慎使用语素法。从词汇能力的长期发展来看，向学生介绍常用语素，帮助学生逐步构建同素词之间的语义网络是必要的，但在学生水平较低的情况下，最好不要仅利用语素讲解词义，可同时提供例句，以帮助学生理解生词，促进词义的长时记忆。

附录：

初级班实验词语

（31词）

惯例、丰富、强迫、鲜艳、团聚、聚会、食物、子女、如是、预计、酗酒、访谈、市民、搀扶、说服、不快、下降、同期、专家、团圆、景区、多事、成文、提高、大多数、读物、年夜饭、高峰、户外、外来、家长

准中级班实验词语

（80词）

厌倦、遥控、窥视、从业、捐款、欠债、凉爽、校花、完毕、潮湿、年迈、寻找、争吵、位于、眼馋、忙碌、谎话、吃亏、挑选、舒心、按时、雪白、与众不同、山顶、完事、一成不变、裸婚、复婚、敌视、购置、珍藏、首映式、诺言、生手、凉席、嗓音、插嘴、目瞪口呆、挑食、不厌其烦、两便、饭厅、宜人、重播、门牙、叫好、面熟、暖男、蛇行、争先恐后、年会、反话、睡眼、铁打、袖珍、蜗居、眉睫、把柄、顶峰、杀生、皂白、佳期、尺寸、林立、刀枪、隔壁、如数家珍、碰壁、了如指掌、弹指、心寒、一尘不染、靠山、弯路、手慢、眼力、转眼、眼见、手谈、路人

五、词汇教学"语素法"适用性研究 *

5.1　引言

　　自胡炳忠（1987）针对留学生将"鸡"描述为"鸡蛋的妈妈"一类问题，明确指出汉语语素和构词在教学中的重要性后，越来越多的研究者开始关注并倡导语素教学法的使用，语素法逐渐走入汉语课堂，并成为现阶段最常用的词汇教学法之一。语素法的支持者认为该法以词的构成成分为单位进行教学，贴合汉语词汇特点，有助于学习者准确理解词义，建立心理词库中同素词之间的联系，促进词汇能力的长期发展（吕文华，1999；肖贤彬，2002；王周炎、卿雪华，2004；施正宇，2008 等）。王骏（2005）、高珊（2009）的教学实验也证实语素法的长期使用对提高学生词汇水平有很大帮助。但与此同时，一些学者指出语素法的实施尚存在困难之处，如很多汉语词词义不等于语素义的简单相加，学生难以通过语素义的直接加合理解和记忆生词等（刘颂浩，2007；彭小川、马煜逵，2010 等）。那么具体哪些词适宜用语素法教授，哪些词不太适宜呢？这是教师在汉语教学中面临的实际问题，目前却少有研究对此进行讨论，讨论到相关问题时，也以举例式分析为主，缺少实验研究的验证。

　　本研究拟通过一项教学实验，考察语素法的适用性。实验中，对照组采用的是语境教学法，我们将通过语素班和语境班被试不同类别词语测试成绩的比较，考察语素法适用的词语类型。将语境法作为对比项的原因有三：（1）语境法在汉语教学中极为常用，语素法和语境法的对比具有较大实用性。（2）语素法和语境法代表了不同的教学本位观。以往学者对语素法实施效果的担忧往往源于其教学基本单位的特殊性，而语素法和语境法的教学单位恰恰相对，前者以词的构成成分为单位进行教学，后者以整词为单位。语素法和语境法的对比能够帮助我们发现哪些类别的词语适合

　　* 本节作者赵玮。本节内容曾以"汉语作为第二语言词汇教学'语素法'适用性研究"为题发表于《世界汉语教学》2016 年第 2 期。本研究得到教育部人文社会科学重点研究基地重大项目（项目批准号：15JJD740006）和北京语言大学校级科研项目（中央高校基本科研业务专项资金）（项目编号：15ZDJ05）资助，特此致谢。论文写作过程得到了北京语言大学张博教授的悉心指导。衷心感谢北京语言大学苏英霞教授、翟艳教授、赵秀娟副教授对研究工作的支持和指导，同门师友为论文语料分析和写作提供的帮助。《世界汉语教学》匿名审稿专家提出了非常具体而宝贵的修改意见，谨致谢忱。

以语素为单位教授。（3）语素法和语境法提供的词汇知识类型不同。根据Stahl（1985）的划分，词汇知识分为定义知识和语境知识，语素法只提供了定义知识，语境法还提供了语境知识。我们可以通过两种教学法的对比发现学生难以仅仅利用定义知识学习的词语类型。鉴于此，本研究将通过语素法和语境法的对比，考察适用于语素法的词语类型。

5.2　实验设计

"在课堂二语习得中，词汇习得任务主要在于记住词语。"（Jiang，2000）因此，本研究将通过词义记忆情况观察语素法对不同类别词语的适用性。基于语素法的两个显著特点——以语素为单位教学和主要为学习者提供定义知识，我们将从语素义和词义的关系、语素项的常用度和词义抽象度三个角度为实验词语分类。具体实验设计如下：

5.2.1　被试

本实验的被试选自北京语言大学两个准中级教学班。被试的筛选考虑到三方面因素：（1）日、韩语背景学生数量。由于汉字词对汉语词汇学习的帮助较大，语素班和语境班被试中日、韩语背景学习者的数量应基本一致，特别要避免"你有我无"的情况。（2）出勤率。由于每次课程都安排测试，被试出勤率需达到80%以上。（3）实验词语熟悉度。被试不熟悉词语比重需达到实验词语总数的90%以上。实验过程中，每次课程正式授课前，我们都会要求学生完成"词语了解情况测试"。在该测试中，学生需自我报告对词语的熟悉程度，学生报告为"完全没有见过这个词"（A选项）和"见过这个词，但不知道它的意思"（B选项）时，将该词判定为学生不熟悉的词语。

经筛选，本研究被试共计17人：语素班8人，2人来自韩国，其他同学来自印尼、泰国、芬兰和澳大利亚；语境班9人，4人来自韩国，其他同学来自印尼、泰国、法国和西班牙。受实验条件所限，语素班和语境班分班测试成绩差异显著，$t = -2.570$，$p = 0.021$，语素班被试分班测试成绩低于语境班，但两班被试的汉语水平总体上处于同一阶段，且90%以上的实验词语被试均不认识，两班使用的教材和课时时长也一致。在对比两班测试分数时，我们会将分班测试成绩作为协变量考察。

实验词语的筛选分为 5 个步骤：（1）从课本及《（汉语水平）词汇等级大纲》（本节简称《大纲》）中选出一部分低频实词；选择低频词是为了保证实验词语被试没有学过且在其他课程上复现率较低；选择实词主要由于本次实验依托阅读课展开，而阅读课直接词汇教学以实词为主（周小兵等，2008：130）。（2）删除预选实验词语中包含的课文主题词和韩语汉字词。（3）从语素义和词义的关系、语素项的常用度和词义的具体性三个角度为预选出的实验词语分类，每一个分类角度下，依据不同的标准，将实验词语分为三类。分类标准我们将在下文详述。（4）补充或删除词语，保证不同分类角度下，各类别的词语数量基本平衡。（5）统计"词语了解情况测试"结果，只保留词表中不熟悉该词的学生数量在被试总数中所占比重高于 90% 的词语。经过以上步骤，我们共得到 80 个实验词语[①]。下面就词语的分类标准及依此标准划分出的词语类别进行说明。

5.2.2.1 语素义和词义关系角度的分类

本研究主要参照符淮青（1981）提出的分类体系考察语素义和词义的关系类型。该文将复合词语素义和词义的关系分为五类，分别为：语素义直接完全地表示词义、语素义直接部分地表示词义、语素义间接地表示词义、一个语素义失落和所有语素义都不显示词义。我们暂不对"所有语素义都不显示词义"这一类词语进行考察，因为该类词语本身就难以用语素法讲解，再探讨其教学效果如何意义不大，且据李如龙、吴茗（2005）参照符淮青（1981）的分类体系对《大纲》甲乙级双音词语素义和词义关系进行的统计，语素义与词义无关的词语仅占 4.81%，较为少见。此外，根据加合语素义得到词义的难度，我们对符淮青（1981）的分类体系进行了些微调整，将其中的第四种类型归并到第一类。因为一个语素义失落的情况下，词义仍然可完全通过其内部组成部分——语素获得，而第二、三类中，完整的词义还需要对加合的语素义进行补充和转换，从加合语素义得到词义的难度看，第四类和第一类的难度基本一致，二、三类的难度相对较大。

最终，本研究将语素义和词义的关系分为三类，如表 5-10 所示：

---

① 详见本章第四节《"语素法""语境法"词汇教学效果对比研究》附录。

表 5-10　语素义和词义关系类型表

类别	语素义和词义的关系	语素义和词义关系 次类公式	例词
直接加合型	词义等于语素义直接加合	$AB = A + B$	山顶
		$AB = A = B$	厌倦
		$AB = A$ 或 B	窥视
补充型	词义等于语素义加补充内容	$AB = A + B + 补充内容$	反话
引申型	词义等于加合后的语素义的引申	$AB = A + B + 引申$	碰壁

我们将实验词语及其构成语素在《现代汉语词典》(第 6 版，本节简称《现汉》)中的释义录入到 Excel 表格，然后按照上述分类标准确定实验词语所属类别。80 个实验词语中，直接加合型词语共计 26 个，补充型词语 27 个，引申型词语 27 个。

5.2.2.2　语素项常用度角度的分类

本研究依据语素项常用度而非语素常用度为实验词语分类。多义语素不同语素项的使用频率有时差别较大，语素常用度反映的是该语素在多个义项上的综合使用情况，而不是单个义项上语素的使用频率。我们希望通过常用度推断学习者对构词语素的熟悉度。通过语素常用度推断，可能会高估学生对某些相对低频语素项的熟悉度。如"看望"中的"看"，由于"看❶：使视线接触人或物"常用度较高，"看"的常用度也很高，但"看❹：访问；探望"的使用频率相对低一些。这种情况下，我们难以通过语素'看'的常用度推断出学生是否熟悉"看❹"。

本研究将语素项常用度分为低、中、高三个等级。语素项常用度的衡量指标有两个：语素项在《大纲》中的分布等级及构词数量。《大纲》的分级以"词频统计为主要依据"(国家汉语水平考试委员会办公室考试中心，2001：18)，语素项在《大纲》中的等级可以反映出其独立使用时的常用度，等级越低，其常用度越高。由于《大纲》只标注了词性，未标注义项，我们主要依据词性判断实验词语所包含的语素项单独使用时是否属于超纲词。如果《大纲》上标注的词性与该语素项单独使用时的词性不符，我们将之记作超纲词。语素项构词数量依据其在《大纲》甲、乙、丙级词语中参与构词数量的多少，不以其在《现汉》中构词数量的多少作为判断依据，并且不将语素项构成的丁级词统计在内，主要由于准中级学习者词汇量相对较低，超纲词和丁级词认识得极少，如果语素项参与构成的词语是超纲词或丁级词，无论该语素项构成多少个词语，学习者通常是没有接触过的，也就不会给学习者对该语素项的感知、记忆和提取带来影响。

　　确定语素项在《大纲》中的分布等级及构词数量的判断依据后，我们开始为等级和构词数量不同的语素项赋值。语素项在《大纲》中的等级越低，分值越高；构词数量越多，分值越高。根据邢红兵（2006）的统计，语素项在《大纲》中的构词量大部分都在5以下，构词数量为5及5以上的语素项仅占14%。因此，该衡量指标下，最高分对应的构词数量是5及5以上，最低分对应的构词数量是0。赋值办法详见表5-11。

表5-11　语素项常用度赋值办法说明表

衡量指标	双字词	三字词	四字词
等级	语素项为甲级词记6分，乙级词4.5分，丙级词3分，丁级词1.5分，超纲词0分，两语素项分值相加得双字词分值，最高分12分，最低分0分	语素项为甲级词记4分，乙级词3分，丙级词2分，丁级词1分，超纲词0分，三语素项分值相加得三字词分值，最高分12分，最低分0分	语素项为甲级词记3分，乙级词2.25分，丙级词1.5分，丁级词0.75分，超纲词0分，四语素项分值相加得四字词分值，最高分12分，最低分0分
构词数量	语素项构词数量为5及5以上记6分，为4记4.8分，为3记3.6分，为2记2.4分，为1记1.2分，为0记0分，两语素项分值相加得双字词分值，最高分12分，最低分0分	语素项构词数量为5及5以上记4分，为4记3.2分，为3记2.4分，为2记1.6分，为1记0.8分，为0记0分，三语素项分值相加得三字词分值，最高分12分，最低分0分	语素项构词数量为5及5以上记3分，为4记2.4分，为3记1.8分，为2记1.2分，为1记0.6分，为0记0分，四语素项分值相加得四字词分值，最高分12分，最低分0分
合计	最高24分，最低0分	最高24分，最低0分	最高24分，最低0分

　　赋值完毕后，将实验词语包含的语素项在《大纲》中的分布等级和构

词数量对应的分值相加，得到语素项常用度分值。之后，将所有实验词语的语素项常用度分值由低到高排列，确定排名 1/3 处和 2/3 处分值，这两个分值分别代表中、低和中、高常用度的分界点。最后，依据语素项常用度分值为实验词语分类，将常用度分值低于排名 1/3 处分值的词语归为低常用度词语，高于排名 2/3 处分值的词语归为高常用度词语，处于二者中间的归为中常用度词语。80 个实验词语中，低常用度词语共计 26 个，中常用度词语 26 个，高常用度词语 28 个。

5.2.2.3　词义具体性角度的分类

本研究根据词义具体性将实验词语分为抽象词语、不太具体词语和具体词语三类，分类步骤如下：（1）请 15 位语言学专业的高校教师和研究生在五点量表上对实验词语进行具体性评定。5 表示非常具体，1 表示非常抽象，由 5 至 1 具体性逐渐减弱，抽象性逐渐增强。量表上说明，"具体"指该词的指称对象可以或易于直接感知。量表上为只教授了一个义项的多义词和个别较为生僻的词语提供了释义。（2）计算每个实验词语具体性评定的平均得分。（3）将所有实验词语的具体性评定得分由低到高排列，确定排名 1/3 处和 2/3 处分值。（4）依据词义具体性得分为实验词语分类，将具体性得分低于排名 1/3 处分值的词语归为抽象词语，高于排名 2/3 处分值的词语归为具体词语，处于二者中间的归为不太具体词语。80 个实验词语中，抽象词语共计 25 个，不太具体词语 27 个，具体词语 28 个。

5.2.3　教学方法

教学实验持续 12 周，每周 2 次课程，共计 48 课时。语素班和语境班每次课程均教授 3 ～ 4 个实验词语，每个词语教授 2 ～ 3 分钟，两班实验词语和教学时间一致。

语素班的教学环节包括教授语素义、请学生利用语素义猜测词义、展示词义、扩展词语。在教授语素义时，我们采用了多种方法，对于学生较熟悉的语素项，请学生直接说出语素义；对于学生不太熟悉但构词能力较强的语素项，通过展示包含该语素项的一系列词语，引导学生说出语素义；当语素项常用度较低且语素义较难总结时，直接展示语素义。生词扩展环节紧紧围绕实验词语展开，我们在词语的选择上注意保证构成扩展词的语素的意义与目标词语素项的意义相同，且尽量保证扩展词的另一个语素是学习者已学过的，或是在其他词语中见过的。

　　语境法的教学环节包括展示句子或情景、请学生齐读句子、引导学生猜测词义、展示词义。借鉴以往研究成果，在设计语境时，我们注意提供足够的语境信息和线索，并保证句子中的词语学习者绝大部分都认识，对于学习者可能不认识的词语用英语加以注释，且注明拼音，以便学生顺利猜出词义（Hulstijn，1992；干红梅，2011）。此外，词汇附带习得输入干预的相关研究显示，输入增显可以引起学生对目标词语的注意，促使其对目标词进行更为深入的加工（苗丽霞，2013）。因此，在呈现句子时，我们将目标词语加粗，并将字体颜色设置为红色，提醒学习者朗读句子的目的是理解目标词语。

　　下面以"生手"为例，介绍语素班和语境班实验词语的教学方法。

语素班

老师：看到"生"能想到什么词？

学生：学生、生意、生病、生人……

老师：很好，XX 说了"生人"，是什么意思？

学生：不认识的人。

老师：对，不熟悉、不认识的人。"生词"呢？

学生：不认识的词。

老师：很好，这些"生"是什么意思？

学生：不认识的。

（幻灯片）生：不认识的、不熟悉的。

老师：好，来看我们要学习的词，怎么读？（幻灯片：生手）

学生齐读

老师："手"可以指一种人，猜一猜"生手"的意思是什么？

（幻灯片）"生手"的意思是：A. 对工作熟悉的人，B. 对工作不熟悉的人。

学生：B。

（幻灯片）生手：刚工作，对工作不熟悉的人

老师：下面，来猜一猜，"熟手"是什么意思？

学生：对工作熟悉的人。

老师：再猜一猜"高手"是什么意思？

学生：水平很高的人。

老师：非常好。注意，这几个词里"手"都表示什么样的人。"高手"，

水平高的人,"熟手",对工作熟悉的人,还有"生手",是什么意思?

学生:刚工作,对工作不熟悉的人。

语境班

(幻灯片)我刚开始做这个工作,还是个生手。

(幻灯片)我们想找一个熟悉这方面工作的人,不要生手。

老师:一起读这两个句子,注意"生手"这个词。(学生读完后)"生手"是名词、动词还是形容词?

学生:名词。

老师:"生手"是人、地方,还是别的什么东西?

学生:人。

老师:为什么?

学生:我,我刚开始做这个工作,还是个生手。

老师:对,我是个生手,所以生手是一种人。那是什么样的人?

学生:对一件事情熟悉的。

老师:熟悉的吗?读读第二个句子,我想找什么样的人,不要什么样的人?

学生:不熟悉的。

老师:是对什么不熟悉的人?看一看,两个句子里都有一个什么词?(老师手指向"工作")

学生:对工作不熟悉的人。

老师:很好,"生手"是"刚工作,对工作不熟悉的人"。(同时在幻灯片上展示词义)

需要说明的是,语素班和语境班的生词处理环节都包含猜测词义。这一方面由于实验依托阅读课进行,词义猜测策略的训练是阅读课词汇教学的重要内容;另一方面是因为相比于直接展示词义,先进行词义猜测可以加大学习者的认知加工量,促进词汇学习(Laufer & Hulstijn,2001;陶凌寅,2010)。

5.2.4 测试

每次课程临近结束时,进行即时后测,一周后,进行延时后测,共计进行 24 次即时和延时后测。即时后测的形式为解释词义或翻译,不会写的汉字可以写拼音。如：

　　"厌倦"的意思是＿＿＿＿＿＿＿＿＿＿＿＿＿＿

　　延时后测的形式为单项选择。题目包含 4 个选项。其中 1 个是正确答案，1 个是"不知道"，该选项的设置是为了防止学生随意猜测答案。另两个错误选项，1 个是与语素相关的错误（如下例中的选项 B），1 个是该词在讲解词语时提供的句子中连同上下文共同表示的意思（如下例中的 C 选项，讲解词语时提供的句子是：商业区里，高楼林立，非常繁华）。

　　"林立"的意思是（　　　　）
　　A.像树林里的树一样站着，说明很多　　B.像树一样站得很直
　　C.像树林一样多的楼　　　　　　　　　D.不知道

5.3　实验结果

5.3.1　成绩计算方法

　　由于词汇知识并不是"或有或无的两极现象"（孙晓明，2007），考虑到词语部分习得的具体情况，我们将即时后测成绩分为 5 个级别，最低分 0 分，满分 4 分，每个级别相差 1 分。即时后测成绩的评定标准为：

　　（1）未作答或回答完全错误，记 0 分。如学生将"捐款"翻译为 debt（债务）。

　　（2）不太正确，记 1 分，包括以下几种情况：直接加合型词语构词语素地位不平等时，仅写出对词义影响较小的语素的意义，如将"窥视"解释为"看"；补充型或引申型词语，只答出 1 个语素义，其他语素义、补充内容或引申义没有答出，如将"蜗居"解释为"蜗牛"；写对了语素义，但词语结构有误，如将"完事"解释为"做完的事情"；与词义完全相反，如将"不厌其烦"解释为"觉得麻烦"等。

　　（3）部分正确，记 2 分，包括以下几种情况：直接加合型词语构词语素地位平等时，写出其中 1 个语素的意义，如将"诺言"解释为"答应"；补充型或引申型词语，答出了语素义，但补充内容或引申义没有答出，如将"尺寸"翻译为 a measurement for length（长度计量单位）；与词义部分相关，如将"吃亏"解释为"上当"。

　　（4）基本正确，记 3 分，包括以下几种情况：直接加合型词语构词

语素地位平等时，双音节词写对其中 1 个语素的意义和另 1 个语素的部分意义，四音节词中，写对 3 个以上语素义，如将"按时"解释为"按照时间"；补充型词语，答出部分语素义和全部补充内容，或部分补充内容和全部语素义，如将"生手"解释为"刚做工作，不太熟悉"；词性错误，如将"铁打"解释为"坚固的东西"；词义解释不准确，但核心意思理解了，如将"校花"解释为"非常漂亮的女孩子在大学"，这个释义把"校花"的使用范围限定在了"大学"。

（5）完全正确，记 4 分。

延时后测成绩的评定方法为：学习者未作答、答错或选择"不知道"，记 0 分，正确记 1 分。

5.3.2　结果分析

语素班和语境班语素义和词义不同关系类型词语即时、延时后测成绩的描述性统计结果如表 5-12 所示：

表 5-12　语素班和语境班语素义和词义关系类型不同词语的平均成绩及标准差

组别	测试形式	直接加合型词语		补充型词语		引申型词语		人数
		平均分	标准差	平均分	标准差	平均分	标准差	
语素班	即时后测	3.33	0.58	2.80	0.52	2.81	0.59	8
	延时后测	0.79	0.15	0.77	0.17	0.67	0.20	8
语境班	即时后测	3.58	0.24	3.38	0.27	3.36	0.26	9
	延时后测	0.83	0.08	0.84	0.08	0.76	0.15	9

我们使用 SPSS 19.0 单因素协方差分析对语素班和语境班被试即时、延时后测成绩进行了被试分析（记为 F_1），协变量为分班测试成绩，同时使用单因素方差进行了项目分析（记为 F_2）[①]。即时后测被试分析中，语素班和语境班直接加合型词语成绩差异不显著，$F_1(2, 14) = 0.450$，$p = 0.513$，项目分析中差异同样不显著，$F_2(1, 51) = 2.101$，$p = 0.153$；被试分析中，补充型词语成绩差异显著，$F_1(2, 14) = 4.798$，$p = 0.046$，项目分析中

---

① 被试分析和项目分析的结果一般情况下是一致的，本研究亦是如此，但有个别数据，被试分析不显著，但项目分析显著。我们推测，这可能由于本研究被试的语言水平存在一定差异，而项目分析无法将学生分班测试成绩作为协变量进行统计。在后文讨论时，本研究仍以被试分析的数据为准，因为进行被试分析时考虑了学生水平差异。

差异同样显著，F_2（1，53）＝ 4.265，p ＝ 0.044；被试分析中，引申型词语成绩差异边缘显著，F_1（2，14）＝ 3.945，p ＝ 0.067，项目分析中差异显著，F_2（1，53）＝ 6.928，p ＝ 0.011。延时后测被试分析中，语素班和语境班直接加合型词语成绩差异不显著，F_1（2，14）＝ 0.123，p ＝ 0.731，项目分析中差异同样不显著，F_2（1，51）＝ 0.615，p ＝ 0.437；被试分析中，补充型词语成绩差异不显著，F_1（2，14）＝ 0.017，p ＝ 0.899，项目分析中差异也不显著，F_2（1，53）＝ 2.771，p ＝ 0.102；被试分析中，引申型词语成绩差异不显著，F_1（2，14）＝ 0.012，p ＝ 0.916，项目分析中差异同样不显著，F_2（1，53）＝ 2.796，p ＝ 0.101。

语素班和语境班语素项常用度不同词语即时、延时后测成绩的描述性统计结果如表 5-13 所示：

表 5-13　语素班和语境班语素项常用度不同词语的平均成绩及标准差

组别	测试形式	低常用度词语		中常用度词语		高常用度词语		人数
		平均分	标准差	平均分	标准差	平均分	标准差	
语素班	即时后测	2.92	0.61	3.00	0.57	3.01	0.46	8
	延时后测	0.70	0.22	0.73	0.18	0.80	0.14	8
语境班	即时后测	3.29	0.30	3.55	0.18	3.48	0.26	9
	延时后测	0.78	0.11	0.81	0.12	0.85	0.08	9

即时后测被试分析中，语素班和语境班低常用度词语成绩差异不显著，F_1（2，14）＝ 1.197，p ＝ 0.292，项目分析中差异边缘显著，F_2（1，51）＝ 3.827，p ＝ 0.056；被试分析中，中常用度词语成绩差异边缘显著，F_1（2，14）＝ 3.841，p ＝ 0.070，项目分析中差异显著，F_2（1，51）＝ 7.542，p ＝ 0.008；被试分析中，高常用度词语成绩差异边缘显著，F_1（2，14）＝ 4.304，p ＝ 0.057，项目分析中差异显著，F_2（1，55）＝ 4.847，p ＝ 0.032。延时后测被试分析中，语素班和语境班低常用度词语成绩差异不显著，F_1（2，14）＝ 0.149，p ＝ 0.706，项目分析中差异不显著，F_2（1，51）＝ 1.616，p ＝ 0.210；被试分析中，中常用度词语成绩差异不显著，F_1（2，14）＝ 0.035，p ＝ 0.853，项目分析中差异边缘显著，F_2（1，51）＝ 2.994，p ＝ 0.090；被试分析中，高常用度词语成绩差异不显著，F_1（2，14）＝ 0.002，p ＝ 0.968，项目分析中差异也不显著，F_2（1，55）＝ 1.316，p ＝ 0.256。

语素班和语境班具体性不同的三类词语即时、延时后测成绩的描述性统计结果如表 5-14 所示：

表 5-14　语素班和语境班具体性不同词语的平均成绩及标准差

组别	测试形式	抽象词语		不太具体词语		具体词语		人数
		平均分	标准差	平均分	标准差	平均分	标准差	
语素班	即时后测	2.66	0.61	3.01	0.51	3.23	0.57	8
	延时后测	0.70	0.15	0.75	0.18	0.78	0.17	8
语境班	即时后测	3.21	0.38	3.60	0.13	3.49	0.29	9
	延时后测	0.77	0.08	0.81	0.14	0.84	0.07	9

即时后测被试分析中，语素班和语境班抽象词语成绩差异不显著，F_1（2，14）＝3.083，p＝0.101，项目分析中差异显著，F_2（1，49）＝4.778，p＝0.034；被试分析中，不太具体词语成绩差异显著，F_1（2，14）＝5.724，p＝0.031，项目分析中同样差异显著，F_2（1，53）＝11.319，p＝0.001；被试分析中，具体词语成绩差异不显著，F_1（2，14）＝0.771，p＝0.395，项目分析中差异同样不显著，F_2（1，55）＝2.641，p＝0.110。延时后测被试分析中，语素班和语境班抽象词语成绩差异不显著，F_1（2，14）＝0.020，p＝0.889，项目分析中差异同样不显著，F_2（1，49）＝1.613，p＝0.210；被试分析中，不太具体词语成绩差异不显著，F_1（2，14）＝0.040，p＝0.843，项目分析中差异同样不显著，F_2（1，53）＝1.911，p＝0.173；被试分析中，具体词语成绩差异不显著，F_1（2，14）＝0.489，p＝0.496，项目分析中差异同样不显著，F_2（1，55）＝2.123，p＝0.151。

5.4　讨论

5.4.1　语素法对语素义和词义关系类型不同词语的适用性

对直接加合型、补充型和引申型词语测试成绩的比较发现，语素法和语境法的保持性效果基本一致，即时后测中，直接加合型词语的测试成绩也无显著差异，但语境法比语素法更能促进补充型、引申型词语的习得。这可能由于语素对透明词和不透明词的作用不同。汉语母语者的词汇加工中，透明词的语素对整词的加工起促进作用，不透明词中语素的激活对整词的加工有抑制作用（王春茂、彭聃龄，1999、2000）。二语者词义猜测的相关研究也证实，学习者倾向于通过直接加合语素义推断词义，把不透明词当作透明词来理解（干红梅，2008；张江丽，2010）。而语素义和词义的关系与词义透明度密切相关，"语素义和词义联系越直接、越密切，则复合词透明度越高"（许艳华，2014：92）。依此判断，本研究中，直接加合型词语透明度最高，补充型次之，引申型透明度最低。因此，对于直接加合型词语，语素可以促进整词的加工，对于补充型、引申型词语，语素的激活可能会干扰甚至抑制整词的加工。语素法以语素为单位教学，可以引起学生对语素的充分关注，这种关注不利于透明度较低的补充型、引申型词语的学习。比如，27个引申型词语中，15个都出现了把语素义的加合当作词义的错误，如学生对以下词语的解释：

弹指：弹手指
皂白：黑和白
隔壁：separation between two people（两人之间的间隔物）
碰壁：人走在路上看不见墙
眉睫：眉毛和睫毛（学生画了一个眼睛，箭头指向眉毛和睫毛）

以上错误显示出，在学习透明度较低的词语时，学习者的大部分注意资源分配在了语素项的学习上，这影响了其对整词的关注，不利于生词的理解和记忆。与语素法相比，语境法以整词为单位进行教学，重在帮助学生建立词义和语境信息的联系，不会特别提醒学生关注语素，教学效果受语素义和词义关系的影响也就较小。因此，语境班补充型、引申型词语的学习效果显著优于语素班。

5.4.2　语素法对语素项常用度不同词语的适用性

对语素项常用度不同的三类词语测试成绩的比较发现，语素法和语境法的保持性效果差异不大，即时后测中，语素班和语境班低常用度词语的测试成绩无显著差异，但两班语素项中、高常用度词语的即时后测成绩差异达到边缘显著，语境班成绩明显优于语素班。我们推测，这是由于准中级学生已具备一定的语素识别能力，能够判断出一些常用语素的意义，对语素项常用度较高的词语，语境班被试可同时利用语境和语素线索记忆生词，而语素班只能利用语素线索。江新、房艳霞（2012）的研究显示，二语学习者进行词义猜测时，整合语境和构词法线索比使用一种线索得到的猜测效果更好，以上实验结果显示，这一规则同样适用于生词的学习和记忆。此外，记忆研究表明，词汇是以网络方式储存的，在词汇网络中，单词与其他信息建立的连接点越多，记忆越牢固（江新，2007：74）。对于语素项常用度较低的词语，准中级学生尚难以分辨出语素的意义，语境班被试只能构建词义与语境信息的联系，此时，语素班和语境班的成绩差异不大。但对于语素项常用度较高的词语，语境班被试可同时建立起语素义和词义、语境信息和词义的联系，而语素班被试只能建立起其中一种联系，因此，对于语素项常用度较高的生词，语境班的学习效果优于语素班。

5.4.3　语素法对具体性不同的词语的适用性

对具体性不同的三类词语测试成绩的比较发现，延时后测中，语素班和语境班的测试成绩差异不显著，即时后测中，两班抽象词语和具体词语的成绩差异同样不显著，但语境法在不太具体词语上的教学效果显著优于语素法。语境班被试在不太具体词语上的更好表现可能由于语境信息对材料理解有促进作用。语境有效性理论认为，语境信息既可以来自外部语境，也可以来自内部语境，即加工者已有的知识经验。意义具体的词语内部语境通常是充足的，但意义较为抽象的词语内部语境不足，往往难以理解和记忆，而这种不足可以通过段落、句子等外部语境来弥补（Schwanenflugl & Shoben，1983）。不太具体词语的内部语境不足，但语素法被试只能依靠内部语境学习；而语境法为学习者提供了外部语境，这可以帮助学生建立对词义的感性认识，促进词汇学习，因此，语境班被试取得了更好的学习效果。

但为何抽象词语的学习中，语境班没有表现出明显的优势呢？Schwanenflugl & Shoben（1983）认为，语境信息足够的情况下，个体可提供理解抽象材料所必需的认知帮助。我们推测，可能由于抽象词语整体上难度较大，句子语境提供的语境信息相对较少，尚不足以弥补认知上的缺陷，使得语境班被试的整体成绩偏低。比如学生根据"厌倦"的两个例句"起床、挤地铁、上班、下班、挤地铁、睡觉，每天都是这样，他已经厌倦了这种生活，打算辞职去旅行""结婚16年后，他们开始对彼此厌倦了，两人决定先分开一段时间"，把词义理解为"太多的事让我们累""很无聊，因为一直这样"。再比如"眉睫"一词，由于例句中出现了"近在眉睫"的组合形式，有学生将该词解释为"很近"。可见，即使使用语境法教学，学生在抽象词语的理解上仍存在一定困难。

　　需要说明的是，延时后测中，语素班和语境班各类词语的成绩差异均不显著，这可能与我们未对实验词语进行及时复习有关。由于大部分实验词语为课外生词，出于教学进度的考虑，我们没有安排复习环节。如果生词能够得到及时复习，延时后测结果是否会出现显著差异，仍有待进一步的研究。

5.5　结论与启示

5.5.1　语素法适用的词语类型

　　本实验的研究结果发现，直接加合型词语适合使用语素法教授。比如"挑选、完毕、忙碌"等词，词义和两个语素义同义，属于直接加合型中AB＝A＝B型词语，且学生对其中一个语素义较为熟悉，这种情况下，运用语素法教学能够有效帮助学生记忆词义。再比如"一成不变、凉爽、位于"等词，这些词语的意义等于语素义的组合，且仅包含一个学生不熟悉的语素，使用语境法教授时，学生有时会遗漏部分语素义，语素班的学生则极少出现这类错误。

　　具体词语也适合使用语素法教授。比如"山顶、校花、门牙、首映式、雪白"等词，意义具体，内部语境充足，学生得分很高。

　　对于语素项常用度较高的词语，虽然语境班被试的成绩优于语素班，但这也源于准中级学生已初步具备的语素意识。因此，我们建议，对于该类词语，一方面提供语境十分必要，另一方面，教师也应为学生介绍语素义，增强学生对语素项的认识，促使其更为自觉地将语素知识应用到其他词语的学习中。

5.5.2　语素法不太适用的词语类型

　　对于补充型词语，应谨慎使用语素法，以防学生误将语素义的加合理解为词义。不过，一些包含常用语素的词语，可先通过句子语境让学生对词义和补充内容形成较为清晰的认识，再通过对常用语素义的介绍强化词义记忆效果。比如"挑食"一词，多名语素班被试将之解释为"选择食品"，如果能够先向学生展示例句"这孩子太挑食，只吃肉，不吃菜，这样下去对身体不好"，引导学生注意到"挑食"指"选自己爱吃的东西吃"，再分别讲解"挑"和"食"的意思，想必可以很大程度上避免类似错误。

　　对于引申型词语，应尽量避免使用语素法讲授。不过，我们发现"了如指掌、路人、手慢、蜗居"等引申关系较为明晰的词语，学生的即时、延时后测都取得了不错的成绩。因此我们建议，对于该类词语，在提供句子语境的同时，可适当向学生讲授语素义和引申关系，以提高学生的学习兴趣。

对于语素项常用度较低的词语，虽然语素班和语境班被试成绩差异不算显著，但考虑到不常用语素项的实用性较低，很多母语者可能尚不知其含义，比如"皂白"的"皂"，"年迈"的"迈"，将之教授给二语者意义不大，该类词语使用语境法讲授更为妥当。此外，两组被试语素项常用度较低词语的得分都偏低，这提示我们，课堂中应加强该类词语的练习和复习。

具体性较低的词语也更适合使用语境法讲授，特别是抽象词语，教师应为之提供更为充足的语境，以保证学生正确理解词义。

六、"语素法"对学习者词汇能力影响的实验研究 *

6.1　引言

语素法是二语词汇教学中最常用的方法之一（李彤，2005；李润生，2017；Nation，2001）。20 世纪 60 年代，在认知法重视语言规则的理念的影响下，英语作为第二语言（以下简称 ESL）教学开始引导学生关注词语内部各组成部分之间的联系（Moore，1989）。英语多由"词根 + 词缀"构成新词，词根数量多，且在不同的词语里面形式不同，而常用词缀的数量较为有限（Saragi，1974），因此教师一般仅对词缀和构词规则进行直接教学，以此培养学习者阅读中猜测生词词义的能力。即 ESL 教师倾向于将语素法视为一种学习策略而非具体词语的讲授方法。相关实验研究也主要考察语素法对学习者词义猜测能力的影响，如 Bellomo（1999、2009）、Rivera Pacheco（2005）、Zhang（2009）、Liu（2014）等研究证实，语素法有助于

* 本节作者赵玮。本节内容曾以"语素法对汉语二语者词汇能力影响的实验研究"为题发表于《汉语学习》2018 年第 5 期。本研究受教育部人文社会科学重点研究基地重大项目"基于汉语词汇特征的二语词汇教学实证研究"（项目编号：15JJD740006）、云南大学人文社会科学青年研究基金项目"基于不同结构单位的汉语二语词汇教学法实施影响因素及高效词汇教学模式研究"（项目编号：18YNUGSP017）资助。论文写作过程得到了北京语言大学张博教授的悉心指导。真诚地感谢同门师友提供的帮助。

词缀的识别和使用，增强学习者词义猜测过程中对词语组成部分的关注。

汉语作为第二语言（以下简称 CSL）教学界，胡炳忠（1987）针对教学中出现的实际问题，比如学生学习了"鸡蛋"却不懂"鸡"的意思，而明确提出应"在语素和构词法的理论指导下进行词汇教学"。与英语不同，汉语多由词根复合构成新词，且可以作为词根的语素数量极为丰富，让学习者在短时间内掌握这么多的语素是有难度的，而不知道语素义也就难以推断词义。与此相应，CSL 教学中语素法较多地应用于具体词语的讲授，包括解释词义和系联其他词语，学者们认为语素法的主要优势在于提高词义记忆效率、巩固所学词语和扩大词汇量（吕文华，1999；肖贤彬，2002）。王骏（2005：147-168）、高珊（2009）证实了教学中坚持使用语素法可以提高学生词汇水平，赵玮（2016、2017）证实了语素法在词义记忆方面的有效性，但少有学者通过实验研究考察语素法在扩大词汇量方面的作用。此外，语素法仅提供了定义知识，而未提供语境知识（Stahl，1985），这是否不利于学习者词语使用能力的发展？同时，CSL 学界也较为重视利用语素进行词义猜测的策略教学，一部分汉语阅读教材已开始将构词法的相关知识作为一种词义猜测策略介绍给学生（周小兵、张世涛，1999；张世涛、刘若云，2002 等），还有诸多研究考察了汉语词语属性和学习者因素对词义猜测的影响（郭胜春，2004；干红梅，2009；江新、房艳霞，2012；洪炜等，2017；王意颖等，2018 等），但通过语素法的教学，学习者利用语素猜测词义的能力是否能够有所提高，还有待进一步的研究。

本研究拟结合学习者的问卷调查结果，考察语素法对词汇能力发展的影响，具体包括：利用语素法教授生词的过程中，教师会扩展一定数量的新词，学生能否记住这些词语，即语素法是否有助于词汇扩展？仅使用语素法讲授词义的情况下，学习者能否获得词语使用的相关知识？语素法的教学及词义猜测策略的讲练，能否提高学习者的词义猜测能力？

6.2　研究设计

6.2.1　被试

被试分为两组。实验组采用语素法授课，对照组采用句子语境或情景语境讲授词语，本研究称之为语境法。共计 49 人参加了本次实验。但由于语素意识和利用语素猜测词义能力的培养是个长期过程，我们只将出勤率高于 80% 的学生作为被试，同时对各组被试的母语背景进行了匹配，最后 36 人的成绩计入实验结果。其中，初级语素班 9 人、语境班 10 人，准中级语素班 8 人、语境班 9 人。被试来自韩国、印尼、泰国、德国、法国、西班牙等国家。

被试汉语水平的划分依据北京语言大学速成学院分班测试成绩。受实验条件所限，初级语素、语境班分班测试成绩差异显著（$t = -4.567$，$p < 0.001$），准中级班也是如此（$t = -2.570$，$p = 0.021$）。但同一级别的语素、语境班被试总体处于汉语学习同一阶段，教材、课时、授课教师也一致。同时，在比较测试结果时，本研究将分班测试成绩作为协变量考察。

6.2.2　实验程序

初级班教学实验持续 8 周，每周 2 课时；准中级班教学实验持续 12 周，每周 4 课时。每次课程教授 3 ～ 4 个实验词语，实验组和对照组分别采用语素法、语境法。在授课过程中对学生的词汇扩展能力、词语使用知识和词义猜测能力测试。考虑到语素意识和学生利用语素或语境线索猜测词义能力的培养所需的时间，测试在初级班授课第 5 周、准中级班授课第 7 周之后进行。

6.2.3　实验词语

初级班共计讲授实验词语 31 个，准中级班 80 个。初级班实验词语全部选自课内，准中级班教学时间相对宽裕，还补充了部分课外词语。实验词语从语素义和词义的关系、语素项常用度和词义具体性三个角度进行分类，每一分类角度下，依据不同的标准，再分为三个次类，各类别的词语数量基本平衡。实验词语的分类标准及依此标准划分出的词语类别详见赵玮（2016）。

6.2.4　教学安排

语素班和语境班都包含两方面教学内容：具体词语的教学和词义猜测策略的教学。本研究依托汉语阅读课展开，具体词语的教学主要在文本阅读前后进行，词义猜测策略的教学则在每课主体课程内容结束后进行。

6.2.4.1　具体词语教学

语素班具体词语的教学步骤为：教授语素义、利用语素义猜测词义、展示词义、扩展词语。在扩展词语环节，我们注意保证构成扩展词的语素的意义与实验词语素项的意义相同，且扩展词的另一个语素是学习者已学或认识的。初级班共扩展生词 40 个，平均每个实验词语扩展 1.29 个生词；

准中级班共扩展生词 157 个，平均每个实验词语扩展 1.96 个生词。

　　语境班具体词语的教学步骤为：展示句子或情景、学生齐读句子、利用语境线索猜测词义、展示词义。初级班共展示 75 个句子或情景，平均每个生词展示 2.42 个语境；准中级班共展示 180 个句子或情景，平均每个生词展示 2.25 个语境。

　　6.2.4.2　词义猜测策略教学

　　语素班词义猜测策略的教学包括两方面内容：利用语素猜测词义的具体步骤和构词法的相关知识。利用语素猜测词义的步骤参照 Harris et al.（2011），包括：①将词语切分为不同的组成部分，②确定各语素的意义，③根据各语素的意义推测出词义，④检查猜测是否准确。构词法相关知识的讲解包括：联合式、偏正式、动宾式词语的特点，用公式说明不同结构类型中两个语素之间的关系，介绍三种结构类型在名词、动词、形容词中的分布比例。

　　语境班线索猜测词义的步骤参照 Clarke & Nation（1980），包括：①确定生词的词性，②观察生词前后的词语，③观察生词所在小句和其他小句的关系，④利用上述三方面信息猜测词义，⑤检查猜测是否准确。策略讲解完毕后，两班都设计一定量的练习，同时被试还可以通过具体词语讲解中的词义猜测步骤进行练习。

6.2.5　测试

　　本研究利用汉字组词测试考察被试的扩展词语记忆情况，利用搭配和填空测试考察被试的词语使用能力，利用词义猜测测试考察被试的词义猜测能力。

　　6.2.5.1　汉字组词测试

　　初级班、准中级班各从采用语素法、语境法讲授的实验词语的构词语素中选出 10 个进行测试。共测试 2 次，测试在初级班授课第 5 周、准中级班授课第 7 周之后进行。例如：

用下面的字组词，越多越好，不会写的字可以写拼音。
山：山顶　　　山脚　　　山村
婚：＿＿＿＿　＿＿＿＿　＿＿＿＿

　　6.2.5.2　搭配测试

　　初级班从实验词语中随机选出 10 个进行测试，准中级班随机选出 20 个进行测试。共测试 2 次。初级班测试时间为授课第 5 周、第 9 周，准中级班为第 7 周、第 13 周。例如：

从业　　　　睡眼　　　　睁开　　　　人员

6.2.5.3　填空测试

填空测试形式参照 Laufer & Nation（1999）提出的控制的产出性词汇知识测试。初级班从实验词语中随机选出 10 个进行测试，准中级班随机选出 20 个。共测试 2 次。例如：

老板在国外参加会议，还通过电脑____控（从远处控制）指挥我们的工作。

6.2.5.4　词义猜测测试

准中级班词义猜测测试形式参照江新、房艳霞（2012）：部分词语单独呈现，让学生根据语素猜测词义；部分词语放在句子中呈现，让学生根据语境猜测词义；部分词语同时提供词语和语境，让学生利用语素和语境猜测词义。

所有测试词学生均不认识。初级班课堂教学时间比较紧张，仅采用了单独呈现词语的测试形式。单独呈现的测试词所包含的语素都是学生熟悉的或在实验词语中出现过的，同时提供词语和语境的测试词至少包含 1 个学生熟悉的汉字。不提供词语，只提供句子时，请 3 名母语者做填空测试，3 人全部填写正确才将之作为测试句。

初级班测试词语共计 7 个，准中级班测试词语共计 30 个。测试在初级班授课第 5 周、准中级班授课第 7 周之后进行。例如：

初级班："预告"的意思是（　　　）

　　a. 在事情正在发生的时候，告诉

　　b. 在事情发生以后，告诉

　　c. 在事情还没发生的时候，告诉

准中级班：猜一猜下面词语的意思

　　提速：_____

　　他最近生活　**B**　，连去食堂吃饭的钱都没有了，每天只能吃方便面。

　　"B"的意思是：_____

　　这种做法没有先例，你是第一个这么做的。

　　"先例"的意思是：_____

6.3　实验结果分析与讨论

6.3.1　语素法对词汇扩展的影响

本研究通过汉字组词测试结果观察语素法在词汇扩展方面的作用。

统计组词数量时，只计词，不计短语，比如"多看""吃完"等，均不计入，并将学生所组词语分为三类，分别为：扩展词语，即语素班在扩展词语环节讲授的生词；课堂生词，即阅读课课文中出现的生词（语素班、语境班接触到的课堂生词一致）；剩余为学生自有词语。三类词语中，自有词语与学生个体的词汇量密切相关，而扩展词语和课堂生词与本实验的教学效果相关。因此，我们主要对语素班、语境班扩展词语数量、课堂生词数量进行比较。

除计算每生每字组成的各类词语平均数，我们还计算了学生的扩展词语答出率和课堂生词答出率。扩展词语答出率指学生答出的扩展词语总数占最多可答出的扩展词语总数的百分比。以准中级语素班为例，10 个测试汉字共出现在 22 个扩展词语中，每个学生最多可答出扩展词语数为 22，8 名被试最多可答出扩展词语数为 $22 \times 8 = 176$，学生实际答出词数为 23，扩展词语答出率为 $23/176 = 13.1\%$。课堂生词答出率指学生答出的课堂生词总数占最多可答出的课堂生词总数的百分比，计算方法同扩展词语答出率，如表 5–15 所示。

表 5–15　组词测试结果

组别	组词（总）		扩展词语		课堂生词		自有词语		扩展词语答出率	课堂生词答出率
	平均数	标准差	平均数	标准差	平均数	标准差	平均数	标准差		
初级语素班	2.16	0.38	0.17	0.11	0.87	0.27	1.12	0.31	16.7%	48.1%
初级语境班	1.97	0.44	—	—	0.72	0.21	1.25	0.46	—	40.0%
准中级语素班	1.33	0.55	0.29	0.23	0.38	0.23	0.66	0.35	13.1%	20.8%
准中级语境班	1.52	0.89	—	—	0.32	0.23	1.20	0.76	—	17.9%

　　由表 5-15 可见，初级、准中级班被试都答出了一定数量的扩展词语，答出率分别为 16.7% 和 13.1%。此外，在同级别语素班被试汉语水平低于语境班的情况下，初级、准中级语素班所组词语中课堂生词平均数及答出率均高于语境班。这显示出接受语素法教学的被试更善于利用语素提取生词，说明语素法有助于学生建立语素和词之间以及同素词语之间的联系，特别是那些学生熟悉度较低的课堂生词，这对于学习者尽快构建同素词语网络是非常有利的。

　　虽然语素班课堂生词答出数量占有优势，但使用 SPSS 19.0 协方差分析比较，两班并不存在显著差异，初级 $F(1, 16) = 0.030$，$p = 0.864$，准中级 $F(1,14) = 0.519, p = 0.483$。此外，语素班被试的扩展词语答出率很低，这不同于以往学者对语素法优势的论述（吕文华，1999；肖贤彬，2002 等）。原因有二：第一，课堂上缺乏对扩展词语的有效复习。我们只在教授实验词语时展示扩展词语，没有设计复习环节。而组词测试属于回忆测试，这种测试形式通过某些刺激从被试的记忆中诱发出目标词语（Read，2000/2010）。实验室研究和学生学习的实际情况都显示出，回忆测试的难度较高，学生必须达到一定的记忆强度才能够作答（江新，2007）。对学习者来说，自有词语熟悉度最高，已经达到较高记忆强度，其次是课堂生词，最后是扩展词语，学生所组各类词语数量也依此顺序递减。这显示出无论课堂词语还是扩展词语，都需要加强复习，提高记忆强度。第二，由于扩展词语不是教学重点，在教学过程中，我们更多的还是将学生的注意力集中在实验词语上，学生可能因此只会注意到那些比较感兴趣或比较简单的扩展词语。

6.3.2　语素法对词语使用的影响

　　本研究通过搭配和填空测试观察语素法对词语使用的影响。搭配测试中，正确记 1 分，错误或未答记 0 分。填空测试中，正确记 1 分，错误或不填记 0 分。如果学生用拼音作答或存在汉字书写错误，只要能看出学生记得生词，均记为正确。两项测试结果如表 5-16 所示。

表 5-16　搭配、填空测试结果

测试	初级语素班		初级语境班		准中级语素班		准中级语境班	
	平均分	标准差	平均分	标准差	平均分	标准差	平均分	标准差
搭配测试	0.79	0.20	0.85	0.15	0.45	0.09	0.61	0.15
填空测试	0.77	0.22	0.83	0.16	0.44	0.20	0.46	0.24

表 5-16 显示，初级及准中级语素班搭配、填空测试的平均成绩均低于语境班，显示出仅提供定义知识而不提供语境知识的情况下，学习者对实验词语常用搭配、使用情境的掌握情况确实有所欠缺。在语境班教授生词时，我们会要求学生朗读例句，并通过输入增显等方式提醒学生关注与实验词语共现的其他词语，这有助于学生把更多的注意力资源分配在词语搭配上，丰富其有关词语使用的知识。而语素班强调的是语素义和词义，缺乏句子语境的展示与讲解，学生在词语使用方面的表现也不及语境班。

不过，协方差分析结果显示，两班搭配测试成绩不存在显著差异，初级 $F(1, 16) = 0.617$，$p = 0.443$，准中级 $F(1, 14) = 2.905$，$p = 0.110$；填空测试成绩也不存在显著差异，初级 $F(1, 16) = 0.338$，$p = 0.569$，准中级 $F(1, 14) = 1.256$，$p = 0.281$。原因有二：一是语素班被试可以通过课文获得部分测试词的语境知识。初级班测试词全部为课文生词，准中级班 55% 的搭配测试词和 60% 的填空测试词为课文生词。统计数据显示，两项测试中准中级班成绩比较结果的 p 值均低于初级班，这说明准中级实验组和对照组出现差异的可能性更大，而恰恰准中级班有部分测试词是学生无法获得任何语境知识的。二是本次实验依托阅读课展开，阅读课的课程任务只要求学生做到识别词义，因此我们没有在课上进行词语使用的相关练习，这也使得语境班学生获得的有关词语使用的知识相对有限。

6.3.3　语素法对词义猜测能力的影响

本研究通过词义猜测测试观察语素法对学生词义猜测能力的影响。

初级班单项选择的成绩计算方法为：正确 1 分，错误 0 分。准中级班词义解释的成绩计算方法为：未答或与词义完全无关，记 0 分；回答与词义有语义交叠，或答对 1 个语素义，但整体与词义差距较大，记 1 分；回答与词义非常接近，记 2 分；完全正确，记 3 分。初级、准中级测试结果见表 5-17、表 5-18。

表 5-17　初级语素班、语境班词义猜测测试结果

组别	初级语素班		初级语境班	
	平均分	标准差	平均分	标准差
成绩	0.81	0.10	0.74	0.15

表 5-18　准中级语素班、语境班词义猜测测试结果

类型	词		语境		词＋语境	
组别	语素班	语境班	语素班	语境班	语素班	语境班
成绩	1.58（0.64）	1.34（0.30）	0.50（0.60）	1.09（0.70）	1.13（0.72）	1.40（0.53）

注：括号内为标准差。

　　单独呈现测试词时，无论初级还是准中级，语素班被试的成绩都优于语境班；只提供语境时，语境班被试的成绩优于语素班。同时提供词和语境时，语境班成绩也高于语素班。协方差分析结果显示，两班各项测试成绩均不存在显著差异。初级班 $F（1，16）= 2.186$，$p = 0.159$；准中级班单独呈现测试词条件下，$F（1，14）= 1.793$，$p = 0.202$，单独呈现语境条件下，$F（1，14）= 1.116$，$p = 0.309$，词和语境同时呈现条件下，$F（1，14）= 0.011$，$p = 0.919$。

　　测试词单独呈现时，被试只能依靠语素猜测词义，这种情况下初级、准中级语素班被试成绩更好，证明利用语素猜测词义的策略教学和相关练习确实可以提高学生的词义猜测能力，这与 Rivera Pacheco（2005）、Zhang（2009）、Liu（2014）的研究结论相一致。不提供词语，只提供语境时，被试只能依靠语境线索猜测词义，这种情况下，语境班被试成绩更好，说明利用语境线索猜测词义的策略教学和练习同样有利于培养学生的猜词能力，这与 Walters（2006）、Yuen（2007）等研究结论相一致。同时依靠语素和语境线索猜测词义时，虽然语境班被试成绩略高，但两班成绩差异的显著水平远远低于其他测试结果，说明"词＋语境"条件下，两组被试出现差异的可能性极小，这显示出该类测试中，语素班和语境班被试都能发挥自身的优势。未出现显著性差异的原因可能在于我们未针对词义猜测策略进行有效复习，猜测策略的讲授时间亦缺乏规律性，一般在依托课程内容已讲授完毕，课程时间尚有结余的情况下才进行相关教学。

6.4　问卷调查

　　除了客观测试，我们还对出勤率达到 60% 以上的学生进行了问卷调查，以考察学生对语素法和语境法的直观感受和接受度。调查问卷分为两部分，分别为个人基本情况和调查问题。个人基本情况包括学生的国籍和

汉语学习时间，调查问题共计 10 题，主要调查学生对"讲字，然后讲词（语素法）"和"用句子来学习词语（语境法）"两种词汇教学方法优缺点的感受。问卷均附有英文翻译。

调查问卷设计完成后，请 2 位有经验的汉语教师对问卷内容进行调整，并先后请 5 位准中级水平的二语学习者试做问卷，根据学生有关问卷的疑问，对问卷指示语、题目表述、选项设置和排版方式进行了三次修改，之后正式施测。调查均在课上进行，共发放调查问卷 49 份，回收调查问卷 49 份，有效问卷 49 份。

在考察语素法对词汇扩展有效性的选项上，有 53.1% 的学生认为"可以通过这个字，学会更多的词"，但学生做出选择时内部差异较大。日语背景、韩语背景和非日韩语背景学习者选择该项的人数比例递减，分别为 83.3%、66.7%、44.1%，准中级学生选择该项的人数（56.5%）多于初级（50.0%）。该项调查结果印证了词汇扩展相关测试的结果。6.3.1 中汉字组词测试结果显示扩展词语答出率偏低，测试数据中 83.3% 的学生都是非日、韩语背景学生，调查数据中也仅有 44.1% 的非日、韩语背景学生认为可以通过语素学习更多的生词，可以看出这些母语背景的学生对于扩展生词的学习是较为吃力的。6.3.1 中分析了两方面原因，通过问卷调查结果，我们认为可能还有一个更深层次的原因，即学生的语素意识不足。以往研究显示，日、韩语背景学习者的语素意识强于非日、韩语背景学习者，中级水平学习者的语素意识强于初级水平学习者（徐晓羽，2004；冯丽萍，2011）。这与问卷调查中学生对于扩展生词的态度序列一致。而在语境法的相关调查中，只有 38.8% 的学生认为语境法的缺点是"只能学会这一个词，没办法通过这个词学会更多的词"，其中也是日语背景学生比较强调这一缺点。对于语素意识相对较低的非日、韩语背景的初级和准中级水平学习者来说，提取语素、关联已学生词和课堂生词已难度较大，再关联课堂生词之外的其他生词可能超出了学生的认知负荷量，也导致扩展词语学习效果不佳、学生学习愿望不强。

在考察语素法对词语使用影响的选项上，学生认为语素法最主要的缺点在于没办法了解词语的用法，59.2% 的学生选择了该项。而对于语境法，100% 的学生认为其最主要的优势在于可以了解词语的用法。这与搭配、填空测试结果一致，也可以看出学生并不满足于课文提供的相关语境，极希望掌握更多有关词语使用的信息和举例。

在考察语素法对词义猜测能力影响的相关选项上，学生认为语素法最主要的优点在于可以帮助他们提高猜词能力，有 71.4% 的学生选择了该项。语境法方面，59.2% 的学生认为该法有助于他们学习通过句子猜测词义，是语境法位列第二的优势。这同样与我们词义猜测测试结果一致，即语素法、语境法都对学习者的词义猜测能力产生了一定影响。

6.5 教学建议

本研究通过教学实验考察了语素教学法对学生词汇学习能力的影响，结合客观测试和问卷调查结果，我们提出以下教学建议：

第一，教师有必要利用语素扩展生词，但要注意扩展词语的复习与巩固。语素法可以帮助学习者习得一些扩展词语，实验中的一些测试数据还表明，语素法能够加强学生对常用度较高的不自由语素的关注，促进汉字学习。但测试结果也显示，扩展词语习得效果较为有限，应控制扩展词语数量，加强复习，特别是对于语素意识较为薄弱的非日、韩语背景学习者。

第二，课堂生词讲解应注意提供语境。语素法无法向学生提供词语的使用知识，虽然学生能够从课文中学到词语的部分用法，但语境法还能够引起学生对词性、常用搭配和句法信息的注意。比如填空测试中，语境班被试错填时，很少会填入词性不符的词语，而语素班被试出现这类错误的情况相对较多。调查结果显示，学生同样希望通过句子对词义和词语用法有更为直观的理解。因此在使用语素法教学时，最好能够为学生提供例句。

第三，教师可利用语素法和语境法提高学习者的词义猜测能力。输入假说和词汇附带习得假说均认为大部分词语通过阅读而非直接词汇教学习得（Coady，1997/2001）。根据 Krashen（1989）的观点，如果遇到陌生词语就停下来查词典，必然会导致阅读量减少，认识的单词也较少，因此 Krashen 主张在阅读中积极进行词义猜测。鉴于词义猜测是一项有效的词汇学习策略，我们建议教师在使用语素法或语境法教学时，适当加入词义猜测环节，并在阅读课上进行系统性的策略教学和练习，有计划地提升汉语二语者的词义猜测能力。

参考文献

常敬宇（1986）语境和对外汉语教学，《语言教学与研究》第 2 期。

陈俊羽（2007）语素教学在对外汉语词汇教学中的作用，北京语言大学硕士学位论文。

陈　萍（2005）汉语语素义对留学生词义获得的影响研究，暨南大学硕士学位论文。

崔永华、杨寄洲主编（1997）《对外汉语课堂教学技巧》，北京：北京语言大学出版社。

戴卫平（2014）《词汇隐喻研究》，北京：世界图书出版公司。

董秀芳（2004）《汉语的词库与词法》，北京：北京大学出版社。

董秀芳（2011）《词汇化汉语双音词的衍生和发展》，北京：商务印书馆。

冯丽萍（2011）《现代汉语词汇认知研究》，北京：北京师范大学出版社。

冯丽萍、宋志明（2004）词素性质与构词能力对留学生中文词素识别的影响，《云南师范大学学报》第 6 期。

符淮青（1981）词义和构成词的语素义的关系，《辞书研究》第 1 期。

符淮青（1986）《词的释义》，北京：北京出版社。

符淮青（2004）《现代汉语词汇》(第 2 版)，北京：北京大学出版社。

干红梅（2008）语义透明度对中级汉语阅读中词汇学习的影响，《语言文字应用》第 1 期。

干红梅（2009）词语结构及其识别对汉语阅读中词汇学习的影响，《语言文字应用》第 3 期。

干红梅（2011）上下文语境对汉语阅读中词汇学习的影响，《语言教学与研究》第 3 期。

干红梅（2012）从阅读中的词汇学习看中级汉语学习者的词汇意识，上海师范大学《对外汉语研究》编委会《对外汉语研究》第八期，北京：商务印书馆。

高　珊（2009）对外汉语词汇教学中的语素教学研究，黑龙江大学硕士学位论文。

顾　阳、沈　阳（2001）汉语合词复合词的构造过程，《中国语文》第 2 期。

郭胜春（2004）汉语语素义在留学生词义获得中的作用，《语言教学与研究》第 6 期。

国家汉办等编（2010）《汉语国际教育用音节汉字词汇等级划分》（国家标准·应用解读本），北京：北京语言大学出版社。

国家汉语水平考试委员会办公室考试中心（2001）《汉语水平词汇与汉字等级大纲》（修订本），北京：经济科学出版社。

郝美玲、张　伟（2006）语素意识在留学生汉字学习中的作用，《汉语学习》第

　　　　1 期。

洪　炜、冯　聪、郑在佑（2017）语义透明度、语境强度及词汇复现频率对汉语二
　　　　语词汇习得的影响，《现代外语》第 4 期。

胡炳忠（1987）基础汉语的词汇教学，《语言教学与研究》第 4 期。

江　新（2007）《对外汉语教学的心理学探索》，北京：教育科学出版社。

江　新、房艳霞（2012）语境和构词法线索对外国学生汉语词义猜测的作用，《心
　　　　理学报》第 1 期。

姜自霞（2005）基于义项的语素构词研究——以构词力强的名词性语素为对象，北
　　　　京语言大学硕士学位论文。

蒋绍愚（2005）《古汉语词汇纲要》，北京：商务印书馆。

蒋绍愚（2015）《汉语历史词汇学概要》，北京：商务印书馆。

李晋霞（2011）《现代汉语词典》的词义透明度考察，《汉语学报》第 3 期。

李　琪（2019）语素义项频率及构词力对复合词词义猜测的影响，《海外华文教育》
　　　　第 3 期。

李如龙、吴　茗（2005）略论对外汉语词汇教学的两个原则，《语言教学与研究》
　　　　第 2 期。

李如龙、杨吉春（2004）对外汉语教学应以词汇教学为中心，《暨南大学华文学院
　　　　学报》第 4 期。

李润生（2017）近年来对外汉语词汇教学研究综观，《华文教学与研究》第 2 期。

李　彤（2005）近十年对外汉语词汇教学研究中的三大流派，《语言文字应用》第
　　　　3 期。

刘颂浩（1999）阅读课上的词汇训练，《世界汉语教学》第 4 期。

刘颂浩（2001）关于在语境中猜测词义的调查，《汉语学习》第 1 期。

刘颂浩（2007）对外汉语教学中的本位之争，李晓琪主编《汉语教学学刊》第 3 辑，
　　　　北京：北京大学出版社。

吕叔湘（1965）形容词使用情况的一个考察，《中国语文》第 6 期。

吕叔湘（1966）单音形容词用法研究，《中国语文》第 2 期。

吕叔湘（1984）《语文杂记》，上海：上海教育出版社。

吕叔湘（1998）《语文常谈》，北京：生活·读书·新知三联书店。

吕文华（1999）建立语素教学的构想，吕文华《对外汉语教学语法体系研究》，北
　　　　京：北京语言文化大学出版社。

马新英（2012）"动名"偏正式双音复合词的结构义及其释义研究，河北师范大学博

士学位论文。

苗丽霞（2013）国内第二语言词汇附带习得研究：现状与发展，《外语界》第 5 期。

莫　丹（2017）10 年来 CSL 词汇习得研究述评——与 EFL 对比的视角，《华文教学与研究》第 3 期。

彭小川、马煜逵（2010）汉语作为第二语言词汇教学应有的意识与策略，《语言文字应用》第 1 期。

彭志平（2012）"言内语境"在汉语课堂教学中的设置与利用，《世界汉语教学》第 1 期。

钱旭菁（2010）基于词语联想的英语背景学习者汉语身体动作动词的习得研究，北京语言大学博士学位论文。

邵敬敏主编（2000）《汉语水平考试词典》，上海：华东师范大学出版社。

盛　炎（1990）《语言教学原理》，重庆：重庆出版社。

施正宇（2008）词·语素·汉字教学初探，《世界汉语教学》第 2 期。

石定栩（2003）汉语的定中关系动 – 名复合词，《中国语文》第 6 期。

苏宝荣（2017）汉语复合词结构与句法结构关系的再认识，《语文研究》第 1 期。

孙晓明（2007）国内外第二语言词汇习得研究综述，《语言教学与研究》第 4 期。

谭景春（2000）词的意义、结构的意义与词典释义，《中国语文》第 1 期。

谭景春（2010）名名偏正结构的语义关系及其在词典释义中的作用，《中国语文》第 4 期。

谭秋瑜（2011）初中级中文学习者语素意识的实验研究，《国际汉语教育》第 2 期。

谭永康（1995）汉语语素意义分析，《重庆商学院学报》第 2 期。

陶凌寅（2010）注释顺序和释义内容对不同水平欧美学生汉语生词习得的影响，北京语言大学硕士学位论文。

王春茂、彭聃龄（1999）合成词加工中的词频、词素频率及语义透明度，《心理学报》第 3 期。

王春茂、彭聃龄（2000）重复启动作业中词的语义透明度的作用，《心理学报》第 2 期。

王　娟（2007）留学生单音节多义语素习得考察，北京语言大学硕士学位论文。

王　娟、邢红兵（2010）留学生单音节多义语素构词习得过程的实验研究，《语言教学与研究》第 2 期。

王　娟、张积家、许锦宇（2014）语义透明度和构词频率对汉语动词多词素词识别的影响，《心理与行为研究》第 6 期。

王　骏（2005）在对外汉语词汇教学中实施"字本位"方法的实验报告，《暨南大学华文学院学报》第 3 期。

王　甦、汪安圣（1992）《认知心理学》，北京：北京大学出版社。

王意颖、宋贝贝、洪　炜（2018）词语结构对中级水平留学生习得语义透明词的影响，《汉语学习》第 1 期。

王周炎、卿雪华（2004）语素教学是对外汉语词汇教学的基础，《云南师范大学学报》(对外汉语教学与研究版) 第 5 期。

吴思娜（2017）词汇知识、语素意识、词汇推理与二语阅读理解——来自结构方程模型的证据，《世界汉语教学》第 3 期。

吴婷婷（2015）对外汉语词汇教学中的多义语素义项研究，安徽大学硕士学位论文。

《现代汉语常用词表》课题组（2008）《现代汉语常用词表（草案)》，北京：商务印书馆。

肖贤彬（2002）对外汉语词汇教学中"语素法"的几个问题，《汉语学习》第 6 期。

邢红兵（2006）《〈汉语水平〉词汇等级大纲》双音合成词语素统计分析，《世界汉语教学》第 3 期。

熊金丰（1997）动－名式偏正格名词与支配格名词的区别，《龙岩师专学报》第 2 期。

徐晓羽（2004）留学生复合词认知中的语素意识，北京语言大学硕士学位论文。

许　敏（2003）《汉语水平词汇等级大纲》双音节结构中语素组合方式、构词能力统计研究，北京语言大学硕士学位论文。

许晓华（2016）影响留学生半自由语素理解的主要因素及教学对策，《语言教学与研究》第 1 期。

许艳华（2014）面向汉语二语教学的常用复合词语义透明度研究，北京师范大学博士学位论文。

杨旭峰（2018）名名偏正复合词语义结构类型及其分布研究，北京语言大学硕士学位论文。

于海阔、李如龙（2011）从英汉词汇对比看对外汉语词汇教学，《山西大学学报》(哲学社会科学版) 第 3 期。

苑春法、黄昌宁（1998）基于语素数据库的汉语语素及构词研究，《世界汉语教学》第 2 期。

张　博（2009）汉语词义衍化规律的微观研究及其在二语教学中的应用，《世界汉语教学》第 3 期。

张　博（2011）二语学习中母语词义误推的类型与特点，《语言教学与研究》第 3 期。

张　博（2015）关于词汇大纲语言单位取向问题的思考——兼议《新汉语水平考试大纲》"重大轻小"的收录取向，《语言教学与研究》第 1 期。

张　博（2017）汉语词汇研究与教学·专栏按语，《海外华文教育》第 12 期。

张　博（2018）提高汉语第二语言词汇教学效率的两个前提，《世界汉语教学》第 2 期。

张　博（2019）汉语并合造词法对词义结构与词义发展的影响，《吉林大学社会科学学报》第 5 期。

张　博、邢红兵（2006）对外汉语学习词典多义词义项收录排列的基本原则及其实现条件，郑定欧、李禄兴、蔡永强主编《对外汉语学习词典学国际研讨会论文集》(二)，北京：中国社会科学出版社。

张和生（2006）外国学生汉语词汇学习状况计量研究，《世界汉语教学》第 1 期。

张江丽（2010）词义与语素义的关系对词义猜测的影响，《语言教学与研究》第 3 期。

张江丽（2013）提供核心义对汉语第二语言学习者多义词词义猜测的影响，《语言文字应用》第 4 期。

张　琦、江　新（2015）中级和高级汉语学习者语素意识与阅读关系的研究，《华文教学与研究》第 3 期。

张世涛、刘若云（2002）《初级汉语阅读教程》，北京：北京大学出版社。

赵凤娇（2017）汉语二语学习者并列式复合词词义识解研究，北京语言大学硕士学位论文。

赵　倩（2016）"形＋X"组合成词的义类特征及其影响因素，《世界汉语教学》第 4 期。

赵　玮（2015）对外汉语阅读课"语素法"和"语境法"词汇教学实验研究，北京语言大学博士学位论文。

赵　玮（2016）汉语作为第二语言词汇教学"语素法"适用性研究，《世界汉语教学》第 2 期。

赵　玮（2017）"语素法"和"语境法"汉语二语词汇教学效果的对比研究，《语言教学与研究》第 4 期。

赵　玮（2018）语素法对汉语二语者词汇能力影响的实验研究，《汉语学习》第 4 期。

郑崇仁（1992）"动＋名"语素组合的构词分析，《四川职业技术学院学报》第 2 期。

中国社会科学院语言研究所词典编辑室编（2012）《现代汉语词典》(第 6 版)，北京：
　　商务印书馆。

中国社会科学院语言研究所词典编辑室编（2017）《现代汉语词典》(第 7 版)，北京：
　　商务印书馆。

周　琳（2010）现代汉语双音复合词前位形语素语义组合规律研究，北京语言大学
　　博士学位论文。

周小兵、张世涛（1999）《中级汉语阅读教程 I 》，北京：北京大学出版社。

周小兵、张世涛、干红梅（2008）《汉语阅读教学理论与方法》，北京：北京大学出
　　版社。

朱德熙（1980）《现代汉语语法研究》，北京：商务印书馆。

朱德熙（1982）《语法讲义》，北京：商务印书馆。

朱文文、程璐璐、陈天序（2018）初级汉语学习者同形语素意识与词义推测、阅读
　　理解的关系研究，《世界汉语教学》第 2 期。

朱志平（2005）《汉语双音复合词属性研究》，北京：北京大学出版社。

左一飞（2014）字本位教学法实证研究及其对词汇教学启示，吉林大学硕士学位
　　论文。

Beck, I. L., McKeown, M. G. & McCaslin, E. C. (1983) Vocabulary development: Not all
　　contexts are created equal. *Elementary School Journal* 83 (3): 178-181.

Bellomo, Tom S. (1999) Etymology and vocabulary development for the L2 college
　　student. *Teaching English as a Second or Foreign Language (TESL-EJ)* 4 (2): 1-7.

Bellomo, Tom S. (2009) Morphological analysis as a vocabulary strategy for L1 and
　　L2 college preparatory students. *The Electronic Journal for English as a Second
　　Language* 13 (3): 1-27.

Brown, Thomas S. & Fred L. Perry Jr. (1991) A comparison of three learning strategies for
　　ESL vocabulary acquisition. *TESOL Quarterly* 25 (4): 655-670.

Carlisle, Joanne F. (1995) Morphological awareness and early reading achievement. In
　　L. B. Feldman (ed.), *Morphological Aspects of Language Processing*, 189-210.
　　Hillsdale, NJ: Lawrence Erlbaum Associates.

Carlisle, Joanne F. (2000) Awareness of the structure and meaning of morphologically
　　complex words: Impact on reading. *Reading and Writing* 12 (3): 169-190.

Carr, Thomas H. & Betty Ann Levy (eds.) (1990) *Reading and Its Development:*

Component Skills Approaches. San Diego: Academic Press.

Clarke, D. F. & I. S. P. Nation (1980) Guessing the meanings of words from context: Strategy and techniques. *System* 8 (3): 211–220.

Coady, J. (1997) L2 vocabulary acquisition through extensive reading. In J. Coady & T. Huckin (eds.), *Second Language Vocabulary Acquisition*, 225–237. Cambridge: Cambridge University Press. (《第二语言词汇习得》, 上海: 上海外语教育出版社, 2001 年)

Cohen, Jacob (1988) *Statistical Power Analysis for the Behavioral Sciences*, 2nd ed. Hillsdale, NJ: Lawrence Erlbaum Associates.

Craik, Fergus I. M. & Endel Tulving (1975) Depth of processing and the retention of words in episodic memory. *Journal of Experimental Psychology: General* 104 (3): 268–294.

Ellis, N. C. (2002) Frequency effects in language processing and acquisition: A review with implications for theories of implicit and explicit language acquisition. *Studies in Second Language Acquisition* 24 (2): 143–188.

Ellis, N. C. & N. Schmitt (1998) Rules or association in the acquisition of morphology? The frequency by regularity interaction in human and PDP learning of morphosyntax. *Language and Cognitive Processes* 13 (2): 307–336.

Ellis, Rod & Natsuko Shintani (2014) *Exploring Language Pedagogy through Second Language Acquisition Research*. London: Routledge.

Forster, K. I. & E. S. Bednall (1976) Terminating and exhaustive search in lexical access. *Memory & Cognition* 4 (1): 53–61.

Gass, S. & L. Selinker (2001) *Second Language Acquisition: An Introductory Course*. Mahwah, NJ: Lawrence Erlbaum Associates.

Haastrup, Kirsten (1991) *Lexical Inferencing Procedures or Talking about Words: Receptive Procedures in Foreign Language Learning with Special Reference to English*. Tübingen, Germany: Gunter Narr.

Harris, M. L., J. B. Schumaker & D. D. Deshler (2011) The effects of strategic morphological analysis instruction on the vocabulary performance of secondary students with and without disabilities. *Learning Disability Quarterly* 34 (1): 17–33.

Hogaboam, T. W. & C. A. Perfetti (1975) Lexical ambiguity and sentence comprehension. *Journal of Verbal Learning and Verbal Behavior* 14 (3): 265–274.

Hulstijn, Jan (1992) Retention of inferred and given word meanings: Experiments in incidental vocabulary learning. In Pierre J. L. Arnaud & Henri Bejoint (eds.), *Vocabulary and Applied Linguistics*, 113–125. London: Macmillan.

Jiang, Nan (2000) Lexical representation and development in a second language. *Applied Linguistics* 21 (1): 47–77.

Kieffer, Michael J. & Nonie K. Lesaux (2012) Direct and indirect roles of morphological awareness in the English reading comprehension of native English, Spanish, Filipino, and Vietnamese speakers. *Language Learning* 62 (4): 1170–1204.

Koda, Keiko (2005) *Insights into Second Language Reading: A Cross-linguistic Approach*. New York: Cambridge University Press.

Koda, Keiko (2007) Reading and language learning: Crosslinguistic constraints on second language reading development. *Language Learning* 57, suppl. (1): 1–44.

Krashen, S. (1989) We acquire vocabulary and spelling by reading: Additional evidence for the input hypothesis. *Modern Language Journal* 73 (4): 440–464.

Ku, Yu-Min & Richard C. Anderson (2003) Development of morphological awareness in Chinese and English. *Reading and Writing: An Interdisciplinary Journal* 16 (5): 399–422.

Lado, R. (1964) *Language Teaching: A Scientific Approach*. New York: McGraw Hill.

Landi, Nicole (2010) An examination of the relationship between reading comprehension, higher-level and lower-level reading sub-skills in adults. *Reading and Writing* 23 (6): 701–717.

Laufer, Batia & Jan Hulstijn (2001) Incidental vocabulary acquisition in a second language: The construct of task-induced involvement. *Applied Linguistics* 22 (1): 1–26.

Laufer, Batia & I. S. P. Nation (1999) A vocabulary-size test of controlled productive ability. *Language Testing* 16 (1): 36–55.

Laufer, Batia & Karen Shmueli (1997) Memorizing new words: Does teaching have anything to do with it? *RELC Journal* 28 (1): 89–108.

Li, Wenling, Richard C. Anderson, William E. Nagy & Houcan Zhang (2002) Facets of metalinguistic awareness that contribute to Chinese literacy. In Li Wenling, Janet S. Gaffney & Jerome L. Packard (eds.), *Chinese Children's Reading Acquisition: Theoretical and Pedagogical Issues*, 87–106. Boston, MA: Kluwer Academic.

Liu, Peilin (2014) Using eye tracking to understand the responses of learners to vocabulary learning strategy instruction and use. *Computer Assisted Language Learning* 27 (4): 330–343.

McClelland, J. L., D. E. Rumelhart & G. E. Hinton (1986) The appeal of parallel distributed processing. In D. E. Rumelhart & J. L. McClelland (eds.), *Parallel Distributed Processing: Explorations in the Microstructure of Cognition*, 3–44. Cambridge, MA: MIT Press.

Moore, J. S. (1989) The context and the keyword methods: A method-comparative study in second-language vocabulary acquisition. Ph.D. Thesis, University of Wisconsin-Milwaukee.

Nagy, William, Virginia Berninger & Robert Abbott (2006) Contributions of morphology beyond phonology to literacy outcomes of upper elementary and middle-school students. *Journal of Educational Psychology* 98 (1): 134–147.

Nassaji, Hossein (2014) The role and importance of low-level processes in second language reading. *Language Teaching* 47 (1): 1–37.

Nation, Paul (2001) *Learning Vocabulary in Another Language*. Cambridge: Cambridge University Press.

Packard, Jerome L., Xi Chen, Wenling Li, Xinchun Wu, Janet S. Gaffney, Hong Li & Richard C. Anderson (2006) Explicit instruction in orthographic structure and word morphology helps Chinese children learn to write characters. *Reading and Writing* 19 (5): 457–487.

Read, J. (2000) *Assessing Vocabulary*. Cambridge: Cambridge University Press. (《词汇评价》, 北京：外语教学与研究出版社，2010 年)

Rivera Pacheco, Emilda C. (2005) Affixes as a strategy for vocabulary acquisition in a first year ESL college reading course. Ed.D. dissertation, University of Puerto Rico.

Rodríguez, Máximo & Mark Sadoski (2000) Effects of rote, context, keyword, and context/keyword methods on retention of vocabulary in EFL classrooms. *Language Learning* 50 (2): 385–412.

Saragi, T. (1974) *A Study of English Suffixes*. Unpublished M.A. Thesis, Sanata Dharma, Yogyakarta, Indonesia.

Schmidt, Richard W. (2009) The role of consciousness in second language learning. *Applied Linguistics* 11 (2): 129–158.

Schwanenflugl, Paula J. & Edward J. Shoben (1983) Differential context effects in the comprehension of abstract and concrete verbal materials. *Journal of Experimental Psychology: Learning, Memory and Cognition* 9 (1): 82–102.

Stahl, Steven A. (1985) To teach a word well: A framework for vocabulary instruction. *Reading World* 24 (3): 16–27.

Walters, J. D. (2006) Methods of teaching inferring meaning from context. *RELC Journal: Regional Language Centre* 37 (2): 176–190.

Waring, Rob & Misako Takaki (2003) At what rate do learners learn and retain new vocabulary from reading a graded reader? *Reading in a Foreign Language* 15 (2): 130–163.

Wesche, Marjorie Bingham & T. Sima Paribakht (2010) *Lexical Inferencing in a First and Second Language: Cross-linguistic Dimensions.* Bristol: Multilingual Matters.

Wittgenstein, L. (1953) *Philosophical Investigations.* New York: Macmillan.

Yuen, J. (2007) Context clue detectives: Empowering students with a self-learning device through the teaching of context clues. M.A. Thesis, University of California.

Zhang, Baoguo (2009) Incorporating English morphological knowledge into ESL vocabulary teaching. D.A. Thesis, Idaho State University.

Zhang, Dongbo & Keiko Koda (2012) Contribution of morphological awareness and lexical inferencing ability to L2 vocabulary knowledge and reading comprehension among advanced EFL learners: Testing direct and indirect effects. *Reading and Writing: An Interdisciplinary Journal* 25 (5): 1195–1216.

Zhang, Haomin (2016a) Does morphology play an important role in L2 Chinese vocabulary acquisition? *Foreign Language Annals* 49 (2): 384–402.

Zhang, Haomin (2016b) Morphological awareness in literacy acquisition of Chinese second graders: A path analysis. *Journal of Psycholinguistic Research* 45 (1): 103–119.